U0940448

首都师范大学史学丛书

# 20世纪以来中国的世界通史编纂研究

曹小文 著

20Shiji Yilai Zhongguo De
Shijietongshi Bianzuan Yanjiu

中国社会科学出版社

**图书在版编目(CIP)数据**

20世纪以来中国的世界通史编纂研究/曹小文著.—北京：中国社会科学出版社，2015.10

ISBN 978-7-5161-6721-2

Ⅰ.①2… Ⅱ.①曹… Ⅲ.①世界史—历史编纂学—研究—中国 Ⅳ.①K062

中国版本图书馆CIP数据核字(2015)第174728号

---

出 版 人 赵剑英
责任编辑 田 文
特约编辑 武 云
责任校对 夏 宁
责任印制 王 超

---

出 版 中国社会科学出版社
社 址 北京鼓楼西大街甲158号
邮 编 100720
网 址 http://www.csspw.cn
发 行 部 010-84083685
门 市 部 010-84029450
经 销 新华书店及其他书店

---

印 刷 北京君升印刷有限公司
装 订 廊坊市广阳区广增装订厂
版 次 2015年10月第1版
印 次 2015年10月第1次印刷

---

开 本 710×1000 1/16
印 张 24.25
插 页 2
字 数 402千字
定 价 85.00元

---

# 序　言

曹小文博士的新作《20世纪以来中国的世界通史编纂研究》，是她在其博士论文基础上完成的一部学术专著。我作为她攻读博士学位期间的指导教师，有幸先睹为快。尽管对书中涉及的大部分内容，我多已熟悉，但读毕还是感触良多，学习期间的一些往事历历在目，浮现在眼前。

入学不久，我们曾谈及中国史学史研究中的一个奇怪现象：20世纪以来，海内外已有数十部《中国史学史》问世，但无论是多卷本或单卷本的《中国史学史》，包括高校的《中国史学史》教材，都没有中国世界历史研究的内容，似乎在中国历史学发展进程中，从来不曾有中国学者进行过世界历史研究，这显然与事实不符；事实是，中国世界史研究所取得的成就令世人瞩目，其一系列重要成果在国内外有广泛影响，已成为中国历史科学的重要组成部分。我还向她谈到这样一件事，2009年，我曾出席一所著名大学历史系博士研究生的学位论文答辩会。该生论文的中心内容是“20世纪的中国史学”，却没有一个字论及中国的世界历史研究。我提出后，学生有些紧张，我一边劝他放下心来，告诉他已经出版的所有中国史学史著作都这样，既然老师们都如此，你这样写也就可以理解了。同时，我也表示，所以造成这种情况，首先是我们这些长年从事世界史教学和研究的教师们的失职。百言不如一行，希望大家尽快用实际行动改变这种状况，与其怨天尤人，不如从我做起。

后来，我写了一篇短文《加强我国世界史学科的史学史研究》，发表在2011年11月17日的《人民日报》上。文章的主要内容是：世界历史学科不仅要有自身的理论和方法，有反映学科发展方向的标志性课题和示范性成果，有一支在国内外学术界有广泛影响的研究队伍和带头人，同时也应有世界史学科的学术史，即史学史的深入研究。没有对学科自身发展的学术史研究的学科，不是完整的、具备有现代科学意义的学科。中国的世界史学科要发展，摆在我们面前有许多重要的事情要做，加强中国世界史研究的史学史研究，应是其中之一。

曹小文的《20世纪以来中国的世界通史编纂研究》，是近年我国世界史学科史学史研究的重要成果之一。无论她撰写的博士论文，还是现在出版的这部著作，都是她“自施压力”、“自讨苦吃”的结果。因为类似的系统著作在我国还没有见到，她的研究条件自然会相对较差，然而，作为泱泱史学大国的中国又不应该没有这样的著作，总要有人迈出第一步，开始这项有意义的工作，曹小文即自觉地选择了要做这样的人。开展中国世界史研究的史学史研究，不能仅仅停留在一般意义的论述上，关键是要钻进去，要从文献资料入手，持之以恒地做起来，《20世纪以来中国的世界通史编纂研究》就是这样做起来的成果。

《20世纪以来中国的世界通史编纂研究》的重要价值，在于它回答了一个不仅仅是理论上的，更是一个现实的问题，即20世纪以来在中国史学发展的历史上，究竟有没有一个世界历史学科？长期以来，所谓“中国的世界历史只有介绍没有研究”，“只是编译，没有研究”等奇谈怪论不胫而走，搞乱了人们的思想。有人认为，至少新中国成立前，中国没有世界历史研究；还有人说，只是改革开放后才逐渐形成了世界历史学科，割裂了改革开放前后中国社会发展以及世界历史学科建设客观存在的历史联系。还有少数人对中国的世界史研究冷嘲热讽，认为直至今天，中国的世界史学科也没有形成，彻底否定20世纪以来，特别是改革开放以来中国世界史研究所取得的成就。他们认为中国世界史研究要以西方史学的理论与方法为指导，否则就是没有“入道”，中国世界史研究的出路，在于加快与西方“接轨”等。在这种情况下，人们可以进一步认识到《20世纪以来中国的世界通史编纂研究》的重要意义，在于作者通过实证研究，描述了中国世界史研究的发展历程，概括了它的理论成就，揭示了它的优点和特点，通过历史的回溯和总结，使人们坚信中国世界史研究有光荣的过去，有凯歌行进的今天，一定会有更加辉煌的未来。

事实就是事实，事实是最有说服力的。《20世纪以来中国的世界通史编纂研究》，尽管只是从“世界通史编纂”这样一个视角展开论述，但论从史出，而非空泛地议论，这对推动我国的世界史学科的学术史研究，无疑有重要的积极意义。任何一部学术著作都很难说完满无缺，无懈可击，人的认识的相对性决定了科学认识的阶段性，但一部有生命力的学术著作的价值，首先是提出了什么问题，是在怎样的社会历史和学术背景下提出了这些问题，其次才是怎样回答了这些问题，曹小文博士的这部新作也如是。

曹小文在校期间好学深思，成绩优秀，表现出良好的马克思主义理论素养，以及较为坚实的专业知识、专业基础知识和较强的研究能力。她尊敬师长，团结同学，积极参加社会实践，利用课余时间去农民工子弟小学支教，兼职中国社会科学杂志社编辑等。这些和本著作似关系不大，而我则以为不然。古人云："百行以德为首"，"才者，德之资也；德者，才之帅也"，道德文章从来都是一致的。从好学生到好老师，到有德行有成就的学者，曹小文还有很长的路要走，相信她会以这部著作为标识，百尺竿头更进一步，在日后的学习和工作中取得更大的进步。

于　沛

2015 年 7 月 10 日

# 目　　录

# 绪　论

19世纪中期以来，中国的世界史研究从无到有，由中国传统史学的域外志、外国列传以及边疆史地研究等处于边缘、附属地位的学问，逐渐发展成为一门有着明确的研究对象、严格的学科体系、专门的学科理论，以及稳定研究队伍和专业研究机构的系统学科。这是中国史学完成近代化、迈向现代化的重要标志，自此中国史学具备了系统研究世界历史进程的理性追求和自觉意识。中国史学有自觉追求融会贯通的优良传统，这不仅表现在中国史的研究上，而且在世界历史学科的发展、演变过程中也表现得非常明显，并且具有了自身的特色。它丰富了中国史学注重通史家风这一优良传统的内涵，使其具备了鲜活的时代特色和世界眼光。

自世界历史学科诞生时起，世界通史的编纂和研究就逐步纳入中国学者的学术视野。从翻译外国学者的世界通史著作，到编译最初的世界通史论著，再到根据中国学者的研究成果、理论框架和学术话语编纂世界通史，并通过世界通史著作影响外国史学界，这大致反映出了中国学者的世界通史编纂研究的发展轨迹。在一定意义上，我们可以认为中国的世界通史编纂和研究就是中国现代史学变化、发展的缩影。“在世界史研究中，‘通史’研究是世界史研究的重要组成部分，占有重要的地位，没有‘通史’研究的世界史，是不完整的世界史研究。从某种意义上可以说，世界通史的研究水平，包括理论框架设计和理论体系的构建，往往体现了世界史学科整体上所达到的学术水平。”① 史学界得出这样的认识深刻地反映出中国世界历史研究站在了新的认识高度。因此，20世纪以来的世界通史著

① 本书编写组：《史学概论》，高等教育出版社、人民出版社2009年版，第122页。

作及编纂思想研究与世界通史编纂实践一样，具有重要的学术价值和现实意义。

## 一　世界通史编纂研究的意义

世界通史编纂研究属于宏观史和整体史研究的范畴，在中国现代史学发展中占有重要的地位，具有较强的学术价值和现实意义，主要表现在：

自19世纪中叶迄今，中国学者从事世界历史的研究已经有一百六十多年了，如果自20世纪中叶中国的世界历史学科的创立算起，也已经过了60多年的发展历程。经中国学者翻译、编纂的各种体裁、各种类型的世界通史达200余部，再加上各个时期人们对这些著作的研究和批评，构成了中国学者关于世界历史研究的重要内容。不容否认，这些世界通史著作和世界通史思想已经成为中国史学发展史上一笔珍贵的思想遗产。不同时期的学者对这一遗产进行过不同程度的发掘，取得了可喜的成果。遗憾的是，限于各种原因，迄今为止史学界并没有对这一重要课题进行系统研究，也没有一部研究专著问世。笔者拟对中国的世界通史编纂问题作一回顾和梳理，总结其经验教训，并作尽可能的理论思考，希望能为这一专题研究增砖添瓦。

世界通史编纂问题研究对于世界历史学的学科建设具有一定的奠基作用。世界历史研究在20世纪四五十年代发展成为一门现代学科。它在几代学者的辛勤耕耘下，得到了迅速发展，尤其在改革开放以来，更是有了突飞猛进的进步。这不仅表现为众多专题史、国别史研究领域成果的日益丰富，也表现为世界历史理论和世界通史编纂研究的渐趋深化。20世纪以来，中国的世界通史研究在充分展现世界历史学科的发展历程、总结世界历史学科发展的经验教训等方面，具有其他学科不可替代的作用。然而，世界通史编纂研究属于中国历史学和世界历史学的交叉领域，长期不被这两个研究领域的学者关注，没有引起学界的足够重视，是当代史学史和史学理论研究中的薄弱环节。2011年11月17日，于沛先生曾在《人民日报》撰文呼吁加强世界史学科的史学史研究，无疑该课题正是在这一领域的尝试。加强对这一课题的研究对于促进当代史学理论，尤其是对历史编纂理论的发展，大有裨益。它拓宽了史学理论研究的视野，丰富了当代史学理论研究的内容，故能对世界历史学的学科建设起到积极的促进作用。

世界通史编纂研究是当代历史教育研究的新切入点。随着经济全球化趋势的迅猛发展以及中国改革开放实践的持续深入，对世界上主要国家的历史和世界历史发展大势的了解，已成为现代人必备的一项基本素质。人们通过各种途径了解世界历史，也为世界历史知识的普及和世界历史教育的发展奠定了社会基础。相对于中国历史教育研究，学界对世界历史教育的研究仍显薄弱。将世界历史教育和普及的重要载体——不同历史时期的世界通史著作——作为对象进行研究，是当代历史教育深入发展的重要标志。这种历史教育的分科研究①与整体的历史教育研究相得益彰，因为分科研究的深入有助于推进综合研究上升到新的理论高度；整体历史教育的发展反过来又会推动分科历史教育的系统化。此外，长期以来我国历史教育界对于历史教育的理论研究诸如功用、目的、理论与方法等发掘得比较深入、系统和透彻，但对历史教育发展情况的梳理、对历史教育优秀遗产的总结与继承不够，因而世界通史编纂研究有助于我国历史教育研究的均衡发展。

20 世纪前半期中国的世界通史编纂的发展历程表明，人们了解外国历史的一个重要载体就是通过相关国家的史学家撰写的世界通史著作。从这个意义上讲，世界通史著作可以说是中外文化和史学交流的桥梁和纽带，也是检验不同时期文化交流深入程度的试金石。通过这些世界通史著作，人们不仅了解了具体的历史知识，而且也了解了作者甚至相关国家对于世界历史发展形势的判断，以及该国在世界历史进程中的地位。中国史学要走向世界，不仅要对世界历史，尤其是宏观世界历史发展大势作出自己的研究，更应该使自己的研究成果走向世界，扩大中华文化话语权的影响力。因而对于不同时期的世界通史著作加以研究，对于编纂具有时代特色和民族品格的新型世界通史，更好地促使中国史学走向世界，形成中国史学在国际史坛中的话语权，具有非同寻常的意义。

---

① 赵恒烈在《历史教育学》一书中对历史教学法进行了这样的初步划分："它（教学法——笔者）可分为中国历史教材教法和世界历史教材教法，再分得细一点，中外历史各可划成古代、近代、现代三部分来研究。从小学、初中到高中，学生的年龄差别很大，历史知识的内容也不同，分科教学法就是根据各自特定的对象来研究方法论上的问题的。"赵恒烈：《历史教育学》，河北教育出版社 1989 年版，第 8 页。

## 二　世界通史编纂研究概况

### 1. 对世界通史总体状况的研究

吴于廑撰著的《世界历史》（中国大百科全书出版社 2010 年版）是在他 1964 年撰写的《时代与世界历史》与《中国大百科全书·外国历史》卷“世界历史”词条的基础上，对世界历史发展进程作出的最为系统的研究，代表 21 世纪以来中国学者有关世界通史理论研究的新进展。陈启能对新中国成立后世界通史的研究和编纂现状给予了总结。他认为：“虽然在五六十年代时，已开始陆续翻译出版苏联科学院主编的 13 卷本《世界通史》。改革开放以后，又陆续翻译出版了剑桥版的多卷本‘世界史’。然而，我国学者撰写的、反映历史学最新发展成果的有分量的世界通史著作还少有问世。”① 这一方面反映出世界通史的研究和编纂需要有相当的学术积累；另一方面也反映出世界通史的研究和编纂还缺乏自觉的反省和探索意识。

于沛则系统考察了近代早期中国学界对世界历史的认识水平，并且总结了近代早期中国学界世界历史研究的特点。他认为：“中国世界历史研究的突出优点和特点，是和时代的脉搏一起跳动。中国先进知识分子对世界历史的认识和研究，始终贯穿于中国人民争取民族独立、人民解放的历史进程中，表现出鲜明的民族精神和时代精神。明确这一点，不仅有重要的理论意义，而且还有重要的现实意义。”②

钱乘旦教授认为，评判教材的优劣，判断教材的价值主要看它是否与时代的脚步合拍，能够合拍的教材就是好的，不能够合拍的教材也许是超前的，也许是滞后的。但由于时代是不断发展和前进的，因此任何时代出现的任何教材一定是有局限性的。新中国成立后出版的三套影响巨大的世界史教材反映了时代的要求，都是成功的，但同时它们也都有时代的局限性。③

张海鹏也指出：“有的世界史学者认为，我国编写的各种世界史教材（包括通史和各种断代史），都是按照社会发展形态进行历史分期，逐一叙述

---

① 陈启能：《近年来中国的世界史研究的进展》，张海鹏主编：《中国历史学 30 年（1978—2008）》，中国社会科学出版社 2008 年版，第 84 页。

② 于沛：《近代早期中国对世界历史的认识》，《北方论丛》2008 年第 1 期。

③ 程文进：《“世界通史教材编写研讨会”综述》，《历史教学》2009 年第 2 期。

各地区、各国和各民族的历史。这实际上是一种分阶段的各国历史汇编。学者认为，这样一种历史叙述方式不能总揽世界全局，不能从全局考察人类社会的演变过程，不可能成为反映客观历史过程的科学著作。”① 这种简单地否定以往世界通史编纂的观点，实质上是一种历史虚无主义。

在这里还有一点值得注意，有的学者认为世界通史编纂是不可能的。雷海宗在世界史所具有的声望和地位与其所传世的学术著作似乎并不相符，这一点或许可以从雷海宗关于世界通史的观点中寻找到一点启发。这可以从王敦书在2001年将雷海宗命名的《欧洲通史（二）》更名为《西洋文化史纲要》一事中看得出来。王敦书指出：“按照雷海宗的世界观，可以说他未必赞成使用‘欧洲通史’一词。雷海宗主张世界历史是多元的，是一个处于不同时间和地区的高等文化独自产生和自由发展的历史，迄今可确知有埃及、巴比伦、印度、中国、希腊罗马、回教和欧西七个高等文化。”② 不仅如此，雷海宗在1928年就曾明确主张世界通史的编纂是不可能的，根本无法写出世界通史。他指出：“时间上和空间上人类史都不是一息相通的，人类史实际上是好几个文化区域各自独立的发展演变，因此世界通史根本无法写出，若勉强写成，要么是‘一部结构精密不合事实的小说’，或者是‘前后不相连贯的数本民族专史的勉强合成的一本所谓世界通史’。”③ 对世界通史编纂的可能性问题，雷海宗给予了明确的回答，这在相当程度上反映出当时中国世界史研究领域的一种颇有影响的看法。而王敦书作为当代世界史研究领域有影响力的学者，在此将这一观点重申，更是代表了当代史学界的一种看法。

于沛著的《世界史研究》（福建人民出版社2006年版）与于沛、周荣耀主编的《中国世界历史学30年》（中国社会科学出版社2008年版）虽对世界通史研究有涉及，但却没有展开。

**2. 中国史学界关于世界通史或世界历史内涵的研究**

刘家和在《论通史》一文中对通史的内涵作了系统的阐述，认为通史

---

① 张海鹏：《世界历史与世界史理论体系——在中国社会科学院“世界史高级论坛”开幕式上的致辞》，《史学史研究》2009年第1期。

② 王敦书：《雷海宗重要的世界史史学遗产》，《贻书堂史集》，中华书局2003年版，第634页。

③ 同上书，第634—635页。

实际上存在着通史体例和通史精神两个层面："古今纵向历时性之变，正是这些内外横向共时性之变的结果；而一切时代的横向的共时性的结构，又正是纵向的历时性发展的产物。纵向的历时性的发展与横向的共时性的变化是一而二、二而一的。通史作为传统，既是中国史学体例的一种表现，也是史学精神的一种展现；如果推展而言，这也是中国文明发展的连续性与统一性相互作用的一种在精神上的反映。"[①] 史家对于历史进程的认识是通史编纂过程中带有根本性的认识，[②] 决定了世界通史编纂所取得成绩的大小。20 世纪以来，在一些大学里建立了历史系，而且有了关于世界历史的课程，当时一般称为西洋史。然而，西洋史和中国史是两门不同的课程。为了避免重复，世界史的课程很少讲中国史，而中国史的课程也很少讲世界史。[③] 这看似课程设置的问题，但在事实上涉及对世界史的内涵和外延的认识。张海鹏在《近年来中国的世界史研究的进展》一文中开宗明义，指出："在中国，所谓的'世界史'是不包括中国史在内的，实际上指的是外国的历史。"[④] 这也在一个侧面体现了中国的世界史研究领域对这一问题的思考。关于世界史内涵和外延的界定，学术界并没有取得最终的共识。

1990 年《中国大百科全书·外国历史》出版，吴于廑在"世界历史"词条中将世界历史界定为一个历史学的分支学科。"世界历史是历史学的一门重要分支学科，内容对人类历史自原始、孤立、分散人群发展为全世界成一密切联系整体的过程进行系统探讨和阐述。"[⑤] 钱乘旦也指出："'世界史'，不是指在我国学科分类中人们通常所熟悉的'世界历史'，而是从全世界的角度，来观察人类历史的整体发展。这应该是一个新的学科分支，它的地位和'国别史'、'地区史'及其他分支学科同等，但有它独特的研究对象。这个学科考察人类的整体历史，考察人类文明在不同

---

① 刘家和：《论通史》，《史学史研究》2002 年第 4 期。

② 瞿林东：《历史进程与通史编纂》，北京师范大学史学研究所编：《历史科学与历史进程》，河南人民出版社 1994 年版，第 215 页。

③ 王敦书：《着眼全球，打通古今，把古史研究推向前进》，《贻书堂史集》，中华书局 2003 年版，第 320 页。

④ 陈启能：《近年来中国的世界史研究的进展》，张海鹏主编：《中国历史学 30 年（1978—2008）》，中国社会科学出版社 2008 年版，第 83 页。

⑤ 吴于廑：《世界历史》，《中国大百科全书·外国历史卷》，中国大百科全书出版社 1990 年版，第 1 页。

地区的产生、发展、交往、对抗、融合、扩散等过程。”① 从上述论述中可以看出，世界历史是包括中国历史在内的全人类的发展史。关于这一观点，吴于廑还有更为明确的论述：世界史“不是一门中国域外史，也不是包容一切国家、地区历史的总汇”，简要地说世界史学科应探讨“历史怎样发展为世界的历史”②。然而从中国大百科全书的分类中也可以看出，外国历史是不包括中国历史的。然而，外国历史卷的相当一部分词条，却又将许多中国历史事件包括在内，其中“世界历史”词条就是一个典型的例子。这也在相当程度上反映出学术界在这一问题上的分歧。

钱乘旦批评了将世界史或全球史凌驾于以往所有历史模式的观点，认为以往研发模式表达的是纵向的因果关系，而新的世界史或全球史却是从横向观察视角，强调的是横向的关系与互动，两种模式“各有千秋，甚至可以说是优势互补”③。在全球化日益深入发展的今天，以全球化的视野回顾和反思世界历史发展和编纂的经验、教训具有强烈的现实意义和学术价值。齐世荣在总结了古今中外的史家关于世界史的阐述之后，指出：“中外史家大致有以下几点共识：第一，世界历史本身是一个有机的统一体；第二，研究世界历史，应运用全球观点（或称世界全局观点）去综合考察各地区、各国、各民族的历史，或运用全球观点去看待某一地区、国家、民族在整个世界中的地位；第三，世界史的主要内容应是那些具有世界性影响的运动和世界各地的相互关系。”④ 在此，世界历史的内涵和外延逐渐清晰，并达成共识。

### 3. 中国学者关于世界通史体系研究

世界通史体系或者说是世界历史体系与编撰者的历史观密切相关，反映的是一个时代对世界历史发展进程的总体认识和哲学思考。南开大学王敦书教授指出，新中国成立后出现了五种世界史体系，即社会经济形态史

---

① 钱乘旦：《关于开展“世界史”研究的几点思考》，《史学理论研究》2005 年第 3 期。

② 吴于廑：《世界史学科前景杂说》，《内蒙古大学学报》1985 年第 4 期。

③ 钱乘旦：《“世界史”的理论、方法和内容》，《光明日报》2015 年 1 月 10 日。

④ 齐世荣：《漫谈世界史和世界现代史》，北京师范大学史学研究所编：《历史科学与历史进程》，河南人民出版社 1994 年版，第 30 页。

观、整体世界史观、现代化史观、文明史观和生态环境史观。①

21世纪以来，学界对世界史体系又有新认识。张乃和认为新国际体系论把世界历史划分为三大时期，即前国际体系时期、相互联系的诸国际体系时期和全球国际体系时期，进而对世界史的结构与变迁提出了新的解释框架，认为“世界史不是国别或地区史的简单相加，而是在物质交往基础上形成的世界性社会交往关系和社会存在状态”。② 还有学者认为：“全球史是重建世界通史体系的有益尝试。全球史既不能是传统通史的改头换面，也不能是各个地区均衡用力，必须是有重点，有非重点，重点与非重点的选择应是大地区，而非国度。”③ 在关于世界史体系的探讨中，有的学者提出以现代化为主线构建世界近现代史的学科体系，认为这样才“具有明显的时代性和科学性”，并将世界近现代史按照现代化进程分为五个阶段，即现代化的准备阶段、启动阶段、成熟与发展阶段、全球扩张阶段、现代社会出现新的转型阶段。④ 当然也有学者对现代化的世界史体系提出了批评，他们指出：“从世界历史发展的事实来看，人类社会可以从总体上划分为传统与现代两个部分：一个是以农业手工劳动为主要文明形态的传统社会；另一个是以工业机械劳动为主要形态的现代社会，这是学术界已经达成的共识。然而，如果作为一种历史观、方法论或历史发展的线索来说，将其纳入世界通史的体系，使其不仅与近现代而且与古代和中世纪的历史成为一体，显然是不合适的。因此，要用现代化的框架构建整个世界史的学科体系至少目前还不现实。”⑤ “尽管已故罗荣渠先生早已提出‘一元多线历史发展观’，近年来董正华教授等又详加解释和阐发。但据笔者管见，目前把现代化理论与通史研究结合起来的尝试，似乎仍是重‘一线’而轻‘多线’，突出‘西线’而忽略‘东线’，倾向于把世界近代史概括为一个以欧洲为中心的近（现）代化单向传播的过程。”⑥

---

① 程文进：《“世界通史教材编写研讨会”综述》，《历史教学》2009年第2期。

② 张乃和：《超越世界体系论》，《史学集刊》2004年第2期。

③ 夏继果：《中国高等学校世界通史教学状况调查报告》，《世界历史》2006年第3期。

④ 钱乘旦：《以现代化为主题构建世界近现代史新的学科体系》，《世界历史》2003年第3期。

⑤ 陈晓律、于文杰：《谈构建中国世界史学科体系》，《史学理论研究》2008年第2期。

⑥ 徐洛：《评近年来世界通史编纂中的“欧洲中心”倾向——兼介绍西方学者对“早期近代世界”的一种诠释》，《世界历史》2005年第3期。

王也扬在《从高校世界通史教材谈到多卷本〈世界通史〉的编写》中指出，一部《世界通史》要具备中国特色绝不仅仅止于诸如摆脱“西欧中心说”，或在整个体系中包括中国史这样一些具体的含义，而在于在实事求是路线指导下，以中国人自己的马克思主义理论水平和研究水平去认识和总结世界所走过的历史道路，亦即反映出中国人的独立思考的高度科学精神。① 更有学者将全球史观看作是一种“编纂世界通史的方法论”，它与历史研究的指导思想——马克思主义唯物史观并不出于一个理论层次上，并不能相提并论。②

2006年，高等教育出版社出版了由齐世荣任总主编的四卷本《世界史》。作为普通高等教育“十五”国家级规划教材，此书主要供高校历史专业本科教学使用，亦为广大史学工作者研究世界通史的最新读本。四卷本《世界通史》分为古代卷、近代卷、现代卷和当代卷。各卷的起止时间分别是：从远古有人类以来到15世纪末、从16世纪初到19世纪末、从20世纪初到1945年第二次世界大战结束、从1945年至今。当代史单列一卷，作者说明主要是考虑到以1945年为分界线，20世纪前后两个阶段世界在经济和政治格局上确实有很大区别，并且也是为了适应许多学校开设世界当代史课程的需要。对人类历史发展为世界历史的过程从纵向发展和横向发展两个方面予以说明。纵向发展是指人类物质生产史上不同生产方式的演变和由此引起的不同社会形态的更迭。作者一方面指出在人类历史由低级到高级发展的过程中，并不是所有民族、国家的历史都无一例外地按照这一序列向前发展，有的没有经历过某一阶段，有的长期停顿在某一阶段。另一方面，作者亦指出，尽管人类历史由低级社会形态向高级社会形态的更迭发展先后不一，形式各异，但这个纵向发展的总过程仍然具有普遍的、规律性的意义。横向发展是指“历史由各地区间的相互闭塞到逐步开放，由彼此分散到逐步联系密切，终于发展为整体的世界历史这一客观过程”。作者在这里强调：“推动历史横向发展的决定力量，同样是物质生产的发展。”同时对历史的纵向发展与横向发展的关系作了进一步的阐

① 王也扬：《从高校世界通史教材谈到多卷本〈世界通史〉的编写》，《世界历史》1984年第5期。

② 刘新成：《全球史观与近代早期世界史编纂》，《世界历史》2006年第1期。

述："历史的纵向发展与横向发展过程，是互为条件的。纵向发展所达到的水平和阶段，规定了横向发展的规模和广度。横向发展一方面受纵向发展的制约，反转过来又对纵向发展产生促进和深化的影响。在历史向资本主义过渡的时代，横向发展对纵向发展的反作用，表现得尤为明显。"① 四卷本《世界史》的体系正是纵向发展与横向发展有机结合的尝试。值得注意的是，齐世荣认为，中国学界至今仍然没有建立起"中国的世界史学科体系"，建立世界史体系，保守地说，也得过五十年以后。②

何芳川提出了自己对划分世界史体系的理解：前文明时代、古典文明时代、中古文明时代、近代文明时代和现当代文明时代。③ 王玮认为："世界结构走向一体化以及国际秩序和规则的合理化，共同组成了世界历史向前发展的两条线索，它们之间互相制约平衡、交错互动，使整个世界历史的发展呈现出动态性、曲折性、周期性和阶段性。"④ 李勇则高度评价了周谷城的世界通史体系，"周谷城在世界通史编纂领域实现了两个方面的突破：在编纂体系上突破了国别史之总和即构成世界史的旧框架；在编纂内容上则突破了'欧洲中心论'的藩篱，把世界历史当作一个有机联系的统一整体，有着自身的发展轨迹和必然的发展趋势。"⑤ 王也扬认为：打破西欧中心说，在我国史学界早已几乎没有人不同意了。然而我们自己的世界史完整体系却迟迟没有建立起来，许多教材中的亚非拉部分生拼硬凑的痕迹十分明显，即使是欧洲各国史也写得较散，这当然主要是由于研究基础不够。⑥

#### 4. 中国学者关于世界通史内容的研究

（1）如何看待世界近代史上欧洲的地位和作用

有学者从篇幅分配来分析国内新近出版的世界通史，指出，人们在批

---

① 齐世荣主编：《世界史》，高等教育出版社2006年版，前言第1页。

② 齐世荣、邹兆辰、江湄：《终身从事中国的世界史研究——访齐世荣教授》，《历史教学问题》2003年第1期。

③ 何芳川：《世界史体系刍议》，《史学理论研究》2005年第3期。

④ 王玮：《世界史体系的创新和世界史学的重建》，《史学理论研究》2005年第3期。

⑤ 李勇：《论周谷城世界通史编纂思想及实践与当代"整体史"观和"全球史"观的相关性》，《学术探索》2004年第6期。

⑥ 王也扬：《从高校世界通史教材谈到多卷本〈世界通史〉的编写》，《世界历史》1984年第5期。

评英国“剑桥三史”“以欧洲为世界历史的中心”、把欧洲以外的地区视同陪衬、涉及亚洲历史的章节占全书总篇幅的比例极小的同时，这些新出版的世界通史著作对亚洲历史的着墨也不多，没有改变“以欧洲为中心、欧洲以外地区为陪衬”的传统套路。作者还指出，尽管仅从篇幅上多写东方的历史不会从根本上解决问题，但削减非欧美国家和地区的内容更不利于克服欧洲（或）西方中心主义倾向，因而更无法展现世界历史的全貌。[①]“在编史中对西欧各国的严重倾斜，实际上反映出国内流行的对近代史四百年基本内容和总体走向的一种理论认识”，这包含着“人们越来越重视世界历史‘整体化’的进程，强调近代史的主要内容是人类历史由分散的隔离的区域性历史向紧密相连的全球历史加速发展的过程。而这一历史过程始于15、17世纪之交欧洲人的‘地理大发现’，由分散向整体发展，在某种意义上被看作代表了近代世界的本质和规律”，以及“近代世界史乃是一部资本主义在欧洲产生、发展及向全世界扩张并在全世界产生巨大影响和反应的历史”。总之，近代世界的“所有一切都源于欧洲，是欧洲人的海外冒险建立了连接世界各地的海上交通，促进了世界贸易，推动资本主义经济在欧洲率先发展，还创造出与之相适应的政治体制、价值观念和国际关系规范……因此欧洲资本主义发展史理应作为世界近代历史的中心和主要内容。这样，1500到1900年的世界历史就在很大程度上成为欧洲近代历史的主题在更大范围内的延伸和扩展。总之，正是这种诠释近代世界如何形成的理论体系，使欧洲中心（或重心）成为结构性的和不可避免的。”[②]

有的学者还反思了当前方兴未艾的全球史视野下的世界史研究。作者指出在当下以美国为主导的世界史研究中至少在三个问题上依然摆脱不了其内在的缺陷：怎样看待“西方史”与“世界史”的关系问题、怎样看待世界史中西方权力的扩散以及在这一过程中西方给非西方所带来的创伤与痛苦问题、怎样看待世界史研究中的地方差异问题。“对于世界史这种名副其实的宏大叙事来说，由于其带有明显的目的论色彩——探究人类社会从分散到整体的演变，必然会放弃众多体现着差异的地方元素，在材料的

---

① 徐洛：《评近年来世界通史编纂中的“欧洲中心”倾向——兼介绍西方学者对“早期近代世界”的一种诠释》，《世界历史》2005年第3期。

② 同上。

选择上也只能顾及那些‘参与’互动的主要文化区域。不必说一些远离中心的地区被排斥到世界史之外，就是那些主要文化区域里的内部差异也被忽视了。此外，由于对整体性的世界史的需要主要来自全球化及其后果，因此，世界史特别是1500年以来的世界史在逻辑上必然接受以西方为主导的叙事，这对于承载着多样化和差异性的非西方世界显然是一种压抑。而且，作为最能体现地方差异的思想观念领域，由于其中包含了太多的分歧、矛盾、断裂和不确定性，向来为世界史学者所回避，这也是它们为什么更多地选择关注技术、移民、疾病、物种等不涉及价值判断的主题的原因。这不能不说是当今世界史研究的一个重要缺憾。”①

（2）如何看待中国在世界历史上的地位和作用

在世界历史进程中如何把握中国史是一个世界通史编纂中无法回避的问题。正如有的学者所指出的：“我国经过20多年改革开放成果卓著的实践，社会生产和社会结构都发生了深刻变化，中华民族这位历史巨人终于恢复了元气，昂首阔步迈向全面复兴的道路，世界上历史最悠久、人口最多、面积最辽阔的国家如何利用后发优势，趋利避害，在现代化全球化的历史洪流中自我定位，掌握航向，激流勇进，这成为诸多学者深入思考的时代主题，同时也对世界史教材和教学改革提出了挑战。”② “4卷本《世界史》包括中国历史在内，以显示世界发展的完整性。当然，本书中国部分的写法与专门中国史不同，重点在于说明中国在世界历史上各个阶段的地位，中国与世界其他地区、国家和民族之间的交往和相互影响。”③

针对目前史学界强调的全球史忽视国家、民族研究的倾向，有不少学者主张应该在世界通史编纂中注意一些国别史的研究成果。刘家和教授强调世界史应该包括中国史，而中国史也必须放入世界史中去研究。从事世界史研究的专家应该关注中国史，而从事中国史研究的专家也应该了解世界史。④ 2015年1月，刘家和又撰文指出，应该把在一定时间和地方对于世界最起作用的国家写在最显著的位置上，无论是以国家为单位，还是以

① 张旭鹏：《全球史视野下的世界史研究》，《河北学刊》2009年第3期。

② 卢少鹏：《评新编高校教材〈世界通史〉》，《历史教学问题》2003年第3期。

③ 齐世荣主编：《世界史·前言》，高等教育出版社2006年版，第3—4页。

④ 程文进：《“世界通史教材编写研讨会”综述》，《历史教学》2009年第2期。

民族为单位，中国史都不能不写入世界史。①

（3）如何体现世界历史发展进程中的交往与互动

有的学者强调在世界通史编纂中应该处理好本国史与世界历史的关系。“全球史应从国内政治、民族种族、地理气候、文化传统、国际外交等方面将全球作为一个整体，既发现它发展的规律或特征，又阐明人、民族、地区、国家间相互制约、互相促进的关系。全球史观要彻底摆脱欧洲中心论，表达中国人对世界历史发展的认识。”②

有的学者指出：“在国内，以前的世界史教学模式是把国别史、地区史及一些专门史都涵盖在世界史教学之内，使世界史的教学界限显得十分模糊。苏联把《世界通史》体系变成从古到今世界上各个地区、各个国家、各个民族、各个社会领域的发展过程的学科，过分夸大了世界历史学科的研究范围，把世界历史混同于整个历史学。”③“我国学术界应该以一种开放的、包容的、多元的态度，努力构建中国的世界史体系，有鉴别地吸取当代国际史学及社会科学一切新理论和新方法，考察人类文明形成与发展的整体轨迹，考察人类社会历史的整体发展。由此，有的学者提出了‘全球史观’这样的概念，认为‘全球史观’这样的概念可以避免用国别史范畴的概念去说明世界史的运行特点和规律的弊病，更加科学地发现和说明整个世界的发展状况及发展规律。”④

彭树智教授强调，文明交往是人类历史发展的推动力量，因此，研究人类历史、现状和未来，必须研究文明交往，通过研究文明交往揭示世界历史发展的进程。在新世纪，全面的世界通史性著作的撰写和出版有了进展。在大部头多卷本的世界通史的编纂方面，据闻，中国社会科学院世界历史研究所牵头编撰的大型多卷本《世界历史》（江西人民出版社 2012—2013 年版）、齐世荣主编《人类文明的演进》（上下卷，中国青年出版社 2001 年版）、李世安、孟广林等编《世界文明史》（中国人民大学出版社

---

① 刘家和：《试谈中国的世界史研究》，《光明日报》2015 年 1 月 10 日。

② 夏继果：《中国高等学校世界通史教学状况调查报告》，《世界历史》2006 年第 3 期。

③ 管晓东：《对〈世界通史〉大学教材体系改革的几点思考》，《江西科技师范学院学报》2002 年第 5 期。

④ 张海鹏：《世界历史与世界史理论体系——在中国社会科学院“世界史高级论坛”开幕式上的致辞》，《史学史研究》2009 年第 1 期。

2002 年版)、刘明翰、郑一奇主编《人类精神文明发展史》(四卷本,中国青年出版社 2003 年版)、马克垚主编《世界文明史》(三卷本,北京大学出版社 2003 年版)等。[①] 这充分表明了进入新世纪以来,中国的世界通史研究和编纂所体现出来的文化史和社会史倾向。这些著作所体现出来的一个共同特点就是对于文明史给予了相当的重视,具有鲜明的文化特色和时代特征。而对于世界文明史在世界通史编纂中的地位和作用的研究,仍是史学研究中的一个薄弱领域。

还有学者比较系统地分析了现行高中历史科中的世界史,认为"目前高中历史新课程中的世界史不是真正意义上的世界史,而是以'西方中心论'为基调的世界史"。在内容上,"新课程世界史内容比例严重失调",且存在"世界史内容的选取也有明显的缺失和不当,存在知识'低幼化'倾向。初、高中的世界史内容也不能形成衔接"。[②] 这些评价虽有情绪化的成分,但反映出的世界史教材体系方面存在的问题却是值得关注的。

### 5. 中国学者关于世界通史体裁、体例的研究

张广智认为苏联十卷本《世界通史》开辟了世界通史编纂的新模式。"苏联多卷本《世界通史》正是筹划与酝酿于 20 世纪 50 年代,是战后世界史重构工作中的一种出版物,一种迥然不同于西方史家世界通史观念与体系的作品,一种世界通史编纂的新模式,自然自成一种流派。换言之,我们姑且称之为马克思主义史学的世界通史学派……在现代世界史学史上,试图用马克思主义的观点编纂多卷本的世界通史,苏版《世界通史》确是先行者。因此,说它是第一部试图用马克思主义的理论来编纂的世界通史,也未尝不可。"[③]

有的学者充分强调了在世界通史编纂中大事年表的作用:"将中国历史与其他人类社会的历史有机地整合在一起,应最大限度地减少讲述各人

---

① 陈启能:《近年来中国的世界史研究的进展》,张海鹏主编:《中国历史学 30 年(1978—2008)》,中国社会科学出版社 2008 年版,第 84 页。

② 邵光前:《是世界史?还是欧美史?——浅议高中历史新课程的世界史内容》,《历史教学》2008 年第 23 期。

③ 张广智:《苏联版〈世界通史〉的中国回应》,《淮北煤炭师范学院学报》(哲学社会科学报)2004 年第 5 期。

类社会的纵向历史发展过程的篇幅，而应以横向比照的大事年表取而代之；相应的，大量的篇幅应用来比较研究不同人类社会历史发展的异同点、深入分析探讨关乎世界历史发展的问题及讲述世界范围内的疾病传播、技术扩散、物种交流、环境变迁、远程贸易、不同思想文化的碰撞与交融等话题，这些话题涉及所有人类社会的历史，有关的中国历史当然也就分布于各个话题的讲述之中。"①

作为世界通史著作的配套作品，各种资料选辑也构成为世界通史著作的重要体裁。为配合大学的世界通史教学，出版了一套由周一良、吴于廑主编的《世界通史资料选辑》，上古部分、中古部分和近代部分分别由林志纯、郭守田、蒋相泽任主编。另有齐世荣主编的《世界通史资料选辑》现代部分，以及当代世界史资料选集3册（北京师范学院出版社1990—1996年版），还有一套《世界史资料丛刊》，最初的主编是杨人楩，到1966年已出12种13个分册，原由三联书店出版，1962年底起改由商务印书馆出版。"文化大革命"时期中断，1979年后《世界史资料丛刊》重新纳入出版日程，上古、中世纪、近代和现代部分分别由林志纯、戚国淦、张芝联、齐世荣担任主编。有的学者指出："在原始资料不易觅得的情况下，《世界通史资料选辑》和《丛刊》对于提高我国世界史学科的教学和科研水平，无疑是有相当价值的。"②

还有的学者批评了现行高中教材贯通古今、中外关联的专题史体例，认为：学生在"尚无通史知识基础的情况下进入专题史学习，无异于拔苗助长。新课程实践证明，这个方案不仅给教学造成了不必要的混乱和困难，而且学生无法形成较完整的历史知识结构，课程目标也难以实现。为了'创新'而不顾历史学科特点，忽视学生的认知规律和史学传统，实不可取"。因而，应该重新"树立全球历史观，重新采用通史体例编写世界史。在世界全球化趋势日益加速的今天，将全世界作为一个整体，从宏观角度审视和研究历史，编写出符合时代要求并具有学术价值的世界史，是史学界的重大课题。高中历史课程应该借鉴国内外史学界的研究成果，在

---

① 温泉：《论世界通史作品中的古代中国史编纂》，《首都师范大学学报》2010年增刊。

② 齐世荣：《我国世界史学科的发展历史及前景》，《齐世荣史学文集》，人民出版社2002年版，第358页。

全球史观的指导下，采用通史体例编写世界史”。[①]

李赟在《清末民初的世界史演义初探》一文中比较系统地探讨了演义体世界通史的来龙去脉。作者指出：“演义体的史学作品作为史学的重要组成部分，在向下层民众传播历史知识的过程中发挥着重要作用。清末以降殆至民初，演义体的史学作品杂然纷陈，其中世界史演义的出现尤为醒目，演义域外新知，启迪下层民众，激发爱国热忱，成为世界史演义作者共同的创作意图。大量世界史演义作品的出现，既是此时期历史演义创作中的重要现象，也成为此时期的演义体史学的一个重要特点。”[②]

### 6. 中国史学界关于世界通史的功能和价值研究

北京大学历史学系教授李剑鸣认为一部理想的世界通史教科书，应在遵循专业规范、符合专业标准的前提下，力求兼具学术性、前沿性、开放性和可读性的特点。“所谓学术性，就是要在广泛吸纳学术界已有成果的基础上，力求知识准确，见解新颖，并做到言必有据，信而有征；所谓前沿性，就是要紧密追踪国内外史学界的前沿，采用新材料，吸收新观点，反映新进展；所谓开放性，就是要有助于启发学生的思考，培养他们进一步探索的兴趣和能力，而不是止于给他们提供问题的标准答案；所谓可读性，就是要做到形式活泼多样，文字生动可读。”[③] 世界史教学的目的，在于引导学生用变化的、多重的和历史主义的眼光来看待过去，培养学生对不同时代、不同人群的信仰和生活具有“了解之同情”。因此世界史教科书要处理好整体与局部、宏观与微观、整体的系统和丰富的多样性之间的关系，以呈现一种立体多维、丰富多彩和知识可靠的世界历史叙事。同时，他在说明自己对待历史分期问题的看法时也阐述了对于“通史”的理解。“世界通史要以‘通’为特色，而绝对的分期往往对‘通’构成妨害。这里所说的‘通’，有横向和纵向之分。横向的‘通’表现为不同地区之间的联系或比较；纵向的‘通’，则表现为时间之流的连续性。只有抓住这两点，才能写出具有‘通’的特性的世界通史。由此说来，与其采用绝对化的分期，不如对分期作模糊处理，

---

① 邵光前：《是世界史？还是欧美史？——浅议高中历史新课程的世界史内容》，《历史教学》2008年第23期。

② 李赟：《清末民初的世界史演义初探》，《史学史研究》2003年第1期。

③ 李剑鸣：《世界通史教科书编纂刍议》，《史学月刊》2009年10期。

而更加关注不同地区和不同国家的历史特点，突出历史的连续性。”①

有的学者主张：“世界历史仅仅是历史学的一个分支，我们没有理由要求它承担整个历史学的庞大的任务。而且，在实践上，这种看法导致的最终结果是把世界历史写成了国别史、地区史的简单堆积和拼凑。……造成学生对一系列众所周知的事实的全盘继承，”因而，“《世界通史》大学教材的编写，正是关系到我们培养史学新人的问题。”②

张宏毅对世界通史的价值给予了系统的阐发，认为世界通史是社会科学中各学科的基础学科，是对唯物史观最好的诠释，并且起到重要的资政作用。它对于青年一代的教育作用与过去传统的专史、地区、国别史等相比较，正在产生一个质的飞跃，它可以培养我国青年具有真正的世界眼光和对未来充满坚定的信念。③

### 7. 如何编纂世界通史

如何编写世界通史是一个事关世界历史学科建设的重要问题，也是每一个致力于世界通史编纂的史学工作者不得不思考的现实问题。有的学者在分析斯塔夫里阿诺斯的《全球通史》的时候提出了世界通史编纂学的命题。这是史学界较早明确提出世界通史编纂学的文章，它从世界历史分期，历史观、史料的选择等方面体现出了作者对世界通史编纂学的理论和运用。④

要编写具有中国特色的《世界通史》，要反映中国人自己的马克思主义理论水平和研究水平，最根本的是要看我们如何完整准确地理解马克思主义的思想体系。有学者建议，有志于编写具有中国特色的《世界通史》的史学工作者都能够花工夫将已经出版的马恩全集全部翻阅一遍，通读里面的有关论述，再分专题串起来，制成卡片或编成专集，力求完整准确地领会其原意。相信这项准备工作对编写会大有裨益。⑤

---

① 李剑鸣：《世界通史教科书编纂刍议》，《史学月刊》2009年10期。

② 管晓东：《对〈世界通史〉大学教材体系改革的几点思考》，《江西科技师范学院学报》2002年第5期。

③ 张宏毅：《世界通史的价值和功能》，《历史教学》2009年第12期。

④ 朱声媛：《从世界通史编纂学的角度看〈全球通史〉——〈全球通史〉读后》，《科教文汇》2007年10月下旬刊。

⑤ 王也扬：《从高校世界通史教材谈到多卷本〈世界通史〉的编写》，《世界历史》1984年第5期。

马克垚强调了编写世界史需要重点解决的问题，进而有所取舍的问题意识开始在世界通史编写中受到重视。“世界史也就是全世界的人类历史，是全世界的各民族、国家的自古及今的发展史，要编写一部真正意义上的世界通史，当然不是把每个国家、每个民族的历史，都进行叙述，把每个事件、每个人物，都进行排列。而是要有所取舍、有所整合，我以为最重要的是要解决：一、如何把各个发展阶段不同、模式不同的文明，整合成为一个统一的有机的世界史；你所要叙述的单位是什么，是民族、国家，还是文明、世界体系，还是交流的网络；二、说明世界历史是怎样发展和为什么发展的，即解决世界历史发展的动力问题；三、各民族、国家或文明的共性与特性，这也就说明，编写世界史不可避免地要进行比较研究；四、克服世界历史编写中普遍存在而又为大家普遍不满的西欧中心论问题。”① 由罗列到编排，呈现内容的不同反映了世界通史编纂的新进展。

我国现有的世界通史教材，一般都采取以年代为经，以地区和国家为纬的叙述方法。王也扬指出：“教材的编写者感觉写世界通史容易写横、写散，不易写纵、写系统。这对于编写大部头的世界通史来说，也是一个需要注意的问题。要想把这个问题处理得好一点，只有把世界历史作为一个有机的整体，加强其基本线索和内在联系的开掘和阐述。”②

还有学者主张在世界史研究和编纂过程中继承和发展中国传统史学中的通史传统，在编纂体例、理论、文字表述等多方面均有利于构建中国世界史研究和编纂的体系。一部真正的世界史著作，自然而然地要通古今之变，要既知古今有变，也知有通，要准确、科学地把握变和通，并在此基础上阐明人类社会的发展规律。中国的通史家风不仅对于中国史编纂，而且对于世界史编纂都具有积极的理论价值和重大的实践意义。③

何平指出，全球史观是一个具有时代感并使用多种当代社会科学概念和方法的新史学编纂理论，与传统“世界史观”在研究视角、编纂重心、

---

① 马克垚：《编写世界史的困境》，刘新成主编：《全球史评论》第一辑，商务印书馆 2008 年版，第 10 页。

② 王也扬：《从高校世界通史教材谈到多卷本〈世界通史〉的编写》，《世界历史》1984 年第 5 期。

③ 董欣洁：《中国的通史传统与世界史编纂》，《史学集刊》2009 年第 3 期。

意识形态、分析研究方法、历史分期和话语特征诸方面都有很大的突破。[①]“《全球通史》的全球视角是一种对世界史编纂方法的继承和创新，既是对过去以帝国、上帝以及民族国家为中心的世界历史叙事的超越，也是对黑格尔、孔德、兰克等欧洲中心论的世界历史叙事的批判。”[②]

马克垚鉴于西方话语霸权由来已久，指出以往的世界史著作都是通过西方的“东方主义”棱镜进行，“没有建立自己的认识论和方法论”，现时意在淡化民族、国家内容而强调各文化、文明之间交往的世界史著作仍然是从西方出发看世界的。因此，要编写一部综合了世界主要民族、国家发展规律，体现世界历史的科学进程的世界史，首先要设法清除各种形式的东方主义、汉学主义的影响，在重视对世界上一些重要的民族、国家比较研究中逐步建立起科学的世界史理论和方法，进而总结出世界共同的发展规律，写出新的世界史。[③]

以上胪列的研究成果表明，中国学者对于世界历史及通史性著作的研究已经达到了一个比较深入、系统的阶段，从而为更加系统、更为全面的研究阶段的到来奠定了坚实基础，指明了发展趋向。本书试图在这一领域于吸收前辈学者所做研究的基础上再作些探索性的尝试，至于能够做到什么程度，要留待读者评价了。

## 三　需要交代的几个问题

本书阐述的重点主要是藉由历史观的变化带来的世界历史体系的多次重构及其对于世界通史编纂的影响。20 世纪以来中国史学界的历史观发生了两次意义重大的转变，其标志则是西方近代进化论的传入和马克思主义唯物史观的传入。[④] 这给世界通史编纂带来了革命性的变革。这种变革的原因、表现、影响和意义，以及产生影响较大的世界通史著作和思想的评析，

① 何平：《全球史对世界史编纂理论和方法的发展》，《世界历史》2006 年第 4 期。

② 任东波：《范例与超越：全球史观的实践和全球化时代的批判》，《北京大学学报》（哲学社会科学版）2007 年第 1 期。

③ 马克垚：《谈如何编写世界史》，《光明日报》2015 年 1 月 10 日。

④ 参见瞿林东《唯物史观与中国史学的发展》，《中国史学的理论遗产》，北京师范大学出版社 2005 年版，第 173 页。

将是本书重点阐述的问题。其创新点主要有：①完整、全面、系统地梳理了20世纪以来中国的世界通史编纂的发展、演变历程。②对世界历史发展进程中的一些重大历史理论问题，如文明、国家的起源问题、阶级和阶级斗争问题、社会形态理论、民族融合等，在不同时期的世界通史著作中的发展，作一梳理和阐发。③对世界通史编纂理论，包括世界通史研究对象的探讨、史料的选择标准及其不同观点支配下的具体运用、世界通史编纂的体裁和体例作明确述评。④对世界通史的功能和价值进行理论探讨。

在方法论原则上，本书力求体现史学史与史学理论的研究特征与风貌。首先，对于一些问题和观点的辨析、商榷以至于最后提出自己的观点均严格从中国史学发展的实际出发，严忌空论。严格来说，对于20世纪以来的中国史学已经有一些学者从总体上、从学术史或者从思想史的角度进行了卓有成效的探讨。这成为笔者进一步深入、系统地分析20世纪以来的世界通史编纂的学术背景和研究基础。其次，对所涉及的一些世界通史编纂思想和世界通史著作，力求采取一种历史主义的分析原则以及“知人论世”的撰述方法，尽可能地对前辈的世界通史著作和思想认识作较为全面的评析，重点不在于苛求他们的缺点与不足，而在于阐扬他们的优点及分析其可资借鉴之处。再次，采取总体的世界通史编纂概况分析与重点世界通史著作及问题辨析、论述相结合的方法，既注重对宏观、整体问题的把握，又对具体、中观乃至微观的问题和观点作细致的辨析和探究。最后，采取学术采访和问卷调研的研究方法。对一些主编世界通史的学术名家进行专访，对一些正在使用世界通史的在校大学生进行问卷调研，进而将社会调查与史料研读相互结合，相互印证，相互发明，一方面可以使具体的分析具有更强的历史感；另一方面又使得这一研究具有更强的现实针对性。

从世界通史编纂的发展历程和阶段看，改革开放前，史学界主要是基于现实需要而进行世界通史的编纂实践。改革开放后，随着中国国际地位的提升，世界经济全球化的迅猛发展，中国史学界对世界历史的学科建设的重视也达到了前所未有的程度。从世界通史编纂研究的角度，有些学者从不同的角度和侧面对世界通史著作作过许多评论，这些评论对我们系统地研究不同时期的世界通史奠定了基础，但遗憾的是这些研究又是零散的、自发的，没有形成完整的体系。本书正是在上述研究成果的基础上，基于弥补这一缺憾所作的尝试。

# 第一章

# 世界通史编纂历程

20 世纪以来，中国史家关于世界通史的编纂与 20 世纪世界历史的发展进程密切相连，更与 20 世纪中国历史的发展进程息息相关。全面、系统地梳理中国学者关于世界通史的思想和认识，认真、细致地爬梳不同时期中国学者编纂的世界通史著作，尤其是中国马克思主义史家在这一领域的成就，对于全面认识 20 世纪世界历史和中国历史的进程，对于促进当代中国史学的发展，都具有重要的意义。

## 第一节　20 世纪前的世界史地研究状况

史学的发展、变化，从根本上说是踩着历史的足迹前进的。1840 年鸦片战争爆发后，中国历史经历了前所未有的大变动。马克思曾以洞察世界历史进程的深邃眼光，对英国的对华贸易和鸦片战争以及由此而引起的反抗进行了如下的评论："历史好像是首先要麻醉这个国家的人民，然后，才能把他们从世代相传的愚昧状态中唤醒似的。"① "在这场决斗中，陈腐世界的代表是基于道义原则，而最现代的社会的代表却是为了获得贱买贵卖的特权——这真是任何诗人想也不敢想的一种奇异的对联似的悲歌。"②这些话揭示出这一大变动时代中错综复杂的矛盾和深刻的历史内涵。正是在一历史条件下，中国史学呈现出明显的嬗变：一方面表现为传统的史学

① 《中国革命和欧洲革命》，《马克思恩格斯选集》第 1 卷，人民出版社 1995 年版，第 691 页。

② 《鸦片贸易史》，《马克思恩格斯选集》第 1 卷，人民出版社 1995 年版，第 716 页。

以其深厚的根基，还在延续着自己的生命；另一方面表现为在民族危机震撼下，人们对历史与现实重新思考而萌生了新的历史观念和历史研究。[①]其中，关于外国史地的研究和撰述，关于边疆史地的考察以及世界意识之观念在历史著作中的反映则是展现这后一方面的突出的史学现象，也是 20 世纪以前我国世界史的研究的主要特征之一。而传统史学对周边外国历史和外国人物的关注成为 20 世纪中国的世界史研究萌芽的文化积淀。

## 一　中国传统史学对外国历史的关注

中国传统史学所具有的重“通”传统使其在反映中国历史进程的同时，作为背景和附属，也介绍了邻国、藩属以及与中国发生关系的国家和地区的历史。两千多年来这种关注域外历史的做法，尽管只是处于附属地位，但却一直没有中断，成为我国传统史学的一个优良传统，也是我们今天了解中国古代人们世界观的一条极为重要的线索。

春秋时期是中国历史发展的重要时期。东周经济、社会的空前发展，其疆域的空前广阔，使得这一时期史家的视野得到了前所未有的发展。司马迁在《史记》一书中设有朝鲜列传、西南夷列传、大苑列传、匈奴列传等篇目，涉及的国家有朝鲜、越南、印度以及大宛、乌孙、康居、燕蔡、大月氏、安息等国。《史记》以下的二十五史，除了《陈书》、《北齐书》之外，其他 23 种史书中，都涉及对外国的介绍和研究。各代官修纪传体史书都有“外国传记”，包括东南亚、中亚、西南亚、欧洲和西非许多重要的地区和国家。宋人王钦若等编纂的大型类书《册府元龟》，其 956 卷至 1000 卷共 45 卷专设“外臣部”，对宋以前中国周边国家和民族的发展作了详细记录。1584 年，利玛窦在肇庆刻印出《山海舆地全图》，这是中国的第一幅世界地图。后来，利玛窦又向当时的皇帝献上了更为完备的《万国舆图》。从此，中国士人才知道地球上有五大洲、三大洋，亚细亚、欧罗巴、亚美利加、地中海、大西洋等词汇才开始沿用开来。也就是大约在同一时期，中国人开始接受大地为圆的观点。

18 世纪七八十年代，有中国“文化长城”之誉的《四库全书》共收录了来自欧亚 10 个国家的 22 种外国人著作，共计 503 卷。其中史部 8 种

---

① 瞿林东：《中国史学史纲》，北京出版社 2005 年版，第 737 页。

47 卷，分别为［越南］黎崱著《安南志略》20 卷、［越南］佚名氏撰《越史略》3 卷、［朝鲜］佚名氏撰《朝鲜史略》12 卷、［朝鲜］郑麟趾撰《高丽史》2 卷、［朝鲜］佚名氏撰《朝鲜志》2 卷、［朝鲜］金简撰《钦定武英殿聚珍版程式》1 卷、［意大利］艾儒略撰《职方外纪》5 卷、［比利时］南怀仁撰《坤舆图说》2 卷。《四库全书总目》中还收录有 16 种外国人著作，共计 85 卷，均有提要，其著者分属亚欧 6 个国家。其中史部 2 种 2 卷，分别为［比利时］南怀仁撰《别本坤舆外纪》1 卷、［意大利］利类思、［葡萄牙］安文思、［比利时］南怀仁等撰《西方要纪》1 卷。[①] 值得指出的是，这仅是在被《四库全书》收录的外国人的历史著作，实际上流行于世的外国人关于外国历史的著作和中国学者撰写的关于外国历史的著作在数量上当然要大得多。此外，还有数量庞大的私人著述、野史笔记，包括旅行家的所见所闻、宗教人士的见闻传说、外国使节的经历、都程度不同地保留着对国外史事的记述。这些史籍和著述，尽管尚属中国传统史学的支流和末节，但对研究相关国家的古代历史来说，却都是不可多得的珍贵史料，是一个极其丰富的资料宝库。由此，在一定程度上我们也可以认为中国传统史学的编纂者写出了他们已知世界的世界历史。中国传统史学对外国历史的关注虽主要集中于中国周边的国家和地区，而同时对西方国家历史也能够给予力所能及的关注，实属难能可贵。

这一关注外国历史发展和变化的史学传统成为中国传统史学向近代史学转型的重要学术基因，也是中国近代史学在译介和编纂外国史学著作方面取得突出成绩的重要原因之一。

## 二　19 世纪后半叶外国史地研究的兴起

鸦片战争后，民族危机加剧，救亡图存成为时代主题。这一时代紧迫感蔓延至史学领域，使得史学的经世致用之风很快炽热起来，直接引发了外国史的研究的兴起。

早在鸦片战争爆发前，林则徐被任命为钦差大臣去广东禁烟期间，为更多地了解外国国情，便组织起一个班子专门翻译外国的报纸和书籍。他

---

① 陈东辉：《〈四库全书〉及其存目书收录外国人著作种数考辨》，《杭州大学学报》1998 年第 3 期。

主持编纂的《四洲志》一书，是在译员将英人慕瑞（Hugh Murray）编著的《地理大全》（*The Encyclopaedia of Geography*，1834年版作 *An Encyclopaedia of Geography*）择要译出的基础上，又经他亲自润色、编订刊刻的一本编译著作。该书简要介绍了世界五大洲30多个国家的历史、地理以及经济、政治、军事、贸易、物产、风俗等情况，是近代中国第一部相对完整、比较系统的历史地理志书。尽管取材来自慕氏，但林则徐还是借以体现出了自己的编纂主旨：这部书是编给中国人看的，因此该书在编排上没有沿袭慕氏顺序，而是以中国为主，由近及远，由东及西。除略去中国部分外，先叙南方邻国安南（今越南）、暹罗（今泰国）、缅甸，然后是西南邻邦印度，再到亚洲西南诸国，接着是非洲、欧洲，最后才是美洲。该书虽只有2卷，但开风气之先，对当时中国人了解世界，开拓视野，研究外国史地之学风，有倡导之功，被誉为“中国认识世界的一块重要里程碑”[①]。从史书编纂的层面看，《四洲志》所开创的体裁、体例，基本上为后来魏源编纂《海国图志》奠定了重要的基础。

魏源（1794—1857），原名远达，字默深，湖南邵阳人。鸦片战争后，他撰《圣武记》一书，希望清廷能够振作武功，坚定御侮之道。《南京条约》签订后，在感愤之余他撰写了《道光洋艘征抚记》，详细记述了鸦片战争的经过，并在文末提出：“尽转外国之长技为中国之长技”才是“富国强兵”的重要举措。从倡言武功到注重“外国之长技”，反映出魏源感愤现实引起的思想变化，这一变化在其后所撰写的《海国图志》中得到了充分的体现。

1842年，魏源在《四洲志》的基础上扩充史料、拓展研究范围，撰成《海国图志》50卷。后经不断完善、补充，扩充为60卷，到1852年又扩充为百卷本。百卷本的《海国图志》，除了以《四洲志》为基础外，先后征引了历代史志14种，中外古今各家著述70多种。值得注意的是，其史料来源还有外国人的著述，如英国人马礼逊的《外国史略》、葡萄牙人马吉斯的《地理备考》等20种左右的著作。原书分为“筹海篇”、“议守上”、“议守下”、“议战”、“议款”、“东南洋”、“叙东南洋”、“阿细亚洲

---

① 萧致治：《林则徐眼中的世界——以编译〈四洲志〉为中心》，《福建论坛》1999年第4期。

总说”、“越南”、“暹罗东南属国”今为“英吉利”、“新嘉坡沿革”、“缅甸”、“吕宋夷所属岛”、“英荷二夷所属葛留巴岛”、“葛留巴所属岛”、“西南洋”、“五印度图志”、“五印度国”、“中印度各国”、“东印度各国”、“阿丹国”、“各国回教总考”、“天方教考”、“天主教考”、“小西洋”、“利未亚洲各国图志”、“大西洋”、“北洋”、“外大西洋”、“国地总论”、“夷情备采”、“西洋器艺杂述”。《海国图志》是中国近代史学史上最早的一部由中国人自己编写的有关世界各国情况介绍的巨著，其划时代意义在于给闭塞已久的中国人以全新的近代世界概念，对于当时中国人的近代世界观念的形成起到了积极的推动作用。值得提及的是，《海国图志》在日本流传要比中国广泛，在一定程度上推动了明治维新改革的实施，并产生了深远的影响。

《瀛寰志略》是在19世纪中叶由清代著名学者徐继畬所编纂。该书成书于道光二十九年（1849年），全书共10卷，约14.5万字，内含插图42张。除了关于大清国疆土的皇清一统舆地全图以及朝鲜、日本的地图以外，其他地图都是临摹欧洲人的地图所制。该书分为“亚西亚东洋南洋各国”、“亚细亚岛国”、“亚细亚西部诸国”、“欧罗巴洲东部各国”、“欧罗巴洲中部各国”、“欧罗巴洲南部各国”、“欧罗巴洲西部各国”、“阿非利加各国”、“北阿墨利加冰疆”、“南亚墨利加各国”。该书展示出比较正确而完整的世界，特意论述了西方殖民主义者东侵之后的亚洲形势，介绍了西方资本主义制度和民主制度。在《瀛寰志略》一书中，徐继畬清晰而准确地告诉国人，在大清帝国之外，地球上另有一个与中国完全不同的崭新世界，一个富强民主的近代世界①，引发了国人的思考和对先进社会的探索。

林针的《西海纪游草》（1849）、斌椿的《乘槎笔记》（1866）、志刚的《初使泰西记》（1870）等著述，从作者亲身经历的角度以各种文体和文笔反映出中国人对于世界的认识。② 19世纪上半叶，翻译世界历史和地理的西洋人的撰述大约有30余种，其中以马礼逊的《西游地球闻见略传》和《外国史略》、米怜的《全地万国纪略》以及郭实腊的《万国史传》和《古今万国纲鉴》等为代表。19世纪六七十年代，同文馆出版过节译的

① 朱海军：《徐继畬和他的〈瀛寰志略〉》，《中华读书报》2000年9月20日。

② 钟叔河：《走向世界——中国人考察西方的历史》，中华书局2010年版，第459—463页。

《世界史纲》。这反映出“睁眼看世界”的第一代有识之士渴望了解世界、认识世界的世界眼光和世界意识，这是地主阶级的先进知识分子所迈出的融入世界的第一步，具有开创新风之功绩。1876 年，李圭以浙江海关职员的身份被派往美国参观美国建国 100 周年纪念活动及世界博览会。1878 年，李圭将参会情况及途中见闻撰述成书，名为《环游地球新录》，分为四卷。卷一为《美会纪略》，卷二、三为《游览随笔》，分述英、法、日本等国的历史，卷四为《东行日记》。书末附有《地球图说》，是中国人撰写的较早的世界游记。1878 年、1889 年，加治打撰、张斯栒译的《万国史略备览》，经曾纪泽监定并编阅后刻行于世。1895 年，上海广学会出版了麦肯齐著，李提摩太、蔡尔康译的《泰西新史揽要》一书，在中国学界、政界产生了广泛而深远的影响，一度成为当时最为流行的读物之一。19 世纪末 20 世纪初，广学会等机构出版过程世爵翻译的日本冈本监辅编纂的《万国史记》，美国传教士谢卫楼和赵如光合译的《万国通鉴》，瑞思义、蔡尔康合译的《万国通史》，适应了当时国人了解世界的需求。

清朝末年以外交官员和留学生为主体的学者，虽然只是以翻译西方国家编写的西洋史、世界史著作为主，并在一定程度上反映出时代与认识上的局限[①]，但毕竟为中国知识分子了解西方、了解整个世界的历史开辟了一条简易的、粗糙的道路。更为重要的是，这些编译的世界历史著作引起了中国人思想观念的变化，为中国人探寻救国救民道路迈出了关键一步。

## 第二节　20 世纪前 30 年世界通史编纂的萌芽[②]

1902 年，清政府迫于形势，决定改革封建学制，采用新的近代学制，

① 比如，轻视世界各国的存在及其对人类文明作出的贡献，仍在这一时期的世界史著作中占有一定的位置，这一认识的根深蒂固甚至反映在魏源的《海国图志》和徐继畬的《瀛寰志略》中。如魏源将西方国家称之为“西夷”，认为“万里一朔，莫如中华”（魏源：《海国图志·序》），徐继畬则认为“坤舆大地，以中国为主”（徐继畬：《瀛寰志略》第 1 卷）。

② 有的学者认为：“我国的世界史学科在 20 世纪初至 1949 年进入萌芽阶段。该时期外国史学课程在初高中都有设置，有关世界史价值和研究也首先受到了来自教育的推动。陈衡哲受商务印书馆王云五所托编写的《西洋史》就是这一阶段的代表著作。”（黄蕾：《陈衡哲史学成就论略》，《安庆师范学院学报》2006 年第 5 期。）笔者认为这一断限稍嫌泛化。

颁布了钦定蒙学堂、小学堂和中学堂三个章程，在中、小学学堂中都开设了“史学”课。对编写课本，也作了明确规定：“凡各科课本，须用官用编译局编纂经学务大臣奏定之本。具有自编课本者，需呈请学务大臣审定，始准通用。”这样，有一批官编自编的教科书问世。中学历史教科书曾先后采用过日本桑原骘藏的《支那史教科书》和辻安弥的《西洋史》，作为临时使用的中国历史和世界历史教科书。20 世纪初叶，以留日人员为主体，翻译的世界通史著作有布勒志著、和田万吉译、叶瀚再译的《世界通史》3 卷（1903 年），家永丰吉、原良勇次合编、邵希庸译的《万国史纲》（1903 年），迈尔著、黄佐廷与张在新合译的《迈尔通史》（1905 年），彼得巴利著、陈寿彭译的《万国史略》6 卷（1906 年），田野为之著、吴启孙译的《万国通史》2 卷（1909 年）等先后问世，蔚然大观。这促使中国学者更积极地投身于世界通史的引介和编纂，从而推动中国近代史学逐步走向更广阔的世界。

## 一　包罗万象的万国历史研究

19 世纪末 20 世纪初，大量外国历史著作在中国编译出版，成为当时十分引人注目的社会文化现象。而伴随民族危机的加剧，这些著作出版的影响，也远远超出了历史学的范畴，而具有了更深刻的社会内容。《万国史记》就是一部具有代表性的著作。

《万国史记》是明治维新初期，日本学者冈本监辅依据中国、日本的数十种历史文献资料，以西方史学的理论和方法为指导，用汉语编写的世界通史性质的教科书。从 1851 到 1901 年，短短 50 年间翻印不下 8 次，在当时学术界广为流行，产生了较大的影响。梁启超对该书曾给予高度的评价，认为此书可以使人认识到“大率研求新政新学者胜，拥虚名而无实际者败”，这是“古今不易之理”，并在所编《史学书目提要》中将其列为首条。①

作新社编译的《万国历史》，根据日本各种历史著作编译而成，1902 年 7 月到 1903 年 8 月，先后出版 6 次。该书分为三卷，第一卷古代史，古代东洋诸国、希腊史、罗马史；第二卷中世史，西罗马瓦解后之状况、阿

① 于沛：《近代早期中国对世界历史的认识》，《北方论丛》2008 年第 1 期。

拉伯及法兰克之勃兴、欧罗巴诸国之创始；第三卷近世史，新学等发明及学艺隆盛时代、宗教改革时代、诸大国之勃兴及其强国、法兰西革命，今世史，迄至日本明治维新。该书的特色在于“凡东西大陆数千年国体、宗教、政治、法律之变更，国际外交、学术、技艺之进步，龙拏虎掷，英豪俊杰之事迹，条分缕析之，综以统核，若网在网，以之充教科之用，诚便于讲述也。并附精绘古代及近世沿革地图九副，人名地名表，亦如世界地理，体例完备”①。这里我们不难看出：一，该书以古代史、中世史、近世史和今世史作为整个世界历史的分期，反映出编译者对世界历史进程的把握，具有相当的学术价值。这一分期法被后续的各派学者所认可，加以吸收和改造，直到今天仍然发生着影响。二，由于该书是以日本的各种历史著作为底本，故充分体现了日本人的世界历史观念，开篇从“古代东洋诸国”谈起，日本史占据了相当大的分量。这种写作方法、编纂立场对当时的国人也产生了影响，启发着中国的世界历史研究者站在中国的立场上对世界历史作出自己的思考。

《五洲地理志略》由清末民初著名学者王先谦（1842—1917）于 1910 年（宣统二年）撰成，湖南学务公所刻印，共 12 册，1982 页，流传于世。该书是王先谦花 4 年时间辛勤编纂而成的，书中荟萃了古今中外的史地图籍，对欧美各主要国家作了较详细的介绍。《五洲地理志》卷首总论各洲、各海，然后论其各国。对于洲，依次为“亚细亚洲”、“欧罗巴洲”、“亚非利加洲”、“北亚美利加洲”、“南亚美利加洲”、“奥西尼亚洲”。对于海，实际上主要是对五大洋的介绍，顺序依次为“太平洋海”、“大西洋海”、“印度海”、“北冰海”、“南冰海”。该书在编纂体例上体现出了编纂者的深意。在所叙述国家的排序中，以大清国为第一，书中对中国的 26 个省一一罗列，详述中国沿革历史；对外国则按照行政区划加以叙述，详细列出了各国的外贸数据。该书的特点在于重大国、兼小国，详中国、略外国。② 这一方面表明了编纂者所具有的世界意识，中国很显然包含在世界的范围之内；另一方面也表明了中国本位、大清意识、天朝上

---

① 《大陆报》第 2 期（1903 年 1 月 8 日）新编《万国历史》出版广告，转引自李孝迁《西方史学在中国的传播（1882—1949）》，华东师范大学出版社 2007 年版，第 28 页。

② 程天芹：《王先谦的外国史地著作述论》，复旦大学，2009 年博士学位论文，导师邹振环，第 148—163 页。

国的观念仍然在编者的头脑中占据一定的位置。从中我们不难看出该书受传统史书重本国史的阐述，附带记述域外史特色和传统的影响是非常深的。尽管《五洲地理志略》记述的对象是世界五大洲的各个国家的地理区划、行政沿革和历史，但仍着重谈的是中国的情形，这表明编者未能将世界历史作有机的关联，没有将各国之间的关系联系起来考察。无论从所记述的内容看，还是从体裁看，该书具有的过渡性质是非常明显的。

王先谦后又在《日本源流考》刻本上，增补了“朝鲜”、“琉球”、“土耳其”、“印度”、“暹罗”、“真腊”、“骠国”、“越南”、“马来亚”、“吕宋”、“爪哇”等60多个国家、2800余处古代史料与条目，并改称为《外国通鉴稿》。此书于1997年影印出版，共22卷，约60万字，对于研究中外交通以及中国周边的亚洲各国历史，具有重要的史料价值。在编纂形式上，《外国通鉴稿》所记国家以“条目”为主要形式，增加了对地理位置的描述、对其与中国交往的记载，以及当时这些国家与其他国家的交往。1916年，王先谦编纂的《西国通鉴二次稿》33卷是在《外国通鉴稿》基础上增加欧洲、非洲国家而成，该书记载了公元前5004—1902年6900多年的历史。该书参考引用的书籍主要有《印度新志》、《四裔年表》和《万国历史》，并以《万国通史》内容作为正文，增补其他文献而成。其中，有不少史论体现出了作者本人的见解。

王先谦以独有的世界意识将晚年的大部分时间和精力投入到外国史地的研究和考察，取得了前所未有的成果。《五洲地理考》、《外国通鉴稿》和《西国通鉴二次稿》等著作在20世纪初期世界知识和世界观念传播过程中发挥了不小的作用，在20世纪世界通史编纂进程中也占有重要的地位。这使得王先谦在精通国学之后，又贯通了西学，并且将两者有机地融合起来，最终成为晚清时期学贯中西的重要学者。

此外，这一时期比较有名的万国历史著作还有江子云编著的《万国历史汇编》一百卷（上海官书局1903年版）和吴启祥编译的《万国通史教科书》上、下册（文明书局，1902年版）等。这些万国历史著作就如同其名称所揭示的那样，带有浓厚的国别史绍介性质，是一种汇编性质的历史著述。值得注意的是，万国历史类史著只在20世纪的前10年中较为流行，在其后的发展中逐渐不闻于世。这些著作充分体现了人们对于“世界”的认识和理解，反映出国人对于世界历史研究的最初探索。它们首先在地理空间上跳出了中华疆域及其周边邻国的局限，开始将目光投向亚洲以外的其他大洲，投向了这些大洲的国家，大大拓展了晚清学人的空间和世界意识。因而，在20世纪中国的世界通史编纂发展史上具有其开启山林的意义和价值。

## 二 以西洋史为世界史的世界史编纂

这一时期，引起晚清学人关注的还有《西洋史》著作。《西洋史》的编纂、编译并流行于世，虽然差不多与万国历史同时，但其发展不久就超过了万国历史类著作。这一时期比较有名的代表作主要有山东蓬莱史家晏彪于1902年编纂出版的《世界历史》。该书是中国较早的以“世界历史”命名的历史著作。该书虽然以世界历史命名但所阐述的内容仍然是西洋史。从当时此类书中我们可以看出，直到20世纪初中国学术界仍有人将西洋史看作是世界历史的代名词。晏彪在《世界历史·总纲》中指出：“历史之关系最重，文明最著者惟东亚与泰西耳，然此二洲，人种迥殊，风土各异，故史家每判为二：曰东洋史，曰西洋史。东洋曰中国、日本、朝鲜诸国是也；西洋史如欧罗巴境内文明诸国是也。是篇所述专主西史。”① 作者在该书中“于世界大势关系綦切者，虽得虽录。一章告成，即讲一章，渐积成册，名曰世界历史。盖略举西史之纲领，以资取法而已。”② 这里将研究对象交代得非常清楚，研究的是西洋史，却名之曰《世界历史》。这说明在作者的头脑中西洋史与世界历史的概念是基本等同的，这是20世纪初期人们通过认识西洋史进而认识世界史的直接反映。该书总纲中交代了原始、地势、人种、分期四件事。其中关于世界历史的分期值得注意：“其第一期自历史以来至罗马灭亡为上世史，第二期至寻获美洲为中世史，第三期至法兰西大革命为近世史，第四期至今之事为现世史。”③ 此分期基本上与20世纪后半期的世界历史分期说相似，反映了作者过人的史识。

傅运森（1872—1946），湖南宁乡人，中国现代史学家，著有《共和国新教科书·新历史（高小用）》、《世界大事年表》、《东亚各国史》等

① 晏彪：《世界历史·总纲》，上海武备学堂刻本1902年版。
② 同上。
③ 同上。

书。傅运森编纂的《共和国教科书西洋史》分上、下两卷，由上海商务印书馆于 1920 年出版，这可能是我国自编的第一本中学世界历史课本。[①] 正如书名中所指出的，该书经由当时的教育部审定[②]，主要用于中学历史教学。该书在编纂上呈现出三大特色：首先，浓厚的教科书特色。针对当时中学里只偏重本国史及东亚各国史的教学而轻世界史讲授的状况，傅运森认为“应尽授以世界史完全之智识”[③]。全书对世界历史时期的划分如下：自太古至罗马帝政末期为上古；自日耳曼族迁徙至哥伦布发现美洲为中古；自宗教之争至拿破仑之亡为近古；自神圣同盟至今日为近世。在篇幅的设置方面，傅运森将西洋史上古中古两期合为一卷，“所叙史实务求简当适用，不设枝蔓”[④]，与东亚各国史一起作为当时中学第三学年授课之用。中学第四学年不再教授东亚各国史，只讲授西洋史，所以傅运森将西洋史的近古近世两期合为一卷，内容更为宏富，篇幅也比上卷多出了一倍。在语言风格方面，全书通俗易懂，简易明了，语言生动活泼，充分照顾了中国学者的阅读习惯。

例如讲蒙古西征一节的内容：

> 当是时，蒙古崛起东方。太祖铁木真统一蒙古诸部落，称成吉思汗。略金及西夏，并回鹘西辽，更西向而灭花剌子模（Khwarezm），势威甚盛。
>
> 铁木真卒，子太宗窝阔台继位，命其侄拔都为元帅，大举西征。所向无敌，连陷莫斯科（Moscow）、基辅，肆焚掠别军。趋波兰，侵入匈牙利。西元一千二百四十一年（宋理宗时），大破德意志诸侯之军。欧洲震恐万状。适拔都得窝阔台汗之讣，遂班师奠都窝瓦（Volga）河畔之萨莱（Sarai），是为钦察汗（Kiptchak）国。其后，铁木真之孙旭烈兀又帅师西征。西元一千二百五十八年（宋理宗时），灭报

---

① 赵恒烈：《历史教育学》，河北教育出版社 1989 年版，第 51 页。

② 当时教育部的审定批词为：上册批：条理分明，取材亦简而不漏，教科书体裁，此为最宜；下册批：取材叙事繁简合度，与上册同为中学校教科用书。傅氏著作的特点以及在当时教育界的影响，由此可见一斑。

③ 傅运森：《共和国教科书西洋史·编辑大意》，商务印书馆 1920 年版，第 1 页。

④ 同上书，第 2 页。

答之回教国，奄有波斯之地，建伊儿汗（Iikhan）国。而铁木真第二子察合台已先领有中央亚细亚，建察合台汗国。旭烈兀之兄忽必烈以西元二百七十六年（宋恭帝时）灭南宋，奠都燕京，国号元。

罗马教王见蒙古势力之盛也，欲广布基督教于蒙古，俾藉蒙古之力，夹击叙利亚、埃及之回教徒，遂遣使前往。东西之交通因之日繁，僧徒商旅东行者不绝。如威尼斯（Veniee）之马哥孛罗（Marco Polo），为忽必烈所宠遇，仕元朝凡二十余年。[①]

作者以娓娓道来的笔触，将复杂的蒙古西征简明扼要地展现在读者眼前，给人印象深刻，显示了较高的文字驾驭能力。

其次，注重发掘在世界历史上具有重要影响的历史事件之间的联系。作者实是意识到近古、近世两期为“世界大势变迁之最著者，影响所及甚与吾国及东亚有关。且其间君权民权消长之机，政教分合盛衰之故，国际竞争、国际联合之发达，物质、精神两文明之猛进，皆大有价值，于历史不可不详审记叙”[②]。从按照国别罗列史实到按照政治、宗教、国际交往、经济等问题的发展演变撰写世界史是傅著西洋史的一大进步。上述傅之所言不仅清晰地勾画出了蒙古族发展、扩张和演变的脉络，而且还将世界历史发展进程中许多重要事件的背景和原因呈现在读者面前。

最后，具有初步的世界史意识。该书虽名为西洋史，但无论是作者为史之目的，还是叙史之内容，早已超出了一般西洋史的界域。第一，在材料选择上，“凡琐屑之事实，无关时局者，盖所不取”。同时，“悉依部定之外国历史要旨”，即“外国历史应授以世界大势之变迁，著名各国之兴亡、人文之发达，及与本国有关系之事迹”。[③] 第二，在体例编排上，采取略古详今的写法，除了前面谈到的授课时所限和一般通例的考虑之外，人名、地名的译音也力求“简雅切当”[④]，以便于中国学者的理解、记忆。通览全书，正文虽从东西通例，以西元纪事，但都会附有中国年代于其下，

① 傅运森：《共和国教科书西洋史》（上册），商务印书馆1920年版，第45—46页。

② 傅运森：《共和国教科书西洋史·编辑大意》，商务印书馆1920年版，第2页。

③ 同上书，第1页。

④ 同上书，第2页。

以便互证。此外，为了使教材更为形象生动，作者还在书中适当的位置配有一定数量的图表，如埃及金字塔及狮身人面像、巴比伦楔形文字、君士坦丁、封建时代之骑士、百年战争英法两国统系表等，地图有古代希腊图、古代罗马图、日耳曼族诸国图、十字军时代诸国图等。

1925 年，胡适等人曾拟定《课程标准纲要》，规定初中历史为中外历史合编，傅运森编《新学制历史教科书》尽管前此三年出版，但其编辑体例设置、内容取舍呼应了这一课标原则。该书共分 9 编，将中外史前史、经济史、宗教史、政治史、思想史、战争史混合编辑，编辑大意自云："本书打破朝代和国界的旧习，专从人类文化上演述变迁的情形。"这套书 1922 年由商务印书馆出版，到 1929 年已经印了 102 版，其影响可见一斑。该书与傅著《共和国教科书西洋史》共同奠定了傅运森在世界通史研究和编纂领域的地位。总之，傅运森的《共和国教科书西洋史》是这一时期较有代表性的西洋史撰述，而陈衡哲的《西洋史》上、下册则将西洋史研究和编纂的成就推进到一个新的高度。

陈衡哲（1890—1976），湖南衡山人，中国现代史学上著名的文学家、史学家。1917 年，陈衡哲因在《留美学生季报》上发表了被人誉为"中国现代第一篇白话小说"的《一日》而名扬学界。1919 年，她赴美国芝加哥大学研究院攻读西洋史和文学。1921 年，陈衡哲受商务印书馆之约，撰成高中历史教科书《西洋史》。1924 年，商务印书馆出版了陈衡哲的《西洋史》上册，其下册也于 1926 年出版。该书出版后受到了学术界的广泛赞誉，其特点主要有：①融会贯通，线索分明；②夹叙夹议，有说明有论断；③完全用自己的语言文字来写，深入浅出；④文笔优美，使人感觉是在看文学书，引人入胜，尤其是宗教革命、法国革命等章节写得很精彩。①

陈衡哲在 20 世纪 20 年代出版的《西洋史》上下册，可以看作是她史学成就的代表作。陈衡哲编纂此书时所悬的一个重要标鹄即是："要使真理与兴趣，同时实现于读书人的心中。我既不敢将活的历史，灰埋尘封起来，把它变为死物，复不敢让幻想之神，将历史引诱到它的域内，去做它的恭顺奴隶。或者因此之故，我将不能见好于许多的专门历史家及专门文

---

① 杨翼骧：《杨翼骧中国史学史讲义》，天津古籍出版社 2006 年版，第 157 页。

学家，但我若能藉此引起少年姐妹兄弟们对于历史的一点兴味，若能帮助我们了解一点历史的真意义，那我的目的也就达到了。”① “真理” 在此书的编纂中表现为对客观历史事实及其前因后果的探求，而 “兴趣” 则是指读者通过阅读对历史产生的兴趣。在这里，陈衡哲事实上追求的是世界通史编纂中的 “普及” 与 “提高” 的较高境界。从实际流传效果看，该书显然达到了目的。陈衡哲的《西洋史》尽管是为中学生写的教材，但后来也列入了大学生的阅读书目中，其受欢迎程度，可想而知。

## 三　世界通史编纂的最初探索

20 世纪 20 年代，随着对世界历史概念认识的深化，学人们也开始了新的编纂实践。这一时期的著作以金兆梓编的《新中学教科书·初级世界史》和周传儒纂的《新撰初级中学教科书世界史》最具代表性。

金兆梓编的《新中学教科书·初级世界史》于 1924 年由中华书局出版。该书分为绪论、正文两部分 28 章。书后附世界大事中西对照表和 26 幅反映世界历史大势的图表。该书的主要特点在于：

其一，详细阐述了对于世界史的理解，有力地推动了史学界对这一问题的认识。金兆梓在 “绪论” 中论述 “何谓世界史” 是从史之定义讲起的，他指出：“历史者，记述人类社会之延续活动，及其活动递嬗之迹象者也。凡记述一国内民族之活动，而明其活动之递嬗者，谓之国别史。至记述全世界各民族相互之关系，及某民族活动之有影响于全世界者，谓之世界史。西洋史学家往往以西洋史为世界史，此固西洋史家之私言也。”② 金兆梓此处对于国别史、世界史的厘定，较之以往史家将西洋史混同于世界史的认识前进了一大步。但他将世界史的研究对象和研究目的仅仅局限于对 “全世界各民族相互之关系，及某民族活动之有影响于全世界” 的历史史实的叙述和揭示，则体现出了这一时期人们对世界历史认识的阶段性特征，也反映出世界历史这门学科在我国的发展仍处于草创阶段。

其二，金书在研究对象的选择上试图充分体现作者对世界史的理解，

---

① 陈衡哲：《西洋史·原序》上册，李长林编、陈衡哲著：《西洋史》，湖南教育出版社 2009 年版，第 6 页。

② 金兆梓编：《新中学教科书初级世界史》，中华书局 1924 年版，第 1 页。

力避西洋史家所谓世界史之弊病。“本书之叙述，根据世界史定义，以说明世界各民族之盛衰及其相互之关系，并某民族活动之有影响于世界者为主；其各民族内部之活动，无与于世界者，皆从略。”[①] 在这里，对世界史理解的程度事实上已经决定了金氏的世界史编纂所能达到的学术高度，编者的这一认识在当时业已成为该书的一大特色。不仅如此，该书在“叙世界各民族之发展”的过程中“特注重东西洋各历史的民族直接间接间相互之关系，为系统之说明”[②]。这种对各民族间联系的重视也反映出世界历史观念的进步。

其三，金著特别注重考察中国史在世界历史进程中的地位和作用，设置了“中国汉代之强盛与罗马之交通”、“中国佛教之盛行”、“蒙古勃兴以前亚洲之形势”、“元及四大汗国”、“欧洲列强与中国”、“中日之争”、“欧洲列强在中国之竞争及日俄战役”等 9 个目，反映出不同时期中国与世界的关系。这在当时的世界史编纂上具有相当的开拓性。值得注意的是，这种观点在当时并非个案，正如：“本书参酌教育改进社史学教学系之主张，仍列入中国史材，以便读者明了中国在世界之位置。”[③] 由此，我们不难看出，早在 20 世纪 20 年代中期，中国的世界通史编纂已经将中国史与世界史的关系问题作了比较深入的思考，主张将中国史入世界历史，抑或说是在世界历史中思考中国史，无论在当时的学术界还是教育界，都具有一定的影响和启示。那种笼统认为中国学者编写的世界史不包括中国史的说法，是不准确的。

其四，该书在体裁上具有鲜明的纪事本末体特征。金兆梓并没有采用当时比较流行的历史分期法，他认为：“向来历史之划分时期，本属勉强割裂，近来史学家已有反对之者。本书兼述东西洋各民族之活动，则其活动自各有其段落，此种勉强之割裂，尤为绝不可能。”[④] 金兆梓曾将历史的演进比作长河万里，首尾相通，而对历史进行分期，就如同抽刀断流一样，必不免有强为割裂之弊，具体来说，缺点有二：“第一是破坏了历史的连续性（Continuity of History）；第二是将每一朝或每一代的一切政治、经济、军

① 金兆梓编：《新中学教科书初级世界史·编辑大意》，中华书局 1924 年版，第 1 页。
② 同上。
③ 同上书，第 2 页。
④ 同上书，第 1 页。

事、社会、文化、学术堆在一处来讲，糅杂混乱，对于其中某一问题，辄难通观古今，明其本末。"① 金氏指出了历史分期的相对性和主观性，同时也看到了人为的历史分期的局限性和弊端，是有一定的道理的。他在"编辑大意"中还明确指出，该书的编辑法是"参酌纪事本末体：取有相互关系之史事，不拘于地别时别，以贯串之法叙述之，俾读者易得世界大势之鸟瞰"②。该书在吸收传统体裁撰写世界史方面开了先河，如果说金兆梓的著作是在充分吸收中国传统史学优秀体裁的基础之上来呈现世界史的，那么周传儒的世界史著作则是重视中国史的内容在世界史中的处理。

周傅儒纂、何炳松等校订的《新撰初级中学教科书世界史》上、下册，由商务印书馆1926年出版。全书共分五编，叙述了从人类远古社会至华盛顿会议的世界历史。该书的特点之一，就是在"西洋史与东洋史之混合"一章中，阐述了"英国之殖民地"、"瓜分非洲"、"西洋诸国之东洋发展"、"日本"和"中国"等问题，这些篇目虽是资本主义向全世界范围内扩张的表现，但确也体现了编纂者的思想特色，即并没有把中国以及其他非欧洲国家完全排斥在编纂的视野之外。该书的另一特色在于较多地关注了世界文化史，将史学与科学、哲学、文学、美术并列，给予了一定的定位。此外，该书的分期显示出中国学者已经将16世纪初作为世界历史发展的重要分水岭。尽管作者没有明确阐述16世纪在世界历史上的重要意义，但以16世纪的宗教改革作为《新撰初级中学教科书世界史》下册的开篇，本身就显示出编撰者的别具匠心。书后附"新撰世界史下册大事年表"，将中国年代和外国年代相对应，以"1509年明武宗正德四年亨利第八即位"为开始，迄"1924年民国十三年中国承认俄国"止，共106个年份。③ 虽然这并不能改变该书的框架结构、篇章布局，但也多少弥补了正文中中国史内容偏少的缺憾，由此亦可看出一名中国史家想在世界史上书写中国历史的苦心孤诣。

### 四　张闻天译《西洋史大纲》

美国通俗史家房龙的《人类的故事》（*The Story of Mankind*）出版于

---

① 金兆梓编：《中国史纲·序》，中华书局1948年版，第2—3页。

② 金兆梓编：《新中学教科书初级世界史·编辑大意》，中华书局1924年版，第2页。

③ 周传儒：《新撰初级中学教科书世界史》下册，商务印书馆1926年版，第149—157页。

1921 年，因其叙事通俗简约、文笔流畅生动而深受读者喜爱，先后被译成 20 余种文字，传播于世界各地。张闻天是根据美国 1923 年 1 月的版本（改名为《西洋史大纲》），于 1924 年翻译的，系未刊手稿。1925 年年初，张闻天在重庆四川省立第二女子师范学校任教期间，又对全稿作了润色，并改名为《西洋史谈话》①，写就译序后投寄上海中华书局，故序文中署有“重庆”的字样。1986 年，该译稿在上海辞书出版社图书馆中被发现，2003 年 7 月，由上海辞书出版社影印出版，影印本全书文字有 927 页，插图有 94 页，共 62 章，约 25 万字。

首先，《西洋史大纲》译稿是现存张闻天研究资料中最早的真迹手稿，对于研究张闻天早期文学思想和史学思想均具有重要的价值。该译稿目录为“舞台的布置”、“我们的老祖宗”、“史前的人”、“古埃及的拼音字母”、“尼罗河流域”、“埃及的故事”、“美索布达米亚”、“苏末人”、“摩西”、“腓尼基人”、“印度欧罗巴人”、“爱琴海”、“希腊人”、“希腊的都市”、“希腊的自治政府”、“希腊人的生活”、“希腊的剧场”、“波斯战争”、“雅典与斯巴达”、“亚历山大大帝”、“摘要”、“罗马与加太基”、“罗马的兴起”、“罗马帝国”、“拏撒勒的耶稣”、“罗马的倾覆”、“教会的兴起”、“谟罕默德”、“查理曼”、“北方人”、“封建制度”、“中世纪的骑士制度”、“教主与帝皇”、“十字军”、“中世纪的都市”、“中世纪的自治政府”、“中世纪的世界”、“中世纪的贸易”、“文艺复兴”、“表现的时代”、“大发现”、“宗教改革”、“宗教的战争”、“英吉利革命”、“势力均等”、“俄罗斯的兴起”、“俄罗斯与瑞士”、“普鲁士的兴起”、“重商制度”、“亚美利加革命”、“法兰西革命”、“拿破仑”、“神圣同盟”、“大反动时期”、“国家的独立运动”、“机械的时代”、“社会革命”、“解放运动”、“科学的时代”、“艺术”、“殖民地的扩张与战争”、“新世界”。从该目录中我们不难发现，编译者借助《人类的故事》所要表达的是世界历史发展运动的趋势。

其次，《西洋史大纲》一书渗透了张闻天早期进步的史学思想，具有浓厚的理论色彩，是该书的重要特点。张闻天为何要选择《人类的故事》作为一部向青少年介绍西洋史的读物，这可以从译序中得到解答：“我们常常听到人家说过去的事情已经过去了，不必去管它，一如过去的事情与

① 程中原：《张闻天论》，河海大学出版社 2000 年版，第 477 页。

我们现在的生活毫无关系。其实这是错误的。拿我个人来说，我从小所受的教育、所养成的习惯与所得的经验，哪一件不支配着我的现在？拿人类全体来说也是如此，过去的传统、过去的思想、过去的风俗习惯与过去的一切制度，哪一样不支配着我们的现在？所以过去的事情实则没有过去，它还是在现在活着。”马尔文教授（Prof. F. S. Marvin）谓历史为“活的过去”（living past），正是为此。[①] 基于对历史学的社会功用的认识，才能坚定作者对所从事的翻译活动的信心。而从另外一个重要方面看，对于历史知识认识的深入，也才能为现实的社会运动提供借鉴。在张闻天看来，历史犹如长河流水，无法截然分开。对于上述问题的回答清楚地反映出作者的历史价值观和功用论。作者还进一步指出：

> 我们还可以说现人类社会中间的一切风俗习惯、思想道德与文物制度等都是由过去发展来的。现在的一切东西没有一件是在一转眼间忽然产生的，它一定经过了长期的变迁与进化，才像现在这个样子；而且现在并不就是它的最后，说变迁或进化到现在它就不变迁不进化了，现在不过是它在变化的时间的线上的一刹那，这一刹那立刻就要变成过去的。所以历史不是间断的东西，它是有持续性的。鲁滨孙教授（Prof. Robinson）说的“历史的持续性”（the continuity of history）就是指此。因为过去是活着的现在而且是与未来相衔接的，所以要解决现在生活上所发生的一切问题，就不能不研究过去的历史。我们要在中间找出人类活动的因果关系与它的根本法则，然后对于未来的建设才有把握。譬如我们知道了上一次的世界大战争是资本主义发展的过程中的自然的结果，那么要终结那样可怕的战争，就不能不竭力打倒现在的资本主义；这样我们对于未来的活动有了方向，对于未来的希望有了信心，一切成功也就在这种地方打下了基础。
>
> 可见研究历史的人并不是因为他对于过去有什么特别的爱好，却因为他要了解现在，建设未来，所以不能不去研究它。反过来说，只有能指出与我们现在、未来的生活有关系的历史才是活的历史，值得我们去研究。只是记载些某年某月某日某地方发生某事或是罗列些帝

① 张闻天：《西洋史大纲：张闻天手稿·译序》，上海辞书出版社2003年版，第1页。

王的年谱，王公大臣的身世的历史是死的历史。这种历史不但不能使我们发生一点兴趣，而且就是发生了兴趣也是无用的。[①]

在这里，张闻天运用唯物史观的基本原理分析了人类社会历史发展变化的规律性和客观性，同时还指出历史运动的规律性和可认识性。意识到这一点是非常重要的，这不仅可以通过研究历史发现人类社会历史发展的规律，而且可以用这些规律来观察现实社会运动，预测现实社会的发展方向和最终结局。

最后，张闻天编译《西洋史大纲》体现了编译者的进步思想和批判精神，是张闻天“早期进步思想和正确的史学观”[②] 的直接反映。“关于西洋历史的书籍，国人自己著作的很是稀少，在这些仅有的几部中间要找出一两部合于我上述的标准的，简直是不可得，就是从外国文译过来的几部中间，也很少有合意的”，进而坦言“至于我自己对于西洋历史并无多大研究，要自己去编一部合于自己的标准的书，现在还无此能力。但是我觉得，如果我编出来的书不能胜过人家编的，那么还是把人家编得好的书翻译过去岂不较为有益？所以这一次我选择这一部书。”这部书原名《人类的故事》（*The Story of Mankind*），是美国房龙（Hendrik Willem VanLoon）著的，该书从人类最初形成一直讲到作者所处的时代。从时间跨度上看，该书很像英人威尔斯（H. G. Wells）的《世界史纲》（*The Outline of History*），不过在简单明了、浅显易懂方面要胜威尔斯一筹。值得注意的是，房龙所说的人类，差不多完全以白种人为中心，对于有数千年文化史的中国与印度只在原书第四十二章内略略说了一点，敷衍了事，完全显示了“欧洲中心论”视野下的世界历史。张闻天认为将仅有的涉及亚洲的十分单薄且有许多错误的《佛陀和孔夫子》删去，对于读者没有损失，而且他所说的既从欧美人为中心，倒不如把原书的书名改为《西洋史大纲》较为近于实际。[③] 这就是这部书不称《人类的故事》而称今名的由来。当然，张闻天对《人类的故事》的删改并不局限于此，而是还有其他一些地方。

① 张闻天：《西洋史大纲：张闻天手稿 · 译序》，上海辞书出版社 2003 年版，第 1 页。

② 张闻天：《西洋史大纲：张闻天手稿 · 出版说明》，上海辞书出版社 2003 年版，第 1—2 页。

③ 程中原：《张闻天传（修订版）》，当代中国出版社 2006 年版，第 54 页。

比如，在第五十八章“解放运动”的末尾，张闻天直接写入了共产党人领导的社会主义革命在俄罗斯的成功，意在向读者昭示出“社会发展的新希望”① 和人类历史发展的光辉进步的前途与命运。

## 五　三部马克思主义世界通史

五四运动后，马克思主义唯物史观在中国的传播更加广泛和深入，这不仅表现为李大钊、陈独秀等人以专文宣传唯物史观，掀起了中国社会史问题论战，撰写出以唯物史观为指导的第一批中国历史研究著作，而且还表现为一些史家初步将唯物史观与世界历史研究实际相结合，撰写出新型的世界通史。其中，陈翰笙所著的《人类的历史》、刘叔琴编译的《民众世界史要》和叶启芳翻译的《社会斗争通史》是这一时期代表性的著作。

（一）陈翰笙著《人类的历史》，上海北新书局1927年初版。该书分为导言（甲　地球的原始　乙　人类的原始）、人类最初的社会、父权制度的社会、奴隶制度的社会、封建制度的社会、商业资本的社会、工业资本的社会、财政资本的社会（甲　它的成绩、乙　它的前途）等部分。该书以少年儿童为受众，将自宇宙、天体、地球的形成，生命、动物、人类的进化，随后将整部人类发展进化的世界历史融入简单、浅显、生动的语言中，充分显示出作者高超的语言艺术和对世界历史进程的把握。例如，作者对人的介绍：“我们人类用足走路用手拿物。足有足的用处，手有手的用处。动物就不同。……譬如虫，它只能在地上爬，拿不起什么东西。又如猫或狗，它虽然有了脊骨不必爬，可是还不能有手足的分别。……所以若有人问你什么叫作人，你尽可说人是用两足走路的活物。”② 这样就使人区别于其他动物的最根本且最明显的特征生动地展现在小朋友的面前。再比如关于原始人的生活状况，陈翰笙的描述更加生动：“它们知道点火，但不知道烧肉。它们住在水边，但没有取水的器具。衣服它们是没有的。它们遍体有长毛赤条条的露在外面。就是有用兽皮遮盖下身的，那块兽皮上满是污血的斑点。假使你遇着这样一位原始的人，你怕不怕呢？”③ 类似

---

① 张闻天：《西洋史大纲：张闻天手稿·出版说明》，上海辞书出版社2003年版，第2页。

② 陈翰笙：《人类的历史》，北新书局1927年版，第7—8页。

③ 同上书，第11页。

的语言，《人类的历史》中还有很多，这在帮助小朋友们在脑海中勾勒出当时原始人的样貌，激发和培养他们的形象思维能力和历史思维能力方面，是很有好处的。关于人类起源发展这样复杂的问题，《人类的历史》也能做到深入浅出、浅显易懂。作者运用一个“跑”字便将人类迁徙路线勾画出来。“那时亚洲中部昆仑山一带是人类最多的地方。从那地方分播到全世界的民族有几派。一派经亚洲南部跑到澳洲。一派经亚洲西部跑到欧洲和非洲。一派经亚洲东北跑到美洲。可见得世界上人类都是从一块地方起源的。”① 虽然是童蒙读物，但陈翰笙以儿童的语言，运用儿童易于理解的方式，阐发了自己关于人类起源的一元说。

自始至终贯穿以马克思主义的唯物史观，是全书最为重要的特点。从无阶级的原始社会讲起，阶级的出现，文明的产生，奴隶社会、封建社会、再到资本主义社会。石器时代的产业大半是人们共同所有的。那时男女权力没有什么高低。女子和男子一样可以做工、自立、享受同等幸福。后来人口增长太快，生产进步得太迟，结果是人多食少，使社会不安宁、起纷争。战斗的时期中许多女子被俘为奴，成为男子的附属品。因此女子变成一种最初的私产；社会亦就慢慢地演化为父权制度的社会了。② 对于奴隶制度的社会，作者认为在世界各地是普遍存在的，他指出：“奴隶制度的社会最早出现在非洲的东北角上。四千八百年前古埃及王国第四朝就是。二千年前，汉朝时期，中国有官奴婢十余万，私奴婢更不计其数。官吏每人养私奴二百以上。富豪每人三十以上。同时，古希腊和罗马亦为奴隶制度的社会。雅典四分之一的人是奴隶；意大利半岛的自由公民只占人口六分之一，日本一千二百年前，奈良朝时代，奴隶是和棉、布、镜、稻、牛马、大刀、兽皮一样看作财产。宫廷、贵族、寺院、公民都有奴隶。”③ 对于封建制度，作者也认为约公元4000年至800年前，是封建制度占据着世界历史的发展进程，从埃及和中国，到英法德俄意大利西班牙，再到三四百年前的瑞典、挪威和美洲殖民地等，都是封建社会盛行的地域所在。对于商业资本和工业资本，作者不仅分析了其社会进步意义，

① 陈翰笙：《人类的历史》，北新书局1927年版，第13页。

② 同上书，第17—18页。

③ 同上书，第29—30页。

而且还阐明了这种发展的必然性。

对于经济文化交流，陈翰笙突出了商业资本的历史作用。作者指出："商业要靠交通才兴旺，交通要靠政治才发达。谋利的富豪和掌权的贵族不得不发生关系了。有些地方富商完全帮贵族统一政治，一切听命于专制的政府，甚至进出口商务都由政府管理。有些地方富商联络贵族，互相利用。有些地方富商完全脱离贵族，自己独创政府。所以二三百年前，中国、英、法、葡、西等国的商权和政权合并于朝廷；日耳曼区域内商权和政权每每并立，各自争雄；意大利诸城市中商权和政权合并于资本家。"① 而在工业资本和财政资本社会中，作者则着重分析了资产阶级和无产阶级之间阶级斗争的发生，以及它的前途。作者在分析了社会主义的五大派别即无政府主义、行会社会主义、工团主义、国家社会主义和共产主义的前途和命运之后指出："欧洲大战后意大利的法西斯党曾以强权实行资产阶级的专政，好像苏联的共产党曾以强权实行无产阶级的专政。强权是可恶的东西吗？拿它来压迫弱者与正义，自然是可恶。拿它来排除强者与无道，就不见得可恶。强权的可恶不可恶，在乎它的用法，并不是它的本身。人类的文明所以能进步，都因为人类能利用自然征服自然。强权不过是一种自然力罢了。现在的财政资本主义或帝国主义，已把资本主义发展到极点了。资本主义已到了它最后的生死关头。凡拥护和推翻它的必终采用强权。"② 从上述观点我们就不难看出，陈翰笙对于儿童寄予了很高的期许，讲述的道理易懂而富有深意：第一，讲述了强权这一国家专政的表现形式等暴力机构的工具性；第二，从人类发展的高度评价了强权的历史作用；第三，指出资本主义社会制度向社会主义制度转变的斗争性以及这一斗争的客观性和不可避免性。这使我们相信，该书会在少年儿童幼小的心灵中留下人类发展的清晰线索，留下共产主义必将取代资本主义的坚定信念。应该说该书在 20 世纪 20 年代传播、普及唯物史观方面所发挥的作用是值得充分肯定的。

该书还有一个特点，就是鲜明地反映了这一时期的世界历史研究者的民族立场。作者在阐述世界历史进程的时候，特别注意中国历史在世界历

---

① 陈翰笙：《人类的历史》，北新书局 1927 年版，第 45—46 页。

② 同上书，第 75—76 页。

史中的位置和作用，这一点尤其难能可贵。例如作者在讲到奴隶社会的时候，特别讲到了2000年前中国汉朝时奴隶的数量和社会发展状况。讲到封建社会的时候，指出世界范围内最早的封建制度是在约4000年前的埃及和中国建立的。[①] 商业资本在两三百前的中国、英、法、葡、西等国的商权和政权是合并于朝廷的，而文化的掠夺确是推广市场的前驱。清初海禁开放，许多天主教徒就趁机而入。从那时起中国人渐渐吸收西方的文化。在“工业资本的社会”一章中作者以上海纺纱厂、山东峄县煤矿公司为例说明了工业资本在中国的发展。而在最后“它的前途”中作者更是以中国所受财政资本主义或帝国主义的侵略和压迫来说明阶级斗争的不可避免。[②]“中国所受的财政资本主义的祸害更甚于美国了。最初帝国主义国家用武力掠夺我们的海港做它们侵掠的根据地，拿不平等条约要永远支配我们的关税，在中国境内设立租界并且享受治外法权。后来又尽量投资，攫取我们的铁路和矿场造成它们的势力范围。欧洲大战刚完结，美国就组织英、美、法、日的四国银行团想包办中国的借款。华盛顿会议讨论军备和远东问题，签订四国协约，废止英日同盟；无非要想帝国主义国家合作，藉财政资本的威权使中国人变为世界上最大的无产民族，永远被它们压迫。最近帝国主义者恐怕中国统一了就能反抗它们，所以继续不断地挑拨各军阀和各党派，实行中国人打倒中国人的恶毒政策。目下中国人都在贫穷中讨生活。强健者多成军匪，老弱者多委沟壑，坐视而幸存者逃不了本国人和外国人的双重压迫。单说北京城中，虽然多年没有什么战争，现在一百万人口内竟有三十万（十分之三）衣不蔽体、食不充饥的苦百姓。”[③] 作者从资本主义发展的趋势中来研究中国历史，不仅能够看清资本主义最

---

① 值得注意的是，陈翰笙在此时对于中国历史上奴隶制社会和封建制社会的认识是具有自己独到的认识的。一方面，他在《人类的历史》一书的章节设置中遵循了马克思主义唯物史观的五种生产方式的社会形态理论，即人类最初的社会（无阶级的真正共和社会）、奴隶制度的社会、封建制度的社会、商业（工业和财政）资本的社会。而对于共产主义社会的论述则体现在书中（主张建设无阶级的政府，成立无产阶级的专政，去直接废止资本私有的制度。参见本书第71—72页）。这充分反映出陈翰笙对于五种社会形态基本理论观点的认可。另一方面，具体到以这种理论来研究中国历史，则又体现出了原则性和灵活性的结合。在他看来，中国的封建社会在4000年前就建立了，而到了2000年前即中国的汉朝奴隶制度的社会依然非常兴盛。这表明，奴隶制社会和封建制社会并不是顺序更替的单线发展的关系，而是在中国历史上并存发展了相当长一段时间的。

② 陈翰笙：《人类的历史》，北新书局1927年版，第29—30、33、46、48页。

③ 同上书，第69—71页。

终必将为共产主义取代的必然性，而且也使得作者对于中国历史本质的认识更为深入，能够看清历史深层次的原因和发展规律。这种将中国历史看作是世界历史的重要组成部分，在世界历史发展的趋势中研究中国历史的方法，较之以世界历史发展为背景来研究中国历史，很显然又深入了一步。表面上看来是两种学科即世界历史和中国历史的差异，实质上则体现出了两种研究思路和认识高度的不同。

通过上述分析，我们可以看出作者对于马克思主义唯物史观的运用是相当自觉的。陈翰笙著《人类的历史》不仅是中国学者最早研究世界历史的著作之一，而且还是属于深入浅出的普及性读物，没有对马克思主义唯物史观的深入理解是很难写得好的。《人类的历史》一书还具有相当的学术价值，与这一时期中国学者运用马克思主义唯物史观研究中国历史的著作比，毫不逊色。陈翰笙所著的《人类的历史》与郭沫若的《中国古代社会研究》都是中国学者学习马克思主义唯物史观，并且尝试与历史研究实际相结合的初创作品，都可以看作是中国马克思主义史学早期的代表作品，共同标志着中国马克思主义史学的诞生。

（二）刘叔琴编译的《民众世界史要》，由上海开明书店1928年9月出版。该书分为十章，依次为“地球底进化和人类的由来”、“原始人的社会”、“财产的起源和初期文明”、“希腊及罗马的国家”、“封建制度基尔特组织”、“自由思想和第三阶级革命”、“科学的发达和产业革命”、“资本主义和劳动阶级”、“世界大战和俄罗斯革命”、“历史的发展和社会主义”。本书是编译者为国立劳动大学临时训练班的世界史要课程而编写的，由于学员和学制的特殊性，作者选择编译的底本是日本上田茂树著的《无产阶级底世界史》，在翻译过程中，作者站在广大被统治阶级的立场上作了补充和修改，因而，体现了编译者的思想，在当时具有相当的实用价值。作者指出：“这书可以算是译，也可以算是编的。内容辞意不尽与上田底书一致，因为我认有些地方在中国是不该说的，不过书还是资被治的书呀。对于只读过《资治通鉴》或《资治通鉴》式的史书的中国底被治者，我愿将这册资被治的《世界史要》相贡献”①，“对于他们是万万不该

① 刘叔琴编译：《民众世界史要・序》，开明书店1928年版，第Ⅷ页。

再去讲什么资治通鉴式的史要，把世界‘历代君臣事迹’编集起来做材料了”①。从上述序言中我们可以看出：作者根据自己的理解对所翻译的日本学者上田茂树著的《无产阶级的世界史》作了相当的改造，目的是为了更加适合中国读者的阅读习惯，更加符合自己的思想认识水平，也更加符合作者所理解的世界历史的功能和价值。选择编译上田茂树的《无产阶级的世界史》，刘叔琴大抵是出于两点考虑：一是该书分量不大，较适合作为蓝本编译起来进行讲授；二是刘叔琴认为，即便是该书中有一些是不该在中国讲的，但也确实是一部“资被治的世界通鉴”，而在当时明确以广大劳苦大众为对象的历史著作事实上是很少的，以“资被治”者为对象的世界历史著作也就更是少之又少。作者明确指出《民众世界史要》一书是为中国的被治者服务的，这一点反映出该书的马克思主义性质，也反映出他对世界通史的社会价值和社会功能的重视，这一点可以看作是世界通史编纂意识的重要体现。

该书最为明显的特点就是遵从恩格斯《家庭、私有制和国家起源》的基本观点，以五种社会经济形态的理论为指导，运用阶级和阶级斗争的方法对世界历史作了一个大致的梳理，阐述了社会主义是世界历史发展的必然前途和最终归宿。例如，在阐述资本主义必然灭亡的时候，指出：“可知资本主义的社会里，他自己早已在胎中有了自灭的种子，自己养着将来会收拾自己死尸的埋葬人。倒了资本主义而来建设社会主义的新社会，可作下一代的世界底主人翁者是谁？这便是近代的无产者，最多数而且在悲苦的工钱（原文如此——引者注）奴隶阶级里的他们。”② 作者在书中盛赞了法国巴黎公社、俄国十月革命，强烈谴责了第一次世界大战，分析了资本主义世界不可避免的经济危机，阐述了共产主义的前途。“真的，人类底前史现在已经快告终了。资本主义社会制度本身里所内在的矛盾，造出了世界混沌的现状，而也在这里面抽出新的社会主义社会组织的萌芽来，等到无产阶级底世界完成时，才有世界人类史底本文可以写吧。”③ 对于社会主义，刘叔琴作了没有剥削、没有压迫、没有战争等人尽其才、物

① 刘叔琴编译：《民众世界史要·序》，开明书店1928年版，第Ⅶ—Ⅷ页。

② 刘叔琴编译：《民众世界史要》，开明书店1928年版，第100页。

③ 同上书，第144页。

尽其用的想象。他用优美的文字向读者勾画了未来社会主义共产主义的美好图景。“这是没有国际战争，也没有阶级斗争，而显示社会生活底无比的调和的历史吧。这是没有阶级，没有榨取的协力生产的共和国的人类各各自由地从事于所好的劳动的社会底历史吧。在那个社会里，民族底不同与性底差别，不会再是污蔑和反抗底原因的吧。科学的文明也早已不再是残杀人类同族的手段，而是专为征服自然、支配自然用的吧。靠了科学去退治那可怕的疫病，可以去预防地震旱灾及其他一切的惨祸吧。社会底生产力继续地进步发展，万人都可以同样地享受百万富翁底富吧。因此，对于那种现在由贫困而起的一切悲惨与罪恶，好像太古底半兽野蛮人底生活被我们忘记一样的都忘掉了吧。一切在这样的未来时代，人类底文化当赫赫辉耀如五月之朝阳，而个性底华，将灿然如十月之夜的星光吧。”① 对人类社会历史发展的现状的种种不满，反映出作者所具有的深刻的历史意识。作者对于作为人类社会发展最终归宿的社会主义社会，抑或说是共产主义社会所作的种种描述，反映出作者对于共产主义美好生活的向往。该书是中国学者较早地以马克思主义的唯物史观为指导编纂的世界通史著作，尽管由于其针对的阅读对象为短期的培训工人，在一定意义上局限了该书的学术性，但由于书中对马克思主义和唯物史观结合世界历史发展的史实作了较为浅显的阐发，因而对于马克思主义和唯物史观的宣传具有重要的意义。

（三）作为世界历史名著丛刊之一种，叶启芳翻译的德国人贝尔（Marx Beer）撰写的《社会斗争通史》是当时宣传马克思主义，尤其是阶级斗争思想的重要著作。该书分为古代社会斗争史、中世纪社会斗争史、近代农民斗争与乌托邦社会主义、近代社会斗争与社会思想，以及现代社会斗争史五卷，由神州国光社于1932年初版，1934年、1947年再版。正如译者在“译者小言”中所指出的：“作者站在斗争的唯物论和革命的社会主义观点上，分析古代的社会斗争，最为精到。他引证古代的出版物多至一百余种，真是取精用博；但他同时又把这些无数的材料，凝练在一本七万字过外的小书中，更见他裁剪之严刻。可惜他叙述的古代，只限于西方。若有人能以同样的方法，分析东方的古代社会斗争及其背景，则真是一种

① 刘叔琴编译：《民众世界史要》，开明书店1928年版，第144—145页。

盛业了。”[①] 译者对于该书作者的立场、观点和编纂方法都给予了精到的评述，同时也从一个东方学者的角度指出了其认识上的不足。该书毫无隐晦及晦涩之病，因而其叙述是随处活跃，趣味横生，叶启芳本人也称许该书“文章之流丽和叙述之活泼”，就像幼时诵读苏东坡的文章。

尽管贝尔（Marx Beer）在《社会斗争通史》只是阐述西方社会的社会历史斗争，没有将东方的社会斗争列为考察和研究的对象，但这并不妨碍叶启芳对两者作深入的比较。例如叶启芳在“导论”中就阐发了他对于世界历史中古代社会主义和近代社会主义的认识，体现出他在这个问题上思考的深入。他认为：“古代社会主义和近代社会主义之目的是相同的。普通说来，两者之眼光都注视于这个世界之物质。但近代人较易了解后期的古代，而了解中世纪生活则较难。古代人和近代人之心能，是属于欧洲的，他是逻辑的、科学的、理性的、批判的。反而言之，中世纪之智能生活，却是东方的、非理性的、神秘的。东方的宗教思想几乎完全不为逻辑的矛盾和历史的扰乱所影响；东方宗教思想并不为他们所毁伤。宗教思想并不用一种批判的精神来试验历史的材料，也不按着时间和空间把历史的材料排列起来，更不把他包摄于一个普通理论之内。宗教思想只把他形成一个表面，在其下则有玄学的、神圣的神秘性。他的解释，是寓意和象征的。”[②] 叶启芳首先指出了古代和近代的思想和认识的诸多相似之处，又分析了形成的原因，更多的则是指出了两者的异趣之处。应该承认，他关于东方宗教思想的认识是较为深刻的。

值得一提的是，曾经翻译过该书第四、第五卷的胡汉民还为该书作了序。他的序中盛赞了《社会斗争通史》在传播唯物史观过程中所发挥的积极作用，而且还阐发了他本人对社会主义和唯物史观的认识。这也是唯物史观在中国早期传播的一大具体表现。很显然，早期的世界历史研究者通过翻译和编纂世界通史著作传播马克思主义和唯物史观，构成了这一时期中国马克思主义史学的重要内容。其理论价值和学术意义并没有引起当代中国马克思主义史学研究者的充分关注。

---

① ［德］Marx Beer：《社会斗争通史》第一卷《古代社会斗争史·译者小言》，叶启芳译，神州国光社1930年版，第1页。

② ［德］Marx Beer：《社会斗争通史》第一卷《古代社会斗争史》，叶启芳译，神州国光社1930年版，第2页。

中国学者在这一时期世界通史的编纂方面贡献较为突出的还有李泰棻的四卷本《西洋大历史》（北京武学书馆1924年版）。该书内容丰富，自上古埃及、希腊叙述，直到1918年第一次世界大战结束时止。“这是一部通史性的世界史著作，在当时堪称是一部巨作，为学术界所瞩目。”[①]张相编的《新制西洋史教本》（中华书局1922年版）、陈衡哲撰写的《新学制高级中学教科书西洋史》（商务印书馆1928年版）也具有较强的可读性，在体裁方面也有一定的创新。与此同时，世界史学者也翻译了一批西洋史著作，其来源主要是日本，如《西洋史要》四卷（［日］小川银次郎著，樊炳清译，善成堂1901—1902年版、商务印书馆1914年版）、《新译西洋历史》二册（［日］木寺柳次郎，文明书局1903年版）、《汉译西洋历史》（［日］本多浅智郎著、百城书社编译，商务印书馆1915年版）等。这些著作的翻译一方面为当时的中国提供了认识世界和了解国外的知识；另一方面也为中国学者编纂西洋史、外国史和世界史提供了体裁、体例方面的借鉴，对于中国近代历史编纂也产生了深远的影响，标志着中外学术的交流发展到一个较为深入的程度。

从世界通史编纂的内容和形式来看，这一时期世界通史的编纂处于一个多种体裁并存发展、融合创新的重要时期。传统的和现代的、中国与外国的体裁在中国学者的著作中都能不同程度地发现它们的影子，这也为20世纪三四十年代中国的世界通史编纂的发展奠定了基础。正如有的研究者指出的那样：“20世纪初直至民国时期，中国的世界史教学和研究虽然和历史悠久的国学相比，仍然显得薄弱，无法相提并论。但是在新的历史条件下，它毕竟有了长足发展，这种发展的重要标志之一，就是大量的世界史教科书问世。这表明，对于‘世界史’来说，无论是社会的客观需求，还是教学队伍、研究力量，都已经发生了重要的变化。这种变化直接影响到20世纪上半期中国世界史研究的走向。”[②]中国的世界通史编纂在中国传统史学的深厚土壤的培育下，在客观现实社会需要的呼唤下，终于有了迅速的发展，这为现代意义上的世界通史的编纂奠定了基础。

---

① 于沛：《世界史研究》，福建人民出版社2006年版，第46页。

② 同上书，第12页。

## 第三节　20世纪三四十年代世界通史编纂的草创

20世纪三四十年代，史学界对世界通史的关注还主要是翻译外国学者的著作，对世界历史的研究也主要集中在国别史、断代史和专题史等领域，轻视甚至否定世界通史撰述的思想也时常出现。从学术发展史的视角看，世界通史的编纂还没有成为当时史学界的迫切任务，对于世界通史编纂的研究还没有进入史学工作者的视野。这是因为“世界通史范围太广，因为个人专精的范围有限，专精范围以外必须利用别人的著作，不可能每个问题都从第一手材料入手，也不周密，故写世界通史容易流于空泛。当时的史家是不愿写学术味道不浓的世界史”。[①] 论者指出世界通史编纂之艰巨是对的，但认为当时学者不愿写学术味不浓的世界史却未必准确。在笔者看来，之所以出现论者所述的现象，更多的是由于整个世界历史研究成果的积累不足。论者所指出的世界通史编纂之可能性问题尽管仍然争论不止，但这是摆在当时学人面前的时代任务，所以仍然有学者去勇敢地尝试。

### 一　李季谷的外国史教科书编写成就

李季谷（1895—1968），浙江绍兴人，曾官费留学日本东京高等师范。1924年归国，曾在南开大学、北京大学任职。1927年留学英国剑桥大学研究院，获硕士学位。1937年7月卢沟桥事变发生后，只身南行，赴西北联大任教授兼历史系主任、中山大学和四川大学教授。新中国成立后，在上海华东师范大学任教，直至去世。其史学成就主要集中于世界历史的研究和编纂。

李季谷撰写了《李氏初中外国史》上、下册（世界书局1933年版）和《李氏高中外国史》上、下册（世界书局1934年版）。两书体例基本一致，共分为：第一，史前史，略述没有记录之前的世界情形与人类生活；第二为上古史，以叙述小亚西亚、印度以及地中海领域的古代文明为主；

---

① 陈琼：《二十世纪上半叶中国世界史学科的建设——以北大、清华的世界史学科为考察对象》，华东师范大学，硕士学位论文，2007年，第36页。

第三为中世史，以日耳曼民族迁移以后的欧洲情形为主体，也述及东方的日本；第四为近世史，述西洋的宗教改革与殖民事业及美国的独立、日本江户幕府；第五为现代史，详述近百年来的国际大势及国际关系。[①]《李氏初中外国史》叙述欧洲文化以外，涉及美洲，非洲，亚洲的安南、暹罗、朝鲜、日本等国。[②] 限于体例，很难在西洋史、外国史的框架下讨论中国史实，但作者仍在西洋史、外国史著述中专门探讨了中国史与外国史之间的关系，并且申明中华民族对世界的责任，则充分反映出作者的著述旨趣和写作宗旨。可见李氏这样做，绝非偶然，而是另有中国人编纂世界史的特殊情感和独特体现，因而是有特殊深意的。正如李季谷在该书的序中所表述的那样："本书编著的时间从1933年一月到五月，这短短的五个月间竟不幸发生榆关失陷，热河沦亡，滦东日伪军骚扰及日机威胁平津等不祥事件，所以本书是国难十分严重中的产物。希望本书的读者们能深深地觉悟自己在中华民族复兴运动上负有重大的责任与使命！"[③] 随后发生的华北事变、卢沟桥事变，更是证明了作者的预感。在中华民族的命运处于危急关头，作者能够将著述和现实紧密地联系在一起，这也在另外一个方面反映出作者著述中的深意。作者的这一著述深意还深深地体现在1935年出版的《西洋史纲》中。李季谷的《西洋史纲》（世界书局1935年版）分为导论、史前期、上古史、中古史、近世史、现代史、总论七部分，自地球、生物和人类的起源讲起至1930年的伦敦海军会议之间的历史。在"总论"中作者又分三章阐述了"外国史与本国史的关系"、"中国文化与外国文化的比较"、"中华民族对于世界的责任"三个重要问题。其中研究外国史与本国史的关系不仅有助于了解史实，而且还有助于"明了中国在国际上的地位"；还可以在明了中国文化和西洋文化特点的基础上"复兴中国文化"；因为只有这样才能够开发中国富源、保持东亚和平和保存中国固有文化。[④]

此外，耿淡如、王宗武编著的《高级中学外国史》上、下册（正中书局1936年版），杨人楩编著的《高中外国史》上、下册（北新书局1931、

① 李季谷：《李氏高中外国史·例言》上册，世界书局1934年版，第1页。
② 李季谷：《李氏初中外国史·例言》上册，世界书局1934年版，第7页。
③ 李季谷：《李氏初中外国史·序》上册，世界书局1934年版，第1—2页。
④ 李季谷：《西洋史纲·目录》，世界书局1935年版，第10页。

1934 年初版，以后多次再版），何炳松编著的《外国史》上、下册（商务印书馆 1934 年初版，以后多次再版，为高级中学历史教科书）等都是这一时期较有影响的外国史著作。而在这一时期的外国史编纂中，编纂者几乎都不约而同地谈到了本国史与外国史的关系，提出对于外国史的研究对象也不能单纯以地域划界的观点，中国史上对别国历史产生重大影响的事件也应该列入外国史的研究范畴。应该说这是世界历史研究和编纂过程中的一大进步。从西洋史到外国史的转变反映了人们对于世界历史认识视野的变化，对“世界史”这一学术概念在理论上的认识更加深入了，标志着这一时期的世界历史研究和编纂又前进了一步。

## 二　何炳松的《世界简史》编纂

何炳松（1890—1946），字柏丞，浙江金华人，中国现代著名史学家，擅长西洋史研究和世界通史编纂和研究，在通史理论方面具有自己独特的建树，是 20 世纪前半叶中国的世界历史研究的重要代表人物之一。1933 年，何炳松著的《世界简史》上下卷出版，凡 14 编 57 章 53 万字。该书上述地球和生物的起源，下迄作者撰写该书序言的 1933 年。从时间上看，该书是一部名副其实的世界通史著作。该书以文化形态史观为指导，以文化为经，以过去的事象为纬，采取“综合研究”，即“我们要研究人类文化的严谨，我们不应该单单研究人类政治的、经济的、学术的、教育的或者宗教的发展；我们要同时研究人类政治的、经济的、学术的、教育的或者宗教的等活动的交互错纵的情形”①，对世界历史进程作了宏观的阐述。这从各编题目的设置上也有明显的体现：上卷“世界人类文化的起源”、“欧洲文化的发轫和亚欧争雄的开始”、“罗马帝国的兴起和亚欧争雄的继续”、“印度佛教的广播和罗马帝国的衰亡”、“亚欧北方蛮族的南下和东方文化的发皇”、“欧洲的混乱和亚洲北方民族的兴起”、“中古欧洲的生活和世界形势的转变”、“欧洲的宗教战争”；下卷“世界列强的形成和殖民实业的发展”、“法国的革命和拿破仑”、“世界民族运动的猛进和工业革命的产生”、“世界帝国的造成和帝国主义的发展”、“国际的竞争和世界大战”、“现代世界的困难”。这些节、目的设置试图将世界历史作为一

---

① 何炳松：《世界简史·序言》，中国工人出版社 2007 年版，第 2 页。

个整体进行研究，着重探讨了不同文化形态之间互动性的影响，清晰地勾勒出了世界历史发展的纵向趋势及其横向联系。

《世界简史》的编纂非常自觉地流露出作者的立场倾向，体现了一个亚洲的史学家、中国的史学家如何编纂不同于西方史学著作的勇敢尝试。“我们试看寻常所谓外国史或世界史，多半是欧洲中心扩大起来的西洋史。欧洲固然是现代世界文化的重心，值得我们格外的注意。但是我们中国人既系亚洲民族的一分子，而亚洲其他各民族在上古和中古时代对于世界的文化又确有很大的贡献，似乎我们不应因为他们久已衰亡，就可附和欧洲史家的偏见，一概置之不理。因此著者很想在本书中用一种新的立场，把亚洲匈奴人、安息人、月氏人、突厥人、蒙古人等向来受人轻视的民族，根据他们在世界文化史上活动和贡献的程度，给以相当的位置，而加以叙述。”① 何炳松的这一观点，从历史观的角度看，具有明显的冲破“欧洲中心论”的意识，在当时具有积极的进步意义。从当时世界通史著作的品格看，《世界简史》已经成为一种人化了的物，融入了作者深深的情感，这种情感远不是有的学者所说的主体的迷失，而是中国学者的主体意识的自觉展现。正如有学者所指出的：“这种非欧洲中心主义的世界史观，正是本书另一可称道之处。”②

### 三　周谷城著《世界通史》成就

周谷城（1898—1996），湖南益阳人，当代著名历史学家和社会活动家。除开设《中国通史》、《世界通史》等课程外，于新中国成立后首先开设《世界文化史》课程。讲授《中国通史》时，强调“历史完形论”，着意阐明各个历史事件组成为整体历史过程的必要性，提出了见解独特的中国历史分期法；讲授《世界通史》时，主张着眼全局、统一整体，反对以欧洲为中心的世界史，并相继发表过《史学上的全局观念》（1959）、《论西亚古史的重要性》（1960）、《评没有世界性的世界史》（1961）、《迷惑人们的“欧洲中心论”》（1961）等论文，对推动国内世界史的教学和研究影响深远。

---

① 何炳松：《世界简史·序言》，中国工人出版社2007年版，第3页。

② 龚鹏程：《世界简史·推荐序》，《世界简史》，中国工人出版社2007年版，第4页。

在20世纪上半期末，周谷城完成了我国第一部有现代学科意义的《世界通史》。1949年，《世界通史》三册由商务印书馆出版。《世界通史》一至三册，即远古文化之发展、亚欧势力之往还以及世界范围之扩大，叙述从古代世界到近代世界的历史。第四册，叙述产业革命展开以来的历史，当时未及写出，此后作者一再寄愿补写，可惜终其一生未能如愿。这部著作，并不是仅仅将以往国外各项研究成果汇集综合起来，而是从体系构成到具体论断，都表现了作者鲜明的个性与独到的见解。和国外同类著作相比，特别是与在中国有很大影响的威尔斯及海斯等人的著作相比，本书有着极为鲜明的特色，即反对“欧洲中心论”。周谷城在撰写该书时参阅的外文资料达100多种，其中包括国际史坛上有影响的名著，例如12卷本《剑桥古代史》、14卷本《剑桥近代史》，以及斯密兹25卷本的《史家世界史》等，同时也参考了一些中国学者的著述。

周谷城反对“欧洲中心论”可以说是由来以远。在风云多变的20世纪，无论是在崇拜欧美的三四十年代，还是在学习苏联的五六十年代，他始终坚持认为：世界历史不是围绕着欧洲文明这个中心而发展起来的，而是各国互相交流的产物。中华民族灿烂辉煌而又悠远漫长的文明史绝不会因为我们在近代战争中的暂时失利而稍有逊色，以至于沦落成为一本记载白种人在世界范围内扩张势力和输出文明的《世界通史》中的脚注文字。这种信念超出了他所处的时代，因而周谷城常常被那些推崇英国剑桥版和苏联科学院版《世界通史》的中国学者们指责为宣扬“中国中心论”的民族主义者。[①] 在这里，我们可以从周谷城对其《世界通史》第二册基本脉络的梳理中来体会他对于“欧洲中心论”的反对，对于世界通史之“通”的理解。

> 所谓亚洲势力的往还，实即亚、欧、非三洲间相互的关系。在十五世纪地理大发现以前，所谓世界史，几乎只限于亚、欧、非三洲之间。而这三洲之间的历史，西方史学家为欧洲中心论所蔽，从未正面叙述过。其实这里是十五世纪以前，世界史的重点所在。我在《世界通史》第二册中，几乎用全部的篇幅叙述了这里的历史：首先叙述了

---

① 周洛华：《“续写”世界史》，《中国企业家》2007年第7期。

> 古波斯的兴起及其向西发展直达南欧；其次叙述南欧马其顿人的兴起及亚历山大向东进逼直达印度河流域。亚历山大势力衰落以后，大夏、安息及新波斯萨珊波斯兴起，雄视西亚，为东西方来往的桥梁。接着叙述了崛起于阿拉伯半岛，发展至地跨亚、欧、非三洲的阿拉伯帝国。阿拉伯帝国的西进，及其以前的新波斯帝国，和以后的色尔柱人，都于基督教的发展不利，引起了西方十字军的东征。就发展的方向看，十字军的发展是向东的，主要由欧洲向亚洲发展。至于蒙古势力的向外发展，除向东南发展外，其向西方发展的势力，深入了欧洲，曾达到了多瑙河流域。自古波斯的兴起，也就是公元前六世纪中叶西鲁士创国的前后起到蒙古势力的全盛，也就是公元十三世纪中叶蒙古势力达到欧洲的前后，近两千年。在这期间，亚、欧、非三洲政治势力的存在、发展、变化，是这样安排，虽不能说前后次序条例井然，然重点毕竟突出了。①

周谷城紧紧抓住了在世界历史发展进程中占有重要历史地位的民族、国家之间的交往关系，梳理出了基本脉络，给人以耳目一新的感觉。然则能够在反对“欧洲中心论”的思潮中于适时适切之处以欧洲为中心为重点，委实在于周谷城对于“欧洲中心论”思想认识得深刻，对世界历史中重点理解得透彻。周谷城曾经理直气壮地反驳批评他是“欧洲中心论”的人，指出他们在世界通史编纂方面的误识所在：“第一，反对欧洲中心论，并不抹煞世界史上某一时期某一区域成为突出的重点，把贯穿全部历史的中心与一时突出的重点混为一谈，是错误的；第二，我著《世界通史》第三册，集中精力叙述了十六、十七、十八世纪的欧洲这个重点，为的是要找出今日民族解放运动的理由。没有欧洲的向外扩张，今日的民族解放运动就没有根据。危言固然可以耸听，但亦恰恰构成批评者的错误。第三，民族解放运动，我安排在《世界通史》第四册里，还没有出版，但目录却早已在第一册里标出，为第四篇中的平等世界之创造。”② 而在对世界通史

① 周谷城：《我是怎样研究世界史的》，《周谷城史学论文选集》，人民出版社 1983 年版，第 114 页。

② 同上书，第 115—116 页。

理论的认识上，“欧洲中心论的世界史是古今都以欧洲为中心，欧、亚、非重点叙述、突出叙述，所重者只是一个时期，一个区域。反对欧洲中心论，并不等于抹煞世界史上某一个时期欧洲是重点。若没有重点，不仅没有世界史，也将没有历史本身。”① 新航路开辟以后，海上贸易一天一天扩大，终于形成所谓重商主义，“在重商主义下，西、葡、荷、法、英各国的商人先后到世界各地活动。几百年中，竟使亚洲各国震动不安，非洲土人加速奴化，南北美洲被欧洲移民者所占领。欧洲人称此为欧洲的向外发展。十六、十七、十八世纪，欧洲在世界历史的发展上，确实成了重点，这是事实，不能否认，如实叙述是应该的。史学界的朋友，居然有人大作文章，说这就是周某人的欧洲中心论。明知我是反对欧洲中心论的，把我说成欧洲中心论者，很能动听。”② 以上观之，无论是从世界通史理论的研究方面，还是从世界通史的编纂方面，周谷城对其中存在的似是而非的反对“欧洲中心论”而实际上恰恰是“欧洲中心论”思想的认识，均给予了有力的反驳和回击，反映出他在世界通史研究领域的独树一帜。

## 四　社会进化史的编译

自20世纪20年代起，中国学者还陆续编译了一些社会进化史的教材，形成世界通史教材编纂的一个特殊的表现形态。翻译的著作主要有：［德］米勒利尔著，陶梦和译的《社会进化史》，商务印书馆1924年版；［苏联］普莱勃拉仁著，王伯平、徐难先译：《世界社会史纲》，平凡书局1929年版；王子云编译的《社会进化史》，上海昆仑书店1930年版；［日］高桥清吾著，潘念之译的《社会制度发展史》，上海大江书铺1933年版；［苏］波卡洛夫、雅尼夏尼著，方天白译的《唯物史观世界史》，上海神州国光社1934、1936年版；［苏］库斯聂著，高素明译的《社会形势发展史教程》，上海言行社1940年版；［美］哥尔顿准塞著，陆得音译的《社会科学史纲第五册——文化人类学》，重庆商务印书馆1944年版等。中国学者

① 周谷城：《我是怎样研究世界史的》，《周谷城史学论文选集》，人民出版社1983年版，第114—115页。

② 同上书，第115页。

编著的著作主要有：蔡和森的《社会进化史》，民智书局 1924 年版；廖划平编的《社会进化史》，泰东书局 1927 年版；陆一远的《社会进化史大纲》，上海光明书局 1930 年版；王子云编译的《社会进化史》，上海昆仑书店 1930 年版；黄菩生的《社会进化史》，商务印书馆 1933 年版；刘炳藜的《社会进化史》，上海中华书局 1935 年版，等等。这些译著从作者的主观意愿上看，多是为了阐述马克思主义唯物史观的基本原理和社会经济形态所展现出来的人类历史发展的基本图景，但在传播唯物史观和马克思主义的过程中，客观上也起到了传播世界历史知识的作用。从世界通史编纂发展形态的角度看，将其作为中国学者编纂世界通史的一种早期形态也是说得过去的。中国社会科学院历史研究资料室编的《1900—1975 七十六年史学书目》[①] 将社会发展史列入世界通史的范畴就充分说明了这一点。

蔡和森著的《社会进化史》在其“绪论”极为推崇摩尔根对“家族”以至“国家”的形成，这与马克思的唯物史观不谋而合，反映了人类社会的进化。蔡和森在“绪论”中引述摩尔根对人类历史的分期法，即野蛮时代、半开化时代和文明时代。这成为蔡和森撰著《社会进化史》的基本理论支撑和框架体系。《社会进化史》共分为“绪论”，有史以前人类演进之程序（A. 野蛮时代　B. 半开化时代　C. 文明时代），第一篇家族之起源与进化，十一章；第二篇财产之起源与进化，十四章；第三篇国家起源与进化，十章；约 8 万字，详细论述了摩尔根和恩格斯的观点，对唯物史观的传播起了积极作用。1931 年，邓初民撰成《社会进化史》。该书分三篇三十五章，对唯物史观的基本原理进行了系统论证。邓初民在书中明确表示以摩尔根所划分的野蛮时代、半开化时代和文明时代的“历史的理论时代”作为该书全部的纲领。该书以恩格斯的《家庭、私有制和国家的起源》为蓝本，吸收了 19 世纪的考古学、社会学、人类学、民族学等领域的研究成果，对世界人类社会发展史的家族、财产和国家的起源与进化作了系统的阐明。作者在书中分别梳理了家庭、私有制和国家产生、发展的历史，划分出不同的阶段，并对它们的命运作了批判性的展望，向读者清晰地展示出，正如同家庭、私有制和国家的产生是生产力发展的必然结果

---

① 中国社会科学院历史研究资料室编：《1900—1975 七十六年史学书目》，中国社会科学出版社 1981 年版，第 108—109 页。

一样，它们的消亡也是社会历史发展不可逆转的客观规律。邓初民著的《社会进化史》与郭沫若的《中国古代社会研究》一样在中国马克思主义史学发展史上具有重要的地位。如果说郭著是基于中国史实对恩格斯《家庭、私有制和国家起源》的基本观点所作的阐发，邓著则是基于中外学术研究的成果对恩格斯的相关论点作的进一步的学术阐述和论证。这一阐述和论证在其于言行出版社 1940 年出版的《社会史简明教程》一书中得到了系统的阐发。《社会史简明教程》一书的最大特点除了对社会、社会史及其分期作了较为系统的理论探讨外，还专设一编“社会主义社会”，分“社会主义社会生活之经济过程”、“社会主义社会生活之政治的过程”、“社会主义社会生活之精神的过程”三章对社会主义社会的理论与实践、空想与科学，尤其是苏联的社会主义实践作了专门的探讨，使得作者所阐述的史前时代、原始共产社会、奴隶制的古代社会、农奴制的中世封建社会、近代资本主义社会、社会主义社会这一人类历史发展的途径和脉络得到了更有说服力的论证。

1932 年，马哲民编著的《社会进化史》由南强书局出版。该书较之同时代、同类型的著作，一个最显著的特点就是具有鲜明的世界历史特色。该书分为绪言、地球之进化和罗马的国家、封建制度和农奴经济之发生、手工业之兴起与基尔特组织、中世纪之殖民活动与重商主义、商工阶级的民主革命、产业革命与社会变革、殖民地上竞争和帝国主义政策、人类社会的将来等十一章。马哲民在“绪言”中指出：“所以我们研究人类历史——尤其是社会进化史，固不单作理论之说明，先立定主观的见解，致误解或抹煞事实，亦不仅罗列事实，作记账式枯燥无味的工作，可以了事。必须以唯物的眼光，观察社会事物；辩证的方法，分析史的演进，这才是研究历史的具体方案。”① “过去中国历史的记载，无非子孝臣忠妻顺。描写君王之大德，孜孜于正朔之遵守，正统的分别，编年纪月之讨论，英雄豪杰之鼓吹，官吏以及士大夫的起居言行等，已充分暴露封建制度以特权阶级为中心的色彩。近数十年间，始注意于富国强兵、民族及爱国思想的鼓吹，而间接模仿或直接介绍西欧资产阶级历史家的著作，是正反证已

---

① 马哲民编：《社会进化史》，上海南强书局 1932 年版，第 5 页。

趋于资本主义化。"[①] 马哲民在此不仅指出了中国历史学在 20 世纪三四十年代中外学术文化交流空前活跃和深入的形势下正受到的西方史学的冲击和影响，而且也指出了历史研究的正确途径和方法。

20 世纪 30 年代的西洋史也发展到新阶段，其主要著作有：《西洋史提要》（谢康，世界书局 1930 年版）、《西史纲要》（张仲和著，北平文化学社 1930 年版）、《西洋史》（王心石著，上海神州国光社 1932 年版）、《西洋史表解》（田农，出版者不详 1933 年版）、《西洋史通史》三册（余协中著，世界书局 1933—1936 年版）、《西洋史表解》（陈逸著，商务印书馆 1935 年版）、《西史纲要》一〇二卷（周维翰著，上海经世文社 1901 年版）、《西洋史简编》（胡玉堂，商务印书馆 1948 年版）、何炳松编著《复兴初级中学教科书外国史》上、下册，商务印书馆 1933 年版。何炳松编著、黄维荣增订《复兴高级中学教科书外国史》上、下册，商务印书馆 1934 年版。张仲和的《西史纲要》（1930 年）、《西洋史要》（王纯一编译，南强书局 1930 年），王心石的《西洋史》（1932 年），余协中的三卷本《西洋通史》（1933—1936 年），方豪的《外国史大纲》（1947 年），等等。这些西洋史、外国史著作水平参差不齐，但在编纂上可说是各有特色，体现了编纂者的独特思考。值得注意的是，这一时期西洋史、外国史的研究领域和研究对象已经不再像前一阶段那样游离不定，而是相对稳定。对于世界历史发展进程的讨论与阐发，学者们更多的是通过编纂世界通史的方式来呈现。

这一时期无论是从西洋史的编纂，还是从世界通史的编纂看，其编纂水平和学术水准都有了较大程度的提高。从体裁的运用和创新看，经历了 20 世纪前半叶的实践、比较，章节体这一融合、吸收了中外史书编纂体裁优点的新型史书编纂体裁，终于为广大世界通史编纂者所接受，并成为应用最为广泛的世界通史编纂体裁之一。而从其学术水平看，这一时期的世界通史著作对世界历史的看法已初步形成一个相对系统的认识，编纂者对世界历史也多有一定的研究，对国外学者研究著作也了解得更为充分。很显然，这一时期的世界通史编纂已经发展到一个新的历史时期。有的学者这样评价这一时期的世界通史编纂："这些教科书主要是以通史的形式出现

① 马哲民编：《社会进化史》，上海南强书局 1932 年版，第 2 页。

的，在编写体例、文字以及图表上下了很大工夫……它既满足了中学生学习外国史的要求，也为普通读者提供了难度适中的世界史读物，为世界史的普及作出了很大的贡献，而且也为纯学术研究和撰述作了有益的尝试。”①应该说这个评价是中肯的。这一时期的世界通史编纂为世界通史编纂奠定了最初的格局，体现出了中国的世界通史编纂的特点和品格。还有一个特点就是反映在世界通史的编纂者素质方面，这一时期的世界历史的研究者和编纂者均有较高的中国历史的素养，在其研究成果中均有较为突出的表现。另外，这一时期的世界通史编纂由于主要不是建立在中国学者自己研究成果的基础上的，而且绝大部分的史料都是来自于外国的世界历史著作，这就使得中国学者在这一时期关于世界历史上的许多论述时常有一种隔靴搔痒之感，很难对世界历史上许多重大问题发表有创建性的见解。其中所体现出的中国学者的思想和情感，也还有一种流于表面，或者说是情绪化的肤浅。这也是中国的世界历史研究处于草创阶段的直接体现。

## 第四节　20世纪五六十年代世界通史编纂的形成

1949年10月1日至20世纪50年代中期，从中华人民共和国的成立到加入到社会主义阵营，是中国历史和世界历史上一件具有划时代意义的大事。新中国历史学也实现了重大变革和转向，中国马克思主义史学开始成为历史学的主流，并开始了全面学习苏联、东欧社会主义国家历史学的阶段。“冷战”的开始，社会主义和资本主义两大阵营长时期的对抗、紧张，对这一时期中国学术的发展产生了深远的影响。新中国的世界通史编纂也带有深深的时代痕迹。

### 一　周庆基著《新编世界史》

1953年11月，周庆基编著、周谷城和平心校阅的《新编世界史》上、下册由上海自由出版社出版。该书共分为11编80章，约50万字，叙述了从远古的人类到战后新世界即1945年前后的各国以及世界历史发展形势。

① 陈琼：《二十世纪上半叶中国世界史学科的建设——以北大、清华的世界史学科为考察对象》，华东师范大学，硕士学位论文，2007年，第35页。

《新编世界史》一书的特点在于：①严格按照马克思主义的国家、阶级和阶级斗争以及五种社会形态理论来编排各部分史实。这在当时世界历史研究比较薄弱和对马克思主义唯物史观的理解有待于进一步深化的形势下，《新编世界史》是一个以马克思主义的基本原理为指导来研究世界历史、编纂世界通史的有益尝试。②从该书的章节设置看，《新编世界史》第十一编“人类的新纪元”部分大致相当于周谷城《世界通史》的未完成的第四卷《平等世界之创造》。“伟大的十月社会主义革命”、“第一次世界大战后的国际关系”、“苏联的社会主义建设”、“第二次世界大战”、“战后新世界（上）”、“战后新世界（下）”等章的叙述，梳理出了俄国十月社会主义革命后世界历史发展的大势，脉络较为清晰，具有相当的创造性，亦是不同于传统以欧洲为中心的西方学者所编纂的世界通史的重要特色之所在。③该书带有突出的西方史观的痕迹，体现了较强的“欧洲中心论”色彩，造成上述局面的原因，笔者认为很大程度上是由编著者所处时代的局限性造成的，而非其主观意愿所致。在1953年，中国国内仅有周谷城编写的《世界通史》三卷等为数甚少的通史著作可以参考，苏联的多卷本《世界通史》尚未问世，因此要编纂世界通史唯有借鉴传统的以欧洲为中心的世界通史教科书。明了作者所处时代的学术发展状况，对于该书也就能够比较客观地给予其应有的地位和适当的评价。④该书通篇没有涉及中国历史的内容，也没有论及中国历史与世界历史的关系。由于《新编世界史》没有前言和后记，编著者对这个问题也没有特别的交代，对于这一问题处理缘由我们无从稽考。这一编纂模式具有很强的过渡性，因而周著《新编世界史》在当时的学术界并没有发生多大的影响，很快便被以唯物史观为指导的马克思主义的世界通史编纂模式所取代。

如果说周著《新编世界史》的“人类的新纪元”部分仅仅简要而粗浅地勾勒俄国“十月革命”至第二次世界大战后世界历史发展的脉络的话，那么，到1957年教育部审订通过的《世界史教学大纲》中的《世界现代史教学大纲（草案）》（以下简称《大纲》）则更加深入、系统了。而从整个《世界史教学大纲》来看，尽管它是从课程设置和教学需要出发来探讨世界通史内容的取舍的，但这使我们看到，教学的需要恰恰成为决定世界通史编纂内容与形式的重要因素之一。

此外，曹伯韩著《世界历史》（三联书店1950年版）是新中国成立以来中国学者编著的第一部世界历史著作。作为“新中国百科小丛书”的一种，曹伯韩所编写的《世界历史》继承了所著《世界史纲要》（永安东南出版社1945年版）和《世界史初步》（大连生活书店1948年版）的普及性特色，将从人类起源到第二次世界大战后的历史分为25个目次，目次的编排多以历史事件为依据，如十字军东征、文艺复兴和宗教改革、美国独立和法国大革命、俄国的社会主义革命、第二次世界大战，等等，使读者可以通过此书窥见世界历史发展的大致脉络。和这一时期其他的史学著作一样，这本出版于新中国成立初期的百科小丛书之世界通史分册亦不免受到苏联影响，例如第二十目次“东方的民族解放运动”，在先后列举了土耳其、波斯（伊朗）、阿富汗、埃及等民族解放运动后，谈到中国的革命，却以“另在中国历史里面去说”① 而一笔带过。

### 二　1957年版《世界史教学大纲》

1956年7月，高等教育部在北京召开了综合大学文史教学大纲审订会，大会对世界史的各个大纲进行了讨论，取得了比较一致的意见。会后加以修改、定稿，由高等教育出版社1957年4月出版，供综合大学四、五年制历史专业的师生使用，遂成为今天看到的《世界史教学大纲》。从世界通史编纂的角度看，《大纲》具有如下几个特点：

第一，《大纲》的制定可以说是集中了当时世界史研究领域的绝大部分专家和学者，是一次前所未有的世界史研究与编纂的学术盛会。《大纲》的起草和审订者有：世界上古史：周谷城（起草人，复旦大学）、吴于廑（武汉大学）、雷海宗（南开大学）、童书业（上海大学）、胡钟达（北京大学）、李沨（复旦大学）。世界中古史：蒋孟引（起草人，南京大学）、齐思和（北京大学）、耿淡如（复旦大学）、辜燮高（南开大学）、纳忠（云南大学）、刘启戈（北京师范大学）、王觉非和施复榆（南京大学）。世界近代史：杨人楩（起草人，北京大学）、张芝联（起草人，北京大学）、钟一钧（中山大学）、皮名举（湖南师范学院）、张传梓（兰州大学）、曹绍濂（武汉大学）、谭英华（四川大学）、楼公凯（西北大学）、程秋原（中国人民大学）、刘克华（北京大学）。世界现代史：王立（北

---

① 曹伯韩：《世界历史》，生活·读书·新知三联书店1950年版，第97页。

京大学）、杨生茂和梁卓生（南开大学）、郑平（外交学院）、靳文翰（复旦大学）、沙汀（中国人民大学）、端木正（中山大学）。有了上述在当时就已经是名家和硕学的学者的参加和领导，这在相当大程度上为《世界史教学大纲》的制定奠定了人才保障。这种学术团队、组织机制和运作方式能够在较短的时间内集中最强的研究力量攻克世界通史研究与编纂中的难题，是一次集体修史的有益尝试，在中国的世界通史编纂史上尚属首次，为此后周一良、吴于廑主编《世界通史》积累了经验，奠定了学术基础。

第二，《大纲》所勾勒的世界历史体系富有特色。《大纲》的编纂略古详今，从奴隶制阶段世界各国的历史发展讲起，一直讲到第二次世界大战后资本主义和社会主义各国的形势，以“苏联共产党第二十次代表大会对国际工人运动进一步发展的历史意义”为收笔，可以认为一直写到了编著者所处的当代。其中，世界现代史部分分十三章，将世界现代史分为“苏联社会主义社会的建成和资本主义总危机开始和发展的时期”和“社会主义越出一个国家范围变成世界体系与资本主义总危机进一步加深的时期”两个阶段，系统地阐述了社会主义与资本主义两种社会制度的斗争。对于“第二次世界大战后的国际关系”、“第二次世界大战后帝国主义殖民体系的瓦解，民族解放运动的进一步高涨”、“资本主义的总危机继续加深”、“第二次世界大战后的国际工人运动”等全球范围内的历史运动作了较为全面系统的阐述。这样该书以“社会主义生产方式的确立和扩大为分期的标志”① 对世界现代史作出了自己的阐述，反映出当时中国学者视野下的世界格局的新变化。

第三，《大纲》体现出了在世界历史进程中对中国历史问题的处理和思考。这种思考，很显然是建立在对苏联教学大纲中关于中国史问题的处理上的。中国的世界通史研究者在这个问题并没有人云亦云、随波逐流，而是发表了自己的见解和认识，体现出了中国的世界通史编纂者的主体意识的觉醒。例如，“讲世界上古史，更不能忽视祖国在世界历史发展过程中的作用。‘苏联古代东方史的教学大纲’说明中写道：‘必须确切而明白地指出我们祖国的各族人民在全世界历史过程中的作用，并揭发忽视这种

① 中华人民共和国教育部审订：《世界史教学大纲》，高等教育出版社 1957 年版，第 114 页。

作用的无祖无宗的世界主义者反爱国主义的观点。’我们于此，具有同感。我们也不能忽视我们的祖国在世界历史发展过程中的作用。我们也要揭发反爱国主义的世界主义观点。例如本大纲第一篇第九章便是着眼于中国经济文化等对亚洲其他国家的作用而增添的。”① 这是中国学者对苏联教学大纲的反思，对加强中国史在世界历史中地位和作用的思考，即如何在世界通史中呈现中国历史的丰富内容，成为大纲编写者面临的一个重大课题。在第九章中，《大纲·世界上古史教学大纲（甲）草案》的编写者共设了“一、古代中国历史的发展及其在亚洲的地位”、“二、中国与西亚的关系”、“三、中国与西亚的外交关系”、“四、中国与西亚的文化交流”、“五、中国与东亚诸国的关系（包括朝鲜、越南、日本等国）”。而在《世界上古史教学大纲（乙）草案》中分“亚欧大草原的游牧世界和土著世界”和“古代世界在世界史上的地位及古代中国和西方的关系”两章，来阐述古代中国在世界历史进程中的地位和作用。其中，体现出的先秦和两汉时代的匈奴、张骞使西域、古代中国与西域之间的通道、古代中国和西域诸国的关系、古代中国和西域之间的经济文化交流等章节，也具有自己的特色。由此我们可以看出，《大纲》不仅将中国历史看成是世界历史的一部分，而且还体现出一种世界通史编纂中突出中国民族特色的自觉意识。可惜的是，教学大纲的这一特点，并没有在实际教学和教材编纂中彻底地加以贯彻，这一遗憾也体现在周一良、吴于廑主编的《世界通史》中。

## 三　周一良、吴于廑主编四卷本《世界通史》

1961 年 4 月，中宣部召开的文科教材会议，对世界通史参考资料的编纂起到了巨大的促进作用。经过一年半的努力，1962 年 10 月，周一良、吴于廑主编的四卷本《世界通史》由人民出版社出版。该书是中国的世界历史研究经历了近百年的发展、积累之后的第一次系统总结。第一卷即齐思和主编的上古部分讲述了人类社会发展的最初两个阶段，即原始社会和奴隶社会的历史。全书共分为导言、原始社会和埃及、西亚奴隶制国家的

---

① 中华人民共和国教育部审订：《世界史教学大纲》，高等教育出版社 1957 年版，第 5—6 页。

发生和发展，爱琴海与印度河流域的上古文明、埃及、西亚奴隶制国家的继续发展，亚洲新兴的奴隶制国家希腊、罗马奴隶制国家的产生、古代奴隶社会的全盛，以及古代奴隶社会的危机和没落越南、朝鲜和日本的古代社会等四编，33万余字。该卷阐述的重点是奴隶制社会，奴隶社会作为人类社会发展史上一个普遍的发展阶段得到了系统而全面的阐发。朱寰是周吴本《世界通史》中古部分的主编。该卷共分为导言、中古初期、中古中期、中古后期四大部分39章，44万余字，重点讲述的是封建生产方式在世界范围内占统治地位时期的历史，上自5世纪后期罗马奴隶制帝国崩溃起，下迄17世纪中叶英国资产阶级革命前夜止。该卷的最大特点在于在尽可能广阔的范围内阐述了封建主义的产生、发展、演变和衰亡的历史。周吴本《世界通史》的近代部分主编为杨生茂、张芝联、程秋原，分为上、下两册，约80万字，叙述了自1640年的英国资产阶级革命至1917年的十月社会主义革命之间近280年的历史。

该书最大的特点是受到了苏联科学院主编的10卷本《世界通史》的影响，但值得注意的是，该书以马克思主义唯物史观为指导在全世界范围内系统阐述了人类历史发展的历程，阐明了资本主义必然灭亡，共产主义必然胜利的历史趋势，鲜明地体现出了五种社会经济形态依次更替的理论特色。该书是新中国世界历史研究者学习唯物史观，运用唯物史观研究世界历史的范本，“是中华人民共和国成立以来第一部综合性的世界史著作，它从马克思主义的基本原理出发，比较系统地叙述了整个世界从人类起源到第一次世界大战结束的历史，体现了中国学者当时对世界史的认识和研究水平。缺点是限于历史条件，还未能完全摆脱苏联10卷本《世界通史》的框架以及没有现代部分”①。周一良本人也认为这部通史框架仍不脱苏联教材窠臼，但材料较为丰富，论点较为平实，加强了亚非拉部分，增加了中国与外国文化交流章节，比苏联教材多少有所改进。② 这个评价反映了周吴本《世界通史》学术上得失两存的客观情况。

从中国的世界历史学科建设角度看，四卷本《世界通史》的出版标志

---

① 齐世荣：《世界史和世界现代史》，《世界史探研：齐世荣自选集》，首都师范大学出版社2008年版，第378—379页。

② 周一良：《周一良学术文化随笔》，中国青年出版社1998年版，第183页。

着中国的世界通史编纂发展到一个新阶段——集体修史的自觉阶段。参加该书编纂的学者有：上古部分：朱龙华、魏杞文、周怡天、朱桂昌、马克尧、朱承思、吴鹤鸣、董为奋、刘家和、林志纯、刘文鹏、戴裔煊、赵秉新、廖学盛、林耀华、张芝联；中古部分：郭守田、戚祐烈、吴廷璆、施子瑜、戚国淦、张椿年、耿淡如；近代部分：汪森、刘曜、李时岳、周家骅、姜德昌、孙守任、伊文武、张声振、刘宗绪、马家骏、张文淳、吴豪德、李春辉、王约、王觉非、潘润涵、何春超、丁建弘、汪尧生、杨人楩、蒋孟引、林举岱。这是提到姓名的45位编纂者，此外还有一些没有提到姓名的学者。从上述不厌其烦开列的名单中，可以看到许多耳熟能详的名字。如此强大的世界历史研究领域的学术阵容，差不多网罗了当时中国所有的世界历史研究专家，可谓是一时之盛举。从世界通史编纂的组织形式看，此后世界通史的集体编纂才渐成为一种正常的组织形式。这反映出主编的学术影响力和学术号召力之所在，同时也反映出主编对各种风格的学术研究成果的整合能力以及对于语言的驾驭能力。

关于《世界通史》的编纂问题，周一良如下的回忆反映出了集体编纂世界通史的状况。“1961年，中宣部教育部领导下成立了文科教材办公室，周扬同志负责。历史组翦老任组长，郑天挺（毅生）先生和我任副组长，责成我抓世界史教材。我们先集中了各校以群众运动方式集体编写的稿子，准备组织人力修改，不料水平参差过甚，体例五花八门，不能作修改基础。于是教材办公室另组少数专家分段主编；上古齐思和，中古朱寰，近代张芝联、杨生茂、程秋原。名为主编，实际除极个别章节外，绝大部分都是他们五人自己执笔，最后集体通读，由吴于廑和我总其成。”①这反映出集体修史的艰难，亦反映出主编的学术组织力和号召力之重要。周吴本《世界通史》编纂的成功，也说明集体修史只要组织得当，是完全可行的。周一良在此反省了这次世界通史编纂工作中的组织问题，既指出了初期依靠群众运动的失败，又谈到了经过探索摸索到的成功模式。季羡林对周一良主编的《世界通史》曾有如下评价：“在那一段非常时期，他曾同人合编过一部《世界通史》。这恐怕是一部‘应制’之作，并非他之

① 周一良：《毕竟是书生》，《周一良集》第五卷，辽宁教育出版社1998年版，第372页。

所长。但是，统观全书，并不落他人窠臼，也可见他的史学功底之深厚。”① 这里，季羡林是对周一良个人学术能力的评价，也是对周吴本《世界通史》编纂的评价。但这对于一部成于众人之手的集体成果来说，能够得到季羡林的如此评价已经是相当不容易了。尽管该书也涉及中国与世界历史上其他重要国家的交往，但该书主旨明确表示不包括中国历史的内容，似乎也是一个缺憾之处，并且对中国的世界通史编纂产生了影响。

## 四　“冷战”背景下的世界通史翻译工作

这一时期，中国的世界通史的翻译工作也取得了进展，其翻译的途径主要是苏联的世界通史著作。典型的有 20 多部，主要有：《世界通史研究提纲》，［苏］波吉牟金著，屈洪译，解放社 1950 年版；《苏联中等学校世界史教学提纲》，苏联教育部中小学教育司编，邝平章译，大众出版社 1953 年版；《世界通史讲义》3 册，［苏］弗·尼·尼基甫洛夫著，中共中央直属高级党校历史教研室翻译组译，高等教育出版社 1956 年版；《世界通史教学大纲》，苏共中央直属高级党校国际工人运动和民族解放运动教研室审订，康金镛、刘平译，高等教育出版社 1957 年版；《中世世界史教学参考书》，［苏］柯思明斯基（Е. А. Косминский）等编，朱成光译，人民教育出版社 1957 年版；《古代世界史的课堂教学》，［苏］柯瓦辽夫（С. И. Ковалев）、［苏］安德列耶夫斯基（Н. В. Андреевский）著，刘泱泱等译，人民教育出版社 1957 年版，1958 年重印；《世界通史》（第十卷）（共 2 册），［苏］库拉索夫（В. В. Курасов）著，吉林师范大学《世界通史》翻译组译，吉林人民出版社 1978 年版；《世界通史》（10 卷本）第八卷（共 2 册），［苏］明茨（И. И. Минц）主编，北京编译社译，生活·读书·新知三联书店 1978 年版；《世界通史》（第九卷）（共 2 册），［苏］и. 祖博克主编，吉林师范大学《世界通史》翻译组译，吉林人民出版社 1975 年版。这反映出译介、学习苏联史学状况之一斑。

这一时期，史学界翻译苏联的世界历史著作，影响最大的还是苏联科学院编纂的十卷本《世界通史》。该书无论是对具体的历史内容的阐述，还是对体裁、体例的运用，都成为中国学者编纂世界通史的模范标本，对

---

① 季羡林：《悼念周一良》，《人民日报》2001 年 11 月 8 日。

20世纪五六十年代中国历史学的发展产生了重大的影响。

也恰是在1972年，费孝通回到中央民族学院，从事翻译工作，和吴文藻、谢冰心等一起翻译了两部世界史：海斯、穆恩、韦兰著的《世界史》与韦尔斯著的《世界史纲》。《世界史》于1932年在美国出版，在20世纪三四十年代该书曾与谢泼德的《历史地图集》一同为美国大中学校广泛使用，在当时的西方国家是一部较有影响、具代表性的著作。该书的叙述起自古代文明的开端，迄至第二次世界大战。作者以西方文明的渊源及其发展作为重点，对欧美一些国家的政治、经济和文化的发展过程作了比较具体的介绍。海斯的世界史观在其增订本序言中得到明确的阐述："这部《世界史》确实是一部世界的历史。它是简明的，老实说又是入门的，但我们相信它具有连贯性。它的确讲述了一个连续不断的人类的故事，从最古的猎人时代直到最近的大商业时代，从尼安德特人和克罗—马农人到布尔什维克和法西斯分子。它的确把所谓西方文明的历史，和中国、日本、印度以及美洲（不仅包括玛雅人、阿兹蒂克人、印加人以及殖民地的美洲，也包括拉丁美洲歌词歌名以及美国的兴起——自独立到世界强权）的历史联系起来了。再者，它的确不仅强调了整个世界上各时代各民族的政治生活，而且也强调了他们的文化、社会和经济生活。"① 在描绘这样一幅宏大全景时，著者尽量避开事无巨细的单纯罗列，而是着意选取那些"在今日的世界文明中具有最大贡献的那些较大的运动，带到清晰的、给予知识的视野上来"。② 海斯和穆恩曾任哥伦比亚大学的教授，韦兰也曾任弗吉尼亚麦迪逊学院的教授，他们试图通过《世界史》的撰写为"青年学生们提供一个人类过去的记录，帮助他们在知识生活中应付这个动而不静的当代世界"。③ 为了达到这一目的，著者们除了在文字方面力图做到叙事简明、纲目清楚，使一般中等学校的初学者易懂，享受到阅读的乐趣，而且与出版者合作，加入了丰富的插图、地图、图表，增加了该书的直观性，使得该书作为教材更为生动、形象，"我们主要的和时刻关心的就是使本书便于在教学上实用"。这是该书可贵的一点。

---

① ［美］海斯、穆恩、韦兰：《世界史》，生活·读书·新知三联书店1974年版，第Ⅶ页。

② 同上。

③ 同上。

韦尔斯的《世界史纲》最早于1927年被梁思成等译介到中国。值得一提的是，虽然著者一再强调这部书“确实是一部世界的历史”，并试图从书的时间跨度、空间跨度以及各时代人们之社会生活证明之，但该书所涉及的内容表明这并不等于真正意义的世界史，书中编目的命名、对封建主义起源和本质的认识，对亚非拉等国家历史的叙述无不打上“欧洲中心论”的印记。如，该书第11编即采用了一个英国诗人拉迪亚德·基普林的观点，把欧化落后种族的工作称为“白种人的负担”。作者怀着种族主义的偏见，标榜欧洲白种人自古希腊罗马时代以来一直担任理事的“主角”，污蔑非白种人是“落后种族”。费孝通等人对此也给予了批判性的说明。应该说这两部西方学者编纂的世界通史的翻译，给“文革”期间的中国学者带来一些关于西方世界通史研究和编纂的信息，其学术价值还是值得称道的。2001年，广西师范大学出版社又出版了费孝通、吴文藻、谢冰心等人翻译的《世界史纲》，反映出学界对这次翻译工作的认可，以及学术生命力的历久弥新。

## 五　“文化大革命”期间的世界通史编纂

“文化大革命”期间，世界通史的编纂虽然没有完全停止，但也没有多少创新。除了对周一良、吴于廑主编的《世界通史》进行修订、再版外，还有一些高校自己编写的世界通史著作。1974年，由北京大学历史系简明世界史编写组编写的三卷本《简明世界史》经过了多次讨论之后终于出版了。这部教材的编纂自始至终贯穿着“几千年的文明史就是阶级斗争的历史”的主旨，“力求做到‘古为今用’、‘洋为中用’，使世界史这门学科为无产阶级政治服务”①。这种认识是在对周一良、吴于廑主编《世界通史》的批评和经验总结的基础上得出的。1972年版的《重印说明》指出：“本书是‘无产阶级文化大革命’前编写的高等学校教材，对世界上古、中古、近代各时期的历史，包括社会经济发展、阶级斗争、政治制度、重大事件、历史人物以及文化等，作了比较详细的叙述。由于当时修正主义教育路线的影响，编写中没有很好贯彻马克思列宁主义、毛泽东思

① 北京大学历史系简明世界史编写组：《简明世界史·古代部分·编者说明》，人民出版社1974年版，第1页。

想，没有彻底批判资产阶级唯心主义史学观点，因此在指导思想、体系结构以及具体论述中，都存在有严重错误和缺点。”① 这些错误和缺点主要体现在史学体系、历史主体、历史发展的动力、宣扬资产阶级人性论、没有很好地总结历史经验、分期太细等。然而在最后还要流露出再版、重印这部书的价值所在。“鉴于广大工农兵群众和干部学习马克思、恩格斯、列宁、斯大林和毛泽东的著作以及了解国际形势，都迫切需要关于世界历史方面的知识，所以将本书重印出版。”② 今天，我们再来回顾这篇《重印说明》，除了感受到当时极“左”思潮给历史学界所带来的消极影响外，仍能感受到这部《世界通史》著作本身所具有的学术魅力。而在《简明世界史》的章节安排上也体现了对周一良、吴于廑主编《世界通史》“纠正”的印迹。其近代部分章的设置就是很明显的证明：第一章英国资产阶级革命、美国独立战争；第二章法国资产阶级革命、拿破仑帝国的兴亡；第三章拉丁美洲独立革命；第四章 17—19 世纪初亚非人民反对殖民主义、封建主义的斗争；第五章马克思主义的产生《共产党宣言》；第六章 1848 年欧洲革命与五十六十年代的资产阶级民族民主运动；第七章 19 世纪中叶俄国、美国和日本的资产阶级改革和革命运动；第八章 19 世纪中期前后亚洲各国人民反殖民主义反封建主义的斗争；第九章第一国际巴黎公社——人类历史上第一个无产阶级政权；第十章从“自由”资本主义向帝国主义过渡时期的国际工人运动、马克思恩格斯的革命路线反对机会主义路线的斗争；第十一章资本主义进入帝国主义阶段、帝国主义初期的国际关系；第十二章列宁主义的产生，1905 年俄国革命、列宁主义在国际舞台上反对修正主义的斗争；第十三章 19 世纪中期—20 世纪初非洲和非洲人民反抗殖民主义侵略的斗争；第十四章 19 世纪末 20 世纪初亚洲各国人民反帝反封建斗争的高涨；第十五章独立后至 20 世纪初的拉丁美洲古巴独立战争和墨西哥革命；第十六章第一次帝国主义大战、列宁反对社会沙文主义的斗争。从呈现世界通史的内容看，这样的设计一方面反映出编者克服上述“错误和缺点”所作的努力，但同时也使一部丰富多彩的人类历史

---

① 北京大学历史系简明世界史编写组：《简明世界史·古代部分·编者说明》，人民出版社 1974 年版，第 1 页。

② 同上书，第 2 页。

简化成了一部世界人民的革命和斗争史；从世界通史编纂的角度看，这种设计也使得以革命和战争为主题的通史编纂模式发展到了顶峰和极致。这样一种编纂模式，在当时时代主题仍是革命与战争的情况下，无疑具有充分的存在理由和完全正当的合理性。但这种“正当合理性”也在相当大程度上遮蔽了世界历史丰富多彩的内容，而在世界主题发生转变时，则会不可避免地受到史学界的批判和反思。

“文革”时期的历史学同整个中国社会一样经历了政治运动的严重冲击，大批正直的史学家纷纷被打倒，史学刊物绝大部分停刊，高等学校的历史系也基本上停止了正常运转，基本陷入了停滞的状态。世界通史编纂也更是无从谈起。20 世纪 60 年代末 70 年代初，国际形势出现了巨大而深刻的变化，中苏交恶、中美关系和中日关系出现了缓和的迹象。中国的世界历史研究者敏锐地捕捉到这一变化，并迅速地体现在世界历史研究和编纂当中。其中，最明显的表现就是 1972 年《红旗》杂志第 4 期、第 5 期和第 6 期发表了署名史军①的《读一点世界史》、《再谈读一点世界史——关于要着重读一点近代史和现代史》和《读一点有关帝国主义的历史——三谈读一点世界史》的文章，《人民日报》分别于同年 4 月 9 日、5 月 10 日和 6 月 12 日予以全文转载。尽管这三篇文章的诞生很大程度上是出于当时政治的需要，但它们仍从总体上阐述了这一时期史学界对世界历史发展大势和特点的基本认识。作者指出：“翻一翻世界史，我们就会看到：推翻旧的社会制度，建立新的社会制度，是一场大革命，因此总是充满着惊心动魄的阶级斗争和翻天覆地的巨大变化。在人类历史上每个伟大的转折时代都是如此。西方奴隶制度崩溃的过程中，古罗马帝国的奴隶起

① 关于“史军”这一笔名的考证，请参阅罗荣泉《由冯友兰说到罗荣渠——漫谈署名问题与“失落自我”》（《书屋》2006 年第 5 期）一文。文章指出：1972 年 3 月，北大历史系根据上级指示，抽出罗荣渠和另外几个人组成一个写作组为《红旗》杂志撰写专论《读一点世界史》，由他执笔起草，经集体讨论修改定稿送审后化名“史军”发表于当年《红旗》第 4 期，《人民日报》则以整版篇幅全文转载。此后 4 月、5 月，上面指示北大历史系继续撰写《再谈读一点世界史》、《三谈读一点世界史》，仍由原班人马集体讨论、罗荣渠执笔起草修改成文，又相继以“史军”化名在《红旗》当年第 5、6 期发表。这三篇文章写作过程中，罗荣渠曾两次给笔者来信告以起草和讨论时他的尴尬情况，言及与写作组内的某些人常有争执，这些“左”派人士惯于揣摩风向，曲意迎合极“左”思潮，在讨论中强词夺理。他孤掌难鸣，被迫修改，致使文章质量逐篇下降，为此深表遗憾。此外，杨玉圣在其《罗荣渠教授论著目录初编》中收录了上述三篇文章。参见学术批评网（http：//www. acriticism. com/article. asp？Newsid＝2343），2011 年 3 月 9 日。

义此伏彼起，外族进攻连绵不断，内战和外战交织在一起。世界封建制度崩溃的过程中，资产阶级世界革命的风暴席卷了整个欧洲和美洲大陆，频繁的内战和国际战争、复辟和反复辟、帝制和共和，前后经过了近二百年的大动荡。马克思主义诞生一百多年来，无产阶级登上了世界历史舞台，推翻资产阶级和一切剥削阶级的革命斗争，被压迫民族的解放斗争，更是风起云涌，激荡全球。可见，世界形势的激烈动荡是伟大的革命时代的正常现象，符合历史发展的客观规律。”① “世界史告诉我们，亚洲和非洲是人类文明的发源地。亚、非、拉都有各自的灿烂的古代文明，对人类进步有过伟大的贡献。从十五世纪末以来，由于西方殖民主义的入侵，亚、非、拉广大地区沦为殖民地和半殖民地，共同遭受西方殖民主义者的残酷剥削和奴役。”② 世界近现代史是资本主义发生、发展和走向灭亡的过程，社会主义诞生、发展和走向胜利的过程。无产阶级和一切被剥削劳动群众反对资产阶级的斗争，殖民地半殖民地人民反对殖民主义、帝国主义的斗争，以及广大中间地带的中小国家和人民反对帝国主义侵略、干涉、颠覆、掠夺的斗争，构成了世界近现代史的主要内容。③ 史军在《读一点有关帝国主义的历史——三谈读一点世界史》一文梳理了帝国主义的发展、兴衰史，从人类历史发展的高度阐述了帝国主义必然灭亡，社会主义必然胜利的基本观点。据说，还有一篇名为《四谈读一点世界史》的文章，主要谈读一点关于民族解放运动的历史，已经写出，只是由于学术质量已经不能令组织者满意等原因，没有见诸报端。④ 这三篇文章为全面系统地了解“文革”期间人们对于世界历史体系认识和理解，提供了极佳的素材。

从以上分析中我们不难看出，这三篇系列文章所用的话语仍然是阶级斗争笼罩下的政治斗争话语，研究对象也是以国家间的政治斗争史为主，在阐述中过多地关注了人类历史发展进程中斗争的一面，而对于经济、思想、文化、社会生活等明显关注不够，使一部丰富多彩的人类发展史变得

---

① 史军：《读一点世界史》，《人民日报》1972 年 4 月 9 日。

② 同上。

③ 史军：《再谈读一点世界史——关于要着重读一点近代史和现代史》，《人民日报》1972 年 4 月 9 日。

④ 罗荣渠：《北大岁月》，商务印书馆 2006 年版，第 540 页。

干枯，丧失了应有的生机和活力。今天看来，其局限性是显而易见的，然而这在“文革”期间却是难得的学术文章。尽管其中笼罩着浓厚的实用主义的色彩，但对如何学习世界历史、如何编写世界通史提出了要求和希望。这抹学术的云彩犹如天边的朝霞，预示着一个时代新的学术气象，更像晚冬的草原孕育着一个新的姹紫嫣红而又朝气蓬勃的学术春天。此后，全国各地掀起了编写世界通史的小高潮。

1972年至1973年，北京、河北、浙江、武汉、新疆、安徽、陕西、贵州、宁夏、四川、江苏、内蒙古、青海13省市、区分别组织力量编写、出版了《读一点世界史》。典型的世界历史著作主要有：《世界历史》，北京市教育局教材编写组编，北京出版社1973年版；《世界历史》，云南省教育局教材编审室编，云南人民出版社1974年版；《世界历史》，河北省教育局教材编写组编，河北人民出版社1974年版；《世界历史》，山西省中小学教材编审组编，山西人民出版社1974年版；《简明世界史》，北京大学历史系简明世界史编写组编写，人民出版社1974—1975年版；《世界历史》，天津市中小学教材教研室编，天津人民出版社1975年版，等等。这些世界历史著作，从学术价值的角度看，没有多少值得称道之处，并且这时出现了世界历史编纂的高潮，也完全是政治因素的推动。但即便如此，对于处于政治、社会生活不正常的中国史学界来说，这批世界通史著作的出版无疑给纷扰、混乱甚至名存实亡的学术界和教育界带来了一丝生机，对于广大人民世界历史知识的普及和处于混乱之中的教育教学也在某种程度上是一种纠偏。

## 第五节　20世纪八九十年代世界通史编纂走向成熟

1978年12月，中共十一届三中全会胜利召开，中国政府作出了改革开放的决定，当代中国历史上具有划时代意义的变革由此拉开了序幕。再次将目光投向世界的中国人，决定在经济上奋起直追的时候，却发现对于世界的认识是如此得匮乏，于是对于世界历史知识的需求变得比任何时候都要急迫。当人们拿起以往的世界通史著作的时候，却发现书中所呈现的知识与现时代的时代主题和客观需求根本不相适应了。很显然，那些世界通史著作也被作为过去一个时代的产物，受到了史学工作者的反思和批评。

## 一　陈翰笙对以往世界通史编纂的批评

1978 年，陈翰笙对以往世界通史的编纂情况进行了总结，他认为当时的世界通史著作，“只是把欧美亚非一些国家的历史，或多或少地分期叙述一下，并未说明社会组织如何转变的，人类如何进步的。无论学述（术——引者注）性著作或通俗著作，都有这个缺点。”① 很显然，陈翰笙将判断一部世界历史著作是否达做到了“通”，其标准就在于是否有意识地向读者传达了“社会组织如何转变的，人类如何进步”等问题，这也是世界通史著作的根本作用之所在。否则即使以世界通史题名，也只不过是“国别史的拼凑”，“这种世界史的写法，没有说明原始社会如何分化为阶级社会的，阶级社会中又如何通过斗争而改变生产关系，促进生产力向前发展的。这样的著作，不能起到真正的教育作用，只能使读者知道过去的一些历史事实，但不能明白整个社会进步的内在因素”②，“不能使读者了解一种社会演变为另一种社会的内在原因，也不能了解怎样受到前一个社会的影响，以及生产力与生产关系的相互影响，而找出社会向前演变的规律。”③ 以这个标准去衡量，不仅我国 20 世纪 60 年代作为高等学校教材发行的《世界通史》、苏联科学院主编的多卷本《世界通史》算不上名副其实的世界通史著作，就是英国剑桥大学编纂的《世界近代史》、汤因比的《历史研究》，乃至威尔斯的《世界史纲》、房龙的《人类的故事》、曼福特的《世界简明史》也都在批评之列。

由此可见，陈翰笙的世界通史的标准不可谓不高，那么他心目中的世界通史究竟是什么样子的呢？陈翰笙有系统的论述：

> 首先应该从各地区或各国选择一个典型的原始社会、奴隶社会、封建社会、资本主义社会以及社会主义社会的历史，来说明世界历史演变的过程。从一个典型的社会来分析它的演变，就可避免现有世界史一般的缺陷。已经出版的世界通史，往往只叙述一些社会演变的事

---

① 陈翰笙：《对研究世界史的几点意见》，汪熙、杨小佛主编：《陈翰笙文集》，复旦大学出版社 1985 年版，第 464 页。

② 同上书，第 465 页。

③ 同上书，第 466 页。

实，读者不能从这些事实中找到社会发展的规律性。其实我们应当以无产阶级没有偏见的立场、观点去分析阶级关系、组织体系和生产力发展的规律性和其发展的各种原因。因此应该选择一个典型的国家或地区来把问题分析清楚，才能明白它的意义和发展的规律。当马克思以英国作为研究资本主义社会的典型时，他就告诉我们德国必然有同样的趋势，了解了英国的今天就可以预料到德国的明天。

其次还应将各大洲或各国同类型的社会，尽可能地作比较，说明它们之间相同和相异的情况，以及相互影响的事迹。这样有助于证实历史发展的普遍规律性。历史发展的普遍规律，就是从一种社会转变到另一种社会的阶级斗争。现在的世界通史，虽然提到阶级斗争，但是没有充分分析它的前因后果和它的过程，这样就不能使读者明白一个社会的转变和历史发展的动力是什么。今后我们编写世界通史，应当避免上述这些缺点。①

此文撰写于1978年，关于社会形态的观点显然继承了他在1927年《人类的历史》中的基本观点并作了发挥，字里行间流露出了那个时代的痕迹，但从世界通史编纂的角度看，还是具有重要的历史价值的。第一，陈翰笙所提出的典型社会经济形态分析法，以及与阐述社会发展的规律之间的关系，尽管在理解、运用马克思主义社会经济形态和社会规律方面显得有些机械和简单，但作为世界通史编纂的重要方法还是具有一定的启示意义的。第二，将历史发展的普遍规律仅仅理解为阶级斗争今天看来具有其不可否认的狭隘性，但通过比较法来撰写世界通史在今天看来仍然具有其不为时代所局限的科学性。第三，尽管陈翰笙在这里提出的一些具体观点可以作进一步的探讨，但这其间涉及世界通史及世界通史编纂的许多理论问题，仍然值得作更加深入的探讨，例如历史发展的动力问题，世界通史的任务和价值等。第四，在陈翰笙看来，一部理想的世界通史不仅仅是对过往人类历史的总结，而且更能昭示人类社会发展的趋势。在陈翰笙看来，世界通史“说到底，是世界上被压迫民族反抗压迫民族，被压迫阶级

---

① 陈翰笙：《对研究世界史的几点意见》，汪熙、杨小佛主编：《陈翰笙文集》，复旦大学出版社1985年版，第465—466页。

反抗压迫阶级的历史。世界史既要叙述压迫民族和压迫阶级对人类历史犯下的罪行，也要记录被压迫民族和被压迫阶级为自身求解放而进行前赴后继的斗争的历史”。[①] 1979 年，陈翰笙在全国世界史学科规划工作会议上又对世界通史编写问题作了专门发言，对世界通史编纂问题的看法作了系统阐发。这一时期对以往世界通史编纂的批评是世界历史研究领域中的拨乱反正思潮的重要组成部分，反映出人们对世界通史研究和编纂的期待。恰是这些批评引发了史学界对新型世界通史编纂问题的思考和热烈的讨论。

## 二　20 世纪八九十年代史学界对世界通史编纂的讨论

20 世纪 80 年代，中国史学界曾酝酿编纂一部多卷本的世界历史，为此还展开了一场关于世界通史编纂问题的讨论。这场讨论一方面是在史学界拨乱反正的基础上，对以往的世界通史及其编纂问题进行了总结和反思，提出了一些具有启示意义的见解；另一方面，在这场讨论中又有学者提出了编纂多卷本《世界通史》的设想。但由于主客观方面的条件均不成熟，这些计划遂被搁置，而没有付诸实践。

在这场讨论中，有不少学者探讨了系统论与历史科学之间的关系，例如，唯物史观与历史研究中的系统方法、系统论与世界历史研究，从系统论的角度探讨了世界通史编纂的问题等，均在当时产生了不小的影响。其中，张家哲从系统论的视角探讨了世界通史的编纂问题。

首先，运用系统论的思想指导世界通史编纂要重视探讨人类历史与宇宙之间的关系。探讨人与自然、人类与宇宙是一个宏大的历史哲学命题。有的学者指出：“世界历史是一个极其宏大，高度复杂，但又统一的有机整体，因此，在编写世界通史时，运用整体性原则，便具有头等重要的意义。”[②] “编写世界通史，首先应该从整个物质世界发展史（也即宇宙发展史）这个最大的整体出发，把人类社会的历史（即世界历史）放在宇宙总

---

① 陈翰笙：《对研究世界史的几点意见》，汪熙、杨小佛主编：《陈翰笙文集》，复旦大学出版社 1985 年版，第 470 页。

② 张家哲：《试论系统理论在编写世界通史中的运用》，《中国史研究》编辑部等编：《系统论与历史科学》，中州古籍出版社 1987 年版，第 234 页。

发展史这个最大的系统中进行考察。”[①] “我国以往编写的世界通史，一不提世界历史在宇宙发展史中的地位；二少提或不提自然环境在世界历史发展中的重大影响和作用。其主要原因，一是主观上对人类社会与自然界的高度统一性认识不足；二是受到了斯大林在批判‘地理环境决定论’时一些过了头的论断及建国以来一些‘左’的教条主义理论的影响和束缚。……今天再编写大型世界通史，就不应该再不把自然环境诸因素对人类历史发展的总影响和总作用，以及某一特定自然环境对某一特定地区、国家和民族的影响和作用用一定的篇幅和方式加以阐述了。譬如，对于世界历史上游牧民族向农业民族的三次大规模入侵，除了要讲政治、经济和军事等社会原因外，还应讲到自然环境变化的因素：因气候的激剧变冷——小冰期的到来而造成世界范围内牧草地的缩小及放牧条件的恶化，刺激了游牧民族为求生存而向农业民族地域的入侵。”[②] 人与自然、人类社会在宇宙中的位置，尽管在以往的世界通史编纂中得到了不同程度的探索，但从理论上探讨这个问题还很不多见，而给予了如此高的评价反映了作者观察问题视角之独特。今天中国环境史研究的迅猛发展也印证了论者观点的价值。

其次，还应该探讨人类历史这个系统中的各个子系统之间的关系。“应始终把世界历史看作是一个统一性的整体，一个仅次于宇宙发展史总系统层次上的大系统”，“而把各文明区域、国家或民族的历史看作这个大系统下的各个子系统，对于彻底破除欧洲中心论，无疑是个强大的理论武器。因为系统论强调各子系统的关系是平行性的，而不是从属性的；系统理论也不承认一个大系统中有一个什么能决定一切的中心子系统，而仅仅承认在某种条件下，某个或某几个子系统最为活跃，对其他子系统影响、作用较大。因此，欧洲文明区（不管是古希腊、古罗马还是西欧），与中国文明区、印度文明区、中亚文明区等一样，同样都是世界历史大系统中的一个子系统，它也只有在与其他文明区子系统在以一定序列形成的结构中相互影响和作用，才能对大系统起到作用。在某一个历史时期，西欧文

---

① 张家哲：《试论系统理论在编写世界通史中的运用》，《中国史研究》编辑部等编：《系统论与历史科学》，中州古籍出版社1987年版，第234页。

② 同上书，第234—236页。

明区域显得较为活跃，对其他区域子系统及大系统的影响或作用较大，但绝不可能单独地对世界历史的发展起到直线因果式，也就是决定性的作用。因此，世界历史的发展中是不存在什么中心的，尤其不可能存在单独的、能决定一切的中心。”① 作者从系统论的角度否定了世界历史发展进程中“中心”的存在，今天看来，在理论上、实际历史进程中似乎都有进一步讨论的必要。

再次，系统论视野的世界历史图景是一个多层次、多线索、多侧面、相互交叉、立体网络形架构。张家哲指出：“有的同志认为世界通史不应是地区史和国别史的组合，我觉得这句话只说对了一半。因为关键不在于组合不组合，而是在于如何进行组合，也就是说以何种框架或结构相结合。因此，世界通史也应该是各文明区域史和国别史在某种框架或结构下的组合。按照笔者不成熟的意见，这个大框架应该是多层次、多线索、多侧面、相互交叉、立体网络形架构。在这个立体结构中，一个个着重点应是一个个历史时期中走在世界历史前列、最具备该历史时期的特征、对其他区域和国家起着较大影响和作用的文明区域和国家，而它们之间的相互作用、影响与交流则是这些点之间的联系线；从它们那儿横向扩展开来，便是与这些先进文明区域和国家处于同一历史时期层次上的非先进的、对世界历史发展及其他地区和国家影响较小的文明区域和国家，以及后者与前者、后者内部之间的各种影响和作用的关系线。世界历史上的各文明区域、国家和民族，就是以这样的一种立体交叉式结构，构成了世界历史的总体。”② 这样的理论图景很显然是一个理论的假设和历史哲学层面的模式，要想真正成为世界通史的蓝图，还需要做大量的脚踏实地的工作。

复次，世界通史编纂应遵循适当性和适时性原则。“一个文明区域、国家或民族的历史，既是世界历史大系统中的子系统，同时自身也是一个系统，它下面又包含经济、政治和文化（包括意识形态）三个子系统。它的历史便是这三个子系统在一定的社会结构中相互不断影响、作用、调节和制约的历史。其中，经济子系统运动最为活跃，变化最为经常，对其他

① 张家哲：《试论系统理论在编写世界通史中的运用》，《中国史研究》编辑部等：《系统论与历史科学》，中州古籍出版社 1987 年版，第 237、239—240 页。

② 同上书，第 240—241 页。

两个子系统的影响和作用较大，因此，在编写世界通史时应给予充分的重视。我国过去所出的各种类型的世界通史，一个最大的共同弊病便是特别突出了政治子系统的历史，一部世界通史几乎成了政治史、阶级斗争史再加上点军事史的汇编，而对于十分重要的经济史却很不重视。”① 适当性原则要求在世界通史编纂中要恰如其分地反映各个子系统的地位和作用。这对处理好世界通史中特定时期不同地区和国家的历史具有相当的启示价值。

而适时性原则也就是历史研究中的历史主义原则。张家哲指出：“在我国以往出版的世界通史中，有些‘文明边远地区’或落后地区往往是被忽视的，往往要到这些地区出现了一个较显赫的国家或较重大的历史事件后，才开始写它以往的一段简史。譬如，美洲的玛雅文化和奥尔梅克文化在公元前的上古时期就已出现，但有的世界通史却把这两个地区的历史放到中古时期才讲，而把在中古初期就已出现文明的中、南非洲地区的历史放到欧洲探险家和航海家进行地理大发现前后的中古后期再讲。至于大洋洲的历史，更是不被重视，有的放到近代欧洲国家向该地区移民后才讲，有的甚至没有这个洲的历史。这样的结构安排（安排——引者注）显然是不合理的，是不能反映某一个历史时期的世界历史的全貌的。”② 这个主张具有较强的探索性，对于这一时期的世界通史编纂也具有一定的启示意义，反映出这一时期世界通史编纂讨论的热烈，探讨的活跃。

最后，系统论在强调规律性和必然性的同时，也注重对灵活性和偶然性的把握。张家哲指出：“过去一般都主张以五种社会形态演进和阶级斗争为纲，但几十年来的实践证明，这样做会碰到许多具体困难和无法解决的矛盾，是很难处理好世界历史中极其错综复杂而又相差悬殊的各地区、国家和民族的历史的……我国史学界长期以来也被这种绝对化了的公式束缚住了头脑和手脚，所编写的世界通史基本上沿袭了苏联的体系而不敢轻易越雷池一步。今天，我们要编写出一部具有中国特色的大型世界通史，

---

① 张家哲：《试论系统理论在编写世界通史中的运用》，《中国史研究》编辑部等：《系统论与历史科学》，中州古籍出版社1987年版，第242页。

② 同上书，第241—242页。

就不能再采用苏联的体系和我们过去基本上以苏联模式为标准的体系。”①这些见解有利于人们正确认识人类历史上的规律，有助于推动史家在世界通史中探索规律运行中的表现形态。

这样的缺陷和不足也同样体现在以往的世界通史编纂中，即是对于必然性阐发有余，而对偶然性及具体形态挖掘不足。张家哲指出：“我们过去在写世界通史时……往往过分强调了历史发展的必然性，并简单化、绝对化地加以运用，而不去多讲历史发展中的机遇性。结果给人造成了这样一种印象：似乎世界历史的发展进程是按照一种事先编排好了的程序和模式进行的，到某时某条件，是一定会发生某种‘必然性’的事件的。甚至有时为了突出所谓世界历史发展的‘共同规律’，还采取了削足适履、断章取义的办法，把一切偶然性的、似乎不符合某种必然性模式的史实略去不写，或者按照某种固定观念的需要，加以牵强附会的‘编修’，然后硬塞进所谓人类历史发展共同规律的框框之中。这样做的结果，便把一部生动活泼、变化万千、五彩缤纷的世界历史变成了干巴巴的、刻板教条的教科书之类的东西。因此，我们今后再编写世界通史，还应该适当地、准确地吸取和运用系统理论中的机遇性原理，在反映世界历史发展的总趋势、总规律的同时，对世界历史中各种各样机遇性，即对世界、某地区或国家历史的发展起了较大影响和作用的历史事件和人物应予恰如其分的、真实的反映，这样才能较好地反映出世界历史的统一性与多样性。”② 上述观点较为系统地分析了世界通史编纂中存在的问题和进一步发展的可能，既是对以往世界通史编纂发展历程的回顾，也是对未来进一步发展的预测，对当时的整体史观客观上也产生了一定的影响。张家哲提出编撰中国特色的大型世界通史的主张也反映了这一时代世界史学工作者的心声。

## 三　20 世纪八九十年代的世界通史编纂

20 世纪八九十年代，世界通史编纂从理论到实践都取得了一些突出成就。一些世界历史的研究者为了教学的需要陆续地编纂、出版了一些部头

---

① 张家哲：《试论系统理论在编写世界通史中的运用》，《中国史研究》编辑部等：《系统论与历史科学》，中州古籍出版社 1987 年版，第 247—248 页。

② 同上书，第 246—247 页。

大小不一、学术水准参差不齐的世界通史教材。1984年，郭圣铭在《建立马克思主义世界史体系》一文中明确提出："我们本国人编写的世界史必须有中国的特点，有中国的气派。"① 这可以看作是较早提出编写具有中国特点的世界通史教材的思想之一，也是较早提出在民族立场问题上编纂世界通史问题的思想之一。

1984年，刘祚昌主编的《世界史》由人民出版社出版；1982年，刘明翰等主编的《世界史简编》由山东教育出版社出版，1985年出版第2版，1987年出版了修订本。崔连仲、刘祚昌、刘明翰主编的《世界史》分为古代史、中世纪史、近代史三卷，由人民出版社于1983年、1984年和1986年出版。李纯武等编的《世界历史》由人民教育出版社于1986年出版。彭树智主编《世界历史教程》由陕西人民出版社于1986年版出版。1987年，武汉大学安长春、周友光、吴友法等编纂的《世界历史普及读本》（湖北人民出版社1987年版）出版。这些书被誉为"将中国史放在世界史之内思考的一次真正严谨的尝试"②。1989年，马克垚主编的四卷本《世界历史》（北京大学出版社1989年版）出版。该书的一大特色在于尝试以中国为起点向四周辐射开来的方式编写世界史，当然这一特色也只是部分地体现在该书的中世纪史部分中，当然这种风格也很容易产生中国中心论的印象，整部《世界历史》仍然延续了以往的世界通史编纂的模式和风格。

中国的世界通史编纂在20世纪80年代中期形成了改革开放以来的第一个高潮，前后共有60余部世界通史著作问世，有力地推动了世界史的研究和普及工作，为真正体现中国学者研究水平和编纂水平的世界通史的问世奠定了学术基础，积累了实践经验。这一时期编纂的世界通史数量颇多。虽然多数通史类著作还沿袭以往的体例，但是也受到了"全球历史观"理论和思想的影响，一些著作也呈现出一些新变化。这主要表现为："日益注重在纵向和横向两个层面论述世界历史，努力使世界历史成为各国、过地区历史交流、冲突的'融合'，而不是按年代顺序编纂的国别史

---

① 郭圣铭：《建立马克思主义世界史体系》，《世界历史》1984年第1期。

② ［丹麦］李来福：《世界史、全球史与历史的全球化》，刘芮译，侯建新主编：《经济—社会史评论》第五辑，生活·读书·新知三联书店2010年版，第131页。

的‘组合’。”① 由此看来，尽管20世纪50年代以来全球历史观在西方学术界已经开始兴起，并且得到了迅速发展，但全球历史观对中国史学界产生重要影响则是在20世纪80年代后期。1982年三联书店出版了巴勒克拉夫的《泰晤士历史地图集》②，使中国学术界接触到了全球史观的构建和设想，产生了一定的影响。1987年上海译文出版社出版了巴勒克拉夫的《当代史学主要趋势》中文版，1988年上海社会科学院出版社出版了斯塔夫里阿诺斯的《全球通史》，沃勒斯坦的《现代世界体系》英文版也于1988年传入中国。至此，全球史的观念才逐渐为中国学术界所广泛了解，成为中国的世界通史研究者和编纂者迅速接受的新观念，并迅速在世界通史编纂中得到了体现。

## 四　从分散到整体的世界通史编纂

20世纪80年代是中国当代社会发展的重要时期，改革开放事业呈现出欣欣向荣局面的同时，也带来了学术研究的春天。中国的世界历史研究开始了较为活跃的发展时期。与之同时，中国的世界通史编纂中几部重要的著作都在这时纷纷上马，开始了世界历史研究的新探索。

（一）1989年6月—1991年8月，吴于廑担任顾问，陈隆波、尹元超主编的五卷本《从分散到整体的世界史》由湖南人民出版社和湖南出版社出版，该书是一部专著性的教材，学术性较强。该书共分上古（陈隆波、罗静兰主编，湖南人民出版社1989年版）、中古（尹元超等主编，湖南人民出版社1989年版）、近代（周友光等主编，湖南出版社1990年版）、现代（李植枬等主编，湖南出版社1990年版）、当代（李植枬等主编，湖南出版社1991年版）五卷。它在摄取了一般教材所能提供的基本知识的基础上，试图对世界历史进行某些宏观考察。它着眼于世界全局，从总体上叙述世界历史的发展进程，阐明世界各国家、各民族和各地区的历史，随

---

① 姜义华、武克全主编：《二十世纪中国社会科学历史学·历史学卷》，上海人民出版社2005年版，第281页。

② 该地图集由英国历史学家杰弗里·巴勒克拉夫主编，被译成多种文种出版。三联书店1982年出版的中文版收录地图600余幅，配有127篇文字说明，分“早期人类的世界”、“最初的文明”、“欧亚的古典文明”、“划分为地区的世界”、“新兴的西方世界”、“欧洲统治时期”、“全球文明时期”七个部分，反映了自公元前9000年至1975年的世界发展情况。这是中国学者较早接触到的全球史著作。

着社会形态的递进，如何由彼此隔绝的分散性发展转向互相依存的整体性发展。因此，本书包含了中国史，增添了不少以往教材不太涉及的内容。它既系统叙述世界范围内各种生产方式的更迭，解释世界历史发展的统一性，又着力说明各个时期诸多国家和民族经济、政治、文化体制等方面的主要特点，体现具体历史进程的多样性；并比较重视世界历史纵向发展与横向发展的联系，描述国际交往的逐步扩展与加强，展示人类活动范围日益扩大的过程。该书体例也比较新颖，没有严格规定各种社会形态上下限的具体年代，而是以当时世界历史发展的主流为主线，将同一时期各个国家和民族的历史纳入其中，综合叙述。当然，也有学者指出该书似乎又有把世界历史的世界性联系强调过头的倾向。①

（二）吴于廑、齐世荣主编的六卷本《世界史》。吴于廑、齐世荣主编的六卷本《世界史》是原国家教委组织编写的“八五”期间国家重点书，由几十名世界研究专家自1987年起历时8年之久编纂而成，共约210万字，于1992—1994年由高等教育出版社出版，曾荣获国家教委优秀教材一等奖，被誉为“我国世界史学科发展的里程碑”②。该书问世20多年来，国内一些高校仍在使用，可以看作是各类世界史教材中发行量最大，使用高校最多的教材。《世界史·古代史编》上卷的主编是刘家和。此卷全面、系统地阐述了自人类起源至公元5世纪古罗马帝国灭亡期间世界历史的发展进程，力求体现吴于廑关于世界从分散走向一体的全局史观，对世界各地区的经济、文化交往的内容有所加强，并将中国纳入世界史体系中予以考察，其中以中国与罗马帝国的比较研究颇具新意。《世界史·古代史编》下卷的主编为朱寰，此卷对公元前后亚欧大陆民族大迁徙至16世纪期间世界历史的发展进程进行了全面地阐述，力求体现吴于廑关于世界从分散走向一体的学术思想，强调中亚、南亚、东亚、各个国家在世界中世纪历史上的地位，增加了各地区的经济、文化所占的比重，并将中国史纳入世界史体系。《世界史·近代史编》上卷的主编是刘祚昌。该书系统地阐述了从15世纪16世纪初地理大发现到1848—1849年欧洲革命期间世界历史

① 晏绍祥、李隆庆编著：《世界通史·前言》古代中世纪卷，华中师范大学出版社2006年版，第1页。

② 王方宪：《我国世界史学科发展的里程碑——六卷本〈世界史〉述评》，《历史教学》1995年第9期。

的发展进程，具体体现了世界从相互隔绝、分散逐步形成统一整体的过程，勾勒出近代前期思想文化的发展脉络和具有典型意义的社会风貌。《世界史·近代史编》体现了中国学者的独立研究成果。如以1500年作为世界近代史的起点，不再把世界近代史划分为上升阶段和开始没落阶段，把中国作为世界的一部分予以叙述，并对16世纪初至18世纪中叶西方率先进入资本主义社会和东方落后的原因加以分析等。[①]《世界史·近代史编》下卷的主编是刘祚昌、王觉非。本卷阐述的起止年代是从18世纪中叶英国工业革命到1900年期间，具体体现了具有真正意义的整体世界形成的过程，勾勒出具有典型意义的社会风貌。《世界史·现代史编》上卷的主编是齐世荣。此卷以广阔的视野和新的内涵展示出20世纪初至第二次世界大战结束的世界历史进程，集中体现了20世纪80年代以来我国世界现代史研究和教学的成果；注重以全局史观构架新的体系，力求学科体系与教学体系的有机结合；力求恢复历史真相，公正地评价若干重大历史问题，在史论结合方面颇具新意。《世界史·现代史编》下卷的主编是彭树智。本卷通过宏观与微观的结合来阐述第二次世界大战后至20世纪90年代初的世界历史，注重客观公正地叙述和评价战后国际社会的巨大变化，对资本主义国家的社会进步、社会本义国家改革的成败得失、世界格局多极化的发展趋势，以及科技、思想文化的成就等，均作了深入的剖析，阐发了独到的见解。本卷通过宏观与微观的结合来阐述第二次世界大战后至20世纪90年代初的世界历史，客观公正地叙述和评价战后国际社会的巨大变化，对资本主义国家的社会进步、社会本义国家改革的成败得失、世界格局多极化的发展趋势以及科技、思想文化的成就等，均作了深入的剖析，阐发了独到的见解。[②]

吴于廑、齐世荣主编的六卷本《世界史》适应了高等学校世界历史教学、研究的需要，获得了广泛称誉。有的学者指出："这部著作反映了中国学者在当时的最新研究成果，涉及经济、政治、文化、社会等方面。和以前的教材相比，内容更为丰富，视野更开阔，而且在体系上、历史分期上、中国在世界的地位等问题上，都提出了独到的见解。该著作的出版，

---

① 齐世荣：《我国世界史学科的发展历史及前景》，《历史研究》1994年第1期。

② http：//www.cawhi.com/show.aspx？id=4215 & cid=7，2011年2月14日。

对提高高等院校世界史教学水平作出了积极的贡献。”① 有的学者指出：该书“反映了20世纪80年代以来我国世界史研究和教学的主要成果，它突破以往国内外世界通史的编撰模式，尤其是对我国史学界曾仿效苏联学者所编世界通史模式的突破；以马克思主义唯物史观为指导，重构世界史的宏观体系；借鉴当代史学理论和方法，以中国人的思辨，探索自人类起源至本世纪90年代这一历史长河的源流及其走向，考察世界如何由相互闭塞发展为密切联系、由分散演变为整体的全部历程。”② 这是20世纪80年代以来中国世界史研究成果及编纂经验长时期积累的结果，充分反映了这一时期中国学者对世界历史的认识水平。

随着时间的流逝，人们对于世界历史的研究也更加深入、透彻，人们对于世界历史编纂的思考和研究也在不断推进。具体到六卷本《世界史》，也有些学者提出了不同看法，反映了当前学术研究的活跃和认识的深化。有论指出：“目前的最新大学教材，也是高校历史系使用率较高的教材即由吴于廑、齐世荣先生主编的《世界史·近代史编》，虽然摒弃了阶级斗争这条主线，贯穿了近代整体世界形成、发展的新思想，但给人以唯经济史观之嫌。因为经济史观并不等于唯物史观，虽然经济的发展是社会变革的基础，但是，社会经济形态的更替不是纯经济的事情，还有多种因素在起作用。而且，该教材把世界近代史的下限定在1900年，这不适合当前各高校世界近代史教学计划的安排。”③，也有学者指出，吴齐本《世界史》与上述《从分散到整体的世界史》一样对世界历史的世界性有强调过甚的倾向，尤其是中国史，好像被生硬地塞进世界史体系中似的④，“对中国史的叙述难以避免机械地浓缩朝代的兴替和历史事件的发展过程”⑤。当然，论者提出的这些具体问题是否正确无误，还可作更深入的探讨，但产

---

① 本书编写组：《史学概论》，高等教育出版社、人民出版社2009年版，第122页。

② 王方宪：《我国世界史学科发展的里程碑——六卷本〈世界史〉述评》，《历史教学》1995年第9期。

③ 陈新田：《论世界近代史的分期问题》，《湖北师范学院学报》（哲学社会科学版）2000年第20卷第4期。

④ 晏绍祥、李隆庆编著：《世界通史·前言》古代中世纪卷，华中师范大学出版社2006年版，第1页。

⑤ 王方宪：《我国世界史学科发展的里程碑——六卷本（世界史）述评》，《历史教学》1995年第9期。

生的这些分歧与看法则表明，世界通史的编纂研究并没有因六卷本《世界史》所取得的巨大成就而止步不前，表现了中国的世界历史研究的良好学风，预示着中国的世界通史编纂研究将有一个大的发展。

（三）齐世荣主编的《精粹世界史》20册，共400万字，由中国青年出版社于1999年出版。该书包括：《神秘的古代东方》（李政著）、《璀璨的古希腊罗马文明》（杨共乐，杨俊民著）、《古典伊斯兰世界》（哈全安著）、《基督教与中世纪西欧社会》（陈曦文著）、《西欧封建社会》（黄春高著）、《独特的拜占庭文明》（陈志强著）、《新世纪的曙光：文艺复兴》（王挺之等著）、《英美法资产阶级革命》（董宝才著）、《1848年欧洲革命风暴》（徐云霞著）、《三个国际的历史》（高放等著）、《推进历史进程的工业革命》（刘笑盈著）、《从萨拉热窝到东京：两次世界大战》（吴伟，徐蓝著）、《法西斯运动和法西斯专政》（陈祥超等著）、《建设社会主义的第一次尝试》（李兴，张建华著）、《欧洲优势·美苏对峙·多极世界》（张宏毅，芮信著）、《第三世界的历史进程》（彭树智，黄倩云著）、《拉丁美洲：从印第安文明到现代化》（张家哲著）、《崛起的非洲》（顾章义著）、《20世纪科技革命与世界历史进程》（胡才珍著）、《绵延千载的中外文化交流》（沈立新著）。

《精粹世界史》以世界历史的纵向发展为经线，横向发展为纬线，精心选择了在经纬交叉的互动之中几千年世界历史发展的重大事件和问题，力图反映人类历史从远古到当代，从原始、孤立、分散的人群发展为全世界密切联系，息息相关的整体的过程。[①] 从内容方面看，该丛书最鲜明的特点是抽取世界历史发展进程中具有时空互动意义的“重大事件”以专题史的形式加以阐述，既能够避免世界通史因面面俱到和篇幅限制而带来的语焉不详，又能够从整体上表达出编著者，尤其是主编所具有的宏观世界历史视野，展现出世界历史发展的趋势和潮流。从整部书对世界历史进程的呈现看，编著者详近略远的框架结构也是符合世界历史的实际发展进程的。丛书用了1/3以上的篇幅来呈现20世纪的世界历史[②]，意在说明世界

---

① 中国史学会《中国历史学年鉴》编辑部编：《中国历史学年鉴·2000》，生活·读书·新知三联书店2009年版，第400页。

② 徐蓝：《一套独具特色的丛书——“精粹世界史”评介》，《全国新书目》2000年第2期。

历史是一个愈益发展，愈益密不可分的历史过程。从体裁方面看，继齐世荣任主编之一的六卷本《世界史》由高等教出版社于1995年完成出版后，《精粹世界史》可以看作是齐世荣对世界通史这一体裁的内涵所作探索的又一实践。以重大历史事件为单元经过精心编排在呈现世界历史发展的时序性脉络的同时，更多地呈现出了世界历史在横向上的发展。这样很自然地要舍弃许多重要内容，但却更加凸显了对世界历史发展产生重大影响的历史事件，使得编著者能够以更加集中的笔墨来深入、系统探讨相关问题。这种体裁既非传统意义的通史体裁，也不是单纯意义上的专题史研究，而是一种容量更大、内涵更为丰富的新综合体。《精粹世界史》实践拓展了世界通史编纂的新路径，对后来的世界通史编纂产生了积极的推动作用。

差不多与此同时，据说史学界还编写过《世界大通史》。该书由刘宗绪、许天新、于沛总主编召集数百位学者集体编写而成，共20卷约1500万字，曾于1997年年底1998年年初齐、定、清交出版社，极其遗憾的是，由于种种原因该书没有能够最终出版面世。①

（四）2006年，高等教育出版社出版了由齐世荣任总主编的四卷本《世界史》②。作为普通高等教育“十五”国家级规划教材，此书主要供高校历史专业本科教学使用，亦为广大史学工作者研究世界通史的最新读本被北京市教委评为历史类经典教材。四卷本《世界通史》分为古代卷、近代卷、现代卷和当代卷。各卷的起止时间分别是：从远古有人类以来到15世纪末、从16世纪初到19世纪末、从20世纪初到1945年第二次世界大战结束、从1945年至今。当代史单列一卷，作者说明主要是考虑到以1945年为分界线，20世纪前后两个阶段世界在经济和政治格局上确实有很大区别，并且也是为了适应许多学校开设世界当代史课程的需要。该书对人类历史进程中的一系列对人类社会影响深远的前沿问题作了细致入微

---

① 黄安年：《从〈世界历史〉（多卷本）出版想到了〈世界大通史〉的夭折》，http：//blog. science. net. cn/blog－415－659000. html. 2015年4月10日。

② 从该书出版的时间上讲，应该放到21世纪的世界通史编纂中加以阐述，也就是说该书是属于第六节的内容，但由于该书在内容和体系上更加接近于吴于廑、齐世荣主编的六卷本《世界史》，在很大程度上也可以将其看作是对吴齐本《世界史》的完善和发展。所以，将该书放在此处加以阐述。

的理论探索，如环境、生态和社会的发展，民族的形成和宗教的起源，国家的起源和早期发展形态，工业文明产生的历史哲学思考，科技革命和社会发展，社会主义和资本主义发展的历史进程，等等。该书还清晰地勾勒出了人类社会发展的基本线索，梳理出了生产力的变化和生产关系的变革，战争与政治的沿革，文化和社会的演变，以及世界历史发展的多极化和全球化的趋势。

对人类历史发展为世界历史的过程，齐世荣主编的《世界史》从纵向发展和横向发展两个方面予以说明。纵向发展是指人类物质生产史上不同生产方式的演变和由此引起的不同社会形态的更迭。作者一方面指出在人类历史由低级到高级发展的过程中，并不是所有民族、国家的历史都无一例外的按照这一序列向前发展，有的没有经历过某一阶段，有的长期停顿在某一阶段。另一方面，作者亦指出，尽管人类历史由低级社会形态向高级社会形态的更迭发展先后不一，形式各异，但这个纵向发展的总过程仍然具有普遍的、规律性的意义。横向发展是指“历史由各地区间的相互闭塞到逐步开放，由彼此分散到逐步联系密切，终于发展为整体的世界历史这一客观过程”。作者在这里强调：“推动历史横向发展的决定力量，同样是物质生产的发展。”同时对历史的纵向发展与横向发展的关系作了进一步的阐述：“历史的纵向发展与横向发展过程，是互为条件的。纵向发展所达到的水平和阶段，规定了横向发展的规模和广度。横向发展一方面受纵向发展的制约，反转过来又对纵向发展产生促进和深化的影响。在历史向资本主义过渡的时代，横向发展对纵向发展的反作用，表现得尤为明显。”① 编者在此对于世界历史的纵向发展和横向发展及其两者之间的关系所作的探讨并不是偶然的，这一方面是中国对世界通史的认识发展到一个比较自觉的阶段的重要表现；另一方面在一定意义上也可以认为是中国史学所具有的“重通”传统的有力佐证，是中国史学的“通史家风”在世界通史编纂领域的新发展。

20世纪80年代末以来，从吴于廑担任顾问的五卷本《从分散到整体的世界史》，到吴于廑、齐世荣主编的六卷本《世界史》，再到齐世荣主编的四卷本《世界史》，充分反映出中国学者在世界通史编纂方面的探索历

---

① 齐世荣主编：《世界史：古代史·前言》，高等教育出版社2006年版，第1页。

程。通过这一历程，我们可以清楚地看到我国世界史学科的成长与发展。上述世界通史的编纂不仅适应了当时时代的要求，对于中国世界史学科的建设和发展作出了重要的贡献，而且也为今后更大规模、更加多样化的世界通史编纂积累了经验，奠定了学术和思想方面的坚实基础。

## 第六节　21 世纪世界通史编纂的多样化发展

21 世纪以来，中外史学交流已经发展到一个比较深入的层面，改革开放 30 多年的历史已经使中国学者的世界历史研究有了丰厚的学术积淀，这一时期层出不穷的世界通史著作也为较为系统、全面的高水平世界通史著作的编纂打下了深厚的学术基础。

伴随着中国改革开放的实践进程，进入人们研究视野的现代化研究成为世界历史研究领域中新的学术增长点。现代化史观经过 30 多年的探索，不仅对中国历史的发展作出了新探索，而且对于世界历史中的现代化历程也作了深入的探索。这期间史学界编纂出版了多卷本《世界现代化进程》和《世界现代化历程》等著作，形成了世界通史编纂的新模式。

文明史的编纂在经济全球化迅速发展的形势下也取得了丰富多彩的成果，并且在此基础上对世界文明理论作出了新提炼和概括，形成了中国学者关于世界文明史研究和世界文明理论的话语体系和理论，这是当代中国的世界通史编纂模式发展较为成熟，取得成就最多的领域之一。

以全球史观为指导研究和编纂世界历史也是进入 21 世纪以来世界历史研究领域的一大热点，许多学者从理论的和实践的角度加以探讨，也取得了令人瞩目的成就，成为世界通史编纂领域中一个日益崛起的新兴学术领域。现代化、文明史、全球史这三大世界通史编纂的流派和模式鼎足而立、相互激荡，共同构成了中国的世界通史编纂领域的主导潮流，推动着中国当代世界历史研究的发展。

### 一　现代化体系下的世界通史编纂

罗荣渠（1927—1996），四川省成都人，当代中国现代化理论与比较现代化进程研究的主要开创者，著名的世界历史研究专家。20 世纪 80 年代初，罗荣渠到美国访学，期间他接触到现代化理论，并产生了“从世界各国现代化进程的比较研究着手去探索中国的现代化历程”① 的想法。回国后，罗荣渠潜心于现代化研究。1981 年和 1993 年，罗荣渠先后出版了《现代化新论——世界与中国的现代化进程》和《各国现代化比较研究》，开创了中国现代化研究的新领域。

1987 年，钱乘旦的第一部著作《走向现代化国家之路》由四川人民出版社出版，成为国内第一部系统探讨现代化研究的著作。在书中，钱乘旦提出了现代化发展的“三种模式”：以英国为典型的和平、渐进方式，以法国为典型的革命、暴力方式，以德国为典型的旧统治者主导现代化的方式。10 年之后的 1997 年，钱乘旦出版了《世界现代化进程》，对这些模式作了进一步阐述，并对各国经济发展模式也进行了探讨，指出英、法等国采用的是“自由主义”经济发展模式，德、日等采用的是“统制式”经济模式，苏联等采用了计划经济的发展模式，等等。这两部著作初步将世界现代化研究中的模式作了理论上的探讨。钱乘旦为总主编的 10 卷本《世界现代化历程》一书由江苏人民出版社出版于 2010 年 3 月。这不仅是世界现代化研究的一项重要成果，而且也是世界通史编纂的一次创获。

此外，夏诚的《世界现代化史纲》（广西人民出版社 1999 年版）和尹保云的《现代化通病：二十多个国家和地区的经济与教训》（天津人民出版社 1999 年版）等对世界现代化进程中面临的困难和问题进行了较为冷静的反思。华东师范大学王斯德主编的《世界通史》是一部以现代化为主线编纂的世界通史。该书于 2001 年由华东师范大学出版社出版，2009 年再版。该书分为三编，第一编“前工业文明与地域性历史 1500 年以前的世界”（沈坚、金志霖著）有“人类的童年——原始社会”、“古代东方文明”、“古代希腊文明”、“古代罗马文明”、“中世纪欧洲文明”、“7—15 世纪的东方封建文明”、“非洲和美洲的古老文明”、“西欧走出中世纪”共 8 章内容。第二编“工业文明的兴盛 16—19 世纪的世界史”（李宏图、沐涛、王春来、卢海生著），记述了 16 到 19 世纪的世界历史，包括“迈向现代工业文明”、“开启工业文明大门的政治革命”、“英国工业革命：工业文明的来临”、“欧美工业社会的诞生和民族国家的建立和巩固”、“对工业文明的批判与工人运动的兴起”、“近代不同文明的碰撞”、“新的

① 罗荣渠：《史学求索》，商务印书馆 2009 年版，第 3 页。

飞跃：工业文明的发展”、“第二次工业化浪潮冲击下的列强”等内容。第三编“现代文明的发展与选择20世纪的世界史”（余伟民、郑寅达著），重点阐述了20世纪人们探索各自认为最合适的生存方式，使用了所能创造发明的各类竞争手段，取得了飞速发展的成就、经验以及惨重的失败经验。

中国现代化战略研究课题组、中国科学院中国现代化研究中心（编）著的《中国现代化报告（2010）：世界现代化概览》由北京大学出版社2010年1月出版。该书采用过程分析、时序分析、截面分析和情景分析相结合的方法，简要分析了世界整体的现代化、世界六个领域的现代化、世界131个国家的现代化的300年历史和21世纪的主要前景，归纳了世界和中国现代化的40个基本事实、40个可能前景和20个历史启示；系统分析了世界现代化研究的60年历史，介绍了现代化研究的20个基本知识、10个重要理论和20个现代化原理的基本概念；完成了2007年131个国家和中国34个地区的现代化评价。本书是《中国现代化报告》的第10本年度报告，是中国现代化战略研究课题组10年研究成果的集中体现，是世界上第一本《世界现代化概览》，也是关于世界现代化的历史进程、基本原理和未来前景的一幅数字化全景素描。

## 二　探索文明史视野下的世界通史编纂新模式

关于世界文明史的研究和编纂，可以说贯穿于整个20世纪的世界史研究过程。20世纪前半期的文明史尽管时有著作问世，但由于篇幅和研究水平的限制，都没有产生太大的影响。世界文明史真正成为世界通史编纂的重要模式之一，则是进入20世纪90年代以来的事情了。曹顺仙编著的《世界文明史》是北京航空航天大学出版社在2006年出版的一部具有鲜明特点的著作。该书以城市、阶级和国家等要素的产生作为文明的起点，把世界文明史划分为农业文明时代和工业文明时代。该书以文明的世界性为基点，试图超越西方中心主义和东方中心主义的思维方式，尽可能全面地、客观地展示不同时代最具先进性、代表性的文明成就和其他文明的贡献。溥奎主编的《世界文明史》由吉林美术出版社在2007年出版，以近2500幅珍贵图片，配合生动翔实的文字叙述，全方位介绍了世界历史的基础知识，内容涵盖政治、军事、经济、文化、外交、科技、法律、宗教、艺术、民俗等领域，是较有特点的代表作。刘家和、廖学盛主编的《世界古代文明史研究导论》于2010年由北京师范大学出版社出版，该书探讨的是国家出现以后的文明史，主要论述的是世界古代诸文明的发生、发展与衰落的内容，对于各个古代文明的史前时期，结合各有关文明的产生来论述，其中提出的一些理论性的观点对于理解世界文明史也具有一定的启示价值。这时坊间还有诸多版本的《世界全史》流传于世，大致都分为世界通史、世界野史、世界艳史三部分，卷帙浩大有百卷之多，其影响也是相当可观的，但由于史实不够精确且有流于猎奇、庸俗的倾向，受到了一些学者的批评。

李世安、孟广林等：《世界文明史》① 一书，分“人类文明的滥觞”、“古代东方文明”、“西方古典文明”、“中古欧洲基督教——封建文明”、“中古亚洲的阿拉伯——伊斯兰文明”、“从中古向近代过渡时期的西方文明”、“近代西方文明产生的基础”、“近代欧洲文明”、“现代西方文明”、“近现代拉丁美洲的文明”、“近现代非洲文明”、“近现代亚洲文明”、“当代世界文明的冲突与融合”13章，其最大特点在于作者对世界文明发展的脉络勾勒得比较清晰，使读者能够以较短的时间在头脑中构建出世界文明史的整体印象。马克垚主编的《世界文明史》② 约60万字，该书是在近乎传统世界通史的框架下，试图探索世界文明史的发展，一方面在编纂思想、体裁体例上体现了世界通史编纂上的继承性；另一方面在一些具体问题的阐述和研究范围的拓展上也时有新见。

当前，在世界文明史编纂模式下出现的最有代表性、影响最大的通史性著作是汝信主编的12卷本《世界文明大系》（中国社会科学出版社1999—2003年版、福建教育出版社2008年再版）和10卷本《世界文明通论》（福建教育出版社2010年版）。《世界文明大系》是世界文明史研究领域中较早的大部头著作，针对国际学术界的“西方中心论”和“文明冲突论”，中国学人提出了自己的文明理论，将世界文明划分为12种文明体系：儒家文明、日本文明、西欧文明、斯拉夫文明、伊斯兰文明、印度文明、古代西亚北非文明、犹太文明、非洲黑人文明、加拿大文明、美国文

① 李世安、孟广林等：《世界文明史》，中国人民大学出版社2002年版。

② 马克垚主编：《世界文明史》，北京大学出版社2004年版。

明、拉丁美洲文明，对各种文明的特点和不足、优势和劣势均作了客观的评价，既摒弃了“欧洲中心论”，也抛弃了狭隘的民族主义，具有一种现代的视角和时代的精神。[①] 该书向读者展示出世界文明发展的多样性和多极性，充分展示出中国学者对世界文明史的认识和把握，在许多问题上提出了新见解，显示出中国的世界通史编纂的新进展和中国历史学发展的新气派。最后，编纂者得出了世界上的文明尽管时有冲突但不一定必然发展到不可调和的地步，相反各个文明之间的平等相处、竞长争高、交融互变才是世界文明发展的常态和主流的结论。[②] 该书与《世界文明通论》一书史论结合、相互发明、相互印证，共同构成了中国学者对世界文明史完整、系统的探索，也使得“世界文明史”这一世界通史编纂模式日趋完善，在世界通史研究领域通过文明史的研究视角初步构建起中国学者的理论体系和话语权。

世界文明史、世界风物志联合编译小组编译的《世界文明史》由台北地球出版社于1994年出版，分为“古代中国”、“文明的诞生”、“古代希腊”、“罗马帝国”、“大唐盛世”、“基督教文明”、“回教世界”、“印度文化圈”、“绚烂的中国文化”、“文艺复兴”、“大探险时代”、“近代国家的形成”、“美国的成长”、“殖民地时代”、“第一次世界大战”、“第二次世界大战”十六卷。其中，第一卷“古代中国”、第五卷“大唐盛世”和第九卷“绚烂的中国文化”这些都较为系统地介绍了中国古代文明的发展历程。

赵立行的《世界文明史讲稿》[③] 以编、讲和目的形式展开论述，彰显了人类文明发展的韵律和节奏。书中的“编”从纵向的角度展示了文明从一个时代走向另一个时代的进程；“讲”和“目”则从横向的角度提炼出最能代表时代特征的文明要素，勾勒出人类文明机体的立体形象。此外，唐河主编的《世界文明史》[④]，陈钦庄、詹天祥、计翔翔主编的《世界文

① 邢贲思：《文明问题研究的恢宏著作——〈世界文明大系〉读后》，《人民日报》2004年4月19日。

② 周溯源：《多极的世界　多彩的文明——〈世界文明大系〉评介》，《求是》2004年第3期。

③ 赵立行：《世界文明史讲稿》，复旦大学出版社2007年版。

④ 唐河：《世界文明史讲稿》，学苑出版社1998年版。

明史简编》[1]，林立树的《世界文明史》[2]，李穆文主编的《世界文明史》[3]等著作都反映出这一时期世界文明史研究的多样化趋势。

这一时期，也译介了许多外国的文明史，其中杜兰特·W. 的《世界文明史》特色突出，全书共11卷，分别为“我们东方的遗产”、“希腊的生活”、“凯撒与基督”、“信仰的时代”、“文艺复兴”、“宗教改革”、“理性开始时代”、“路易十四时代”、“伏尔泰时代”、“卢梭与大革命”、“拿破仑时代”。该书以西欧的文明发展为基本线索，展现了西欧的文明史发展，在20世纪70年代、80年代、90年代均有版本流传于世，展现出西方学者的研究立场和研究视野。由于该书在改革开放初期传入国内，因而在中国学术界的影响较深。

### 三 全球史视野下的多卷本《世界历史》

中国社会科学院世界历史研究所编《世界历史》由江西人民出版社于2009—2012年公开出版。全书由“理论与方法”、“经济发展”、“政治制度”、“民族与宗教”、“战争与和平”、“国际关系”、“思想文化”、“中国与世界”8卷39册组成，共1500余万字。该书被誉为21世纪之初中国的世界史研究的“喜马拉雅”[4]，既是中国学者对世界历史发展进程的独立理解和对世界历史体系的创造性构建，从整体上反映中国的世界历史研究水平的代表性著作之一；又是当代中国文化极具包容性和阐释力，探索增强国际影响力和提升学术话语权的重要举措，充分反映出世界历史研究与编纂者的中国思维和中国气派，是100多年来中国的世界通史研究与编纂者孜孜以求的中国特色与中国品格的生动展现，表现出中国马克思主义史学旺盛的学术生命力。

第一，《世界历史》具有强烈的时代感，力图从理论与实践、历史与现实的结合上“探讨人类矛盾运动的本质内容及内在联系”，进而回答世界历史发展进程中出现的影响世界历史发展进程的重大问题。例如，对于全球化思潮的反思就反映了作者的这样一种努力。《世界历史》对全球化

---

① 陈钦庄、詹天祥、计翔翔主编：《世界文明史简编》，浙江大学出版2004年版。

② 林立树：《世界文明史》（上、下），台北五南图书出版股份有限公司2006年版。

③ 李穆文主编：《世界文明史》，西北大学出版社2007年版。

④ 赣仁：《〈世界历史〉：十二载苦辛结硕果》，《中华读书报》2013年5月29日。

所作的分析深刻、辩证。编著者在吸收现有研究成果和研究理念的基础上，在将国际关系理论与世界历史叙述结合以开拓新的国际体系研究视角方面作了探索。在此，编著者所要探讨的全球国际体系在时间跨度上可以长达数千年，经历了长期孕育、逐步形成和不断发展的历史进程，是与一般系统论、世界体系理论和全球化理论并行不悖的另一个世界历史研究的视角和理念。① 人类互动能力的发展是国际体系得以发展的最终动力。游牧世界与农耕世界的碰撞，演出了一幕幕民族迁徙、文明盛衰、帝国兴亡的历史剧。分工的发展促进技术和互动能力的发展，一旦它们发展到热兵器和远洋航行的水平，就会大幅度提升跨区域国际体系，最终形成全球国际体系。② 他们指出了全球化是“包括经济、政治、社会、文化在内的全方位的全球化”，是一个“高度汇合世界上各种利益及其合作进步、竞争甚至对抗关系的历史载体”，人们对于全球化这个目前使用最为广泛、最具冲击力、最有争议的事物的认识目前所能达成共识是一个“还在发展中的基本历史事实已经存在了”。③ 作者关于全球化所作的三个层次界定对于恰当把握世界历史发展进程和人类社会发展趋势具有启发意义。在人类历史发展的长河中，作者由远及近，分别从自人类有史以来的宏观历史发展层次、近代以来的历史发展层次、20 世纪后期以来的历史发展层次，层层递进探讨全球化的生成、发展及未来走向。既展现出了全球化是一个具有几千年行程的由分散走向统合的渐进性历史进程，又揭示出现代的全球化，乃“是近代以来的资本主义进程的延续和扩大化发展”的实质，而且作者还站在 21 世纪，乃至更长远的时间坐标上向读者展现出人类历史在全球化浪潮中的发展趋势和未来前景：现代的全球化并不是一个主义的“专利”，而是一个“世界上几乎全部民族、国家，带着它们的不同利益和不同理解，不同历史文化和不同社会体制，共同参与的一个重大历史发展进程”。④

《世界历史》详今略古，立体全面展现现当代世界两大社会制度——社会主义与资本主义的对抗与合作、斗争与交流，此消彼长、竞长争高的

---

① 李春放：《全球国际体系的演进 · 导论》，江西人民出版社 2012 年版，第 5 页。

② 同上书，第 10 页。

③ 吴必康：《现代科技和经济发展》，江西人民出版社 2012 年版，第 358、360 页。

④ 同上书，第 354—357 页。

发展历程。徐建新等著的《古代国家的起源和早期发展》（世界历史第9册）从国家起源的角度切入，评析了人类思想史上有关国家起源学说的各种流派，最后运用马克思主义国家起源学说基本思想原则为指导，充分借鉴今天学术界已经取得的成果，阐释了私有制与国家的起源关系问题。《20世纪东西方关系》（世界历史26册）旗帜鲜明地指出20世纪以来以社会主义阵营的东方与资本主义阵营的西方之间的关系是决定人类前途与命运的一对关系。编著者以东西方关系为主线，在“二战”前，主要围绕社会主义国家苏联与英、法等主要资本主义国家和法西斯德国的矛盾与冲突展开论述，对于“二战”，作者在展现反法西斯联盟之间合作的同时，力求客观地反映苏联与美英之间的矛盾与斗争，同时分析了“二战”后美苏同盟关系破裂的必然性和“冷战”对抗斗争的必然性。[①]《新中国与世界》（世界历史第36册）中以“中国与世界社会主义”为题专门探讨中国作为世界社会主义阵营的重要一员与苏联、东欧诸国、阿尔巴尼亚，以及朝鲜、越南、古巴、蒙古等国的曲折复杂的关系，展现出全世界范围内社会主义的实践探索与成败得失。[②]

现代科技对于经济、战争，以及思想文化的影响，是该书考察的另一个重点。在这方面尤以工业化对人类社会产生的影响最为突出。正如本书的编著者所指出的，人类的有识之士如中国古代的老庄、古希腊的智者学派，以及中世纪的卢梭、尼采、马尔库塞、哈贝马斯、弗洛姆、海德格尔等人都对科学技术可能带来的负面后果进行过警告，甚至从某种意义上说，后现代主义的出现也与此有关。[③]很显然，从科学技术的发展历程看，科学技术作为双刃剑的影响越来越明显地呈现出来。它不仅会给人类造福，给人类生活带来极大的方便，给人类社会发展提供极大的动力；而且会造成巨大灾难。战争与科技之间存在着的复杂的互动关系也得到了研究者的关注。他们尝试从经济社会史学的视角对战争与经济和科技之间的互动关系作一全景式的考察，也成为本书追求的目标

---

① 刘子奎：《20世纪东西方关系·前言》，江西人民出版社2012年版，第2页。

② 顾宁、姚玉民、端木美等：《新中国与世界》，江西人民出版社2012年版，第50—125页。

③ 陈启能、宋正海、郑群等：《人·自然·社会·前言》，江西人民出版社2012年版，第5页。

之一。[①] 由于对科学主义的崇拜所形成的崇尚精确、主张量化、追求客观性和普遍性，要求可检验性的思维模式，在很大程度上造成了僵化、片面，如只讲理性，不讲情感；只重量化，不谈质地；只讲精确，不讲模糊；只谈科学，不谈艺术；只谈绝对，忽视相对等机械、教条式的思维。[②] 科技属于工具理性的范畴，本身并没有什么价值判断与道德评判的色彩，最为关键的还是人对它的认识与把握。“由于人类的强调‘人类中心主义’以及人类自身的种种弊病，特别是对科学技术的使用不当，使科学技术在推动历史进步的同时，也造成了巨大的灾害。生态破坏、生存环境的恶化，已经到了触目惊心、十分危急的地步，至于先进的科学技术被制造成大规模杀伤性武器用来屠杀人类自身。这种可怕可悲的事实难道还少吗？到了经济全球化的今天，这种灾难性的后果会格外厉害，而且波及面也更大，人类还不应该进行深刻的反思和自省吗？”[③] 这种反省是一种理性的反思，是为历史学家，尤其是世界历史研究的题中应有之义。

第二，《世界历史》将世界历史理论问题提升到哲学层面上加以思考，带有深沉浓郁的终极关怀。关于“人”历史层面的梳理与哲学层面的反思，是《古代西方关于人的观念》着重探讨的两个问题，抑或者说是一个问题的两个方面。作者在主观上试图尽可能展示有关人的思想观念的“经济、政治背景，把思想观念放到复杂具体的历史进程中加以考察”，同时尽可能“宽泛地展示古代西方思想文化的面貌”。[④] 该书考察了希腊时代人类观念由神统向人本主义的发展，在中世纪在重点探讨了人相对于神、自然以及人本身的地位问题。编著者很显然意识到了历史的复杂性，一方面指出了世界历史上关于人的观念的历史是很沉重的，是以为内包含了太多的反人道、反科学、反自然的错误思想，而且还表现为人世间无数的压迫、强暴、专制、虐待和苦难，又同时指出这一历史由于包含了人道的呼

---

① 张经续、张艳茹：《战争与经济、科技发展・导言》，江西人民出版社 2011 年版，第 7 页。

② 陈启能、宋正海、郑群等：《人・自然・社会・前言》，江西人民出版社 2012 年版，第 4 页。

③ 同上书，第 4—5 页。

④ 赵文洪、郭小凌、祝宏俊：《古代西方关于人的观念・前言》，江西人民出版社 2012 年版，第 2 页。

唤、尊严的觉醒、灵魂的净化、哲人的睿智、理性的张扬又是亲切的。[①]作者对于原始宗教崇拜与中世纪神的认识颇具新意。将前者看成是原始人类对自己与自然的关系以及对自身之间关系的一种最初的解释之尝试，是人类思维开始有了重大进步的体现[②]，而将后者看作是人与自我的关系，尤其是人与外化了或者说是异化了的自我的关系。[③] 当代哲学的发展显示，人本主义和科学主义是两大值得密切关注的命题，在《世界历史》中均得到了较为深刻的关注。

正如有的编者所言，人类进入 21 世纪，应该变得更加智慧、更加冷静，应该对自身的过去、自己的作为，进行更为深刻、全面的反思和自省。[④] 这也正是《世界历史》一书在思想文化卷中将“人”作为重点研究与探讨的原因所在。《世界历史》一书以独特的视角反省了人类历史上的非理性主义。他们首先考察了 19 世纪西方的浪漫主义史学发展的来龙去脉，指出了浪漫主义是启蒙运动、法国革命和资本主义社会现状进行反思的产物。而浪漫主义所揭示的非理性主义，是继历史主义、民族主义之外的又一大贡献。作者认为，在人类认识自身和世界的过程中，理性思维和非理性思维都起过重要的作用。问题在于，18 世纪的人们片面地抬高了理性主义的地位，以致于不允许任何非理性的东西存在，这样虽然把“人性从上帝和神学的束缚下解放出来，但它自己却成了主宰一切的新的上帝”，因此才有了浪漫主义非理性的反动。[⑤] 这是结合人类历史发展的思想进程对人的思维的新的反省。而编著者对后现代主义的反省则进一步说明了由于科技的发展所导致的人类思维方式的变化。作者指出：“现代主义是一种有限的思维方式，后现代主义是一种无限的思维方式”，以持续不断的否定、摧毁为特征，破除权威，提倡多元，是一种反传统的思维方式。从世界历史研究的视角看，它直接导致了对历史连续性的否定、整体历史的

---

① 赵文洪、郭小凌、祝宏俊：《古代西方关于人的观念·前言》，江西人民出版社 2012 年版，第 3 页。

② 同上书，第 2 页。

③ 赵文洪、郭小凌、祝宏俊：《古代西方关于人的观念》，江西人民出版社 2012 年版，第 362 页。

④ 陈启能、宋正海、郑群等：《人·自然·社会·前言》，江西人民出版社 2012 年版，第 5 页。

⑤ 同上书，第 216 页。

破碎和对西方中心论的进一步消解。在编著者看，后现代主义在思维方式转变方面的积极进步意义就在于："标志着以连续性为原则，以描述历史现象更迭为目的的历史观和历史方法向以间断性为原则，以探索历史深层结构为宗旨的现代历史观和历史方法的转折"①。从认识论的角度看，后现代主义对于叙述和语言符号作用的过分强调，很显然也难免陷入相对主义，乃至虚无主义的泥沼，这对于人类的思维方式也是一次震动式的调整。

第三，《世界历史》呈现了21前期经济全球化发展日趋深入、中国特色社会主义事业不断发展的新形势下的中国人心中的世界史。事实上，自从中国的世界历史研究展开以来，几代学者都是在遇到的条件和形势下，尽可能对如何展现他们心目中的世界史作过探索和期待。"中国的文明演进和历史发展，不仅具有中国内部自身的意义，而且具有广泛的世界意义和影响。因此，将中国历史研究有机地纳入世界历史的研究范畴，在世界历史演进的长河中了解并认识中国历史，将对我们更全面、更深入、更切实地认识世界历史和中国自身的历史具有重要的意义。"② 可以说，这是一个全新的认识。要在世界历史编纂上体现这一点不能不说是要付出艰辛的努力和不懈的探索。无疑《世界历史》恰是在这一理念指导下作出的新探索。

对于有些中国历史上具有重大意义的重大事件，尽量放在世界历史发展的进程中加以考察。本书作者将中国辛亥革命与新民主主义革命与英国资产阶级革命、法国大革命、俄国十月社会主义革命并列为世界历史上"标志性的近现代社会革命"。③ "国际关系"卷，从国际体系形成、发展与演变的视角，对于中国历史作出了新评价。比如秦始皇统一六国，创建

① 陈启能、宋正海、郑群等：《人·自然·社会·前言》，江西人民出版社2012年版，第261页。值得注意的是，后现代主义在发挥所具有的积极作用的同时，也使人对其所欲达到的目的产生了怀疑，既然以连续性、宏观性为特征的现代历史不能够反映、揭示历史，那么以间断性、碎片化为特征的后现代主义历史研究就能够发现"历史深层结构"？而且上述定义似乎并未能将后现代主义和现代主义的历史观区分开来，作者试图通过"现代历史观和历史方法"来界定后现代主义历史学给人以留下现代主义尾巴的印象。

② 马勇、路小可、王也扬等：《近代中国与世界·前言》，江西人民出版社2011年版，第1页。

③ 汤重南、谢闻歌、段启增：《战争与近现代社会革命·导言》，江西人民出版社2011年版，第2页。

了统一帝国的规制不仅“为中国以后两千年的文明模式和国家形态定下基调”，无愧于“千古一帝”的美誉，而且还“影响东亚乃至世界的国际体系，具有深远的世界史意义”。① 至少在公元前3世纪末至公元3世纪初的秦汉时期，“中华文明的整体发展水平，已跃居世界前列。当时东亚大陆的中华文明和地中海世界的希腊罗马文明史‘古典文明’的两大绚丽的奇葩，各有千秋。”甚至在经济政治制度方面，秦汉模式还具备“更强的长期竞争优势”。② 从国际体系的视角考察隋唐文明，所得结论亦较有新意。在作者看来，隋唐之所以具有活力部分原因就是隋唐时期华夏文明与塞北草原文明和西域文明的激烈碰撞。不仅在摧毁了突厥游牧帝国后，重开陆上丝绸之路，将其推向繁荣的顶峰，而且还设置市舶司，推动了海上丝绸之路的发展，建立了分别以帝都长安和海港广州为东部起点的陆海丝绸之路，从中国一直延伸到遥远的地中海世界，组成一个庞大的远程贸易体系。在这个贸易体系中，唐帝国是发达的核心区，中东和南亚是次发达的半边缘区，而欧洲基本上属于不发达的边缘区。③ 两宋时期的中华变局对外部世界的影响“极其深远”，蒙古人发动的“世界大战”，建立的世界帝国，是中华世界、中亚、西亚和俄罗斯“破天荒地处于一个政治实体的统治之下”，“人员、物品、知识和信息以前所未有的速度在超级进行跨区域流动”，“从而为亚洲人和欧洲人积聚了新一轮变革和创新的能量”。④ 19世纪从全世界范围内看，是工业文明对农业文明构成了极为严重的冲击的世纪。作者对东亚文明的落后与西欧文明在工业革命中的崛起给予了深入分析，而以信息技术和互联网技术为核心的第三次技术革命的兴起，使得人们不得不对中国在整个世界体系中的位置产生急切的关注。美中不足的是，作者没有把20世纪80年代以来的改革开放，以及加快融入新的全球国际体系中的中国特色社会主义事业作为一个重点来考察。

“中国”唯一出现在卷名上，鲜明突出地表现出编著者的中国立场和中国视角。该书“中国与世界”卷包括第33册《16世纪前的中国与世

---

① 李春放：《全球国际体系的演进·导论》，江西人民出版社2012年版，第13页。

② 同上书，第14页。

③ 同上书，第15页。

④ 李春放：《全球国际体系的演进》，江西人民出版社2012年版，第58页。

界》、第34册《明清时期的中国与世界》、第35册《近代中国与世界》与第36册《新中国与世界》，将中国与世界的关系，具体化为中华文明与域外文明的交流互动，以时间为序纵向加以梳理，凸显出了全球史的特色与发展脉络。均笔者估计中国历史所占的比重，从篇幅容量上看，应该大致占全书的1/8至1/7。这还不包括，散见在各卷中的有关中国历史的论述。将《中国与世界》单独作为一卷，在世界通史编纂史上具有重要的意义。这既不同于以往的国际关系史，也与中国通史中对中国与世界关系的探索有着学术史意义上的不同。它标志着中国的世界通史编纂在经过近百年的积累和思考、探索与尝试之后，终于不仅可以在具体的通史编纂中，而且也可以在理论的阐述中来思考中国与世界这个重大的世界历史理论问题了。应该说这是自中国的世界历史编译者自19世纪中期开始编译西洋史、外国史和世界历史时起就孜孜以求的目标，也是中国的世界历史研究经过一个半世纪的发展、积累的结果，更是21世纪中国的世界通史编纂者在充分吸收国内外相关研究成果的基础上不懈探索、勇于实践的结果。多卷本《世界历史》强调从中国人的角度来认识世界的取向，力图在世界历史研究中发出中国人自己的声音，亮出中国人自己的立场。它将为影响人类社会发展以及与人类社会发展息息相关的重大世界历史问题，提供来自中国历史学者的马克思主义的回答。

第四，《世界历史》带有深刻而自觉的反省意识，体现出了对人类自身及前途命运的深深关切。关于宗教的评论、民族问题的反省。一部中世纪欧洲宗教演变史，在某种意义上，就是神的代言人与代言人之间，代言人与其他信徒之间的关系史。不同神学派别之间的争论，正统与异端之间的冲突都是在人与神的面纱掩盖之下的活生生的人与人的关系的体现。作者指出，绵延至今仍对人类社会发展产生重要影响的“人类中心主义”，是经典的基督教神学教义。这是占主导地位的认识思想，居于主流意识形态的地位。同时作者还发掘了与人类中心主义相反的思想认识：同一、平等，顺从自然的观点。① 这对于辩证、全面地理解文艺复兴有重要的参考价值。再比如，对基督教与上帝为代表的神学的反省。郭

① 赵文洪、郭小凌、祝宏俊：《古代西方关于人的观念》，江西人民出版社2012年版，第308页。

方、刘诚、施诚、王丹等著《中古时期的基督教与民族》（世界历史第15册2012年版）不仅探讨了中古时期基督教在近代意义上的民族形成过程中两者之间千丝万缕的关系。作者指出，在中古时期的欧洲，不只是一种宗教组织，而是具有强大的经济实力、政治权力和社会控制力量，宗教问题与斗争往往是政治、经济、社会问题与斗争的集中体现形式。因而，在民族、国家形成过程中发挥了"重大作用"，因而与各"蛮族"部落到王国的演变、欧洲较大国家的统一进程、欧洲近代国家格局的形成"都有着密切的关系"。①

对世界历史进程中对人类造成重大破坏战争的反思是这种自觉反省的重要内容之一。《世界历史》一书考察了世界古代历史进程中的战争对于政治体制演变的影响主要表现在：物质基础的奠定和扩展、意识形态的控制与再造、政治制度的改革与演变。② 对战争在世界历史发展进程中的地位和作用，本书作者力避以往战争史研究中存在的无条件否定革命和无条件肯定革命的两种绝对化倾向，"尽可能全面、科学、准确地阐明战争与近现代社会革命的互动关系"，作者力图对战争在实现近现代社会革命中，作为极其重要的，甚至是唯一的暴力手段在世界历史进程中的地位和作用作出科学阐述的同时，还尽量去避免对战争的绝对化态度与认识。③ 本书作者指出了革命与战争之间所存在的错综复杂的辩证关系：革命本身并不愿以战争为手段，革命也并不一定导致战争，但战争往往成为大多数革命解决政权问题的最高形式。④ 与以往的战争研究有所不同，作者在强调革命战争的巨大进步意义的同时，也指出了其所有战争一样对社会经济所具有的巨大破坏性。革命战争所能解决的只是狭义社会革命所指的政治制度的变革和政权更替问题，而要实现广义的社会革命包括社会经济、政治和社会关系及思想观念的全面变革则需要一个"漫长而艰苦的过程"，表现为"一种社会形态向另一种社会

---

① 郭方、刘诚、施诚、王丹等：《中古时期的基督教与民族·前言》，江西人民出版社2012年版，第11页。

② 易建平、李安山：《战争与古代社会·导言》，江西人民出版社2011年版，第8页。

③ 汤重南、谢闻歌、段启增：《战争与近现代社会革命·导言》，江西人民出版社2011年版，第5页。

④ 汤重南、谢闻歌、段启增：《战争与近现代社会革命》，江西人民出版社2011年版，第346页。

形态的过渡”。[①] 值得注意的是，本卷著者在强调革命战争的历史作用的同时，并没有否定推动和促进社会发展的其他途径和手段的作用，认为战争并非革命的唯一选择，在特定条件下社会革命也可能通过和平的方式完成。[②]

《社会主义思潮的兴起与发展》着眼于世界社会主义500年的宏观发展历程，对包括苏联、中国在内的社会主义实践得失与成败的反省凸显了作者与时俱进的现实关怀。作者将苏联社会主义的兴衰成败与中国社会主义荣辱浮沉放在同一研究纬度下考察，既呈现出社会主义运动发展之艰难，又透过成就与曲折、成绩与挫折展现出社会主义发展之必然。[③] 俞金尧在谈到工业化与城市化之间的关系问题时，指出工业化并不必然是城市化的基础，“推动广大发展中国家城市化进程的动力，很大一部分来自于工业化以外的因素”，还指出城市的发展并不必然带动周边地区的发展。作者在谈到以古代罗马为代表的“寄生型城市”之后，谈到了中国河北省发布的《河北省经济发展战略研究》中提出的“环京津贫困带”的观点[④]，从而极大地增强该书所探讨问题的现实针对性，生动地体现了作者们拳拳的“现实关怀”。作者对于“发展中国家的城市化”各种问题的分析，也是基于作者的“现实关怀”而取舍的，对于印度和拉美国家的城市化研究无论是从正面意义上的肯定，还是从负面意义上的否定，都蕴含着为中国的城市化进程提供经验和借鉴的深意，[⑤] 反映出作者直面问题的严谨态度和理论勇气。

第五，《世界历史》对于世界历史学科建设具有奠基性的意义。于沛撰写的《中国世界史研究的产生与发展》（世界历史第1册）从理论与方法的角度，对不同历史时期中国学者的世界史研究作了全景式的梳理，展现了自秦汉以来迄21世纪最初10年因时代主题的不同而体现出特色鲜明的世界史研究特征。科学技术在人类社会发展进程中的作用正在以几何倍

---

① 汤重南、谢闻歌、段启增：《战争与近现代社会革命》，江西人民出版社2011年版，第348页。

② 同上书，第351页。

③ 孙耀文：《社会主义思潮的兴起与发展》，江西人民出版社2011年版，第211—235、344—378页。

④ 俞金尧等：《城市发展和经济变革·前言》，江西人民出版社2012年版，第3页。

⑤ 同上书，第5页。

数增长起来，而科学技术与经济发展、科学技术与人的发展等问题也就不能不成为世界历史研究中的重要问题。姜芃、郭方等著《世界史研究的视角和模式》（世界历史第3册2010年版）指出，在全球化的视角下，世界史自始至终就应该是一个整体的观点①，并且考察了世界史编纂领域产生的重要的世界史研究模式。孟德斯鸠的政制世界史、伏尔泰的理性与风俗的世界史、黑格尔的“精神”的世界史、马克思的世界历史理论与全球化、斯宾格勒的文化形态世界史、汤因比的文明史观，以及麦克尼尔、斯塔夫里阿诺斯、巴勒克拉夫、沃勒斯坦、霍布斯鲍姆等人的全球史观。对于世界史的编纂研究具有重要的意义和价值。吴必康著的《现代科技与经济发展》（世界历史第6册）在研究了以往中外史家不同程度上存在的忽视科技的现象后，指出现在的世界历史研究已经到了把科学技术看作一种社会力量来分析的阶段了，只有将经济史研究与科技史研究结合起来，才能“更为全面地研究人类的现代历史发展进程”，这是21世纪史学发展的一个新方向和重大研究任务。② 吴必康在书中没有在纠缠于科学技术在技术应用层面的胪列，而是将更多的笔墨用于探讨包括科技、体制和思想文化在内的能够创造社会财富的“长期能力”，以及这种能力得以不断发展的宏观社会历史条件。这一探索正是实践了全球史编纂的旨趣，凸显了整部《世界历史》的全球史特色。

《世界历史》一书成书于众手，尽管有主编在统一风格、体例方面等方面做了大量工作，仍然未能尽善尽美，各卷的水平也参差不齐，有高有低。最为遗憾的是，该书的下限多定在20世纪80年代，少数卷帙涉及20世纪90年代，而没有把最近20年的世界历史发展，尤其是没有把中国特色社会主义的发展作为重点研究对象来考察，使人掩卷难免有遗珠之憾。

此外，新近面世的两部简明全球史也值得关注。周明博编著的《全球通史》（当代世界出版社2011年版）以简洁明快的语言文字记述了从史前时代到21世纪人类历史发展的行程。作者强调从整体上把握大势，正视全球化带来的积极变化与消极后果。一方面，人类社会发展到一个前所未

① 姜芃、郭方等著：《世界史研究的视角和模式·前言》，江西人民出版社2010年版，第1页。

② 吴必康：《现代科技和经济发展》，江西人民出版社2012年版，第43页。

有物质丰盈时期；另一方面，也对恐怖主义、毒品、地区冲突、宗教矛盾、民族摩擦、环境问题、能源粮食、全球性疾病等全球史普遍关注的问题给予阐释，还将两次世界大战、欧洲与美洲的革命、十字军东征、英法百年战争、汉朝抗击匈奴等具有世界意义的战争加以研究，突显出全球史著作的新特点。

武寅主编的《简明世界历史读本》（中国社会科学出版社 2014 年版）对世界历史的整体性发展有着深刻的理解和理性的把握。该书在展现不同古代文明的不同特征的同时，形象地阐释了资本主义世界体系下经济与贸易的一般特征。科技的发展使得世界发展更加鲜明地表现出整体性特征，对于正确认识当代世界提供了一个有效的途径。

# 第二章

## 世界历史体系与世界通史编纂

人们对世界历史体系的认识，充分反映出特定时期人们对世界历史研究的深度，相应的也会出现差别甚大甚至截然不同的世界通史编纂思想和世界通史著作。“我们现在所知道的、以通史的形式出现的‘世界历史’（有时也说是全球历史、普遍的历史、世界通史等），并不是生活在这个世界上的各个种族、民族、群体曾经发生过的一切历史的完整再现，而是人们根据有关人类历史的总体看法，选择人类文明史上的一些重大事件和过程，以及与这些重大事件和过程有密切关系的历史现象而组织起来的一个历史知识体系。”① 对于这样的世界历史体系的呈现，世界通史的编纂是最便于完整体现之所在，而且也应该是最能检验不同学术观点的阐释性和包容性的具体形态。世界通史编纂作为人们思想观点的表现手段，具有很强的工具理性色彩。深入、系统地研究不同时期、不同类型的世界历史体系与世界通史编纂之间的关系，对于世界史的学科建设和当代史学理论的健康发展，无疑具有积极的启示意义。迄今为止，世界通史编纂领域中较有影响的世界历史体系有欧洲中心论或欧美中心论、马克思主义唯物史观、现代化理论、全球化理论、文明史理论等。至于后现代主义历史理论，尽管也是一种影响较大的历史观，但由于没有形成完整、系统的思想，加之难以找到一部典型的后现代主义的世界历史著作，所以本书不拟专门阐述。

---

① 俞金尧：《什么是“世界历史”及如何构建世界史体系》，《历史研究》2008 年第 2 期。

## 第一节　“欧洲中心论”与世界通史编纂

近代以来，西欧文明在全球范围内的殖民扩张构成世界历史发展的重要部分，这一历史过程在欧美史家的笔下也被塑造成为世界历史进程的主线和主流，即西方文明犹如一道黑暗中的光柱，所及之处无不给这些地区的土著民族和国家带来光明和开化。随着这些历史著作的传播，“欧洲中心论”的历史观在广大的非西方国家和地区也产生了更为深远的影响。中国的世界通史编纂的起步多借鉴于西方的世界通史（包括外国史、西洋史和世界通史），这一事实就决定了中国学者编纂世界通史同样面临着如何正确认识和处理“欧洲中心论”的问题。

### 一　“欧洲中心论”的形成

15、16 世纪之前的中外历史研究领域，曾经出现过各种各样的中心史观，比如波里比阿是罗马中心论者，司马迁是汉中心论者，塔巴里是伊斯兰中心论者，弗莱辛的奥托则是比近代西方资产阶级更早的“欧洲中心论”者。[①] 中世纪的基督教的普世史观从人种扩散的视角给“欧洲中心论”披上了一层神秘的光环。这一时期，中西史学上所存在的各种各样的中心论和地区史观的出现，一方面是由于编纂者所处时代的局限；另一方面，更为重要的是编纂者的阶级属性和阶级偏见所致。

经过两三个世纪的发展，全世界都被西欧资本主义势力直接或间接地联系了起来，美国也在后一时期加入了资本主义在全世界的扩张。18 世纪中叶以后，伴随工业革命的推进，史学界以宣扬西方地理、种族和文化先天优越为主要特征的“欧洲中心论”大行其道，德国近代浪漫主义和民族主义思想家赫尔德、哲学家黑格尔和史学家兰克等人都是“欧洲中心论”的典型论者。黑格尔曾言：“地中海是世界历史的中心……没有地中海，世界历史便无从设想了。”[②] 在兰克看来，世界史的内容不外乎是在开头对北非和西亚的历史作简短交代，然后考察日耳曼民族和罗马民族的相互关

① 吴于廑：《时代和世界历史——试论不同时代关于世界历史中心的不同观点》，《江汉学报》1964 年第 7 期。

② 黑格尔：《历史哲学》，王造时译，上海书店出版社 2006 年版，第 131—132 页。

系的记录，即便是在欧洲，也不是所有的民族都是世界历史的主人，唯有罗马—日耳曼这一独特世界的法兰西、西班牙、德意志、英吉利、意大利、斯堪的纳维亚六大民族是形成世界历史上“人类思想”的伟大民族，是世界历史的主人，这六大民族的发展及其相互关系构成为世界历史发展的主流，而其他民族只不过是这一主流上无足轻重的“附加物”罢了。[①]上述观点表明了“欧洲中心论”观点是这一时期欧美人们对世界历史认识所能达到的高度。因此，按照马克思主义存在决定意识的原理，这一时期西欧的史学家不可能超越这种资本主义扩张而展现的历史图景，而且也会从本质上体现这种历史图景。按照这一图景的阐释，欧洲，特别是西欧永远是支配世界的中枢，在全世界处于主导地位，全世界都围绕它旋转，这就是“欧洲中心论”。[②]

现代意义上的世界历史形成于资本主义上升及不断发展的时期。从中世纪晚期开始，通过农奴制解体、文艺复兴和宗教改革，人的思想束缚被彻底解除，后来西欧向其他地区扩张凭借的不是比其他地区更高的生产能力，而是一种向往自由、追求幸福的精神。正是这种追求使原本落后的西欧一下子成了世界潮流的引领者。[③] 资本主义的世界体系在16世纪最终得以形成，它从最初的西欧一直扩展到全球的每一个角落。近代意义上的世界历史著作首先产生于欧洲，这是资本主义生产方式在欧洲奠定的必然结果。由于欧洲资本主义力量的扩展和殖民势力的膨胀，欧洲人特别是欧洲殖民者傲视全球，这一心态反映在世界历史著作中就是欧洲中心体系逐渐形成。

随着资本主义在全世界范围内的不断扩张，全人类的活动被空前地联结在一起。“资产阶级，由于一切生产工具的迅速改进，由于交通的极其便利，把一切民族甚至最野蛮的民族都卷到文明中来了。它的商品的低廉价格，是它用来摧毁一切万里长城、征服野蛮人最顽强的仇外心理的重炮。它迫使一切民族——如果它们不想灭亡的话——采用资产阶级的生产

① 姜义华等：《历史变迁与历史学》，上海人民出版社2009年版，第139—140页。

② 吴于廑：《时代和世界历史——试论不同时代关于世界历史中心的不同观点》，《江汉学报》1964年第7期。

③ 参见钱乘旦主编《世界现代化历程·总论》，凤凰出版社、江苏人民出版社2010年版，第173页。

方式；它迫使它们在自己那里推行所谓的文明，即变成资产者。一句话，它按照自己的面貌为自己创造出一个世界。”[①] 资产阶级所具有的征服一切的扩张性，不仅使“东方屈服于西方”，而且也使得这些国家和地区在文化上越来越表现出资产阶级文化的色彩，甚至使得这些国家的历史也被涂抹上了“西方优越论”和“西方中心论”的光环。关于这一点，正如吴于廑在1964年所批评的：“欧洲中心论者是以欧洲为世界历史发展中心的。他们用欧洲的价值观念衡量世界一切。在欧洲文明发生以前，所有其他文明都只是它的准备；在它发生以后，全世界的历史又必然受它支配和推动，是它的从属品。”[②] 应该指出的是，“欧洲中心论”自形成之日起就处于不断的变化发展之中，呈现出不同的表现形态。

## 二　“欧洲中心论”在世界通史编纂中的表现

“欧洲中心论”包括发展到后来的“欧美中心论”是对我国早期世界通史编纂影响最深的历史哲学。以“欧洲中心论”为哲学基础构建起来的世界历史体系曾经长时间地占据着世界通史研究领域，指导着中国学者对世界通史的译介、研究和编纂。从意识形态领域斗争的角度看，“‘西欧中心说’是为西方资产阶级的帝国主义政策服务的，它的实质就是殖民主义”。[③] 这种本质上的用途表现在文化上并不都是赤裸裸的，甚至有的学者和文化成果在主观上也并不是自觉的。但作为一定历史的产物，总体来看还是留有“欧洲中心论”的痕迹。事实上，“欧洲中心论”在新的历史时期又呈现出新的表现形态，值得我们注意并加以警惕。

首先，“全盘西化论”。“西方中心论”不仅在西方学术界有相当大的影响力，在中国也不例外。其中，即便是“全盘西化论”在中国的历史研究和历史编纂中也有相当的市场。陈序经在1933年12月29日的演讲中指出：“更有些人以为我们若不去发展中国的文化，便恐怕将来在历史上没

---

① 马克思、恩格斯：《共产党宣言》，《马克思恩格斯选集》第一卷，人民出版社1995年版，第276页。

② 吴于廑：《时代和世界历史——试论不同时代关于世界历史中心的不同观点》，《江汉学报》1964年第7期。

③ 郭圣铭：《建立马克思主义的世界史体系》，于沛主编：《世界现代史的主线和体系》，中国社会科学出版社2010年版，第286页。

有了位置。我则以为这是未免过于忧虑。因为中国文化，老早已成为世界文化的一部分。现下若有人来写世界史，而不把中国史也放在里面，那人的知识便是不大广博的。即使数千年后，中国的历史仍必有它相当的位置。中国是世界的一部分；那么，我们委实不忧中国的文化将来会被人们忘掉了的。”[①] 陈序经的这一观点在1934年由商务印书馆出版的《中国文化的出路》一书中得到了进一步的阐述，他强调：“固有的文化固不适用于现在，然在历史上的位置，却不因之而消灭。就使我们中国人而不顾及，西洋人也会注意，因为他是世界文化历史的一部分。十七世纪的欧洲学者，也许写世界史，而不包括中国史，然二十世纪的历史家，若对于中国历史没有相当的了解，他决不敢去写世界史。”[②] 应该承认论者充分认识到了历史的客观性是不容否认的，问题的关键是在他对世界历史体系的主观性则没有给予应有的注意，更没有认识到世界通史编纂的话语权问题，故受到学界的批评也就不足为奇了。

其次，历史虚无主义。20世纪五六十年代，“欧洲中心论”在中国的学术界渐趋淡化。20世纪八九十年代，随着历史虚无主义思潮的兴起，“欧洲中心论”又在中国学术界死灰复燃，并表现出强劲的势头。

最后，“欧洲中心论”的评价。“欧美中心论”在经济全球化浪潮中获得了新的表现形态，在全球化方兴未艾之际，这一论调不仅在一般学者的著作中时常驻足，就连在一些公认的全球史学家那里也未能避免。比如，斯塔夫里阿诺斯声称，他所采取的是“就如一位栖身月球的观察者从整体上对我们所在的球体进行考察时形成的观点，因而，与居住在伦敦或巴黎、北京或德里的观点判然不同”。[③] 这一研究方法与公然宣称的“欧洲中心论”指导下的研究方法相比虽然会更加客观一些，但他本人仍不乏人类的历史“几乎等于”“欧亚文明史”的言论。[④] 难怪有学者指出其实质仍

---

① 陈序经：《中国文化之出路——民廿二年十二月廿九日晚在中大礼堂讲词撮略》，罗荣渠主编：《从“西化”到“现代化”》中册，黄山书社2008年版，第387页。

② 陈序经：《全盘西化的理由》，罗荣渠主编：《从“西化”到“现代化”》中册，黄山书社2008年版，第407页。

③ ［美］L. S. 斯塔夫里阿诺斯：《全球通史——1500年以前的世界》，上海社会科学院出版社1992年版，第54页。

④ ［英］杰弗里·巴勒克拉夫：《当代史学主要趋势》，北京大学出版社2006年版，第198页。

然是以西方为中心，是经过掩饰了的“西方中心论”。[①] 虽然在突破欧洲中心论方面作出了巨大的努力，但其思想也仍然未能完全地摆脱“欧洲中心论”的影响而遗有它的痕迹。其关于“1500年以来欧洲是世界变化的动力之源”的论断也受到了比较普遍的质疑。比如欧洲古典文明在蛮族入侵中被永久湮灭，这就造成了西方历史的“独特性”和中世纪西方文明的“革命性”。此外，斯氏还始终主张欧洲的科学革命、工业革命和政治革命是西方文明的历史贡献，从而也就把现代文明看作是纯粹的西方文明，进而有把现代化看作是一种单维度的欧化或西化的倾向。[②]

### 三　“欧洲中心论”的评价

对“欧洲中心论”的评价，学术界的认识并不一致，这其中的原因纷繁复杂，但学者的立场无疑是研究这一问题不可忽视的一点。就西方学者的认识看，随着世界历史的发展，对“欧洲中心论”史学影响的反思也不断深入，然而距离完全摆脱“欧洲中心论”的影响还有相当长的一段距离。正如有的西方学者所指出的：“尽管有斯宾格勒、汤因比等杰出代表，西方世界在探索世界历史的过程中还是或明或暗地以欧洲为中心。”[③] 类似的思想对于我们认识“欧洲中心论”对中国史学的影响，反思中国学者的世界历史研究和编纂中的“欧洲中心论”，无疑具有相当的启示。有论者指出中国学者的世界历史研究和编纂中存在“欧洲中心论”的事实，是无可否认的，这在“已出版的世界史著书方面，可以很容易地觉察到”[④]。但论者继而指出其原因主要在于整个20世纪五六十年代中国与外国的史学研究及教科书编写，“直到1980年左右，中国与国际上交流与接轨方面仍然是有限”的[⑤]。中国的世界历史研究明显地受到了“欧洲中心论”的影响是一个不争的事实，但此论者之于20世纪五六十年代中国学界关于世界历史研究的评价，似有进一步讨论的余地。其一，作者对“欧洲中心

---

① ［英］杰弗里·巴勒克拉夫：《当代史学主要趋势》，北京大学出版社2006年版，第198页。

② 参见吴骁《吴于廑与斯塔夫里阿诺斯世界史观之比较研究》，武汉大学2005届硕士论文。

③ ［丹麦］李来福：《世界史、全球史与历史的全球化》，李芮译，侯建新主编：《经济—社会史评论》第五辑，生活·读书·新知三联书店2010年版，第129页。

④ 同上。

⑤ 同上。

论”于中国的世界历史研究所产生的影响并没有给予进一步的阐述。其二，联系到论者发表这一观点的上下文，我们不难看出，这里的“国际”，很显然是不包括苏联在内的西方学术界，这一点恰恰有意无意地暴露出论者自己潜意识中的“欧洲中心论”话语。其三，在不同时期的学术发展史上，“欧洲中心论”有不同的表现形式，主观上追求“欧洲中心论”，抑或说站在“欧洲中心论”立场上去研究世界历史，与主观上反对“欧洲中心论”，客观上能不能完全摆脱其影响和局限则是另外一个问题。只看到中国史学界存在着“欧洲中心论”，而看不到在不同历史时期均存在着的反对“欧洲中心论”的思想和实践，就不可能对“欧洲中心论”之于中国学术的影响作出恰如其分的评价。其四，“欧洲中心论”与欧洲在世界历史上能否作为某一时期的中心又是另外一个问题。

刘新成对“欧洲中心论”或“西方中心论”产生的原因作过较为深入的分析。他指出，“欧洲中心论”或“西方中心论”在西方世界历史观念发展过程中是十分明显的。这除了历史原因、政治原因之外，还有方法论的原因。因为历史学在19世纪产生之初就受到了科学主义、生物学进化论以及自称“科学哲学”的实证主义的影响，形成“因果决定论”主导下的“主导—传播”模式。他进一步指出：“在上述种种方法论指导下，西方的世界史必然习惯于以民族国家作为描述的基本单位，必然以‘进步性’作为评价各国表现的标准，必然以最终依据西方国家率先实现的现代化的现实，‘反推’西方对人类历史的贡献。这也正是近百年来，虽然‘西方中心论’日渐‘臭名昭著’，但包括西方中心论的批判者和对西方中心论天然反感的非西方世界史学家在撰写世界史时还时常不自觉地以‘西方’为中心的原因，也是以西方为中心的世界历史观念在西方世界经久不衰的原因。”① 因此，学者的觉醒和学术的批判固然是一个很重要的方面，但世界范围内经济、政治的发展，多极化力量的壮大，才是最为重要的因素。

世界多极化的发展，第三世界的兴起，欧美主导的国际政治、经济秩序受到了越来越多的挑战，在学术研究方面，也开始出现一些要求反映这

① 刘新成：《互动：全球史观的核心理念》，刘新成主编：《全球史评论》第二辑，中国社会科学出版社2009年版，第6页。

些国家和地区历史发展的呼声。“随着长期占据支配地位的欧洲中心论与西方模式正统论的破除，随着比较史学及全球历史观的发达，随着亚洲、非洲、拉丁美洲等过去很少问津的地区史学的兴盛，在当代史学界出现了极为生动而健康的多元化运动。”① 这是问题的一方面，从世界通史编纂的角度看，世界通史编纂者将横向的各个大洲、各个地区、国家的历史均纳入到研究的范围，并力求在所编纂的世界通史中反映出来，应该承认这确实是对传统的“欧洲中心论”的冲击和否定。然而值得注意的是，无论是从“欧洲中心论”存在的历史分析出发，还是从其客观存在的现状出发，我们似乎都不应该对“欧洲中心论”简单地加以否定。这是因为，历史唯物主义认为，每一时代，都有领导该时代历史潮流的力量，即中心。历史上也的确存在过“欧洲中心论”或“欧美中心论”。但是“欧洲中心论”的存在，并不等于非欧洲中心的其他国家和地区的历史不存在。在研究“中心”国家和地区的历史时，也应该研究“非中心”国家和地区对历史潮流的回应，或它们如何创造历史，不应该排斥其他地区和国家的文明和历史贡献。②

从 20 世纪中国世界通史编纂的实际情况来看，“欧洲中心论”的影响是巨大的，其支配下的世界通史编纂构成了 20 世纪前半期中国的世界通史编纂的重要组成部分。自觉或不自觉地在“欧洲中心论”的话语下进行思考，成为这一时期中国世界通史的翻译者和编纂者们无法摆脱的时代局限。但一些优秀的史学家还是从最初完全搬用西方学者的观点、语言，到适时、适当地在翻译过程中加以改编、改造，使这些著作在更加适合中国人的阅读习惯、阅读心理的同时，展现出他们对世界历史发展与时势的自得之见。值得一提的是，在 20 世纪三四十年代的世界历史编纂者中出现了史学教育社这样的以在世界史进程中探讨、汇总历史为要旨的史学流派，也出现了一批以雷海宗、周谷城等一批坚定地反对“欧洲中心论”的著名学者。尽管时下学界对“欧洲中心论”的批判、声讨之声甚强，但若真正做到深入细致地评析这一思想体系在 20 世纪中国世界通史编纂历程中的地位和作用，无疑还有大量的工作要做。

---

① 姜义华、瞿林东、赵吉惠：《史学导论》，复旦大学出版社 2003 年版，第 310 页。

② 李世安：《全球化与全球史观》，《史学理论研究》2005 年第 1 期。

## 第二节　唯物史观与世界通史编纂的新境界

唯物史观在中国的传播尽管并不算早，但却迅速在中国史学界产生了重要影响。这不仅表现为一批中国史研究者以唯物史观为指导对中国历史进行了开拓性的研究，而且还表现为也有一批学者以唯物史观为指导对世界历史进行了研究，撰写出最早的马克思主义的世界通史著作。这些世界通史著作尽管名目繁多、类型各异，所阐述的重点各有侧重，研究水平也参差不齐，但在中国马克思主义史学发展史上无疑具有重要的地位，它在拓宽和深化中国马克思主义研究领域的同时，也使自己的发展进入到了一个新阶段。

### 一　经典作家论世界历史

马克思主义创始人在创立和完善马克思主义唯物史观的过程中，对世界历史作出过精辟的阐述，带有很强的理论色彩，成为中国马克思主义史学工作者研究和编纂世界通史的重要理论基础和思想源泉，主要表现在以下几点：

首先，马克思和恩格斯指出，必须运用唯物史观重新研究全部历史。他们指出："迄今为止的一切历史观不是完全忽视了历史的这一现实基础，就是把它仅仅看成与历史过程没有任何联系的附带因素。因此，历史总是遵照在它之外的某种尺度来编写的；现实的生活生产被看成是某种非历史的东西，而历史的东西则被看成是某种脱离日常生活的东西，某种处于世界之外和超乎世界之上的东西。"① 马克思和恩格斯对神学的、宗教的甚至是某种抽象的"理念"指导下的历史展开了猛烈的批评，同时，倡导以唯物史观为指导重新研究人的而不是神的历史，重新研究现实的历史而不是抽象的历史，重新把历史的内容还给历史而不是什么虚无缥缈的神圣天启。这就是"必须重新研究全部历史，必须详细研究各种社会形态存在的条件，然后设法从这些条件中找出相应的政治、私法、美学、哲学、宗教

---

① 马克思、恩格斯：《德意志意识形态》，《马克思恩格斯选集》第一卷，人民出版社 1995 年版，第 93 页。

等的观点。在这方面，到现在为止只做出了很少的一点成绩，因为只有很少的人认真地这样做过”①。很显然，在马克思、恩格斯看来，人类全部的历史和他们笔下的世界历史并不是同义的，而是有着深层次的不同。世界历史是人类历史发展到一定阶段的结果。

其次，马克思主义的经典作家在分析世界历史的运动变化时始终坚持规律性和特殊性、必然性和偶然性的统一。恩格斯在《自然辩证法》中指出：“在历史的发展中，偶然性起着自己的作用，而它在辩证的思维中，就象在胚胎的发展中一样包括在必然性中。”② 这在人类社会的历史运动中突出地表现在：“社会发展史却有一点是和自然发展史根本不相同的。……在社会历史领域内进行活动的，全是具有意识的、经过思虑或凭激情行动的、追求某种目的的人；任何事情的发生都不是没有自觉的意图，没有预期的目的的。但是，不管这个差别对历史研究，尤其是对个别时代和个别事变的历史研究如何重要，它丝毫不能改变这样一个事实：历史进程是受内在的一般规律支配的。……在表面上是偶然性在起作用的地方，这种偶然性始终是受内部的隐藏着的规律支配的，而问题只是在于发现这些规律。”③ 这一认识也鲜明地体现在马克思主义经典作家对一些具体历史的认识上。

再次，马克思主义经典作家指出要把世界历史当作一个历史的人类社会的发展过程。马克思说：“世界史不是过去一直存在的；作为世界史的历史是结果。”④ 马克思和恩格斯又对这个观点进行了解释：“各个相互影响的活动范围在这个发展进程中愈来愈扩大，各民族的原始闭关自守状态则由于日益完善的生产方式、交往以及因此自发地发展起来的各民族之间的分工而消灭得愈来愈彻底，历史也就在愈来愈大的程度上成为全世界的

---

① 恩格斯：《致康·施密特（1890 年 8 月 5 日）》，《马克思恩格斯选集》第四卷，人民出版社 1995 年版，第 475 页。

② 恩格斯：《自然辩证法》，《马克思恩格斯选集》第三卷，人民出版社 1995 年版，第 545 页。

③ 恩格斯：《路德维希·费尔巴哈和德国古典哲学的终结》，《马克思恩格斯选集》第四卷，人民出版社 1995 年版，第 243 页。

④ 马克思：《〈政治经济学批判〉导言》，《马克思恩格斯选集》第二卷，人民出版社 1995 年版 2006 年印刷，第 28 页。

历史。”[①]“资本主义社会必然要转变为社会主义社会这个结论，马克思完全是从现代社会的经济运动规律中得出的。劳动社会化通过无数种形式日益迅速地向前发展，在马克思去世后的半个世纪以来，特别明显地表现在大生产与资本家的卡特尔、辛迪加和托拉斯的增长以及金融资本的规模和势力的巨大增长上，——这就是社会主义必然到来的主要物质基础。……生产社会化不能不导致生产资料转变为社会所有，导致‘剥夺者被剥夺’。”[②]

最后，马克思主义经典作家对世界历史的论述是同资本主义的产生、发展和最终的灭亡紧紧联系在一起的。马克思在1846年12月致瓦·安年柯夫的信中指出：“资产阶级生产方式是一种历史的和暂时的形式，也正象封建形式的情况一样。”[③] 而1847年12月马克思则又指出：“资产阶级无意中造成而又无力抵抗的工业进步，使工人通过结社而达到的革命联合代替了他们由于竞争而造成的分散状态。于是，随着大工业的发展，资产阶级赖以生产和占有产品的基础本身也就从它的脚下被挖掉了。它首先生产的是它自身的掘墓人。资产阶级的灭亡和无产阶级的胜利是同样不可避免的”[④]。列宁说：马克思“是运用最彻底、最完整、最周密、内容最丰富的发展论去考察资本主义。自然，他也是运用这个理论去考察资本主义的即将到来的崩溃和未来共产主义的未来发展”[⑤]。

## 二　马克思主义世界通史编纂的新境界

唯物史观的诞生和传播促进了历史学的飞跃发展，引领历史学步入新时期，即马克思主义史学时期。第二次世界大战结束以来，苏联与东欧社会主义国家的历史学有了长足的发展。在世界通史编纂方面最为重要的代表首推苏联科学院主编的十卷本《世界通史》，它被称为“旨在作为马克思主义历史书籍中阐明人类从远古至现代所走路程的第一部综合性

---

① 马克思、恩格斯：《德意志意识形态》，《马克思恩格斯选集》第一卷，人民出版社1995年版2006年印刷，第88页。

② 列宁：《卡尔·马克思》，《列宁选集》第二卷，人民出版社1995年版，第599页。

③ 《马克思恩格斯全集（第二十七卷）》，人民出版社1972年版，第485页。

④ 马克思、恩格斯：《共产党宣言》，《马克思恩格斯选集》第一卷，人民出版社1995年版，第284页。

⑤ 《列宁选集》第三卷，人民出版社1995年版，第186页。

的著作”①。这标志着世界史坛中，马克思主义史学正在发展成为一个举足轻重的史学流派。这个史学流派一诞生就表现出了对以往史学，尤其是资产阶级史学的强烈批判性。正如苏联学者所指出的：“编写世界史或其各别部分的概括性著作的种种企图，远在现代以前就有人从事过了。我们且不谈从古以来这一方面所有的初期尝试，而只列出 19 世纪时著名的德国人施洛塞尔（Schlösser）和韦伯尔（Weber）的《世界通史》和英国巴凯尔（Buckel）及美国得雷佩（Draper）的范围较小的《世界通史》。这些历史家的政治的和学术的立场是不一致的。但整个说来，他们的著作反映了他们那个时代的情况。当时资产阶级及其思想家还在相信人类的进步，并认为人类历史是推移前进的运动，虽然他们把这种运动多半归结为主要是欧洲各族人民的政治的思想的发展。”② 这里指出了编写世界通史是世界史学发展史上的一个重要传统，同时还指出了资产阶级在这一领域所取得的成就和 19 世纪的资产阶级及其学者在世界历史发展动力问题上的局限性。

对于第二次世界大战后几年中西方史学界出现的几部世界通史著作，苏联学者认为：“它们的思想虽然不同，部分的结论虽然参差，可是它们却有一个首要的共同错误，那就是，它们否认了社会的前进发展和世界史过程统一性的观念。这样就使这些著作的作者没有可能对人类历史作一个真正的综合。现代的《世界通史》的结构本身就在颇大程度内是任意拟定的：世界史过程的随便一个方面，而且还不是主要方面，竟被提到首要地位，因而这个过程就缩小为‘世界帝国’的历史，缩小为‘世界文化’的历史、‘世界宗教’的历史，等等。这一类出版物的另一个特征，就是藐视人民群众在历史上的作用和反民主的倾向，即把‘有特权的’少数人作为‘创造’的源泉，与迟钝、‘沉默’的群众对立起来，以为这些群众不是完全不能独立行动，就是好像只能从事破坏。”③ 苏联学者认为资产阶级的世界通史编纂不可能真正综合表现出人类历史发展的全过程，原因主要有以下两点：一是在对世界通史结构的安排上存在着很大的随意性；二是对人民群众的

① 苏联科学院编：《世界通史·总编辑部的话》第一卷，北京编译社等译，生活·读书·新知三联书店 1959 年版，第 1 页。

② 同上书，第 2 页。

③ 同上书，第 3—4 页。

历史作用不能给予科学的认识。无疑，在马克思主义学者看来，要编纂真正的反映人类历史全部过程的世界通史，终需依靠马克思主义史学工作者在吸取以往人类全部优秀成果的经验的基础上，运用唯物史观来完成。

苏联的马克思主义史学对中国历史学的发展产生了重要影响。对于代表苏联史学最高成就的苏联科学院主编的《世界通史》，有学者这样评价："总体来看，这是一部有鲜明特点的通史之作，一部迥然不同于同时代或先前已经出版的西方资产阶级史家的通史之作。在试图把马克思主义的理论运用于世界历史的研究方面，平心而论，它是迈出了重要的一步。虽然这种编纂新模式在实践过程中，也不可避免地存在着缺陷，甚至是严重的缺陷。"① 这个评价应该说是符合客观实际的。这里所说的"严重的缺陷"，也就是有的学者指出的在历史分期和篇幅比重方面，苏版《世界通史》所存在的"欧洲中心论"的局限。②

笔者认为对于这一"严重缺陷"是应该作具体分析的，不该只是一味地进行指责。从主观上看，中国学者和苏联学者都是反对"欧洲中心论"的。具体到历史分期方面，也并不是有些人所强调的那样机械，至少在编撰者看来，他们还是注意到了世界历史分期的复杂性和相对性，并且给予了理论上的阐发。

苏联学者是这样看待历史分期问题的：

> 由于承认世界史过程的统一性和规律性，才得出了划分历史过程的科学的分期法则，特别是本书所采用的就是这些原则。马克思主义的历史家，一面保存了世界通史分为古代世界、中世纪、近代和现代的习用已久的假定的划分法；一面却采用了那些特别明显地表现出由一个社会经济形态转变到另一个社会形态的突出事件，作为这些最大的历史时期的分界。虽然这种转变在初期只限于少数国家，可是它本

① 张广智：《苏版〈世界通史〉的中国回应》，《淮北煤炭师范学院学报》2004年第5期。

② 郭圣铭曾这样评论：由于习惯势力的影响，直到目前，史学界有许多人都还没有从那个旧框框中解脱出来，不自觉地在重复前人的错误。他们口头上认为要打破西欧中心说，但讲起来又总是以西欧为主，只偶尔加上一些关于中国、印度、朝鲜、日本以及其他亚洲国家的章节。苏联出版的十卷本《世界通史》，并没有跳出"西欧中心论"的窠臼。郭圣铭：《建立马克思主义的世界史体系》，于沛主编：《世界现代史的主线和体系》，中国社会科学出版社2010年版，第286页。类似的批评，同样也可在一些学者对周一良、吴于廑主编的《世界通史》的评论中看到。

身就标志着世界史过程中的共同转折点：新制度在先进国家的胜利，在一切落后国家的发展上，都盖上了深刻的印痕。

当奴隶制生产方式在其原始策源地如埃及、两河流域、印度河流域确立起来时，人类历史上历史最久的原始公社制的统治时期，就被一个新的时期所代替了。封建制之代替奴隶制是在几个世纪过程中进行的，最先是在中国，在亚细亚许多其他国家和在地中海各国。资产阶级革命在西欧和北美的胜利，给资本主义生产方式的确立清除了地基。接替资本主义统治时期的、世界史上最新时期的出发点，就是苏联伟大的十月社会主义革命的胜利。

世界史过程的主导线索如此，它丝毫也不排除每个社会形态和世界史各个时期界限以内极其参差不齐的具体的社会发展方式和途径。马克思指出，同一个经济基础，随着自然地理的、历史的和其他条件，允许有各式各样的发展变型和类型。在每个时代以内，都存在有先前社会形态的残余形式和新的社会经济关系的萌芽，前者的存在时间有长有短，后者的成熟程度在各国也极不平衡。在恢复世界史图景时，最后还不应当不估计，就是，住在地球上的各族人民，远不是在同时经过了基本的社会发展阶段，而且也并不是所有各族人民都经过所有阶段。①

通过上述引文我们不难看出：第一，马克思主义的唯物史观认为世界历史的发展具有客观的统一性和基本的规律性，这是通过世界通史对“人类历史作一个真正的综合”的必要的前提，否则，马克思主义史学工作者眼中的世界历史也会像以往的史学家那样无法全面展现世界历史的全过程。第二，这一统一性和规律性的具体展现就是世界史过程的主导线索即社会经济形态的转变以及世界历史的宏观分期。在这一问题上苏联学者是给出了自己的看法的，并且这些观点直到今天看来，应当承认也是有其合理性的。第三，应注意的也是今天最引起人们诟病的是，对世界史过程的主导线索的理解，“它丝毫也不排除每个社会形态和世界史各个时期界限

① 苏联科学院编：《世界通史·总编辑部的话》第一卷，北京编译社等译，生活·读书·新知三联书店1959年版，第7—8页。

以内极其参差不齐的具体的社会发展方式和途径”。这对我们今天认识世界历史发展过程及其分期、发展的具体道路及其具体特色都具有相当的启示意义。第四，这一观点所具有的方法论的意义也是应该给予充分的关注的。苏联学者显然已估计到了不同国家的学者可能会对他们所归纳概括的“世界史过程的主导线索”机械地加以理解和运用，遂加以强调：“住在地球上的各族人民，远不是在同时经过了基本的社会发展阶段，而且也并不是所有各族人民都经过所有阶段。”应该说这一认识直到今天仍然是正确的，它为人们能够客观研究、理性评价苏联科学院编的《世界通史》提供了一条重要的线索。第五，苏联版十卷本《世界通史》开辟了世界通史编纂的新阶段，将许多诸如非洲、拉丁美洲和亚洲地区的历史融入一个崭新的世界历史体系，对以往西方史学界流行的世界历史观点构成了强烈的冲击。应该说，主观的认识到问题所在是一回事，而客观上能否克服又是另一回事，苏联学者反对“欧洲中心论”以及为此付出的努力是一个不争的事实，我们应给予客观评价。

苏联学者十卷本的《世界通史》翻译到中国后，其中诸多观点为中国的世界通史编纂者所吸收，并且得到系统的阐述，这主要表现在周一良、吴于廑主编的四卷本《世界通史》中。编者在各卷的“导言”中针对世界历史的分期问题、世界历史发展的动力问题、世界历史中的阶级斗争问题、世界历史上的民族和国家问题等作了系统的阐发。对于世界历史发展过程中的主导线索，周一良、吴于廑主编的《世界通史》指出，世界上古史包括人类社会发展的最初两个阶段，即无阶级的原始社会和奴隶的阶段、奴隶主两个阶级对立斗争的奴隶社会的阶段。从原始社会到奴隶社会的转变，是历史上的一个巨大转变。随着生产力的发展，人类社会由公有制进入到私有制，由没有阶级和剥削的社会进入有阶级和剥削的社会。[①]世界中古史是封建生产方式在世界范围内形成、发展和衰亡的历史，是封建社会中以农奴或农民阶级为主的各被统治阶级同统治阶级不断斗争、推动社会发展的历史。[②] 世界近代史，在社会发展阶段上是资本主义产生、

① 周一良、吴于廑主编：《世界通史（上古部分）·序言》，人民出版社 1962 年版，第 1 页。

② 周一良、吴于廑主编：《世界通史（中古部分）·序言》，人民出版社 1962 年版，第 1 页。

发展和走向衰亡的历史，是资产阶级同两大对立阶级不断斗争、无产阶级革命逐步高涨的历史。①

马克思主义传入中国以来，中国学者将其与中国历史研究相结合，诞生了中国马克思主义史学。中国马克思主义史学作为对中国传统史学，尤其是对新史学的反动和纠偏，表现出其宏观的研究视野和强烈的思辨色彩。中国马克思主义史学不仅在中国历史的研究和编纂方面取得了丰硕的成果，而且在世界史研究方面，也一改主要译介外国世界通史著作的局面，转而开始编纂自己的世界通史著作。中国马克思主义史学诞生后的80年的时间里，先后有周谷城著的《世界通史》，周一良、吴于廑主编的《世界通史》，吴于廑、齐世荣主编的《世界史》等著作问世，它们都是唯物史观指导下研究和编纂世界历史的优秀著作。例如周谷城在所著《世界通史·弁言》中指出："世界各地历史的演进，无不有阶段可寻。典型的阶段为由氏族社会时代到奴隶经济时代，再到封建时代，再到前资本主义及资本主义时代，然后到社会主义时代。"② 这里所体现出的恰是直到今天仍然在世界通史编纂领域发挥着重要影响的社会形态理论。

如果从世界范围内看，20世纪五六十年代马克思主义史学兴起的对世界通史的研究与编纂并不是空穴来风，而是有着深刻的时代背景。正如有的学者所指出的，"自1945年以来，世界已经进入了全球一体化的新阶段。为此，反映这种新形势变化的历史学，也显得越来越迫切需要了"，因此，"在当代，运用全球观点来撰写世界史已成为西方多数历史学家的一项重要课题。"③ 在笔者看来，运用全球史观点撰写世界史是否在当代已是西方多数历史学家的一项重要课题尚可进一步讨论，但全球史观在西方史学界产生重大影响，则是无可置疑的。如果我们放眼这一时期的东方国家和社会主义国家，就会发现：包括苏联和中国史家在内的马克思主义史家也在撰写一种完全不同于西方学者撰写模式的世界通史。联系到这一点，上述西方学术界所谓的"全球史"撰述模式与苏联、中国的世界通史编纂之间存在着的必然联系也就不难理解了。

---

① 参见周一良、吴于廑主编《世界通史（近代部分）·序言》，人民出版社1962年版，第1页。

② 周谷城：《世界通史·弁言》，河北教育出版社2000年版，第4页。

③ 张广智、张广勇：《史学：文化中的文化》，上海社会科学出版社2003年版，第53页。

社会形态理论是其中最能体现两者联系的问题。而对于不同社会形态之间的更迭，周一良、吴于廑主编的《世界通史》也作出了辩证的理解。例如朱寰在其主编的《世界通史·中古部分》分册导言中写道：

> 封建生产方式在世界各地区的发展是不平衡的。我们的伟大祖国早在公元前5世纪左右就进入封建社会，到19世纪中叶，才发生封建社会经济解体的重大变化。非洲、美洲、澳洲以及亚洲的部分地区，远在许多国家封建制度已经充分发展甚至衰落之后，有的封建生产方式刚在发生，有的还处于原始公社制或奴隶占有制阶段。但是，就全世界范围而言，封建生产方式居于统治地位的时期，仍然有着明显的断限，上自公元前5世纪后期罗马帝国崩溃起，下迄17世纪中期英国资产阶级革命止，前后共经历约二十二个世纪。罗马帝国的衰亡，标志着古代地中海古典奴隶制的终结，从此封建制度就在这一地区开始形成；同时，亚洲西部和南部广大地区也逐步实现由奴隶制向封建制的过渡。英国资产阶级革命，爆发于西欧资本主义萌芽和发展的一个中心地区，从此不仅英国结束了封建统治，而且更重要的，欧洲和欧洲以外的许多国家，都逐步卷入了资本主义体系，导致了资本主义生产关系迅速而广泛的发展。①

这段论述从对封建社会形态的产生、发展以及灭亡等问题上对苏联学者先前所探讨的社会形态的更替和发展的不平衡问题作了进一步具体的深化和补充。朱寰等编纂者运用丰富的历史事实展现出“丝毫也不排除每个社会形态和世界史各个时期界限以内极其参差不齐的具体的社会发展方式和途径”，展现出中国学者在这一问题上的研究成果，向世界的史学界发出了中国学者在相关问题上的声音。“世界上各个国家民族向封建制过渡虽然先后不一，具体情况也不尽同，但是社会封建化的基本内容却是一致的。……在世界任何地区的封建化过程中，总是一方面形成封建土地所有制，出现了掌握土地的封建主阶级；另一方面是被强制束缚在土地上的直

---

① 周一良、吴于廑主编：《世界通史（中古部分）·序言》，人民出版社1962年版，第1页。

接生产者农民，遭受不同方式的封建奴役和剥削，这样就形成封建主阶级和农奴或农民阶级之间的剥削和被剥削、统治和被统治的关系。在这一基本关系上，世界各地区的封建社会都是一致的。”① 这一论断的确是中国学者依据当时自己对马克思主义唯物史观的理解，根据世界历史发展的基本史实所作出的结论性的判断。

这一理论在新时期的世界通史编纂中得到了系统的阐述。20 世纪八九十年代有学者指出：“人类历史发展为世界历史，经历了一个漫长的过程。这个过程包括两个方面：纵向发展方面和横向发展方面。这里说的纵向发展，是指人类物质生产史上不同生产方式的演变和由此引起的不同社会形态的更迭。马克思主义者根据人类社会内部生产力与生产关系基本矛盾的不同性质，把人类历史发展的诸阶段区分为原始公社制、奴隶制、封建制、资本主义制和共产主义制五种生产方式和与之相应的五种社会形态。它们构成一个由低级到高级发展的纵向序列。这个纵向序列并非一个机械的程式，不是所有民族、国家或地区的历史都一无例外地按着这个序列向前发展。有的没有经历某一阶段；有的长期停顿于某一阶段；即使属于同一阶段，其发展形式又往往互有差异。但是不同民族、国家或地区在历史上的多样性，和世界历史的统一性并非互不相容的矛盾。总的说来，人类历史由低级社会形态向高级社会形态的更迭发展，由原始的无阶级社会到直接生产者遭受不同形式奴役和剥削的阶级社会，又由阶级社会到未来共产主义没有奴役和剥削的无阶级社会，尽管形式各异，先后不一，这个纵向发展的总的过程，却仍然具有普遍的、规律性的意义。基于这一理解，马克思主义史学在阐明人类历史的纵向发展方面已经作出了不少可贵的成绩。”② 这段阐述一方面有利于读者更准确地理解和把握吴于廑、齐世荣主编六卷本《世界史》的指导思想和编纂主旨；另一方面，20 世纪 90 年代初期，国际共产主义运动陷于低谷，国内唯物史观不断受到质疑和挑战，甚至遭到排斥和反对，在这样的时代背景与形势之下，能够平心静气地研究唯物史观，旗帜鲜明地坚持唯物史观，亦可看出编纂者们具有的非凡的

---

① 周一良、吴于廑主编：《世界通史（中古部分）·序言》，人民出版社 1962 年版，第 2 页。

② 吴于廑、齐世荣主编：《世界史·现代史编》，高等教育出版社 1994 年版，第 11 页。

理论勇气，并在一个侧面验证了唯物史观所反映的马克思主义的世界历史体系的正确性及其所具有的亘久的学术价值。

### 三　马克思主义的世界通史编纂面临的挑战和机遇

20世纪90年代以来，在世界历史体系方面，唯物史观面临着巨大的挑战，主要表现在对世界历史体系的不同理解，并明显地反映在世界历史的阶段划分上。无论是以社会经济形态为标志的分期，还是以古代、近代、现代等时间断限为标准的分期，在具体到世界历史的标志性事件时，都出现了若干种不同的意见，有的意见甚至是截然相反。下面就以世界近现代史的分期为例来说明这一问题。

改革开放以来，中国学术界出现了第三次研究、借鉴外国史学成果的高潮。与此同时，中国史学界在对以往世界通史著作反省的基础上对世界历史体系及其发展传统又有了新的认识，从而涌现出一批优秀的世界通史著作。其中反映出的中国学者关于世界现代史开端问题的研究，大致可归纳为如下几种：

其一，主张以1898年美西战争为标志性的事件。有学者认为，1898年后，帝国主义在世界范围内最后形成，从此，世界历史进入新的历史时期，此后，世界历史上的一切重大事件都是以此为基础和背景展开的。帝国主义时代和无产阶级革命时代是同时产生且不可分割的总体。十月革命是这个时代的产物，十月革命后无产阶级革命运动和殖民地半殖民地民族解放运动也都显示了这个时代的特征，它们统一于这个时代。所以，世界现代史的上限应在1898年。①

其二，将1900年资本主义进入帝国主义阶段作为世界现代史的开端。有的学者认为从社会经济发展形态和世界历史发展的“世界性”特征上看，世界现代史应以1900年资本主义进入帝国主义阶段为开端。因为，第一，进入20世纪，资本主义完成了从自由竞争向垄断阶段的过渡，垄断资本主义的生产方式确立后始终在世界上占主导地位。第二，进入帝国主义时期的资本主义国家经济与政治呈现出了新特点，即国家政权开始与垄断组织相结合，开了国家垄断资本主义的先河。第三，进入20世纪后，

① 黄睿：《世界现代史上限初探》，《咸宁师专学报》（哲学社会科学版）1987年第3期。

资本主义的发展使世界历史的整体性特征更明显。由于资本主义已把它的触角伸向世界各地，世界殖民体系和世界市场已经形成，政治上帝国主义为重新分割世界、争夺世界霸权而进行的斗争已呈集团性。帝国主义之间的矛盾与斗争引发了牵动世界全局的第一次世界大战，战争导致了帝国主义统治的政治危机和国际格局的变动。这表现为第一个社会主义国家的诞生，世界无产阶级革命运动和民族解放斗争的高涨，1919年至1920年凡尔赛—华盛顿会议的召开，才暂时完成了20世纪初国际格局的大变动。第四，20世纪初，第二次科技革命成果的广泛应用，对人类社会产生了划时代的影响，使人类社会由蒸汽时代进入电气时代。一系列新技术的发明使用，一大批新兴工业部门的建立，社会生产力大幅度提高，人类活动舞台从时间到空间上都缩小了，世界各国、地区、各民族之间的经济、政治、文化联系更加密切了。总之，20世纪初社会各方面都表现了与近代不同的发展趋势和特点，显露出人类社会已进入一个新的历史发展阶段。①

其三，以19世纪末20世纪初为世界现代史的开端。有的学者指出20世纪80年代以来的第二代世界史学一般以1500年西欧资本主义萌芽作为世界近代史的开端，以19世纪末资本主义开始由自由竞争向垄断过渡作为世界现代史的起点。应当说，对历史的这种认识是符合唯物史观的基本原理的，在历史分期方面也是比较科学的。②“世界现代史大体上相当于20世纪的历史。完整意义上的世界史，在20世纪终于形成。”“到了20世纪世界才在经济、政治、文化各个方面成为一个息息相关的整体。”③

其四，以20世纪初作为世界现代史的开端。这种观点认为现代史不应以十月革命而是以20世纪初作为开端。正如列宁所说，19世纪末20世纪初是人类跨入帝国主义时代的开始时期，从经济上讲这是一个重大的变化。从政治上讲，20世纪有了巨大变化。过去的19世纪是所谓欧洲人的世纪。进入20世纪后，出现了两个新的世界级的大国，即亚洲的日本、美洲的美国。整个世界政治格局变化了，欧洲人发号施令统治世界的局面

① 黄凤志：《世界现代史教学中若干理论问题的思考》，《内蒙古民族师院学报》（哲社版）1993年第4期。

② 李凡：《“世界近现代史研究的回顾和展望”研讨会展开》，《世界历史》2004年第6期。

③ 吴于廑、齐世荣主编：《世界史·现代史编·前言》上卷，高等教育出版社1994年版，第1页。

一去不复返了。此外，亚洲的觉醒等也出现在20世纪初。所以以20世纪初作为现代史的开端比拿十月革命作为开端更为妥当。[①]

其五，以1917年俄国十月革命为世界现代史的开端。周一良、吴于廑主编的《世界通史·近代部分》（人民出版社1962年版）和潘润涵的《简明世界近代史》（北京大学出版社2001版）是这一分期的典型。中国史学界直到20世纪80年代仍基本采用苏联史学界的四分法。有学者认为这一分期法在当时是有一定合理性的。第二次世界大战结束后，东欧和东亚形成了一个社会主义阵营，包含了世界三分之一的人口和四分之一的版图。反观历史，认为十月革命开创了新时代，将之作为世界现代史的开端，是有道理的。[②] 这种观点还可以从一些学者关于世界近代史下限的断定上得到支持。如有的学者赞成把世界近代史划分为三个时期，即手工工场时期的早期资本主义（1640年至19世纪初），蒸气动力时期的工业资本主义（19世纪初至19世纪六七十年代）和电气动力时期的工业资本主义（19世纪70年代至1917年）。这一划分，有助于我们从生产力发展水平上把握各个时期的历史特征，对其有一个宏观上的认识。[③]

其六，现代世界即世界现代史是从1945年开始的。持这种观点的学者指出了1945年前后两个时期，即世界近代史和世界现代史的最大不同在于，虽然在经济上各个国家发出的声音有强有弱，但它们在法理上的地位是一样的，是谁也不依附谁的，因此这个整体世界又是各国在名义上基本平等的世界。那种西方人主宰世界、统治世界的历史已经成为过时状态，只能归入近代历史的范畴，它和现代世界格格不入。[④] “20世纪的世界史，1945年之前与之后的整体世界有没有本质意义上的区别？世界从分散向整体发展，是对世界历史外在状态的一种概观，那么是否需要对世界历史各时期的本质内涵也予以概观？”[⑤] 还有的学者以“工业经济时代作为近代史，知识经济时代作为现代史的范畴”为依据，并将20世纪40年代

---

① 张宏毅：《胸中自有一部世界史》，《史学史研究》1994年第3期。

② 刘景华：《世界历史新四分法》，刘新成主编：《全球史评论》第一辑，商务印书馆2008年版，第323页。

③ 刘波：《对世界近代史分期及阶段特征的在认识》，《史学月刊》1995年第2期。

④ 刘景华：《世界历史新四分法》，刘新成主编：《全球史评论》第一辑，商务印书馆2008年版，第334页。

⑤ 同上书，第325页。

作为世界近代史的下限，即世界现代史的上限。①

以上学术界对世界现代史开端或上限的种种见解，充分反映了学界在世界历史体系研究方面展现出的活力和丰富多彩的内容，对于我们正确理解和认识世界历史体系的复杂性具有重要的意义。同时，也对我们在新的历史条件和时代条件下，坚持以马克思主义的唯物史观为指导，深入研究世界历史体系，对世界历史体系作出更具说服力的理论提炼和概括，提出了更高的要求。我们认为以十月革命为世界现代史开端的学术见解，侧重强调了社会主义革命与社会主义社会制度建立的新纪元——转折点的意义。这一标志性的世界历史上的重大事件，无论在何种编纂模式或框架中都应该得到充分的体现和应有的肯定。因此，在我们实际教学过程中，应该注意把 20 世纪初的“那些条件”作为十月革命准备时期社会历史背景的组合加以科学阐述；同时，在讲“社会主义社会制度的确立与建设”的历史进程时，务必以“社会主义初级阶段”的理论为指导，才能不断提高这一部分教学内容的思想性与科学性②，这对于编纂以唯物史观为指导的新型世界通史同样是至关重要的。

## 四　中国学者对世界历史体系的新探索

第二次世界大战结束后，西方史学界逐渐形成以全球史观的理论和方法重新改写世界历史的史学潮流。以此相呼应，中国史家在 20 世纪 70 年代末 80 年代初，在继承 20 世纪五六十年代史家对世界通史编纂成就的基础上开始进行努力探索，取得了突出的成绩。东北师范大学组成的《世界上古史纲》编写组编纂的《世界上古史纲》（修订本，人民出版社 1981 年版）已经预示出这一特点。中国著名的世界现代化研究专家罗荣渠在这一时期开始对世界现代化的发展予以关注，并产生了浓厚的兴趣。中国史学家吴于廑已经观察到西方史学这一新的发展趋势，并提出整体史观的设想，20 世纪 80 年代初开始发表了一系列互相关联、相互发明补充的论文，阐述了这种新的历史观。他为《中国大百科全书 · 外国历史》卷撰写了“世界历史”的长篇词条，是其撰写于 1964 年的《时代和世界历史》一文

① 许永璋、于兆兴：《世界近代史断限问题新探》，《史学月刊》2003 年第 1 期。

② 王春良：《关于〈世界现代史〉的开端问题》，《学科教育》2000 年第 10 期。

基本思想在新的历史时期的升华。他提出，世界史是一个有特定意义的学科，其指向是考察人类社会怎样由原始、孤立、分散的状态发展为彼此密切联系、整个世界成为一体的过程，其研究方法是以世界为一全局，对其纵向发展和横向发展作跨国别、跨地区的综合考察。他依照马克思关于“世界历史不是过去一直存在的；作为世界史的历史是结果”的思想，指出世界历史不是各民族、各国家、各地区或者按形态学派的说法各文明历史的堆积，而是其自身有规律的发展的过程。这个过程包括纵向发展方面和横向发展方面。纵向发展制约着横向发展，纵向发展所达到的阶段和水平，规定着横向发展的规模和广度；横向发展也能促进和深化纵向发展。而这两者发展的整体水平很显然又决定于编纂者历史观的科学程度。吴于廑指出：历史的纵向发展和横向发展是历史发展为世界历史过程中的两个基本方面。它们共同的基础和最终的推动力量是物质生产的进步。[①] 20 世纪 80 年代后期，吴于廑的观点在史学界逐渐得到大多数学者的认同，诸如“世界史不等于国别史之和”、“横向比较”、“宏观研究”、“全球眼光”等新提法为学术界所普遍认可，基本上达成了共识。20 世纪八九十年代之交出版的世界通史著作，如以吴于廑为顾问、由湖北湖南两省七院校历史系教师集体编写的五卷本《从分散走向整体的世界史》、马克垚主编的断代史《世界历史・中古部分》等，基本上都是以这种宏观整体世界史观为指导来撰写的，或者是在努力向这种史观迈进。这些著作的共同之处，就是打破了以五种社会经济形态及诸形态的各发展阶段为经，以民族或国家为纬的传统通史体例，在时空上大跨度布局，宏观把握世界发展的总趋势，注重跨国别的专题综述和地区之间的横向研究，在表达形式上采取分析论说的文体。[②] 从全球史在全世界的发展状况看，我们将这一时期中国学者的探讨作为其全球史发展的一个模式也未尝不可。

应当指出的是，最能体现吴于廑提出的新的世界历史理论，并代表中国当时世界通史编纂最高水平的著作就是吴于廑、齐世荣主编的六卷本《世界史》（高等教育出版社 1994 年版）。这部书是为高校历史系编写的一

① 吴于廑：《世界历史》，《吴于廑学术论著自选集》，首都师范大学出版社 1995 年版，第 52 页。

② 刘新成：《我国〈世界通史〉编纂工作的回顾与思考》，林言椒主编《中国历史学年鉴・1995》，生活・读书・新知三联书店 1995 年版，第 12 页。

部世界史教材，20 世纪 60 年代出版的四卷本《世界通史》有了很大的变化。它的主要特点有以下几个方面：第一，基于对生产力进步是世界纵向与横向发展原动力的认识，富于创见地赋予生产力进步以革命意义，引用了农业革命、科学技术革命、信息革命等概念，体现出时代的认识水平。如果说“周吴本”曾以生产关系（阶级斗争）为主线，那么“吴齐本”则理顺了推动世界历史发展诸要素之间的基本关系，摆正了隐藏在生产关系、社会关系，乃至社会现象后面的生产力的位置，这应该说是拨乱反正以来中国学者重新学习唯物史观的结果。第二，在世界历史分期问题上，采用纵向、横向双维度标准，具有相当的灵活性和创新性。该书以公元 1500 年和 1900 年为界，将历史分为古代（1500 年以前）、近代（1500—1900 年）和现代（1900 年以后）三个时期，在具体国家和民族以及文明体的叙述上则灵活机动，不强求划一。鉴于奴隶制与封建制不易在每个国家的历史发展中清楚区分，更无法以一个具体年代在世界范围内区分开来，该书以亚欧农业文明带的形成和发展为主要根据，将传统的中世纪阶段取消，把原始社会、奴隶社会、封建社会在世界范围内占主导地位的历史统统划入古代部分，分为上、下卷。近代史以地理大发现和西方资本主义国家的早期殖民为开端，以帝国主义国家将世界瓜分完毕为结尾，既反映了资本主义在这一时期的主导地位，又表明世界走向一体的趋势。该书从世界格局的演变出发，把 20 世纪初美日兴起、第一次世界大战爆发、社会主义苏联建立、殖民地人民民族解放运动高涨等具有重大影响的事件，作为对西欧资本主义一统天下局面的冲击并列为世界历史新纪元的标志，将 20 世纪当作独立单位划为世界现代史。第三，采用宏观的叙事手法，着力描摹世界历史发展的主体和主流。纵观全书，一般章节的最小单位也是东亚、西亚、东欧、北美等地理区域，鲜见对某一国家的单独叙述。对那些在某一时期内于世界发展作用不大的地区或国别索性略去，不求面面俱到。而基督教世界、伊斯兰文化世界、儒佛文化世界、游牧世界、农耕世界、工业世界、资本主义工业世界、社会主义工业世界、第三世界、全球化等宏观的世界性的研究对象范畴则贯穿全书。思考和探讨的问题更为宏大。例如《近代史编》在结束语中对“世界”作为一个密不可分的整体的真实内容的思考：“它的真实内容便是资本帝国主义列强对于世界其余地区、国家的统治。世界地区联系的加强，不外是西方列强对于世界上其余国家的政治、经济及文化的控制。"[①] "世界各地区之形成为一个有机的整体，固然是人类历史上的一个巨大的进步，但是这个进步也是与资本帝国主义列强对于世界上其余地区、国家的宰割、奴役密切地联系在一起的。"[②] 这些思考闪烁着对世界历史批判的光辉，同时也将世界的特有内涵揭露无遗，世界近代史的时代特征也就清晰地呈现在读者面前。第四，将中国历史放在世界历史发展的洪流中加以考察。仅从《古代史编》上卷就设置了"黄河流域的夏王朝"、"商周时期的中国"、"春秋战国时期的中国与同时期的世界"、"秦汉时期的中国"以及"魏晋时期的中国"等章节，约5万字的篇幅占到全书1/7的分量。《古代史编》下卷则设"亚洲民族大迁徙及其后果"、"唐代中国的高度文明"、"儒教在中国的传播"、"蒙古帝国的兴起及其对外征服"、"蒙古帝国的分裂"、"蒙古帝国时期东西交通与文化交流"、"明代的中国"、"明代中国的海上贸易"等节、目，清晰地梳理出汉代至明代中国历史的发展及其与世界历史上其他国家、民族的关系。这些在以往的世界史研究中是不可想象的。

中国学者在建立新的世界通史的体系上虽然已经取得了一定成果，但是关于建立新的世界史体系的探讨并没有停止，仍有很大的讨论空间。钱乘旦提出了以"现代化"为主题，构建世界历史新的学科体系的意见。他认为：中国正处在一个以现代化为主题的时代，同时现代化又是世界进入近代以来共同发展的趋势，因此，"用现代化为主线构建世界近现代史的学科体系，具有明显的时代和科学性。"这样就可能创建出具有当代中国特色的世界史学科，从而使这一体系在世界史坛上成一家之言。而从人类历史的发展来看，世界近现代史的主题确实是现代化。近代以来，世界上几乎一切事关全局的大事或体现着大方向的进展都以现代化为中心，不论这些进展是政治的、经济的、文化的，还是社会生活的。他认为，在以现代化为主题的体系下，世界现代史可以分为几个阶段：第一个阶段是现代化的准备阶段；第二阶段是现代化的起动阶段，即现代化的过程在西方国家兴起；第三阶段是现代化在西方国家的成熟与发展阶段；第四阶段是现

① 吴于廑、齐世荣主编：《世界史·近代史编》下卷，高等教育出版社1994年版，第390页。

② 同上。

代化的全球扩张，现代化的浪潮冲向全世界，造成了现代化在全球的扩散；第五阶段是现代社会出现新的转型迹象。第二次世界大战后，发达国家出现明显转型迹象，“现代社会”正在发生质变，从经济结构、政治结构、社会生活方面出现明显特征。西方国家可能向“后现代”、“后工业”社会发展。[①] 从世界历史体系构建的角度看，现代化理论所具有的学术价值和理论特色，值得关注。我们也应该承认，现代化体系在对世界通史建构时表现出的局限也是显而易见的。比如，在现代化视野下，如何呈现世界上古史的内容就是一个颇费思量的难题。

在讨论建立有中国特色世界史体系的过程中，世界历史的定位、内涵外延及其学科属性和哲学属性一直受到史学界的关注。有的学者指出：搞清楚“世界历史”的内涵，是进一步探讨世界史体系的共同基础，同时也是世界史体系构建工作的起点。构建世界史体系应该坚持以唯物史观为指导，没有一种其他的历史理论和学说比马克思主义的历史理论更加关注人类整体的历史。人类历史基本的运动过程也可以说是社会形态变迁的过程，历史不外乎是各个时代的依次交替、生产方式的变革，从而整个社会形态的交替构成了人类历史进程的基本内容和主要的线索。[②] 现阶段学术界对世界历史体系的种种探讨和认识大大开拓了世界历史研究和世界通史编纂的视野，丰富了马克思主义世界通史编纂的内涵。以中国学者现在对历史唯物主义的新的理解，完全可以重新解释世界历史，构建一个可以为大家所广泛接受的新的世界历史体系。应该说这一时代任务已经历史地提到了中国学者的面前。

还有学者提出应当以生产方式为线索建设中国的世界史学科体系。因为生产方式是世界历史研究的基本范畴，生产方式所体现出来的生产力是特定历史时期的根本发展动力。首先，它以客观、普遍、不间断等特点出现于不同时代和地域的世界历史进程之中，它能真实地反映世界历史发展的事实状况。无论是发达地区，还是落后的民族国家，它总是以自己的生产方式推进历史的发展进程，只是每一个民族国家构建自己的生产方式时

---

① 钱乘旦：《以现代化为主题构建世界近现代史新的学科体系》，《世界历史》2003 年第 3 期。

② 参见俞金尧《什么是“世界历史”及如何构建世界史体系》，《历史研究》2008 年第 2 期。

具有一些不同的特点和共同的特征。其次，生产方式学说体现了马克思主义关于世界历史发展根本动力的基本学说，体现了马克思主义历史观的基本思想。马克思主义十分关注生产，特别是社会生产过程中经济等诸多要素及其与上层建筑中诸多要素之间的互相关系，生产力与生产关系在世界历史进程中的意义。最后，以生产方式为基本线索符合中国社会建设和历史发展的国情，有利于解决生产力与生产关系的矛盾，有利于在科学发展观指导下全面实现社会主义小康社会和谐发展的历史使命。总之，中国特色世界历史学学科体系的构建，应当以马克思主义唯物史观为指南，以世界史发展的实际状况为研究对象，以中国传统与现实的价值取向为参照系，以生产方式与生产力发展的互动为尺度来认识、理解和衡量世界史，从而科学地解决世界历史问题并揭示世界历史的发展规律，为中国的和谐社会建设服务。①

学界还有一些学者提出以资本主义的产生、发展和演变为主线，来构建16世纪以来的世界历史体系，这在很大程度上抓住了世界历史发展的基本脉络。因为资本主义的产生、壮大和发展是16世纪以来世界历史的一个基本事实。现代资本主义的故乡是在15、16世纪的意大利地中海沿岸地区。虽然资本主义当时只在很小的范围内萌芽，在世界上的影响也十分有限，但它诞生在地处亚、欧、非三大洲交汇处的地中海，多少反映了资本主义从一开始就具有世界性。在新商路的开辟、世界性的贸易联系初步形成以后，资本主义的活动中心适时转移到以北海、波罗的海为中心，靠近大西洋的欧洲西北部地区，更是反映了资本主义经济活动以世界为舞台的倾向。20世纪八九十年代以来，世界历史的发展进入了一个全球化时代，人们明显地感受到世界性的联系和交往日益密切，全球成为一个整体。这种状况从历史发展的眼光来看，只不过是16世纪以来的世界性交往的延续和扩展。借助于现代的通讯手段和交通工具，人类进入了一个以经济全球化时代为特征的世界性交往的新时期。经济全球化主要是围绕资本的全球流动而展开的，所以，经济全球化又被称为资本的全球化，是资本主义在世界范围内的进一步扩张和渗透。俞金尧指出，以唯物史观为指导，以资本主义作为主线，可以说是这个体系两个最主要的特点。因此，

① 陈晓旭、于文杰：《谈构建中国世界史学科体系》，《史学理论研究》2008年第2期。

在唯物史观指导下，以资本主义为主线构建的16世纪以来的世界历史体系，符合马克思主义的世界历史思想，反映历史发展规律，并能揭示历史发展动力。而这个体系的包容量之大，远远超过以往的任何一个体系。①

在唯物史观指导下，中国的世界历史学科体系的构建，在认真总结以往各种历史体系的基础上不断走向深入，在密切结合当代中国历史发展实际——中国特色社会主义发展模式的基础上，将不断走向更加成熟的境界。

## 第三节　现代化理论视野下世界通史编纂的新尝试

美国是现代化理论的发源地，最早可以追溯到1959年爱德华·希尔斯对现代社会特征所作的概括。中国学者对现代化的思考是在1978年中共十一届三中全会确定了以经济发展为中心的时代大背景下进行的。拨乱反正的理论界不可避免地涉及对经济与政治关系的探讨。现代化视野中的世界历史体系是在作为对传统的、僵化的世界历史体系的批评和超越意义上，借鉴欧美国家的现代化理论提出来的。现代化指的是经济上的工业化、政治上的民主化、社会领域的理性化，以及作为这一切背后总动力的科学技术的发展。科技进步带来了资本主义的新发展，推动了整个现代化进程。真正意义上的世界历史是随着资本主义经济关系的产生、发展而展开的，资本主义与世界历史共同发展的过程，也就是现代化的过程。② 此种观点一方面将现代化作了横向的归纳和总结，另一方面也对现代化作了纵向的梳理。从世界通史编纂的角度看，现代化作为世界历史研究领域中一个卓有成效的领域，不仅在国别和地区的现代化研究方面取得了丰硕的成果，而且在现代化的重大问题上也取得了突破性的成绩。关于这一点已经有学者给予了较高的评价，认为“用现代化范式研究现代欧美诸国的历史，乃是最近几十年里中国史学的一个突出特色”③。因此，以现代化的视角或者说模式来尝试编纂世界通史，以构建现代化的世界历史体系的时

---

① 俞金尧：《“资本主义”与16世纪以来的世界历史》，《学海》2007年第3期。

② 马克垚主编：《世界文明史（下）》，北京大学出版社2004年版，第18页。

③ 李剑鸣主编：《世界现代化历程·北美卷·导言》，凤凰出版传媒集团、江苏人民出版社2010年版，第3页。

机，应该说在中国已经成熟。事实也证明了这一点，中国的现代化研究已经为此作了大量的工作，成为世界通史编纂的主要模式之一，具有很强的启示意义。有学者曾预言：现代化史观作为整体史观理论的补充，影响我国通史的研究。① 这已经成为现实，并产生了广泛而深远的学术影响。

## 一　罗荣渠对“以阶级斗争为纲”世界通史体系的反思

20 世纪 70 年代末 80 年代初，中共十一届三中全会的召开，实事求是思想路线的重新确立，史学界兴起的拨乱反正史学思潮，均有力地推动了世界通史编纂的发展，其中一个很重要的表现就是对以往世界通史著作的反省。“在 20 世纪 50 年代，世界通史的教学基本上是搬用苏联教材。60 年代开始自己编写了一些教材，基本上没有跳出苏联教材的框框。”② 这反映出当时世界通史编纂的水平和发展程度，一方面是“冷战”时代意识形态领域对立斗争的重要表现；另一方面也是特定的学术发展阶段的体现，不应笼统地加以否定。

“以阶级斗争为纲”思想指导的世界历史体系是在“文化大革命”这个特殊时期出现的世界通史的表现形态或思想认识，体现出的是阶级斗争唯一论的世界历史体系。1973 年周一良、吴于廑主编的《世界通史 · 重印说明》就对 1962 年的初版进行了严厉的批评，将“没有着重阐明阶级斗争是推动历史的动力”作为“严重错误和缺点”之一。罗荣渠分析指出：“通史教材中，生产部分占的比重较小，特别是近现代史这方面表现最突出，现代史比近代史又更突出，古代史较好一点。为什么会这样呢？……这就是把阶级斗争是历史发展的动力这个马克思主义的基本原理片面化、绝对化，只敢讲阶级斗争，生产斗争就不敢讲。”③ “我们编的教材中当然不能说一个字都没有讲经济，但是，没有什么实质性的东西。……在‘四人帮’时期，一部无比丰富的世界历史，被砍得只剩下奴隶起义、农民战争、资产阶级革命、民族反帝斗争。具体到近代史，就是革命加革命即等

① 刘新成：《我国〈世界通史〉编纂工作的回顾与思考》，林言椒主编：《中国历史学年鉴 1995》，生活 · 读书 · 新知三联书店 1995 年版，第 21 页。

② 罗荣渠：《浅谈政治权力、经济权力在世界历史进程中的作用——关于世界通史教材体系的一个问题》，《武汉大学学报》（哲学社会科学版）1980 年第 1 期。

③ 罗荣渠：《关于世界史的体系问题》，《史学求索》，商务印书馆 2009 年版，第 87 页。

于近代史。现代史也是这样一个体系，只突出讲共产党领导的革命和民族解放运动，资产阶级领导的革命和民族解放运动，不管有多少人参加，有多大影响，都得‘靠边站’。”① 这样的世界通史编纂模式体现出的是阶级斗争万能论视野下的世界历史体系。这个体系指导下的世界通史研究面窄，屏蔽了许多没有发生革命和斗争的国家，在相当大的程度上成为世界革命史，夸大了政治暴力、政权和上层建筑在历史发展进程中的作用，呈献给读者的是一部狭隘的世界历史，这样的世界历史运动过程成为了超时空的模式图，“研究世界历史的方法论也变得愈来愈刻板和僵化。”②

罗荣渠在对以往世界历史体系问题给予进一步反省的同时，也指出了下一步世界通史编纂努力的方向。他指出：“过去我们的世界通史教材在体系上就存在着很大的问题。解放以来，我们借用苏联的世界通史教材体系来批判西方资产阶级的世界通史教材体系，其中最大的特点是突出了阶级斗争是世界历史发展的动力，以阶级斗争为纲、为主线，来重新编写和重新讲授全部世界历史，这一方面取得了重要的成绩，这是必须肯定的。但是，实践表明，在如何正确地理解马克思主义的阶级斗争史观方面，以及在世界通史教材中如何完整地阐明阶级斗争是阶级社会中历史发展的基本动力方面，还存在不少问题，存在着不同程度的简单化、片面化、绝对化的毛病。”③ 正如同有学者大声疾呼把历史的内容还给历史一样，罗荣渠在文章中也倡导把世界历史的内容还给世界历史。他指出：“坚持用唯物主义历史观来研究历史和编写世界史，绝不是选择某一‘主导’思想或在解释这一思想时抱主观主义的态度，而是对历史进程进行全面而周密的研究，考察它的一切矛盾趋向的总和，估计历史发展的全部合力，把世界历史当作一个十分复杂并且充满矛盾但毕竟是有规律的统一过程来进行研究。④ 应该说上述反省是深刻的，也是实事求是的。罗荣渠在此看到了以往的世界通史编纂中所忽视的生产力因素、社会经济内容、文化宗教因素等在世界历史发展进程中的作用，预示着对世界历史发展中新的主线的探

---

① 罗荣渠：《关于世界史的体系问题》，《史学求索》，商务印书馆 2009 年版，第 87—88 页。

② 罗荣渠：《浅谈政治权力、经济权力在世界历史进程中的作用——关于世界通史教材体系的一个问题》，《武汉大学学报》（哲学社会科学版）1980 年第 1 期。

③ 同上。

④ 同上。

索已经成为可能。应该说这样的反省只有到了改革开放以来的新时期才成为可能，而作为罗荣渠访美期间研读沃勒斯坦的《现代世界体系》所产生的新思想在这一时期也开始酝酿。正如罗荣渠所论："要想编写出反映国际先进水平、符合'四个现代化'需要的新的世界通史教材，首先必须解放思想，打破框框，打破'禁区'，完整地准确地理解马克思主义历史唯物主义的基本原理和科学思想体系，把被'四人帮'搞乱了的一些理论问题以及通过教学实践证明尚未搞清楚的一些重大问题提出来，通过自由讨论，求得思想认识上的提高，并敢于从理论上进行新的探索。"① 毫无疑问，这种"新的探索"首先是与对以往世界通史编纂的主线反思紧密联系在一起的，但其实质却可以看作是对马克思主义的唯物史观的重新认识和学习，也只有在当时史学界掀起的重新学习唯物史观的浪潮中，这种反省才能得到升华。

具体到世界通史著作的编纂，罗荣渠阐述了自己的观点。"从来的历史著作都是从本民族和本国为核心和主体的，对四邻国家的历史研究，扩而大之对全世界的历史研究则是派生的，是以本国历史为出发点的。因此，世界通史的最初的现成框架是国别史的总和或综合，即国别史汇编或列国志。但国别史的总和不能算作世界通史，也不可能构成'有机统一体'。要写出人类整体发展过程的世界史，并不是要把没有内在联系的历史条件和过程随便纳入一个统一的世界史结构，而是要写出人类历史如何随着生产斗争、阶级斗争和科学实践的发展，形成内在的有机联系，逐步汇合成为全世界的历史进程。"② 这样的观点尽管与实际的世界历史的发展轨迹并不一定相符，但却是符合人们对世界历史的认识规律和认知特点的。

而产生这种弊端和局限的深层次的原因在于指导这种世界通史编纂的历史观和世界历史体系均发生了偏差，走上了歧路。罗荣渠对此是这样分析的："从20世纪30年代以来，马克思在19世纪观察中抽象出来的最一般的科学概括，被解释为世界不同地区不同民族共同遵循的发展图式。前

---

① 罗荣渠：《浅谈政治权力、经济权力在世界历史进程中的作用——关于世界通史教材体系的一个问题》，《武汉大学学报》（哲学社会科学版）1980年第1期。

② 罗荣渠：《开创世界史研究的新局面》，《史学求索》，商务印书馆2009年版，第88页。

苏联理论界按斯大林的观点，把极为复杂的世界历史塞入一个按生产关系定位的五种生产方式的单线发展图式之中；并把苏式社会主义规定为不同国家共同遵循的‘十月革命道路’。这种单线的、甚至是直线式的斯大林图式，给俄国、中国、东欧以及其他一些新兴的发展中国家在20世纪中的变革与发展都带来了不同程度的影响。”① 论者在此指出了马克思主义唯物史观的世界历史体系理论在流传过程中的局限和不足，以及产生的消极影响，并且严格地将理论本身和传播演变的理论形态加以区别，在认识论和方法论上都具有相当的积极意义②。而在这种反思和批判的基础上，罗荣渠提出了一元多线历史发展观③，并据此阐发为一种系统的世界历史体系。这个体系一般认为，“在现代生产力推动下，世界各地区各民族都以不同速度和不同方式突破原来的传统农业社会形态，向某种形式的工业社会形态转变，或发生某种适应性的变革。这是人类从八千年前的农业革命以来发生的又一次全球性大变革，就这次变革的广度、深度与速度而言，却是人类历史上从来没有过的。”④ 以这种观点来审视世界历史的发展进程，在论者看来，自然会把以往的两极对抗的世界政治图景所遮蔽的不同社会发展模式和发展道路的现代工业社会特征和现代工业世界的整体关联性揭示出来⑤。总之，罗荣渠的现代化视角对于当时中国的世界史研究来说无异于一股春风，给整个世界历史研究带来了新的气象。“以罗荣渠为代表的世界现代化研究，打破了把现代西方社会作为超时空的现代化范式的西方现代化理论的局限，对探索新历史发展观和进一步探索各种文明动态的变化过程，具有重大意义。”⑥ 这是学界对罗荣渠的现代化研究所具有

---

① 罗荣渠：《一元多线历史发展观与现代化世界进程》，《史学求索》，商务印书馆2009年版，第72页。

② 当然，值得注意的是，罗荣渠在此对马克思主义唯物史观在世界历史体系传播过程中产生的一些缺陷和不足的批评，并不能否定马克思主义唯物史观的世界历史体系存在的历史合理性，以及以唯物史观为指导编纂世界通史的学术价值和创新意义。

③ 有关一元多线历史发展观的理论阐述，请参阅罗荣渠《现代化新论——世界与中国的现代化进程》第3、4章，北京大学出版社1993年版。

④ 罗荣渠：《一元多线历史发展观与现代化世界进程》，《史学求索》，商务印书馆2009年版，第76—77页。

⑤ 同上书，第78页。

⑥ 姜义华、武克全主编：《二十世纪中国社会科学·历史学卷》，上海人民出版社2005年版，第279—280页。

开拓性贡献的高度评价。

20 世纪 80 年代中期，以国家社会科学“七五”规划的两个重点项目《世界现代化进程研究》（罗荣渠主持）与《中外近代化比较研究》（章开沅主持）为标志，史学界开始了有组织的现代化研究。如果说罗荣渠对“以阶级斗争为纲”构建世界历史体系的批评开启了中国的现代化研究先河的话，那么世界现代化进程研究中心的学者则将其现代化研究的理论支撑提升到“现代化范式”的高度。该中心编辑出版的“世界现代化进程研究丛书”所出版的十多种论著、译著，不仅分国别和地区研究了东亚、中国、日本、法国、印度、美国、俄国、马来西亚等国的现代化历程，而且还出版了包括罗荣渠的《现代化新论—世界与中国的现代化进程》、《现代化新论续篇—东亚与中国的现代化进程》，丁建弘的《发达国家的现代化道路——一种历史社会学的研究》、罗荣渠、董正华主编的《东亚现代化：新模式与新经验》，尹保云的《什么是现代化——概念与范式的探讨》等现代化理论著作。这些论著力图建立“中国人自己的现代化理论体系”，反映了 80 年代以来中国学者研究现代化问题所达到的高度。[①] 董正华在《从历史发展多线性到史学范式多样化》与《世界现代化进程十五讲》中系统阐述了这一研究范式。“‘现代化范式’从反对各种形式的单线发展史观，而把现代化看作一个‘有特定内涵的’全球历史大变革的进程”。[②] 这些理论建设和具体国别现代化史的研究工作为综合性世界现代化历程研究奠定了基础。

## 二 钱乘旦总主编《世界现代化历程》的学术价值

钱乘旦（1949—），江苏金坛人，中国当代著名的世界现代化史研究专家，尤其擅长英国史中外历史比较研究。

钱乘旦总主编的《世界现代化历程》分为总论卷、东亚卷、北美卷、拉美卷、中东卷、西欧卷、非洲卷、南亚卷、苏东卷和澳洲卷十卷，由凤凰出版传媒集团和江苏人民出版社于 2010 年 3 月共同出版。钱乘旦总主

---

① 北京大学世界现代化进程研究中心：《编者的话》，尹保云：《什么是现代化——概念与范式的探讨》，人民出版社 2001 年版，第 1 页。

② 董正华：《世界现代化进程十五讲》，北京大学出版社 2009 年版，第 5 页。

编的《世界现代化历程》一书充分吸收了国内学术界出版的涉及现代化问题的数百部专著和上万篇论文，并且在借鉴上百部国外著作和数以千计的外国论文的基础上，历时五年之久，由 60 多位专家、学者戮力而成，是中国的世界现代化研究的集大成之作。从世界通史编纂的角度看，将《世界现代化历程》看做以现代化模式编纂世界历史的有益探讨，无疑也是合适的。这并不仅仅因为编纂者在“资本主义形成前的世界格局”一章中追溯了世界现代化酝酿之前的世界格局，而且还在于其他九卷在展开其现代化的研究之前均对相关国家、民族和地区的历史给予追溯。更为重要的是，现代化视角及其所探讨的对象一直都是世界通史编纂过程中的重点和关键章节所在。概括来说，《世界现代化历程》一书的特色主要有以下几点：

首先，该书既注重对世界现代化历程作纵向脉络的梳理，又注重对具体国家和地区现代化的得失成败作横向上的探讨。

《世界现代化历程·总论卷》（以下简称《总论卷》，以下所引用各卷只著卷名，如《东亚卷》、《西欧卷》等——引者注）第一部分的八章中，作者向我们梳理出了世界现代化理论发展的历程，即原初现代化理论——经典现代化理论——现代化修正理论——现代世界体系——当代社会发展理论。《北美卷》的编纂者在对北美模式与英国、法国模式作了对比和评价之后，指出了北美模式的特点。他们认为：“美国和加拿大的现代化从启动到推进，都受到了英国和欧洲的强烈影响，但它们的现代化历程，却不仅不是英国或欧洲其他国家模式的翻版，反而是一条具有鲜明特色并对欧洲具有某种超越性的新型发展道路。……北美现代化模式最突出的特点，可以概括为全面而高效的开发利用资源，快速而稳定的经济增长，稳定而普遍提高的生活质量，持续而渐进的政治民主化，不断改善的公民权利保障，趋于开放而包容的社会结构，相对缓和的社会对抗，文化多样性和国家认同的并行不悖。”① 编纂者对于这一模式的深入探讨并没有妨碍他们对于美国和加拿大两个国家现代化具体发展道路的探讨。他们进而指出：“就同欧洲的关系而言，加拿大的现代化道路与美国有同有异。加拿

① 李剑鸣主编：《世界现代化历程·北美卷》，凤凰出版传媒集团、江苏人民出版社 2010 年版，第 477 页。

大同样受到欧洲文化的影响，但这种影响往往表现为英格兰和法兰西两种传统的较量。此外，在现代化道路上先行一步的美国，也对加拿大具有越来越大的影响。在一定意义上，加拿大中部的工业化与西部的农业开发，可以说是美国中西部工业化和西进运动向北的延伸。在政治和文化方面，加拿大是在英、法、美三国影响的夹缝中成长起来的，因而带有不同于美国的色彩。如果说美国人信奉'自由、平等和追求幸福的权利'，那么加拿大人则更强调'和平、秩序和良好的政治管理'。"① 通过上述的分析和阐述，既使人们充分了解了美国和加拿大所构成的北美模式的现代化所具有的共同特性和一般规律，而且又使读者对美国和加拿大这两个国家现代化的具体情况有了新的认识。

再如，《拉美卷》对于古巴现代化的评价。20 世纪 80 年代中后期以来，古巴对于具有古巴特色的社会主义现代化模式的探索，也可以看作世界现代化进程中一个比较成功的范例。编者一方面指出了古巴社会主义政治经济体制的建立，并沿着苏联式的社会主义现代化道路进行建设的影响，进而指出了古巴在现代化进程中，坚持公有制，不搞私有化，坚持计划经济，也利用市场机制，坚持社会公正，兼顾经济效益，坚持一党执政，实行具有古巴本土特色的民主改革等做法是富有成效的。这也正是古巴社会主义"具有强大生命力的关键所在"②。而对于中东地区现代化，编纂者显然也意识到了现代化进展的艰巨性、复杂性和特殊性，指出："从一定意义上讲，中东地区的宗教地域特征和伊斯兰教固有的强烈涉世性决定了中东国家的现代化首先需要实现宗教文化观念和思想意识的转换与解放。"③ 对每个地区和国家在现代化进程中所面临的不同问题的梳理，显示出该书的历史特色。也只有通过对这些具体问题的分析，进而思考客观的现代化共性问题，才能真正落到实处，避免空论。

其次，该书既注重世界现代化进程中共性问题的探究，又注重对现代

① 李剑鸣主编：《世界现代化历程·北美卷》，凤凰出版传媒集团、江苏人民出版社 2010 年版，第 477 页。

② 参见韩琦主编《世界现代化历程·拉美卷》，凤凰出版传媒集团、江苏人民出版社 2010 年版，第 411—415 页。

③ 王铁铮主编：《世界现代化历程·中东卷·绪论》，凤凰出版传媒集团、江苏人民出版社 2010 年版，第 23 页。

化个性问题的考量。该书围绕世界现代化共性问题的研究，是从历史发展的整体上着眼的。现代化是人类社会中存在的各个民族、国家综合发展的最终结果，“是全球范围内所有地区和国家由传统社会向文明社会转变的发展过程”。[①]“事实上，‘现代化’所表达的那个过程不仅存在，而且是世界性的历史现象，在过去几百年中，在世界各地，都有先有后地发生着类似的变化，变化的方向一样，变化的结果也基本雷同，这就是世界现代化。世界现代化首先表现出巨大的共性，即相似性，是共性使‘世界现代化’得以成立。但现代化在世界各地又有不同——道路不同，经历不同，模式不同，表现方式不同，成功与失败不同，经验与教训不同——这些都是现代化的特殊性。……也就是人们所说的不同‘模式’。现代化研究离不开对‘模式’的研究，而‘模式’则既包括现代化过程中的共同性，也包括现代化过程中的特殊性，因此，现代化研究就是对现代化过程中的共同性和特殊性进行交叉和立体的研究，在研究中，共同性和特殊性都得到体现，从而使人们对现代化过程有完整的了解。”[②] 这对于世界现代化历程的探讨大大加深了人们对现代化的认识。“在一个地域中，可能因为存在着某些比较明显的共同性特征而生成一种地域性‘模式’；但也可能存在着几种不同的‘模式’，分别由若干不同国家为代表。必须说明：‘模式’与地域可以没有直接的相关关系，处于不同地域、具有不同文化背景的国家也可以形成雷同的‘模式’。对‘模式’的探讨使我们对世界现代化进程中的地区与国家的情况有更深刻、更具体的理解；而通过对不同‘模式’进行分析和比较，又使我们对世界现代化的整体过程有更好的把握。”[③] 这样我们认识到世界上所存在的各种现代化模式之间既存在着共性，也存在着相互区别的个性，归根到底共性还是通过个性来表征它的存在，也是通过个性形态来发挥其作用的。值得注意的是，这种共性还体现在东西方千丝万缕的联系方面。“西方现代化与东方国家现代化是双向互相学习与融合过程。你中有我，我中有你。东方国家现代化从表面或从时

---

① 董正华主编：《世界现代化历程·东亚卷》，凤凰出版传媒集团、江苏人民出版社2010年版，第5页。

② 钱乘旦主编：《世界现代化历程·总论卷·总序》，凤凰出版传媒集团、江苏人民出版社2010年版，第3页。

③ 同上书，第3—4页。

间顺序上是源于西方现代化，但西方国家现代化也在一定程度上源于东方，没有指南针的发明，怎么可能有新大陆的发现，又怎么会有西方国家的航海的迅猛发展？没有印刷术和造纸的发明，怎么会有西方的文艺复兴运动、高科技和教育的发展？没有火药的发明，又怎么会有今天的火箭、卫星和宇宙飞船？可以说，现代化的实质即全球化的现代化，即把现代化看成是一个历史的进程，是东西方社会发展交互作用、互相吸取各自经验为我所用的从传统社会向工业社会转变的过程。”① 很显然，这种融合需要以一个主体民族国家为主要载体，也与不同国家所面临的各种各样的客观环境有着很大的关系，但认识到现代化乃是人类社会发展到一定阶段的产物，是一个客观存在的历史过程，无疑是有着重大的理论意义和学术价值的。“任何社会的现代化都离不开科学技术的发展与应用，离不开现代教育、现代文化知识的普及。如果死抱住以农为本和封建、专制的社会政治制度，没有工业化、城市化、世俗化、民主化、法治化，也就免谈现代化。这是所有发展与现代化进程的共性。但是任何现代化进程的内外环境、主体和客观条件都不尽相同，方向各异的内外动因在各个社会力道不一，它们之间相互的作用，矛盾冲突，最后必会塑造出不同的发展速度、发展轨迹甚至发展形态，这又使得各个社会的现代化都有其个性。现代化的模式正是这种共性与个性的统一。”② 这里对现代化共性与个性关系的认识，反映出编纂者对于现代化模式编纂世界通史的探索和深入。

关于现代化进程中的个性问题，《中东卷》对中东地区现代化的研究，是按照国别分为埃及、土耳其、伊朗、海湾六国、利比亚、摩洛哥、以色列七个现代化的发展模式展开的。在总结中东地区现代化的共性方面，编者总结出制约中东地区现代化的因素，划分了中东国家现代化的主要阶段，分析了中东国家现代化的基本特点，以及现代化对社会所带来的冲击、影响和变革，而对中东地区国家现代化进程中所面临的主要难题及其战略调整和未来走向等问题所作的分析，则使人们非常容易地把握住了中东地区国家现代化的基本脉络和规律性特征。在具体的各章节的论述中，

---

① 董正华主编：《世界现代化历程·东亚卷》，凤凰出版传媒集团、江苏人民出版社 2010 年版，第 7 页。

② 董正华：《从多层次研究的角度审视东亚现代化模式（代前言）》，《世界现代化历程·东亚卷》，凤凰出版传媒集团、江苏人民出版社 2010 年版，第 2 页。

作者对各个国家现代化进程所面临的具体问题给予了具体分析和扼要评价，正是这些评价使得该书生色许多。在结合埃及的历史发展阐述了埃及的现代化进程时，指出了其从“西化”到宪政民主的历史轨迹，接着作者指出：“不过，我们绝对不能对埃及民主化的未来前景估计过高。具有深厚历史根基和社会基础的权威主义政治体制的结束绝不是通过一两次选举就能够解决的，也不是通过修改宪法就可以万事大吉的。埃及政改的自上而下性、政府主导性都决定了民主化进程的缓慢性和保守性。”① 对于土耳其，作者主要阐述了以凯末尔主义的权威政府为载体的现代化与以国家资本主义为载体的现代化模式之间的斗争，最后表明：“主导了奥斯曼—土耳其现代化进程近二百年的权威主义模式正在被突破，受大众推动的自下而上的现代化模式正在出现，这两种模式之间的矛盾与冲突可能要在土耳其持续相当长的时间。”② 伊朗的现代化模式则经历了从君主制的“全盘西化”向共和制的“伊斯兰化”回归。不论是温和派还是保守派，他们都面临着“伊朗经济结构弊病的困扰和法吉赫体制在政治上的羁绊……从原有体制遗留下来的制度缺陷，到现代性理念中与伊斯兰传统解释某种程度的相悖，以及困惑的知识分子运动和社会不稳定因素的出现等，都是伊朗现代改革需要面对的问题”。③“处于机遇和挑战并存的利比亚现代化必须满足穆斯林社会各阶层渴望以自己特有文化及政治的身份平等参与世界现代化进程的共同需求，必须对以市场经济为主的经济道路在经济上的弱点有所意识和准备，如经济自给自足的削弱，而且还应对其在文化意识上的内涵有所意识和准备。”④ 而利比亚对于民族主义的超越，很显然还在考验着这个国家的政府和民众。发生在2012年前后的利比亚骚乱局势，中国政府通过陆、海、空三条途径同时撤出侨民，也使我们看到了刚刚踏上现代化道路的利比亚确实还有很长的路要走。多国部队对利比亚的军事行动更是将利比亚的局势复杂化，冲突表面化。这也表明利比亚的现代化乃至整个非洲地区的现代化面临着严峻的挑战。

---

① 王铁铮主编：《世界现代化历程·中东卷》，凤凰出版传媒集团、江苏人民出版社2010年版，第88—89页。

② 同上书，第148页。

③ 同上书，第211页。

④ 同上书，第297页。

再次，既注重对世界现代化的理论提炼，又注重联系实际，注重对事关人类社会发展进程中重大现实问题的思考。该书的理论成就主要表现在钱乘旦主编的《世界现代化历程·总论卷》中。《总论卷》共分为现代化的理论回顾、现代化的历史进程、现代化的专题讨论三大部分，“提供讨论的框架，对现代化研究的理论、学术演变过程进行梳理，回顾世界现代化的总体过程，并提出一些共同问题”①。在第一部分“现代化的理论回顾”中，编纂者分八章对“现代化”的这一学术概念进行了多学科的分析，对国内外现代化研究的脉络进行了系统的梳理，对马克思主义、原初现代化理论、经典现代化理论、现代修正主义理论、世界体系理论以及当代社会发展理论等作了深入的辨析，并分别给予了评价，探讨了世界现代化研究中的学术发展和理论演变。在第二部分中，编纂者着重梳理了现代化在全世界范围内的产生、酝酿、启动、发展、在全球的扩张及其演变的过程。在这部分中，着重探讨了西欧资本主义的起源、社会主义的产生、第三世界国家的现代化以及后现代视野下资本主义的命运等问题。第三部分共分六章阐述了世界历史的体系问题、前资本主义世界发展格局问题、现代化进程中的民族与国家问题、现代化视野中的政治稳定问题，以及“反现代化”的理论假设等。②《总论卷》最大的特点在于对国内30多年来的现代化研究的成果加以研究，形成了具有中国特色的现代化研究体系和理论话语，是中国现代化研究的理论深化。

对于现实问题的关注，正如《东亚卷》主编董正华在“作者的话”中指出的：“众所周知，世界现代化进程已经发生过多次危机，包括20世纪上半叶的大危机和两次世界大战。今天，整个人类的发展正面临着人口爆炸、恶性竞争、恐怖主义袭击、核战争与核泄漏的威胁、对自然资源的争夺与掠夺性开发、地球生态环境的急剧恶化等前所未有的危机，更不用说已经频频发生并且还在继续发生的金融危机、粮食危机即生存危机、此起彼伏的大规模的社会动荡与政治危机。在东亚乃至整个世界的现代化进程中，个人与社会、个人与自然、自由与平等、民主与法治、科学与人文之

---

① 钱乘旦主编：《世界现代化历程·总论卷·总序》，凤凰出版传媒集团、江苏人民出版社2010年版，第3页。

② 参见钱乘旦主编《世界现代化历程·总论卷·总序》，凤凰出版传媒集团、江苏人民出版社2010年版。

间的关系究竟应当如何妥善处理，这些都是需要认真反思的问题。”① 显然，作者对这些关乎人类前途和命运的重大问题，试图在现代化的学术视野下给予理性的思考，给自己的回答。

非常难得的是，在不少世界历史的研究者呼吁跳出马克思主义唯物史观的研究范式和研究方法的情况下，《世界现代化历程》一书仍然坚持用阶级斗争的理论方法来分析世界各国的现代化。李剑鸣主编的《北美卷》分四节探讨了北美现代化的代价。其中，在“美国现代化与黑人的命运”一节中着重谈到了阶级问题。编纂者指出，黑人在美国现代化过程中发挥了巨大作用，“然而，他们在美国历史上却受到了最为残酷的奴役和歧视”②，而不论是作为土著居民的印第安人，还是从世界各地迁移来此的移民，作为现代化的主力军，“并未能享受到现代化所带来的物质和精神财富，反而处境维艰，成为现代化进程的牺牲品”③。这便导致了美国现代化过程中尖锐的阶级对立和社会冲突。④ 而这种阶级对立和社会冲突带来进一步的社会分化也表现在拉丁美洲地区的现代化中。这一现象已经引起相关研究者的注意。他们将其作为拉丁美洲现代化模式的重要特征之一。他们对此作了如下的阐述：“社会分化程度比较高，两极分化严重，社会整合程度比较低。在不少国家，印第安人和黑人被边缘化，成为最大的贫困团体，城市化的速度超前于工业化发展水平，经济发展不足以支持庞大的城市人口，造成‘过度城市化’。”⑤ 编纂者在总结墨西哥现代化的启示时指出，现代化模式的生命力在于其为大多数民众谋福利⑥，而秘鲁的现代化中的分配不公，地理、种族、经济结构的二元性使得秘鲁的现代化模式未能成功地改善人口中最贫困团体的处境，加剧了两极分化，激起了阶级

① 董正华主编：《世界现代化历程·东亚卷·作者的话》，凤凰出版传媒集团、江苏人民出版社2010年版，第1页。

② 李剑鸣主编：《世界现代化历程·北美卷》，凤凰出版传媒集团、江苏人民出版社2010年版，第405页。

③ 同上书，第419页。

④ 参见李剑鸣主编《世界现代化历程·北美卷》，凤凰出版传媒集团、江苏人民出版社2010年版，第438—457页。

⑤ 韩琦主编：《世界现代化历程·拉美卷·作者的话》，凤凰出版传媒集团、江苏人民出版社2010年版，第4页。

⑥ 参见韩琦主编《世界现代化历程·拉美卷》，凤凰出版传媒集团、江苏人民出版社2010年版，第152页。

矛盾、社会矛盾，从而导致了下层民众特别是山区农民起义的不断爆发。①在对中美洲地区现代化的阶级分析中，编者不仅注意到这一地区的现代化进程“充满了暴力、掠夺和冲突对抗的色彩”，与传统的社会结构有着非常大的关联，而且还认识到由于中心地区的资产阶级在外围地区培育了自己的代理人，因而，“中美洲国家的阶级斗争超出了传统的资产阶级和无产阶级对抗的范畴，具有了多阶级联合实现民族民主革命的艰难使命”②。现代化需要付出巨大的代价和承受痛苦，它在给人类提供新的机会的同时，也可能使人类付出混乱和痛苦的代价。在这里，民族的独立作为现代化的前提与基础再次得到印证。

复次，该书名为《世界现代化历程》，既注重对世界现代化历程与发展模式的梳理，也注重将中国现代化放在世界现代化的大趋势下加以思考。编纂者在分析中国现代化模式的时候，指出了它与其他模式的三个不同点：第一，从市场经济的角度看，不是东亚一般政府主导下的资本主义市场经济，而是在中国共产党政府指导下的社会主义市场经济；第二，就政治体制而言，中国无疑有较多集权成分，但中国是在中国共产党领导下的多党合作制，中国是社会主义民主集中制的政治体制；第三，从文化上来说，中国无疑是儒家文化的发端地，有深厚的儒家文化根基，但中国的意识形态主流或指导思想是马克思列宁主义，它与儒家文化紧密结合，正在形成一种带有中国特色的社会主义新文化。③ 上述特征使得中国现代化的模式具有自己鲜明的个性，与西方国家的现代化模式和东亚其他国家的现代化模式有所不同，“中国和其他东亚国家和地区在现代化进程中在上述经济、政治与文化诸多方面有基本上一致的地方，因此，无疑可将中国划入东亚模式。……中国并非一般的东亚模式。从社会主义制度衡量，中国无疑是属于社会主义特色的东亚模式，具有社会主义的深深痕迹和象征。因此它不仅不同于西方资本主义国家模式，也不同于其他东亚国家和地区的现代化模式。”④ 一句话，中

---

① 韩琦主编：《世界现代化历程 · 拉美卷》，凤凰出版传媒集团、江苏人民出版社 2010 年版，第 206—207 页。

② 同上书，第 361 页。

③ 董正华主编：《世界现代化历程 · 东亚卷》，凤凰出版传媒集团、江苏人民出版社 2010 年版，第 12—13 页。

④ 同上书，第 12 页。

国的现代化模式是中国特色社会主义的现代化模式。

这一特色还非常鲜明地体现在《总论卷》及其他各卷中。例如《西欧卷》在其绪言中分析了现代化进程中的大国及其与战略目标和引领时代潮流的思想之间的关系。编纂者在绪言末尾指出了中国在下一步的现代化发展战略中面临的挑战，即中国是否要成为一个独立自主的大国的问题。编纂者指出："无论中国主观上作出何种选择，中国都不可能有其他的退路。……如果中国缺乏坚定的战略意志，放弃了作为一个大国的责任，中国就会连一个小国都不如。"① 此篇绪言尽管放在了整卷书的前面，但并不妨碍我们将其看作是对整卷书的概括，甚至也可以拿来与其他各卷对照着看，因为其中讲到的许多问题都是带有共性的。作者在文末流露出对于中国问题的思考和关注，也使我们再次看到中国的世界通史编纂者所共同具有浓浓的爱国之情和自觉的借鉴意识。这在 18 世纪以来的万国历史编纂者、20 世纪上半叶的西洋史和外国史的编纂者、20 世纪五六十年代中国马克思主义的世界通史编纂者，直至今天我们的现代化、文明史、全球史的编纂者中在在有之。

当然，对中国的现代化，该书并没有专列一卷加以阐述，似乎让人感到美中不足，而且无论是从整部书的框架结构看，还是从中国的现代化在世界现代化进程中的地位和作用看，这都是应该浓墨重彩、深加渲染的一章。该书的编纂者均为中国学者，很显然下大力气编纂出世界现代化趋势中的中国现代化，是应该写好，而且也是能够做好。因为从中国现代化研究的成果看，学术界已经有不少专门的著作，其中不乏注重现代化历程研究的著作如虞和平的《中国现代化历程》等，也不乏现代化理论探讨的著作如罗荣渠的《现代化新论》、《现代化新论续篇》等。这一点编纂者也有所觉察："由于分工和研究领域的限制，对于中国大陆这一东亚最大甚至在许多方面都堪称世界之最的发展中经济体、社会共同体，本书着墨不多。"② 此外，值得注意的是，英国的现代化虽然不是世界范围内，尤其是欧洲范围内最早的现代化，但由于其世界现代化进程中的地位和作用，长期以来

---

① 陈晓律：《世界现代化历程・西欧卷》，凤凰出版传媒集团、江苏人民出版社 2010 年版，第 12 页。

② 董正华主编：《世界现代化历程・东亚卷・作者的话》，凤凰出版传媒集团、江苏人民出版社 2010 年版，第 1 页。

一直受到世界史研究者的广泛关注，其成果也相当可观。该书对英国现代化的历程和相关模式的提炼和概括，皆付阙如，不能不说是一个遗憾。

最后，编者对于中国现代化研究与西方现代化研究完全不同的目的作了非常清楚的交代，反映出中国的现代化理论研究发展到一个新阶段。研究立场和角度的不同，或者说出发点的不同很可能是导致研究中得出不同结论的决定性因素。《世界现代化历程》的编纂者对此有着清醒的认识，并对中西方现代化研究的出发点作了比较。他们指出："中国的现代化研究是立足于本国的需要，因而着眼于本土；西方的现代化研究则把矛头指向别人，想通过学术方式把自己的判断传输给别人。我们都知道现代化研究起源于西方，第二次世界大战后，西方面对一大批新出现的独立国家和新形成的世界格局，一方面想了解这些国家；另一方面想控制这个世界，就迫切需要创建一个新的学科，提供新的研究方式和新的视角，'现代化研究'于是应运而生。现代化研究是一个跨学科、多维度的新领域，综合着许多学科的共同努力；但西方的目标，是影响新形成国家的发展方向，用自己的形象去塑造世界。"① 掌握了西方现代化研究的这一本质就能帮助我们对他们的研究成果保持有足够的警惕，对其采取一种批判的而不是全盘照收态度。编纂者一再强调："中国的现代化研究却是为中国服务的：20世纪80年代，中国全力以赴地投入现代化，它迫切需要了解外国，了解各国在现代化过程中的经验和教训；它希望知道各国曾经犯过的错误，也希望知道各国所积累的经验。所以，了解其他国家、为自己提供借鉴，这是中国现代化研究的出发点和归宿地，也是它最大的特点。由于中国的现代化研究是为本国服务的，所以它的观察就带有明显的批判性，其选题也具有强烈的现实性。它用批判的眼光观察发达国家的现代化，也从批判的角度考察发展中国家正在经历的现代化。"② 这既是一种谦虚的学习态度，又是一种自觉的反省态度，这无论对于中国现代化的发展来说，还是对我们的历史研究来说都是弥足珍贵的，而对世界通史编纂来说也确实是具有相当的启示意义。

---

① 钱乘旦主编：《世界现代化历程·总论卷·总序》，凤凰出版传媒集团、江苏人民出版社2010年版，第2页。

② 同上。

## 第四节　世界文明史模式与世界通史编纂的新篇章

文明史作为世界通史研究和编纂的重要模式之一，受到中国学者的重视可以说是由来已久。中国学者对世界文明史的系统研究始自 20 世纪 80 年代，其专门著作问世则是到了 20 世纪 90 年代。赵林著《告别洪荒——人类文明的演进》（东方出版中心 1998 年版）与齐世荣主编的《人类文明的演进》（中国青年出版社 2001 年版）是比较有特色的文明史著作。21 世纪以来，经济全球化浪潮方兴未艾，整个人类社会被日趋发达的交通和通讯技术紧密地联系在一起，时代风云的变化万状，新问题的层出不穷，都推动世界文明史及其编纂理论研究不断向纵深发展，获得了许多新的突破，使其在某种意义上成为世界通史编纂的新模式之一。马克垚主编的《世界文明史》、汝信主编的《世界文明大系》和《世界文明通论》以前所未有的世界文明史编纂规模和学术影响，成为这一时期世界文明史的代表性著作。

### 一　世界文明史理论研究的深化

从不少研究成果中，我们可以看出世界文明史衍生于世界通史的痕迹是非常明显的。马克垚在评述麦克尼尔的《世界史》和斯塔夫里阿诺斯的《全球通史》时指出，他们“都自称自己的书所叙述的是文明，这一点在 1500 年以前部分还可以比较清楚地看出来，因为那个时候文明之间的交往还不是很多，所以世界史可以以文明为单位叙述。1500 年之后的部分，他们叙述的着重点是文明之间的交流，主要是西方文明的传播和非西方社会的反映，政治史的成分较多，更像是一本世界通史，而不是文明史”①。论者在此试图以政治史成分的多少为标准将世界文明史和世界通史作一区分，并且将其运用到对现有的世界历史著作的批评中去。尽管我们可以对区分两者的标准继续作更为深入和系统的探讨，但世界通史和世界文明史之间所存在的千丝万缕的联系则是不容忽视的。马克垚进而指出：“文明是人类所创造的全部物质和精神成果，从这个意义上说，文明史也就是世

① 马克垚主编：《世界文明史 · 导言》，北京大学出版社 2004 年版，第 7 页。

界通史。过去的世界通史强调的短时段的东西，政治事件、伟大人物，后来又加上经济形势、文化情况等比较稳定的东西。文明史不同于世界史，就是它所研究的单位是各个文明，是在历史长河中各个文明的流动、发展、变化。"① 从理论上作出上述区别是清楚的，但要从历史编纂实践中将两者加以区别却并不是轻而易举的事情。马克垚编纂《世界文明史》的初衷及其实际情况也恰恰说明了这一点。正如主编所指出的，该课题组只是对世界通史的教学内容试探着进行改革，编写一部新的世界历史教材②，从中亦可见《世界文明史》课题组对世界文明史与世界通史关系的探讨是谨慎的，是在可定其共同点的基础之上，尽可能地挖掘出两者之间的不同。"作为文明史，本书只论述世界上主要文明的发展历程，而不能对各国家民族的历史过程予以叙述，这可能也是和原来流行的历史教科书不很相同的。"③ "世界文明史所研究、论述的单位是文明，而不是国家、民族等。各文明的发展变化、接触与交流、冲突与融合，构成了世界文明史的主要内容。文明是多元的，各个文明都有自己的特殊性，都对人类文明的发展作出过贡献。多元文明的世界的发展既有各文明的发展历程，也有各文明之间的相互接触、交流和冲突、融合，我们的文明史将尽力从纵向发展和横向联系上表现世界文明的这一脉络。"④ 侧重考量不同文明间交流、融汇的过程，确是文明史研究的重点所在，这与世界通史以国家、民族为单位的短时事件的探讨，具有较大的不同。

世界文明史已经不再单纯地指向人类的文化，"而应该通过对人类政治、经济、社会和文化等各方面的发展的研究去展现人类的文明。因此，研究世界文明的发生、发展、繁荣、消亡、冲突和融合的过程，不能只强调文化史，而要进行全面的考察。"⑤ 这里的"文化"是狭义上的文化，而"文明"则是不仅包含文化，而且也包括国家、民族的过去和现在的基本形态。这是当代世界文明史研究者对世界文明史含义的新概括，与以往侧重于人类文化层面的研究有了很大的不同，具有更为广阔的视野，与传

① 马克垚主编：《世界文明史·导言》，北京大学出版社 2004 年版，第 7 页。
② 参见于沛主编《全球化与全球史》，社会科学文献出版社 2007 年版，第 330 页。
③ 马克垚主编：《世界文明史·编辑说明》，北京大学出版社 2004 年版，第 1—2 页。
④ 于沛主编：《全球化与全球史》，社会科学文献出版社 2007 年版，第 330 页。
⑤ 李世安、孟广林等：《世界文明史·序言》，中国人民大学出版社 2002 年版，第 I 页。

统的世界通史相比，也具有更为长远的研究视域。无疑，在世界文明史学者看来，“尽管人类文明史不能简单地等同于整个历史，但却是其中最能反映人类物质生产实践能力与精神生产实践能力的发展及其成果的重要部分。”① 因而，在新型世界文明史中突出了各个文明的发展和相互之间的交流，无论是有意识的还是无意识的，也不管是建设性的还是破坏性的。“一部文明史不应当是各种文明模式的简单相加与无序的组合，而应当是一部既展示人类的文化遗产或成果，更彰显人类的物质、精神实践活动能力的演化与发展史。因此，在叙述人类文明史时，尤其应当从各种文明形态及其相互联系中，去揭示其演进更新的历史规律。”②

从世界文明史编著者所悬的鹄的来看，世界文明史与世界通史这门学科的目标没有什么本质的不同，所不同的是，实现这些目标的途径和手段不同。换句话说，两者的研究对象是不同的，抑或是两者研究历史的侧重点不同。这并不是说传统的世界通史著作对文明史的研究对象完全没有涉及，也不是说世界文明史对于世界通史所研究的对象完全排斥，而是说两者在研究对象上有所侧重，所要突出的重点不一致。有的世界文明史对此似乎表现得并不是如上所说那么泾渭分明。张芝联在阐述其《世界文明史》的编纂主旨时指出：“本书力图以马克思主义为指导，尽可能利用国内外史学研究的最新成果和资料，较全面地总结世界范围内各地区、各国、各民族在继承自己固有传统文明的同时，相互吸收和借鉴对方的文明成果，在此基础上创造本地、本国、本民族新的、独特的文明，进而推动整个世界文明向更高层次发展；努力深入探讨不同地区、国家和民族发生冲突，乃至引起世界历史倒退的复杂的主客观原因，揭示人类文明进步的曲折性和复杂性。”③

作为世界通史编纂的新型体裁，中国世界文明史编纂的起步，已经比西方学者晚了许多。20世纪90年代进行了一些这方面的实践，如马克垚主编的《世界文明史》和汝信主编的《世界文明大系》。也有学者从理论的角度作了较为系统的探索，周春生撰写的《文明史概论》和汝信主编的

① 李世安、孟广林等：《世界文明史·序言》，中国人民大学出版社2002年版，第Ⅱ页。
② 同上。
③ 于沛主编：《全球化与全球史》，社会科学文献出版社2007年版，第330页。

《世界文明通论》就是这方面较为典型的代表作。

《文明史概论》由上海教育出版社于2006年出版。该书对马克思主义文明史观与西方的各种文明史观作了系统的梳理，并对文明史提出了自己的看法。这些看法包括文明是具有进步价值取向的人类求生存、求发展的创造活动和成果；文明史的人——生产力——社会、文化的整体演变过程；文明的发展始终是“趋势和偶然事实的统一”，等等。作者将新型的全球文明史分为六个主题：第一主题分析文明标志和具有不同特征的文明的形成，第二主题从具体的物质生活内容谈人类的生存方式，第三主题主要从社会意识的角度看人类的社会因素，第四主题“文明的历程”讲不同文明之间相互交往，前后相继的发展过程，第五主题说明全球化时代和当今文明面临的问题，第六主题主要讲述人类文明的理想目标和当今文明面临的问题。作者对上述内容和形式的安排颇费了周折，意在体现自己对世界文明史编纂问题的思考，突出反映马克思主义历史观的基本原理：①历史的基本内容是人类不断认识自然、征服自然和认识自己、解放自己并最终是人的自由全面发展的进程；②社会的发展和变化是以人和生产力为核心的生产力和生产关系、经济基础和上层建筑、社会存在和社会意识的矛盾运动；③人类从区域性的历史发展为世界性的历史是各个地区的民族通过各种形式的相互交往的结果。这“与中国大陆目前通行的一些大学和中学的历史教科书有明显的不同。即使从目前国外的历史教材或文明史教材的编纂情况看，也很难找到与上述结构体例相类似的作品”①，“它确确实实是一个按照文明史的构想复制出来的历史教科书蓝本。它不是编年史，也不是国别史和地区史，它只能称作文明史。”② 从中我们也可看出，作者对自己给予的文明史的定义是颇为自信的。

此外，突出社会生活在文明交往中的核心地位，也是文明史区别于其他编纂模式的重要特征之一。“长期以来，学历史的人都把眼睛盯着轰轰烈烈的历史大事。但历史在更多的场合下不是‘轰轰烈烈’的、异常炫耀的。历史就在我们饥肠辘辘时捧起饭碗的片刻；历史就在我们感觉寒冷时翻起衣领的刹那间；历史就在我们百无聊赖时散步街头的时光里，如此等

① 周春生：《文明史概论》，上海教育出版社2006年版，第135页。

② 同上书，第135页。

等。如果坚持这种潜移默化的历史教育，将使一代人改变传统的历史观念，新的历史观将使人们懂得，历史就在我们身边，我们就是历史的主人，我们的任何活动都在或可能在改变着历史、改变着世界。”[①] 很显然，作者的上述见解是受了社会生活史研究理念的影响，“本书一再强调，历史是人自己创造的，是人们应对环境的挑战而不断创造并改善生活条件的过程。所以历史同样也在每一件日常的生活工作事例当中。从某种意义上说，建筑结构样式的改变要比某个将军在战场上打胜了一场战斗更具有实际的历史意义。”[②] 这在理论层面加以探讨是完全可以的，而且也是行得通的，但在世界文明史的编纂实践中如何贯彻这一治史旨趣，探索出一种完全能够反映上述理念的编纂模式，应该说还有很长的路要走。毕竟世界文明史的宏观视野、整体架构与人们日常社会生活的细碎之间存在着难以调和的矛盾。当然，这种理论的探讨是具有一定的理论意义和学术价值的，它毕竟为文明史的研究和编纂打开了一扇可以从另一角度观察世界历史的明窗。

还有的论著更加侧重于对世界文明理论的分析。汝信主编的《世界文明通论》一书，就是这方面研究的代表。该书的前两编主要是以历史流程为线索，着重分析文明理论的发展概况，从古代到当代，以西方为主，包括两河流域文明、古埃及文明、古印度文明、古希腊罗马文明和古代中华文明，以及它们之间的相互关系。该书的后两编则着重分析文明的起源、发展和文明的形态，虽然结合历史实际，却是以问题为出发点。之所以这样做，是因为“如果仅仅从历史流程的角度，作历史的叙述和分析，虽然可以获得详细、具体的知识，得到生动鲜明的印象，却不容易对世界文明的总体发展线索有整体上的清晰的认识和理性的把握”。[③] 从这里就可以看出来，当前世界文明史的研究和撰写，已经远不是单纯地阐述某个文明或某地区文明的产生、发展、衰落乃至灭亡的历史，也不仅仅体现为不同文明之间的比较研究，而是从更高的高度对世界文明、曾经的和现存的各种文明作总体的梳理和系统的分析，进而得出理论的甚至是历史哲学层面的

---

① 周春生：《文明史概论》，上海教育出版社 2006 年版，第 141 页。

② 同上。

③ 汝信主编：《世界文明通论・文明理论》，福建教育出版社 2010 年版，第 24—25 页。

评判。因而，从上述阐述我们也不难看出，世界文明史编纂尽管是对以往具体的世界通史编纂模式的反思和改革，在某种程度上也可以看作是对这些具体的世界通史编纂模式的超越，但从世界文明史所要考察的对象和目的来看，仍然没有超越世界通史的任务和目标，是世界通史编纂体系中的重要组成部分。在此，我们将其看作是世界通史编纂新模式、新范式的又一次创造性探索。

### 二　马克垚主编的《世界文明史》

2004 年 9 月，马克垚主编的《世界文明史》上下册由北京大学出版社出版。全书分为“导言”和“农业文明时代”、“工业文明的兴起”、“工业文明在全球的扩展”三编 28 章，共计 142 万字，综合叙述了人类文明产生以来迄于 20 世纪末期这一时间段内世界文明的发展历程。

笔者认为，马克垚主编的《世界文明史》在世界通史上的学术价值主要有四点。

第一，系统地揭示世界文明的大致图景和基本脉络。其中，“导言”具有浓厚的理论色彩，“文明与文明史”、“文明的发展和演变”、“文明的交流”等部分厘清了文明的概念、关于文明的种种代表性观点、文明存在的分歧和争论、文明的历程、文明史的代表作和典型观点等内容，旨在分析学术界关于文明的各种论点之后，提出自己对文明的认识，即“应该有一个相当的地域，有时候它和国家、民族相联系，但它又不等同于国家或者民族。它有自己的经济，包括农、工、牧、商各业的特点。在这一定的地域和生产方式之下，产生了文明群体的共同语言、宗教、生活习俗，心理认同等。文明是长寿的，所以这些文化因素、宗教、风习、语言、共同心理等，代代相传，形成了十分稳定的文明特征。但文明又是不断变动的，它的物质内容和精神内容，随着时间的推移，在自己的发展和外力的作用下，不断发生变化”。① 这段关于文明的分析之所以重要，就在于它对文明给予了较为全面、系统的认识，提出了一些文明史研究中具有重要意义的理论问题：其一，文明与国家、民族的关系问题。很显然，国家、民族与文明不完全等同，但却是文明发展的主体，同时也是文明发展和传播

---

① 马克垚主编：《世界文明史》上，北京大学出版社 2004 年版，第 3 页。

的主要载体；而文明又是民族、国家存在和发展的重要表征，不可缺少的存在方式。因此，两者之间的关系对于相互间的发展究竟具有怎样的影响，是一个值得深入探讨的问题。其二，文明的物质因素和文明的精神因素之间的关系问题。对于文明史的考察，长期以来学术界存在着偏重精神和依赖物质两种不同的研究路径，且两者长期争论不已。《世界文明史》综合了两种观点，试图从文明构成和发展的整体上提出自己的看法：文明的物质属性和精神属性有机地统一于具体的文明形态之中。其三，文明发展的长期稳定性和周流变化性的关系问题。上引论点表明，文明一经形成便会具有自己区别于他者的根本属性和本质特征，并且随着文明形态的成熟，这些属性和特征也就越发鲜明地体现出来。同时，文明又不是一成不变的，而是随着外部环境的变化表现不同的形态变化和发展特色。在第一编农业文明时代中分述了古代西亚文明、古代埃及文明、古代印度文明、古代中华文明、古代希腊文明、古代罗马文明、发达的中华农业文明——唐宋时期、中古伊斯兰文明、中古西欧的基督教文明等不同的文明形态，虽然侧重于国家和地区文明的分述，但在叙述具体文明的同时，注重文明形态的描述或者对文明载体演变历程的揭示。最后一章“农业文明的相互交流”则综述了农业文明时代不同文明形态的交流及其重要意义。第二编“工业文明时代”重点强调了科技在人类文明发展进程中所起到的越来越重要的作用。编者首先考察了原工业化时期亚欧诸农业文明的嬗变，接着考察了科学革命和工业革命，在被编者誉为“第二个创世纪”的工业革命的推动下，人类文明所发生的变化。科技进步与持续的工业革命更是将工业文明的触角延伸到了地球的任何一个角落。原工业化时期亚欧诸农业文明的嬗变、早期工业化时期的文化、俄罗斯文明的主要特征、伊斯兰文明对西欧工业文明的吸收和冲突、印度教文明对西欧工业文明的吸收和冲突、中华文明同西欧工业文明的融合和碰撞、日本文明对西欧工业文明的吸收和冲突则向读者勾勒出该书第二编“工业文明的兴起”的主要特色和基本走向。第三编“工业文明在全球的扩展”在强调了科技以及工业革命进一步发展的同时，更加注重描摹工业文明在世界各地的发展，以及不同的地区的反应。具体阐述了欧美工业文明、苏维埃文明、拉美工业文明、东南亚南亚文明、东亚文明、伊斯兰世界、非洲争取文明复兴等形态，以展示当代世界文明的发展趋势与潮流。

第二，发掘了以往世界文明史研究中较少涉及的一些地区和国家的文明史，其中对伊斯兰文明、苏维埃文明、拉丁美洲文明以及现代非洲文明等的阐述较有新意。例如，作者对苏维埃文明史的评述就很有见地。作者指出，1917 年俄国十月革命的胜利，是世界文明史上一件影响深远的大事，它丰富了世界文明发展的形态，“从长时段的眼光来看，苏维埃文明的出现和存在似乎只不过是世界文明史上的一个短暂事件。然而，苏维埃文明的诞生和存在已经产生了深远的影响。作为资本主义文明的一种对立形态，苏维埃文明的出现给世界资本主义带来了巨大的压力和挑战，从而深刻地影响了它的变革。同时，由苏联首先付诸实践的社会主义已经在全球范围内得到了传播，先后有许多国家曾学习和借鉴苏联的社会主义建设模式，探索一种能够超越资本主义文明的更高文明形态。”① 将苏维埃文明放到与资本主义文明对立、交融的文明形态的高度来评价确实是比较新颖的视角，从资本主义文明和社会主义文明相互竞争和相互融合的角度来看，世界文明史会是别样一番图景。在第四章“拉丁美洲向工业文明的过渡”中，作者将对这一文明的阐述与对其历史勾勒紧紧地联系在一起。首先，介绍了独具特色的印第安古文明、欧洲文明的入侵、独立战争及独立后的拉美社会，接着讲述了 1870—1945 年的拉美变革风暴：经济、政治变革以及思想文化的变化。本章的重点在于对拉丁美洲从发展主义到官僚威权主义体制下的畸形发展，这使得印第安——非洲——拉丁美洲——大陆同时并存着七种文化因素，这些因素相互对立、相互依存，共同融汇为一体，构成为独具特色的拉丁美洲文化。

第三，将中华文明放在世界文明发展的历程中加以阐述，对其在世界文明史上的地位和作用给予了充分关注。在第四章“古代中华文明”中指出：“中华文明所处地形复杂，族群众多，但它在历史上却发展出以汉族文化为主，融合了许多其他族群文化的辉煌文明，长期保持了自己的文化特性，如精耕农业、统一帝国、儒家伦理等，历经磨难而未曾中断，彪炳于世界，贡献于人类。这在世界文明史的发展上可以说是绝无仅有的。”② 类似的话语，我们在一般的历史著作中会不时看到，但若把视野投放到世

① 马克垚主编：《世界文明史》下册，北京大学出版社 2004 年版，第 88 页。
② 马克垚主编：《世界文明史》上册，北京大学出版社 2004 年版，第 148 页。

界文明史的发展长河中来看待中华文明的地位和价值，其意义也许就会感到更为不同。

第四，在体例上较好地处理了世界文明史的时序性的梳理与对具体文明形态的深掘之间的关系。在第三编“工业文明在全球的扩展”中对拉丁美洲、东南亚、东亚、中东以及非洲等地区文明的演变中，在重点分析其现存的文明形态的同时，也梳理了这些地区文明发展的历程。例如，在“东亚文明的演变”一章中，首先梳理了“历史上的东亚”、“中国文明的演变”和“近代日本的崛起”，而后才又开始阐述东亚模式及其面临的困境。同样，在分析“科技进步与持续的工业革命”一章中，罗列了 1870 年以后的科技进步至当代的科技发展水平，同时又详细阐述了科技给人类社会所带来的变化，详细阐述科技进步的历史意义和对工具理性的影响。作者在肯定了科技进步的积极意义后指出：首先，现代科学技术革命的出现是社会经济发展的结果，是在资本主义强大利润驱动和巨大的竞争压力下产生的；其次，现代化的不平衡性决定了文明化的进程也是一个不稳定、不均衡的过程，充满了矛盾与冲突；最后，对科技发展的担忧更多地体现为对其背后的工具理性极端膨胀的忧虑。①“作为自然性与社会性的结合体，人既有生理需求，也有情感需求，满足物质欲望固然是基本要求，但道德满足感也必不可少。在某一时期，或在某一特定阶段，可能会有所侧重，有所偏执。但从长远来看，二者平衡，才能形成健全的人格，否则，人将处于躁动不安之中。从古到今，人类一直在追求一种物质生活与精神世界完美结合的理想境界，各种物质与精神文化的成果正是在人类不断作出积极调试的过程中取得的。”② 作者站在世界文明演进的高度探讨了科技对人类社会和对个体的影响。在这里，历史作为人本身的反省与追问得到了富有哲学意味的回归，对人的终极审视则反映出作者富有忧患意识的思索。

第五，《世界文明史》对科技和工业革命给予了充分的关注，作出了较有深度的评析，但对于当代人类文明所面临的其他问题，如环境、疾病、跨国公司、国际社会组织、国际金融等相关问题却涉及较少。书中尽管也提到了一些历史人物，但往往一带而过不能给人以深刻的印象。世界

① 参见马克垚主编《世界文明史》下册，北京大学出版社 2004 年版，第 27—28 页。

② 马克垚主编：《世界文明史》下册，北京大学出版社 2004 年版，第 24 页。

文明史著作中鲜有鲜活的面孔，确是一个文明史编纂过程中不得不面对和亟待解决的理论和实践问题。

## 三　汝信主编《世界文明通论》

汝信主编的《世界文明通论》是国家社科基金特别委托项目、中国社会科学院A类重大课题的最终研究成果，是在“世界文明大系”的基础上对世界文明这一重大课题作出的综合的、理论联系实际的研究。本书主要结合国际格局的变化来探讨当前世界历史文明的发展，剖析西方文明理论和文化思潮，研究经济全球化对文明发展的影响，并着重探讨中国的应对措施和文化战略，进而提出中国学者关于世界文明的理论体系和学术话语。本课题的目标是，通过对世界文明问题的研究，探讨文明冲突、交融的特点和文明发展规律，从中华文明的实际出发，提出我们对文化和文明问题的系统看法，为制定一套既能积极推动我国社会主义文化建设，又能同外来文明相互作用、积极应对的文明发展战略提供参考依据；为建设社会社会主义和谐社会，提升我国文化软实力和国际竞争力，为政府决策提供理论支持。① 该书的学术价值与致用特色都是非常突出和鲜明的。

（一）该书坚持以马克思主义唯物史观为指导，形成了中国马克思主义世界文明史的理论特色。该书由福建教育出版社于2010年出版，共分为“文明理论”、“文明发展战略”、“中华文明·中国文明通论”、“中华文明·中国近代文明通论”、“中华文明·中国少数民族文明”（上、下册）、“当代文明”（上、下册）、“外国文明理论研究”（上、下册）七卷10册，约600万字。《文明理论》卷分为“导论——马克思主义的文明理论”、“文明曙光与古代文明”、“文明概念与文明理论”、“文明的起源”和“文明的发展”四章。该书于开篇导论卷中对马克思主义的文明理论作了系统而深入的探讨，认为“这一理论从人类社会历史演进的宏观高度，深刻地揭示了人类文明发展的根本动因，指出了人类文明的本质、演进的动力、文明体的结构层次关系和世界历史发展的规律和方向等重要问题”。② 从该书的

---

① 汝信主编，陈启能、姜芃等著：《世界文明通论·文明理论·总序》，福建教育出版社2010年版，第4页。

② 汝信主编，陈启能、姜芃等著：《世界文明通论·文明理论·导论》，福建教育出版社2010年版，第18—19页。

基本指导思想看，这样的设置是有深意的。编者在导论中阐述的马克思主义关于文明的基本理论和方法不仅成为《文明理论》卷的基本编纂思想，而且也成为《世界文明通论》整部书的指导原则，从而赋予了整部书以马克思主义特色，是中国马克思主义史学在文明史研究中的一大创获。

（二）该书具有很强的理论思辨色彩，是马克思主义世界通史编纂的新突破。从世界历史编纂模式看，编纂者不仅认识到马克思主义经典作家对世界文明的探讨是站在人类历史演进的宏观高度进行的，而且也将这一高度作为本书的基本出发点，通过对文明的起源、发展、演变、嬗变等进行探讨，来揭示世界历史发展的规律和方向。因此，将其作为世界通史编纂中的一次卓有成效的实践或许是恰当的。一方面，编纂者在书中向读者提供了关于整个世界文明的新认识和新思想，总结出了世界文明发展的规律；另一方面也在客观上对世界通史编纂中的文明史编纂模式作了更为深入的探索，将这一编纂模式推进到一个更加成熟的发展阶段。

具体到《文明理论》卷的写作特点，编者是从一个“新的角度对文明理论和世界文明的发展线索作一个总体的分析。这种分析，虽然也结合历史，但却不以历史流程为主线和重点，而是从理论上、从本质上来说明文明理论和文明发展的整个过程……这里所说的‘文明理论’的发展过程，特别是‘世界文明过程’或‘文明过程’并不是对文明理论和世界各种文明及其相互关系所作的历史的叙述，而是指对这一过程的本质的一种认识，或者说，对这一过程的主要发展线索的看法”。[①] 上述论述尽管有些拗口，但仍表达出了编纂者的意图，事实上已经触及文明理论与客观文明形态的关系问题。很显然，这对于文明史研究的发展来说是非常重要的，它将对文明史的研究推进到一个新的发展阶段，即从总体上对整个研究状况自觉地加以总结和反省的阶段。《文明理论》卷的前两编，主要以历史流程为线索，着重分析文明理论的发展概况，从古代到当代，以西方为主；后两编中，则以问题探讨为中心着重分析文明的起源、发展和文明的形态。这也充分表明文明理论的发展与文明本身的发展虽然有着密切的关

---

① 汝信主编、陈启能、姜芃等著：《世界文明通论·文明理论·导论》，福建教育出版社2010年版，第24页。

系，但毕竟不是一回事。[①] 文明理论的发展具有很强的时代性和主观性，属于人们对已经消失的或正在存在的世界文明客体的主观认识。由于所处环境、知识结构、思维方式和阶级立场的不同，不同时代、不同学者对于世界文明客体的认识呈现出很大的差异，因此从世界文明史研究的总体角度看，每一步的发展都需要对以往的研究和认识作出总结和反省，以利于该研究和该学科的进一步发展。应该说，《世界文明通论》一书专设《文明理论》一卷正是这种总结和反省意识发展到自觉阶段的重要表现。

（三）《世界文明通论》编写充分体现出编纂者的中国视角和中国特色。该书七卷中专门阐述中华文明的内容就占了三卷四册，共约 200 万字，这在以往的世界文明编纂史上是绝无仅有的，而且这三卷四册的结构也充分体现了中华文明的特色。《中华文明 · 中国文明通论》卷从理论上将中华文明的发展划分为起源、形成、轴心时代、体系化经学化、冲突调试与再生、再度辉煌以及复兴等阶段，清晰地勾勒出中华文明自起源到 1840 年前夕的基本发展脉络，从文明发展的视角来审视中国历史发展进程中的重要时代和重要事件，同时也在中国历史发展的长河中来考量中华文明的发展。例如，作者马勇指出：

> 儒家学术在东汉重建过程中起过重要的作用，它对于迅速稳定社会秩序，重建社会结构与社会模式，功莫大焉……然而，东汉一代并不是风平浪静。事实上，由于中国当此时处于重要的历史转折关头，即从先秦时期的诸侯纷争、宗族社会向大一统社会模式过渡，各种矛盾层出不穷，西汉王朝正因为无法解决这些矛盾而不得不在农民起义的浪潮中灭亡。因而如何面对社会现实，如何促进中国社会转化，仅从儒家学术的立场看，也委实有许多工作要做。[②]

通过这段论述，我们不难得到三点启示：其一，作为中华文明具体表现形态的儒学，在东汉一代对于中国历史的发展起到了相当大的作用；其

---

① 汝信主编、陈启能、姜芃等著：《世界文明通论 · 文明理论 · 导论》，福建教育出版社 2010 年版，第 24 页。

② 汝信主编、马勇著：《世界文明通论 · 中华文明 · 中国文明通论》，福建教育出版社 2010 年版，第 193 页。

二，考量到文明在特殊历史时期对历史发展所起的特殊作用，会得到对中国历史的更加全面与深刻的理解；其三，将文明的发展放到历史发展的趋势和潮流中去认识，也会得出更有说服力和阐述力的结论。例如，"儒家学术也是东汉重建过程中的最大受益者，不仅儒学内部的今古文之争因统治者的宽容而得以平息和妥善解决，而且，儒学作为一个整体，在东汉一代享有此前不曾真正享有的至上地位。在某种程度上说，儒学真正成为汉帝国的指导思想和实践法则。"① "东汉成立之始及整个东汉时期，儒家学者不断地对儒学传统进行不同诠释与发挥，其真实原因也只是在于如何从儒学智慧资源中寻求有益于社会进步与发展的积极内容。但是，经典的儒家学术毕竟是既成的过去，其思想诠释与发挥无论如何不可能具有无限性，因此儒学内部因不同诠释与发挥而形成的诸多派别，便是儒学发展过程中的必然趋势和必然环节。"② 从东汉历史的发展来考究儒学的发展、变化无疑也能将相关问题的研究推向深化。再比如，马勇在谈到"重构中国文明体系"问题时，对儒家文明在唐代前期为何走向衰落而在唐代后期又走向再生的原因给予了如下的分析。"唐太宗李世民倡导并支持的儒家典籍整理工作，对于儒家学术来说原本是一件好事，然而由于唐太宗过于看重儒家学说的意识形态功能，因而此次经典整理主要是为了制造出适合现实政治需要的官方教科书"，这样的整理，"并无助于恢复儒家传统文明的真精神，而仅仅实现了儒学在形式上的繁荣"。另外，这样整理的根本目的在于制定"天下无异议"的官方教科书，"在一定程度上封闭和束缚了儒家学术的灵性，扼杀了儒家文明进步发展的生机，使儒学重蹈汉代经学的老路，久而久之势必沦为一种僵化繁琐的理论体系和思维方式"③。安史之乱后，唐代的儒家学者"痛定思痛总希望从学术上回答何以'禄山一呼而四海震荡，思明再乱而十年不复'。反思的结果，他们承认是儒学自身出了毛病，以明经为基本特征的经学化儒学除了为儒生们提供食禄之资外，似乎无助于纯洁道德和解决社会问题。……于是我们看到安史之乱后的儒学思想家几乎无不关注科举考试的改革以及纯洁士风等问题，韩愈的

---

① 汝信主编、马勇著：《世界文明通论・中华文明・中国文明通论》，福建教育出版社2010年版，第193页。

② 同上书，第193—194页。

③ 同上书，第296页。

《原道》、《原毁》、《师说》等名篇，以及李翱的《复性书》，就其伦理学的意义而言，似乎都是重建儒家文明道德体系的努力和尝试”。[①] 这是儒家文明和唐代历史之间所发生的相互影响、相互激荡、相辅相成的生动写照。

（四）作者在该卷对中华文明发展历程中一些重要问题提出了自己的看法。例如，对于中国人类起源问题的探讨。作者一方面指出了中国人来自非洲的说法所具有的科学性，过于强调中国人种不存在外来因素可能也过于绝对化；另一方面，还提出了“中国人就是中国本土直立人的后代”，“是中国的古老人类，而不是几万年前来自非洲的移民”[②] 的观点。再比如，如何对待外来文明的冲击和挑战问题。作者在分析了佛教东传对中国文明所构成的冲击和挑战时指出：“即便古老的印度文明随着佛教徒东来，一度严重冲击中国民间信仰体系，对中国文明构成一定威胁，但说到底，印度文明虽然与中国文明有着非常明显的区别，不过印度文明的生存基础依然是农业经济、农业社会，所以经过东汉至隋唐长达几百年的冲撞、融合、相互吸纳，中国文明终于将印度文明纳入自己的体系，将印度文明当作自己体系的当然组成部分，重建了宋明以后中国文明新体系。”[③] 这充分反映出中华文明所具有的高度的包容性和开放性。因此这对于我们今天的全球化思潮席卷下反思对待外来文化冲击的态度是具有启发意义的。所以，作者最后表明了自己的观点“化解危机的唯一的办法就是顺势改革，以‘危’激励国人，化‘危’为‘机’，坦然面对域外文明的挑战。域外文明确实有超过中国文明的地方，就应该以‘一事不知以为耻’的精神向人家学习，用拿来主义将这些不知的东西纳入中国文明的既成体系，成为中国文明的当然组成部分”。[④] 这里再次表明了文明要想获得充分的活力和创造力，只有与异质文明进行充分的交流，吸取营养，为我所用才能健康发展。第八章“中国文明的精神、贡献及其限制”中，编纂者对中华文明进行了高度的概括和实事求是的评价，不仅对于中国文明的“民主问题”、

---

① 汝信主编、马勇著：《世界文明通论·中华文明·中国文明通论》，福建教育出版社 2010 年版，第 310—311 页。

② 同上书，第 12 页。

③ 同上书，第 530 页。

④ 同上。

“李约瑟难题”等学界探讨已久的“旧”问题给予了在阐释，而且对于“与时俱进”的内在精神、“天人合一”与“和谐共生”的精神理念、儒家文明再现辉煌的可能性及其限制、中国文明前景等新问题也进行了较为深入的探讨，有些结论和思想发人深省、耐人寻味。

（五）该书专设《中华文明·中国少数民族文明》一卷二册，反映出作者在世界文明发展的大趋势下对于中华文明的深刻认识。对中国少数民族文明展开深入而广泛的研究，其学术价值体现在以下几个方面：其一，中国历史上的少数民族保留了许多远古时代的制度和习俗，对于研究人类社会发展史和世界文明史来说具有“活化石”的价值；其二，中国少数民族的文明对重塑先秦中国文明史、揭示古文献中的有关技术和相关考古遗存具有非同寻常的学术价值；其三，中国少数民族文明所具有的独特的生态理念对于建设21世纪生态文明和可持续性发展具有重要的启示意义；其四，探讨中国少数民族文明对于不同文明之间的和谐共处之道，对于处理世界各大文明之间的矛盾冲突，都是具有相当的启示意义的。[①] 这也在一定程度上反映出编纂者对于多民族的文明形态在经济全球化的趋势下如何应对域外文明的冲击和挑战的探索，并从一个更为广阔的层面上体现出多民族共同发展的理念，是多民族历史文化认同的深层次的学术表达，以及在各种文明冲突、碰撞、斗争、较量过程中中华文明凝聚力的再凝聚和核心竞争力与文化软实力的再升华。从这个角度理解，在世界文明通论这一体系中探索中国少数民族文明的发展，总结其成就和不足，作为中华文明的重要缔造者理应在文明史上留下浓墨重彩的一笔，这一尝试也就具有了更加意味深长的意义。

《中国少数民族文明》分为“文明与少数民族”、“民族结构”、“语言与文字”、“经济文化类型”、“社会制度”、“社会组织”、“政治制度”、“婚姻制度”、“宗教信仰”和“生态文明”十章，体现了编纂者对中华文明的复杂性和多样性给予的充分估计。如果将这一创造性的结构设置放到全书整体的框架结构中加以分析，或许更能体现出编纂者对文明，尤其是对中华文明认识的深刻性，同时对于深入认识世界上其他类型的文明也是

---

① 汝信主编、何星亮著：《世界文明通论·中华文明·中国少数民族文明》上册，福建教育出版社2010年版，第3—4页。

具有启示意义的。从中华文明的角度来看，中华民族的主体民族——汉族的文明形态研究占两卷，中国少数民族文明研究占一卷，无论从对中华民族发展的历史贡献，还是从人数多少、历史久远程度来看，应该说都是合适的。而《中国文明通论》和《中国近代文明通论》两卷的字数事实上与《中国少数民族文明》一卷的字数大体相当，这体现出中华民族多元一体的格局和中华民族各民族共同平等的理念。从文明史研究的角度来看，尤其是在世界文明的宏观视野下，撰写综合性的中国少数民族文明史，确实是该书的一大创新之处。

## 第五节　全球史观与世界通史编纂的新阶段

全球史、全球史观在国际史坛兴起于20世纪50年代。60年代以来，出现了各种各样的世界通史著作，有的已摆脱了“西欧中心论”和“欧美中心论”的旧框架，开始尝试从全球文明的宏观视角来考察世界史。70、80年代出版的世界史著作，反映出西方学术界掀起的一股打破“欧洲中心论”的强大潮流。在这股强大潮流的冲击下，从总体上讲，世界历史编纂学进入了全球文明史或整体历史（总体史）的时代。[①] 现代意义上的全球史研究在中国史学界兴起则是20世纪90年代。西方学术界不同时期关于全球史和全球史观的各种观点在中国史学界得到了共时性的传播，一时之间中国的史学界关于全球史、全球史观的研究和争论呈现出异彩纷呈、百花齐放的局面，有力地促进了中国世界历史编纂中的全球通史编纂模式的兴起，受到了中国学者的广泛关注。“21世纪是全球化的世纪，人们的世界观念正在发生根本性的变化。世界在人们的眼中越来越成为一个整体。‘地球村’的概念已经得到人们的普遍认同。因此，树立反映世界‘全球化’趋势的世界观，即‘全球史观’，已经成为世界史学科向前发展的必要条件。”[②] 另外，也有学者对全球史观的认识并不是这么乐观，史学界对此展开了讨论，这种分歧仍然会在较长的时间内存在。因此，有必要对其

---

① 张广智、张广勇：《史学：文化中的文化》，上海社会科学院出版社2003年版，第52页。

② 王玮：《“全球史观”和世界史研究》，《郑州大学学报》（哲学社会科学版）2003年第1期。

中所涉及的几个重要问题作一梳理。

## 一　全球化与全球史观

全球史观的兴起背后除了有着各种各样的学术认知推动之外，也反映了世界政治、经济格局发生的历史演变，以及所经历的不同发展阶段。当年推动巴勒克拉夫等人提出"全球历史观"的历史背景已经与当下吸引人们对"全球历史观"关注的深层次原因，有了本质上的不同。当时的主要原因在于，欧洲传统的主导地位的丧失，美国和苏联以及亚非国家的崛起。这种形势迫使一些欧美的史学家对这一历史现实作出反应。现阶段史学界对于全球史观的认识在相当大的程度上已经由过去世界范围内的人类社会的交流与互动发展成为对经济全球化趋势下人类社会发展变化的考察。人类历史从地域性历史向世界历史的转变，正是在生产力发展基础上的国际分工和世界市场发展的直接结果。[①] 正如有的学者所指出的："推动'全球历史观'再次成为人们关注焦点的是全球化进程的不断深入，是经济、政治乃至文化全球化把世界各地区、各民族日益紧密地联系在一起，形成一种前所未有的相互依存关系的现实……'全球历史观'的主要特征已经不再仅仅体现为对非西方国家历史公正阐释的要求，不再体现为将欧洲还是将亚洲置于近代以来世界历史核心地位的权衡，而是体现为一种新的世界历史阐释体系构建，体现为对'西方中心论'和原来意义上'全球历史观'的双重超越。"[②] 作者提出的"新的世界历史阐释体系"似乎可称为"全球化史观"。在这里，全球化史观和全球史观已经被明确地区别开来，而且是被作为前后相续的两个不同的世界历史发展阶段来看待的。认识到这一点是很重要的，它为我们找到了全球化与全球史研究的契合点。全球化作为现代化的一个较高层次的发展阶段只是标识了全球史观在经济全球化日益深入发展的形势下承载了更多的内容，而从世界通史编纂模式角度来看，两者又各具有不同的特点和视角，是不可相互替代的。而如何将两种编纂模式的优点有机结合起来，探索充分反映当前世界历史发展大势的新综合体，也是一个时代提出的课题。

---

① 王林聪：《略论"全球历史观"》，《史学理论研究》2002年第3期。

② 刘德斌：《"全球历史观"的困局与机遇》，《史学理论研究》2005年第1期。

关于全球化，尤其是经济全球化，目前学术界大致有如下几种主要观点：其一，认为经济全球化就是资本主义化，实质上是西方资本主义的生产方式、生活方式以致政治价值的对外渗透。其二，认为经济全球化就是美国化，实质上是美国的统治阶级利用经济手段和经济渗透渠道实施对发展中国家的掠夺和扩张。其三，认为经济全球化的实质是资本全球化，资本的全球性流动既给发展中国家带来了经济发展的机遇，也带来了严峻的挑战。其四，经济全球化的实质是市场全球化，即发达资本主义国家创造的现代市场经济规则和制度在全球范围的渗透和影响。其五，认为经济全球化的实质是不同社会制度、不同社会文明乃至不同思维方式在新的时代层面上的竞争与整合，是不同社会文明在相互沟通和深入比较中更多地发现相互之间的共同、共通之处，乃至共同规律。① 前述观点，在世界通史编纂中均不同程度地反映了编纂者在这个问题上认识的差异。还有的学者论述了“全球历史观”的基本内涵，是指史学家们根据新的时代特征，视世界为一个整体，并从宏观的、联系的角度考察和分析人类社会历史演变走向的一种方法、观念和理论体系，具有全球性和整体性、系统性和联系性、客观性和公正性等特征。②

全球化在使国家和地区间相互依存程度不断深化的同时，也使所有国家、地区以及政治经济社会各层面的活动都具有了全球性的空间规模。只要是“睁眼看世界”的人都能够明显地感受到事实上已经存在的超国家、超国界的全球性力量和全球性问题，可以看到超乎东方和西方、南方和北方的全球性要求。与此同时，国际组织作用的增强和跨国公司的发展导致了新的国际行为主体的不断出现，国际协调机制和科技进步的作用开始越来越多地限制民族国家的作用。在这种时代背景下，如果再把民族国家作为国际关系的唯一主体，已经不能反映国际社会发展和变化的主流取向。③“就全球化与全球历史观的关系来看，全球化表示客观事物及其运行变化的一种具有全球性的现象、过程、规模和趋势；全球历史观则表示主体关

---

① 穆石：《全球化进程中的当代中国转型——访包心鉴》，《中国社会科学报》2010 年 9 月 28 日。

② 王林聪：《略论“全球历史观”》，《史学理论研究》2002 年第 3 期。

③ 孔令栋：《马克思的“世界历史”思想和经济全球化进程》，《史学理论研究》2002 年第 4 期。

于客观事物及其运动变化的一种观念、思维和方法，它涉及世界观和方法论范畴。前者属于客观层面，后者属于主观层面。从20世纪后半期的历史进程来看，全球化催生着全球历史观的形成，全球化的发展程度在一定意义上决定着全球历史观的发展程度，全球化不仅改变着现时代的世界面貌，也为人们提供了认识人类历史进程的全球视野和宏观历史思维的基础。从这个意义上讲，全球历史观是时代的产物，它的产生具有必然性。”① 在西方史学中，全球史的主流观点，强调把整个世界看作一个不可分割的有机统一体，从全球的角度而不是从某一国家或某一地区的角度来考察世界各地区人类文明的产生和发展，把研究的重点放在对人类历史进程有重大影响的历史运动、历史事件和它们之间的相互关联、相互影响和相互作用上。② 很显然，中国史学界也受到了这种观点的影响并体现在了世界通史编纂中全球史编纂模式的有益尝试方面。

## 二　全球史编纂与民族化

然而，很明显的一个事实就是，在可以预见的将来，全球化似乎并不能消除国家和民族，相反随着全球化的深入发展，世界范围内的民族意识和国家意识也在以不同的方式强烈地表现出来。这引起了包括中国学者在内的众多学者的广泛关注。“本土化强调本土价值，基本上是反现代化的，因为现代化都是外来的东西。本土化也是反殖民主义的，因为主张本土化的人，他们所在的土地曾经为其他国家的殖民地，殖民者多以自己的国家为典范，来消除殖民地原有的东西；后殖民主义者就是要否定殖民者所带来的一切，重新建立本土的价值。全球化与现代化和殖民主义有共通处，都是以强国的思想、制度为标准，把弱国纳入大国所定的标准下，符合它的标准就是进步，不符合它的标准就是落后；弱国为了对抗，乃至强调独立自主，不跟大国走。在此一思想的影响下，部分中国史学家已不以现代化为典范、不再赞美殖民国家的制度和文化殖民地的影响、不再追求全球一致的标准，甚至不研究世界大事、不研究与全球化有关的东西，专研究

① 王林聪：《略论“全球历史观”》，《史学理论研究》2002年第3期。

② 本书编写组：《史学概论》，高等教育出版社、人民出版社2009年版，第233页。

传统社会、文化和一般人民的生活。”[1] 这里所谈及的一些国家学者对现代化、全球化的认识，从人类历史的长远发展看或许并不可取，毕竟现代化和经济全球化是世界历史发展进程中的客观存在，采取“鸵鸟政策”，主观上忽视、排斥或视而不见都是不符合人类历史发展规律的。事实上，时下追求现代化，甚至景仰殖民化的学者大有人在。值得注意的是，民族化与本土化并不是完全等同的概念。有的学者指出：“发展中的落后民族在面对全球化所带来的挑战时，应该正视现实、积极参与到全球化的大潮中去，争取机会，加速发展，只有这样才能融入国际社会发展的主流，与整个世界的发展互动。否则，就可能因噎废食，而丢掉发展的机遇。回顾世界各国经济发展的历程可以清楚地看到，经济孤立、闭关保守的国家最终都必将被滚滚的历史潮流所抛弃。”[2] 而对于本土价值的重建已经没有可能通过躲避或排斥经济全球化、现代化的浪潮和趋势来进行，对于全球化价值的批判和质疑，并不能以思想上的“闭关自守”为万全之计。但有一点是不可否认的，上述观点所论及的本土化与现代化、本土化与全球化的关系问题，是一个国家和民族在制定发展战略的过程中不能回避的现实问题，也是世界通史编纂中的重要学术问题之一。

一个国家的世界通史编纂所体现出来的对本土化与全球化关系问题的把握，从较高的层面上体现出整个国家对世界历史发展大势的理性思考的成熟程度，也反映出这个国家和民族对世界历史发展的参与程度和融入程度，在相当大的意义上能够反映出一个国家、民族的文化在世界学术发展中的话语权。于沛对此指出，实际上，全球历史观也有一个“地方化”或“本土化”的问题。如果这从民族或国家的角度来看，也就是全球历史观的民族化问题。应当承认这是现阶段任何一个国家和民族都无法回避的问题：在日益广泛和深入的全球化浪潮中，一个国家或民族究竟该如何保存和传承本民族和国家的文化？对此，中国学者作出了自己的思考，这就是在史学研究中宣传和建立有中国特点的全球历史观，“所谓‘中国特点’，主要是指自觉地以唯物史观为理论基础；更加彻底地摒弃‘西欧中心论’

---

① 张玉法：《论中国史学的全球化与本土化》，《史学月刊》2009 年第 6 期。

② 孔令栋：《马克思的“世界历史”思想和经济全球化进程》，《史学理论研究》2002 年第 4 期。

或‘欧美中心论’；研究、借鉴或在历史研究实践中倡导全球历史观时，既不脱离世界史坛的主潮，更不脱离中国史学的历史与现实，而是将其纳入当代中国社会发展的广阔背景中去认识和思考。”[①] 同时全球化与全球史观的认识问题，首先要弄清楚其基本外延和内涵，追踪国外研究的最新进展，并对其中重大问题作出马克思主义的回答。[②] 这一认识是切合实际的，也是实事求是的，这种敢于承认全球史研究与编纂中的国家、民族立场具有密切联系的认识，其实并不妨碍编纂过程中的公正性和客观性，相反，倒是由于在这方面具有清醒的认识，保持冷静的头脑，也就更可能编写出经得起国际学术界和时间检验的全球史来。

还有学者从历史研究的视野和方法的角度探讨了超越国家、民族的全球史与建筑在国家史、民族史基础之上的传统世界史的关系。他们指出：“没有细致入微的考据和缜密的思考，便不能发现历史的真实和其中蕴藏的智慧；缺乏宏大的视角和全球史方法，也很难洞悉世界的格局和人类社会发展的大势。仅有前者，我们很难避免‘世界史等于国别史简单相加’的状况不会延续；仅有后者，世界史的研究便缺乏持久开拓的不竭动力。事实上，全球史在20世纪末期的勃发正是建立在传统史学多年来微观缜密的研究基础之上，无论从整个史学发展动态还是单个史学家的研究转型来看，都是这样。”[③] 在这里，与众多学者更多地强调全球史与传统的世界史研究与编纂的区别不同，作者强调了两者之间存在千丝万缕的联系，并从继承与发展的角度，指出了两者在现时期相辅相成、共同发展的关系。从世界通史编纂的角度来看，这是中国的世界通史编纂在新世纪经过众多世界通史编纂者努力实践的结果，体现出了中国的世界通史编纂与时俱进、不断发展的新气象。

### 三　全球史编纂所面临的困境

全球史自产生之日起，就存在着诸多的争议。在中国的情形也不例外。在剧烈的社会转型和知识变迁的新陈代谢中，全球史得到越来越多的

---

① 于沛：《全球化与“全球历史观”》，《史学集刊》2001年第2期。

② 于沛：《全球化与“全球史历史观”》，《史学集刊》2001年第2期。

③ 孙岳：《沃尔夫·沙弗的新全球史探索》，刘新成主编：《全球史评论》第二辑，中国社会科学出版社2009年版，第194页。

关注的同时，也面临着越来越激烈的拷问。有些拷问是相当深刻的，指出了问题的要害所在。正确处理好这些问题，对于促进全球史编纂的健康发展，乃至推动中国史学的发展都具有重要的意义。

第一，全球史观内涵的模糊性。一些学者指出："在原来意义上的'全球历史观'尚未在人文社会科学的主流理论中占据主导地位的时候，它已经开始遭遇随全球化的迅速进展而来的全球化理论群的强烈冲击，而全球化理论对历史问题的跨学科探索似乎比历史学科的单打独斗更有说服力。换言之，时代的发展似乎超越了'全球历史观'的行进速度。在破除'西方中心论'的任务尚未完成，'民族主义的冲动'依然存在的情况下，全球化的迅速发展和全球化理论的迅速崛起似乎掩盖和超越了半个世纪以来历史学界对'全球历史观'的不懈探索。"① 与全球化如影相随的全球史观和以往倡导世界通史意义上的"通史"观念很显然存在着诸多的不同。然而，在西方学术界这种历时性的发展阶段抑或说是发展模式，在当代中国的史学界却呈现出共时性的面貌，甚至两者在众多中国学者的头脑中被搅在了一起，被当成一回事。不用说这对于全面认识全球史观，正确把握全球化都是不利的。

第二，全球史观在实践中存在着非科学性。有的学者还指出了中国史学界的一些学者对全球史观在西方学术界影响力的估价存在夸大倾向，认为现有的判断是"安放在零星证据基础之上。实际上我们也可以用同样的方法，从个别例证出发，问询几个来访的欧美教授，说全球史观在西方史学界没有什么影响，或者说在中国的影响远比在西方的影响大"。② 郭小凌指出，全球史观的两个基本认识——把世界史看成一个互相联系和作用的整体以及各国历史文化的等值论——都不能说是新的，至少不是全新的。类似的认识可以追溯到古罗马时代。"全球史观是一种借用历史哲学和历史学已有成果的新提法，而不是解释世界历史的新方法，更不是一种博大周密的理论体系。"③ 很显然，当下对于全球史观主张谨慎评价，认为它在中国的学术影响被夸大了的学者是不乏其人的。将全球史观在西方国家的

---

① 刘德斌：《"全球历史观"的困境和机遇》，于沛主编：《全球化和全球史》，社会科学文献出版社 2007 年版，第 349 页。

② 郭小凌：《从全球史观及其影响所想到的》，《学术研究》2005 年第 1 期。

③ 同上。

影响与其在中国的影响两相比较，我们对全球史观的认识会更加全面。全球史观在中国的影响是不是被中国的一部分学者作了不切实际的扩大，也就成了一个值得继续探讨的问题。

正如有的学者指出的："在历史研究中，历史学家应该通过原始资料来理解当时当地的情景，这样的研究才有可能'还原'历史，或者说接近于历史'事实'。然而，对于全球史研究来说，却不存在史料产生和史料反映的全球情境，在大规模、长时段的宏大叙事中，全球史学者即使分身有术，也难以置身于他试图要描绘的跨文化情境之中。"[①] 这种批评是尖锐的，它指出了全球史研究中存在的最为本质的缺陷，直指全球史作为历史研究而存在的合法性问题。很显然，全球史对于国家、民族内部史实的忽略和遮蔽与全球史研究中史料的缺乏有着非常大的关系。如果理论上的假设得不到相关史料的坚实支撑，全球史研究势必沦为一种构建于研究者头脑中的空中楼阁，漂亮是漂亮，美丽也确实美丽，但却不应该获得严肃史学的桂冠。这种批评与历史研究中的历史主义的原则是一致的。

第三，全球史观理解上的狭隘性。全球化是人类历史发展的一种长期趋势和规律，以这样的方式观察历史可以称作一种全球化史观，它不同于史学界通常意义上所指称的全球史。全球化作为现代化的一种表现形式和发展阶段，很显然又和第二次世界大战后资本主义在全球掀起的改变形象、改头换面的扩张密切联系在一起的。应该说这与有的外国学者对全球史的认识相一致。"过去的世界史，因为与西方世界的形象和陈规旧律有着密切的联系，正在被某种新的世界史所取代。20世纪末，更新后的世界史的核心任务，是在全球化时代描述世界的过去。这种'描述'的特点，主要表现为超越了民族、国家和地域，是一种跨文化或跨文明的描述。"[②] 因此，笔者认为以全球史观来描述世界历史只是揭示了全球史的一个基本维度或者一个基本面，从当今全球史研究和撰述的实际看，我们又不得不承认全球史中的民族立场和国家立场并不比其他时期的史著尤其是世界通史著作中民族主义的倾向少。如果说全球史只是西方学术界作为西方不光

---

① 刘文明：《全球史的研究范式、趋势与学科性质——评〈什么是全球史〉》，刘新成主编：《全球史评论》第二辑，中国社会科学出版社2009年版，第218页。

② 本书编写组：《史学概论》，高等教育出版社、人民出版社2009年版，第234页。

彩历史的遮羞布，出于对西方意识形态涂脂抹粉的需要，那么对全球史重新作一理性的审查也就不再显得多余，对其作一番脱胎换骨式的改造，使之为我所用则成为必须。

第四，全球史观理论基础的解构性。如果说全球史观的产生和迅猛发展，从生产力的本质层面上看，源于经济全球化的推动；那么从哲学的层面上看，西方全球史观则与后现代主义思潮有着千丝万缕的联系。从西方发达国家的视角看，全球史观表现出的是一种改变形象、重新塑造自身形象的建构性；对发展中国家和相对落后的民族来说，更多地感受和体验到的则是它的解构性，是对他们的国家、民族的历史、思维方式乃至立场方法和视角的彻底颠覆。

## 四　全球史作为世界通史编纂模式的尝试

刘新成对全球史的通史编纂模式作了系统的概括，他认为全球史学家表达“互动模式”的方式有如下几种：①阐述不同人群“相遇”之后文化影响的相互性和双向性。②描述人类历史上曾经存在的各种类型的“交往网络”或“共生圈”。③论述产生于某个地区的发明创造如何在世界范围内引起连锁反应。④探讨“小地方”与“大世界”的关系，说明全球化时代任何局部地区的变化都折射出世界发展趋势。⑤“地方史全球化”。⑥全球范围的专题比较研究。⑦生态史、环境史研究。⑧跨文化研究，即文化在不同地区间的流动和传播。⑨探讨互动规律与归宿。⑩“全球化史”研究。[①]

中国社会科学院副院长武寅、于沛研究员主持的多卷本《世界历史》，经过中国社会科学院和高校世界史学者近10年的艰苦努力，其最终成果在2010年开始陆续出版。这是我国第一部专题研究与编年相结合的世界通史类著作，是一种新综合体的创造性实践。它不仅在中国，而且在国际的世界通史编纂发展史上也具有重要的地位。《理论与方法卷》罗列了中国的世界历史研究的历程，系统梳理了其中的基本脉络。该书分为“中国古代史家对外国的认识”、“救亡图存和世界史研究的萌生”、“19世纪末20世纪初的中国世界史研究”、“20世纪上半期：中国世界史研究的译介

---

① 参见刘新成《互动：全球史观的核心理念》，刘新成主编：《全球史评论》第二辑，中国社会科学出版社2009年版，第9—12页。

时期”、“唯物史观传入和中国世界史研究”以及“20世纪下半期：中国世界史研究的发展时期”六个时期，总结了中国的世界历史研究过程中的特色、经验和教训。

《世界历史》全书始终以马克思主义唯物史观为理论指导，通过对复杂的世界历史进程的研究，特别是通过对影响世界历史进程的若干重大问题的深入探讨，再现人类社会丰富多彩的历史图景。这是该书在编纂之初就确定的根本指导方针。时任中国社会科学院院长的李铁映指出：“撰写好这部《世界历史》（多卷本），关键在于，它应当写出当代中国人对世界历史的新看法。这就要求我们，必须坚持以马克思主义的历史唯物主义为指导，并结合中国人民的实践，特别是一百多年来中国近代史的发展给我们的启示，来进行理论思维。”① 在李铁映看来，《世界历史》多卷本的重要特色就是要阐述表达中国学者对于世界历史的新看法、新观点，这些新看法和新观点的两个重要来源就是马克思主义的基本观点和中国社会主义事业繁荣发展的伟大实践；科学地回答人类历史发展中的一系列重大理论问题，揭示人类历史不可逆转的进步趋势，概括人类历史发展的一般规律和特殊规律。

多卷本《世界历史》由“理论与方法”、“经济发展”、“政治制度”、“民族与宗教”、“战争与和平”、“国际关系”、“思想文化”、“中国与世界”八卷组成，展现出当代中国世界史学者在马克思主义的指导下，对世界历史的独特理解。“中国人用自己的眼光，比较全面地审视世界，根据我们当代人的思想认识来撰写世界史，有重大的意义。我们不能停在世界历史进程之外孤立地研究中国的问题。今天的中国需要世界，离不开世界，我们必须主动地进入世界历史发展的新的进程之中。在此关键时期，迫切需要为我们的各级干部、为全国人民，提供一部能够体现出中国人对世界历史问题的新看法的《世界历史》。”② 从世界通史编纂模式的探索看，该书关于世界历史的宏观体系和框架结构充分彰显了通史编纂在新世纪的生命力和包容性。《理论与方法》卷不仅详细探讨了中国的世界历史

① 李铁映：《撰写一部中国人的高质量〈世界历史〉——在〈世界历史〉（多卷本）理论研讨会上的讲话》，《世界历史》2003年第1期。

② 同上。

的研究历程，而且还详尽阐述了中国在世界通史研究领域中所取得的历史理论成就，行之有效的史学研究方法和编纂方法，是《世界历史》多卷本之理论特色的集中体现，对于世界历史学科的发展具有不可忽视的价值。《物质文明》卷系统阐述了人类社会所创造的物质成果，充分体现了经济基础之于世界历史发展中的上层建筑的决定性作用，揭示出社会生产力作为世界历史发展的最终决定力量的重要地位，是马克思主义唯物史观在世界历史研究和编纂领域中的新探索。《制度模式》卷给予世界政治制度史以应有的地位，这是对政治史在世界历史发展进程中地位和作用的重新肯定，也是对当前学术界忽视和排斥政治史研究的一种反驳。“政治是历史的脊梁”在本卷中得到了最为充分的体现。《民族》卷部分是《世界历史》多卷本对世界历史的主人所给予的最为浓墨重彩的渲染，通过这个部分，读者可以感受到世界历史的鲜活与丰富多彩，尽可能地避免了文明史、现代化史甚至某些全球史研究中“见物不见人”的弊病。《宗教》卷和《思想文化》卷则向读者透露出人类社会在不同历史时期的内心世界和思想意识，展现出文化形态的多样化和多元化，从中我们可以看到宗教和思想文化对世界历史发展所产生的不可忽视的影响力。《战争》卷这一部分集中表明了作者对于马克思主义唯物史观坚持的彻底性，在一些现代化史、文明史和全球史研究中都对这一问题轻描淡写，甚至略而不谈的情况下，在“告别革命”思潮不断的鼓噪下，该书作者仍能对战争这一人类社会发展中长期客观存在的矛盾冲突的重要形式给予其应有的地位和评论，体现出作者坚强的理论勇气，成为该书的亮点之一。

多卷本《世界历史》特色和学术价值还表现在，它是综合吸收多种世界通史编纂模式的有益成分并为我所用的生动体现。“马克思主义从来都是从全球角度来考察世界历史的。马克思主义的五个社会经济发展阶段的学说，把人类历史放到了全球背景下考察，就非常深刻地说明了这一点。马克思不仅用全球史观把人类诞生以来的历史进行了考察，而且在150年前就专门对全球化的现代含义作过论述。马克思认为，现代的全球化，就是资本主义消除所有生产和资本积累障碍的进程。但是马克思指出，全球化不能消除不同国家发展的不稳定现象和不平等现象。马克思主义全球史观坚持五种社会形态学说，要求从生产力和生产关系、上层（上层——引者注）建筑和经济基础的矛盾运动中，去分析和研究历史，科学地展现历史的发展。”① 要之，当前世界历史体系的多样性不仅反映出学术研究环境前所未有的宽松，对世界历史的认识又有了新的发展，而且也从本质上充分反映出当前世界历史研究领域中多种历史观的争鸣和交锋。马克思主义的史学流派是多元中的主流。

从以上分析，我们可以看出，现阶段中国的世界通史编纂领域事实上已经形成了三种不同的编纂模式。应该说中国马克思主义的世界历史研究者在这三个领域都进行了卓有成效的通史编纂实践，构成为中国马克思主义世界通史编纂新的发展路向。同时，笔者也认为 21 世纪中国的世界通史编纂要想取得进一步的发展，形成能够体现中国风格、中国气派的世界通史著作，还需要在以下几个问题上真正有所突破：

首先，世界历史体系问题研究的理论依据。世界历史体系问题所表现出来的分歧从根本上讲是世界观的问题。正如有的学者指出：“世界近现代史分期问题上的不同意见，主要源于对分期持不同的理论依据。多数同志主张以生产方式的发展变化为依据，因为它最能反映世界的规律性和统一性。也有人认为应以世界主要矛盾的演变作为分期的依据，以主要矛盾引起的重大事件作为分期的路标。还有的人认为应以世界较多国家的历史发展进程作为分期依据，在坚持社会经济形态更替的理论前提下，又要照顾到各个地区和国家的特殊性。”② 这就要求史学界，尤其是马克思主义的世界历史理论研究者对世界历史理论体系作更加深入和系统的研究，提出更有说服力的研究成果，以指导新的世界通史编纂工作。

其次，世界历史体系所体现的历史分期的兼容性和科学性。“强调历史分期的相对性，并非否认或轻视历史分期的必要性。……还应当预见到，这种情况不会维持很久。随着岁月的流逝，世界近现代史和中国近现代史的起点都要后移。可以料想，势必会有那么一个时期，人们要把从原始社会到社会主义制度建立和发展的历史统统纳入古代史范围，而近代史

---

① 李世安：《全球化与全球史观》，《史学理论研究》2005 年第 1 期。

② 项翔、宋发清、王加丰、李宏图：《20 世纪中国的史学研究》（下），《史学月刊》1999 年第 8 期。

和现代史中所记载的全是共产主义社会的内容。"① 从这个意义上讲，关于世界历史体系的研究成果也应尽可能地吸收各方观点，体现以唯物史观指导下取得的学术研究成果，体现时代所能达到学术高度。

再次，世界历史体系研究中的范式转换问题。卢钟锋指出："与全球化浪潮相呼应的全球经济史观，以公开挑战马克思的社会形态学说的姿态出现。它借口'转换'研究视角，用所谓的'世界体系的结构和进程'来取代对于各国、各民族的社会形态研究，反对用生产方式研究社会历史，攻击'关于生产方式的整个讨论'是毫无意义的闲扯，指责马克思关于社会经济形态演进的历史阶段划分是纯粹的意识形态虚构，根本没有事实依据和科学根据。而这些对马克思的社会形态学说的指控，又都是在'转换'视角以反对'欧洲中心论'的名义进行的，因而就更具欺骗性和蛊惑性。"② 对马克思主义的唯物史观与"欧洲中心论"之间关系的认识也是世界通史编纂中很难绕过的问题。所有这些问题的出现都在客观上要求构建起马克思主义的世界历史体系。

最后，世界历史体系问题与"欧洲中心论"批判。有的学者指出，"欧洲中心论"与世界近现代史有着特殊的关联，是思考重构世界近现代史学科体系时所必须面对的问题之一。"这既是由于近代时期是'欧洲中心论'及其各种形式的变种得以广泛流播并产生突出影响的一段时期，更是因为近代时期曾是欧洲崛起并一度雄霸整个世界的历史时期，而正是欧洲（首先是西欧）从亚欧大陆的一隅之地不断崛起与迅速扩张，才最终导致了欧洲一些人的心理膨胀与'欧洲中心主义'的出笼。"③ 于沛则从理解和认识"全球史观"积极内容的角度谈了真正肃清"欧洲中心论"影响的重要性和艰巨性。他指出："在中国，不仅旧有的'欧洲中心论'的——主要表现在历史进程中的'欧洲中心论'——影响没有肃清，而且在新的历史条件下，'欧洲中心论'的另一种影响——主要表现在历史学自身发展中'欧洲中心论'——却在开始显现。"④ 今天看来，在东西方

---

① 阎照祥：《论历史分期的相对性》，《史学月刊》1998 年第 3 期。

② 卢钟锋：《马克思的社会形态学说与中国历史研究》，《马克思主义研究》2008 年第 8 期。

③ 李义中：《"欧洲中心论"与世界近现代史学科体系构建问题初探》，《中国社会科学院研究生院学报》2007 年第 1 期。

④ 于沛主编：《全球化和全球史·代序》，社会科学文献出版社 2007 年版，第 2 页。

经济实力和历史地位没有发生根本性的变化之前，对于“西方中心论”的警惕应该成为学术研究中一项长期而艰巨的任务。这在 21 世纪的世界通史的编纂和研究中更具有非同寻常的意义。

# 第三章

# 世界通史编纂思想举要

20世纪以来世界通史编纂不断变化发展的重要表现，就是学者们对世界历史和世界通史编纂进行了不同程度的研究，形成了许多各具特色的世界通史编纂思想。这些学者政治倾向不同，甚至存在很大差别，学术思想也与马克思主义史学家有着很大的差异，但他们关于世界通史编纂的思想却构成他们学术思想的重要组成部分，促进了中国的世界通史编纂思想的发展。

## 第一节　梁启超的世界历史意识

梁启超（1873—1929），广东省新会县人，中国近现代史上著名的政治活动家、启蒙思想家、资产阶级宣传家、教育家、史学家和文学家，戊戌变法的领袖之一，新史学主要领袖之一。作为中国近现代史学上颇有影响的史学家，梁启超在中国史学由传统向近代的转变过程中起到了重要的引领作用，在20世纪前30年的中国史学发展中扮演了重要角色，是中国近现代史学上的旗手和巨匠。

梁启超的思想极为活跃，常常是变动不居的，因而以“善变”著称，这在史学上表现得尤为明显。他关于世界历史的思想常常是变化多端，时有抵触，最根本的原因当属其历史观的杂糅及影响其史观因素多元，之中尤以其“世界历史意识”的螺旋式变化与波浪式发展最具代表性。这一问题已经引起了一些学者的注意，并进行了比较深入的探讨，但从世界通史编纂的视角加以研究，还是梁启超史学思想研究中较为薄弱的环节。

## 一　历史者，无间断者也

1902年，梁启超在《新史学》中批判了中国传统史学呈现客观历史方面的隔离、阻隔之弊。他指出："中国史家之谬，未有过于言正统者也。言正统者，以为天下不可一日无君也，于是乎有统。"又以为："'天无二日，民无二王'也，于是乎有正统。统之云者，殆谓天所立而所宗也"[①]，"然则不论正统则亦已耳，苟论正统，吾敢翻千年之案而昌言曰：自周秦以后，无一朝能当此名者也。""然则正统当于何求之？曰：统也者，在国非在君也。在众人非在一人也"，"谚曰：'成即为王，败即为寇。'此真持正统论之史家所奉为月旦法门者也"[②]。梁启超的这番论述可以说是一语破的，古往今来，众多史家都是以此标准来衡量和绳矩中国历史的。二十四史也罢，稗官野史也好，均难摆脱这一时代局限。正统论在成为中国古代史学的重要理论支柱的同时，也成为束缚历代史官的一大绳索。梁启超在中国历史研究中果断地抛弃了沿用数千年的这一作史标准，而在世界历史研究中却又时常运用这一标准，这一现象耐人寻味。如果说，他对中国史的分期还有些让人感到无甚新意的话，那么他对于以"正统论"史观来划分世界史的做法和意图则是再明显不过了。这是中外治史方法在梁启超头脑中的第一次交汇，很快就被梁启超运用到历史研究的实践中，解决了萦绕在心中的世界历史的分期问题。

1901年，梁启超认为："西人之著世界史，常分为上世史、中世史、近世史等名。虽然，时代与时代相继者也。历史者，无间断者也。人间社会之事变，必有始终因果之关系。故于其间若欲划然分一界线如两国之定界约焉，此实是理势之所不许也。故史家惟以权宜之法就其事变之著而有影响于社会者，各以己意约举而分之，以便读者。虽曰'武断'，亦不得已也。"[③] 梁启超一方面强调历史发展的连续性；另一方面又指出分期研究历史的局限性，进而指出历史分期乃是为便于研究而不得已采用的方法。运用这一理论，他将要着手编纂的中国史分为三个部分：第一，上世史。

---

① 梁启超：《新史学》，《梁启超史学论著四种》，岳麓书社1985年版，第262页。

② 同上书，第267页。

③ 梁启超：《中国史叙论》，《清议报》1901年9月第90—91册。

自黄帝以迄秦之一统，是为中国之中国。第二，中世史。自秦统一后至清代乾隆之末年，是为亚洲之中国。第三，近世史。自乾隆末年以至于今日，是为世界之中国也。①这种历史分期法确实有利于纠正旧史那种以“一朝为一史”、“只见有君主不见有国民”的弊病，这“对于中国古代史的学科建设具有相当重要的学科分类意义”②。而在《新史学》中，梁启超以酣畅淋漓之文笔，以新史学的标准，犀利地揭示了旧史学的四弊、二病与三端，热情洋溢地倡导新史学。他给出新史学的界说：“历史者，叙述进化之现象也。”“历史者，叙述人群进化之现象也。”“历史者，叙述人群进化之现象而求得其公理公例者也。”然后他又说：“呜呼，史界革命不起，则吾国遂不可救。悠悠万事，惟此为大。新史学之著，吾岂好异哉，吾不得已也。”③他不过是顺应社会发展大势与客观规律而已。然规律何？社会进化之说也。援以此理来观看整个中国社会历史，那曾经死死困扰各代史家的“正统论”，又算得了什么呢？在梁启超看来，只有探究规律才是历史研究的目的所在。

梁启超将中国史学所独有的正统论思想加以发挥，用来作为研究世界历史的方法，可谓是一大发明创造。他指出：“若世界文明史而有正统也，则其统不得不让托始于哈密忒人。”“故世界史第二段在沁密特人。”“其在第三段，为世界史之主人翁者，则希腊也。”“其在第四段，为世界史之主人翁者，则罗马也。”“自希腊罗马后，世界史之王位，即全为阿利安人所占。”“世界文明史之第五段，实惟阿利安族中罗马人与条顿人争长时代。”④很显然，梁启超所谓的世界历史发展中的“正统”指的是在特定历史时期在世界历史上占据主导地位的民族。尽管我们对世界历史上不同时期主导民族的认识还可作进一步的讨论，但梁启超运用已有知识对世界历史上重大问题的探讨进行的尝试与努力，我们还是应给予充分认可的。

更为可贵的是，梁启超并没有仅仅局限在史学著作的层面上，他还试图从历史主体的角度对中国的历史发展过程作一梳理与厘清。他指出：

---

① 参见《中国史叙论》，《清议报》1901 年 9 月第 90—91 册。

② 赵世瑜、陈宝良、王东平：《专精传统通史家风——北京师范大学中国古代史学科的百年历程》，《北京师范大学学报》2002 年第 5 期。

③ 梁启超：《新史学》，《梁启超史学论著四种》，岳麓书社 1985 年版，第 246—250 页。

④ 同上书，第 254 页。

“要之，缘附于此抟抟员舆上之千五百兆生灵，其可以称为历史的人种者，不过黄白两族而已。”“同为历史的人种也，而有世界史的与非世界史的之分。何谓世界史的？其文化武力之所及，不仅在本国之境域，不仅传本国之子孙，而扩之充之以及于外，使全世界之人类，受其影响，以助其发达进步，是名为世界史的人种。吾熟读世界史，察其彼此相互之关系，而求其足以当此名者……则吾不得不以让诸白种，不得不以让诸白种之阿利安种。”① 不难看出，梁启超的世界历史观还未能摆脱庸俗进化论的影响，即强调弱肉强食的竞争实质，这在他的上述论断中表现得淋漓尽致。

以上文字表面上是梁启超以中国传统史学中的“正统”思想来绳矩他心中的“世界史”，实则是他找到了中国与“世界史”上诸雄角逐消长的契合点。这里“正统”的实质与梁启超本人所认为的“世界史”上的“庸俗进化观”，无疑是有许多暗合之处：一方面，他无情地抨击了中国传统的“正统论”史观；另一方面，却又在更高层次上明白地表述出了自己的观点与主张。梁启超在中国历史研究领域抛弃的“正统论”，又在他的世界历史研究中得到了张扬，成为他认识和研究世界历史的一把标尺，更为重要的是，这样的双重标准也从一个侧面反映出梁启超世界历史观的新旧杂糅和不彻底性。

## 二　历史者何，叙人种之发达与其竞争而已

1902年2月8日，梁启超在《新民丛报》中发表《新史学》，这是一篇新史学富有代表性的战斗檄文。梁启超在文中系统阐述了他的世界历史观：“历史者何，叙人种之发达与其竞争而已。舍人种则无历史。何以故？……始焉自结其家族以排他族，继焉自结其乡族以排他乡族，继焉自结其部族以排他部族，终焉自结其国族以排他国族。此实数千年世界历史经过三个阶段，而今日则国族相结相排之时代也。”② 随之，他又将人种分为两类：有历史的人种与“非”历史的人种，也可理解为有的人种有历史，有的人种没有历史，标准皆在于是否能自排自结。

他们之间究竟有怎样的区别呢？梁启超认为：“能自结者，为历史的；

① 梁启超：《新史学》，《梁启超史学论著四种》，岳麓书社1985年版，第253页。

② 梁启超：《新史学》，《新民丛报》1902年2月8号。

不能自结者，为非历史的。何以故？能自结者排人，不能自结者，则排于人。排人者，则能扩张本种以侵蚀他种，骎骎焉垄断世界历史之舞台，排于人者，则本种日以陵夷衰微，非惟不能扩张于外，而且澌灭于内。寻至失其历史上本有之地位，而舞台为他人所占。"① 历史活动的主体、历史舞台的主角，已经表述的再明白不过了。

梁启超在此强调的所谓"世界历史"，实质上不过是强盛民族、种族、国家的殖民侵略扩张史。强盛民族、国家非但有历史，而且亦可在世界历史上大书特书一番。弱小民族、国家非但不能自立于世界之舞台，而且连历史亦无有。之所以有这样的认识，固然是离不开梁启超心目中的"哲学理想"，即历史进化观。他在《论中国学术思想变迁之大势》一文中曾列举了大量中外历史演进的具体事例："埃及安息藉地中海之力，两文明相遇，遂产出欧洲之文明，光耀大地"，其后"阿拉伯之西渐，十字军东征，欧亚文明"，再"交媾一度，及成近世震天铄地之现象"。我中华战国之时，"南北两文明初相接触，而古代之学术思想达于全盛"；隋唐间与印度文明相接触，而中世之学术思想亦"放大光明"，等等。② 在梁启超的眼中，只要有种族、民族、国家的交流、融合与碰撞，就会有历史，就会有世界史。至此我们可以得出这样的认识，梁启超所认为的中国无"历史"、无"世界史"是就史学著作的层面上而言的，而不是说在中国过去几千年的发展过程中没有历史。否则，其在长篇史学论文《论中国学术思想变迁之大势》③ 中那气势磅礴的阐述又该作何解释呢？

关于这一点，他还有进一步的论述。梁启超的目光并不是仅仅局限于中国与西方列强的对比，而且还兼顾将日本这样一个与中国情况近似的邻国与西方列强进行对比，意将对世界史真意的探究引向深入。"日本人所谓世界史者、万国史者，实皆西洋史耳。泰西人自尊自大，常觉世界为彼等所专有者然。故往往叙述阿利安西渡之一种族与兴废存亡之事，而谬冠以'世界'之名甚至欧洲中部人所著世界史，或并俄国、美国而不载。他

① 梁启超：《新史学》，《梁启超史学论著四种》，岳麓书社1985年版，第253页。

② 参见梁启超《论中国学术思想变迁之大势》，《饮冰室合集》文集之七，中华书局1989年版，第17页。

③ 陈其泰：《梁启超与中国史学近代化》，《南开学报》（哲学社会科学版）1996年第5期。

更无论矣。”① 梁启超在这里指出了西方史家所谓世界史的实质，很显然，他是不赞同的。继而，梁启超又列举日本史学界关于世界历史思想的演变来证明自己的观点，他是这样加以比较的：“日本人十年前大率翻译西籍，袭用其体例、名义。天野为之所著万国历史，其自叙乃谓东方民族无可以厕入世界史之价值。此在日本或犹可言，若在中国则安能忍此也。近年来，知其谬者渐多，大率则立一西洋史之名以待之。而著真世界史者，亦有一二矣。”② 在此，梁启超的“真世界史”与他平常说的“世界史”有了较大的不同。

那么，梁启超心目中的“真世界史”又是什么呢？梁启超在《中国史叙论》中的一段话值得我们仔细体会。他说：“法国名士波留氏尝著俄国通志，其言曰：‘俄罗斯无历史。非无历史也，盖其历史非国民自作之历史。乃受之自他者也，非自动者而他动者也。’主动力所发，或自外，或自上，或自异国，或自本国。要之，皆由外部之支配而非内部之涨生。宛如镜光云影，空过于人民之头上。故只有王公年代记载，不有国民发达史。是俄罗斯与西欧诸国所以异也。”③ 很明显，梁启超的“真世界史”观确实是实现了对于他在一般意义上所讲的世界历史观的超越，朦胧地触及民众的历史作用，反映出梁启超史学思想中人民性的一面，是值得肯定的。

### 三　世界史者，以泰西各国为中心

梁启超在19世纪末期便开始从事“新史学”的草创与研究工作。他在1901年9月的《清议报》上发表了《中国史叙论》一文，指出；“史也者，记述人间过去之事实者也”。很显然，这里的“史”，指的是历史著述。其记述的范围则是相当广泛的，即人类过去的一切。而在论述“中国史与世界史”关系时，他又说：“今世之著世界史者，必以泰西各国为中心点。虽日本俄罗斯史家（凡著世界史者，日本俄罗斯皆摒而不录）亦无异焉……故今日中国史范围不得不在世界史以外。”④ 在此处，最初作为梁

---

① 梁启超：《东籍月旦》，《饮冰室合集》文集之四，中华书局1989年版，第91页。

② 同上。

③ 梁启超：《中国史叙论》，《清议报》1901年9月第90—91册。

④ 以上引自梁启超《中国史叙论》，《清议报》1901年9月3日、13日。

启超历史观一部分的“世界史”观，已经极为清楚地展现在人们面前了：“欧洲中心论”思想在梁启超的世界历史观念中占据了支配地位，这也是他那个时代难以摆脱的局限。

梁启超的思想很明显受到了西方史学思想的影响：“虽然，自世界学术日进，故近世史家之本分，与前者（封建史家——作者注）有异。前者史家不过记载事实；近世史家必说明事实之关系与其原因结果。前者不过记述人间一二有权利者兴亡隆替之事。虽名为史，实不过一人一家之谱牒。近世史家必察人间全体之运动，即国民全体之经历及其相互关系，以此论之，虽谓中国前者未尝有史，殆非为过。”[①] 完全以是否追求历史事实之间的因果关系为标准，来绳矩中国史的观点现在看来不免有些机械和教条，但在当时批判旧史学的大趋势下却有其合理性。因而他强调根本改变旧史把史书变成孤立的人物传的做法，而近代史学要求近代史家写出人类“借群力之相接相较、相争相师、相摩相荡、相维相系、相传相嬗，而智慧日进焉”的历史情状。[②] 这里，梁启超并不是在中国有无“过去之经历”的记载这一层面上来否定中国历史，而是在上述观点和论证的前提下作出的论断。

他还引用英国史家韦尔斯《史纲》中的话“距今二百年前，世界未有一著述足称为史者”，这说明“古人的史学观是不适用于今人的，东西方都存在这样的问题，但西方比中国进步快”[③]，以至于借鉴了西方的一些史学进化思想之后，中国学者同样也觉得中国没有历史。从这里我们可以清楚地看出，梁启超绝对不是在妄自菲薄，而是在实实在在地论述造成这一现象的原因：史观的变化。史观变化的最主要的表现则是历史主体在史学家的思想中和笔下的演进。在他的眼中，完全是用一个标准来衡量整个世界的变化与发展的。他接着又论述史家应该善于通过对史学的比较研究来达到对历史发展线索与脉络的清晰把握：“夫欲求人群进化之真相，必当合人类全体而比较之，通古今文野之界而观察之。内自乡邑之法团，外至五洲之全局；上自穹古之石史，下至昨今之新闻。何一而非客观所当取材

---

① 梁启超：《中国史叙论》，《清议报》1901 年 9 月 3 日、13 日。

② 参见陈其泰《梁启超与中国史学近代化》，《南开学报》（哲学社会科学版）1996 年第 5 期。

③ 易新鼎：《博学多变的人生——梁启超的读书生活》，中原出版社 1999 年版，第 155 页。

者！综是焉以求其公理公例，虽未克备，而所得必已多矣。”① 这里对于历史比较研究的范围给予了无限的扩大，对于比较的结果也寄予了相当大的期待，亦可见梁启超对于历史比较研究法的青睐。

很显然，梁启超是将中国史和中国民族排斥在世界史的范围之外的。至于排除在外的原因则是“而每两文明地之相遇则其文明力愈发现。今者左右世界的泰西文明即融洽小亚细亚与埃及文明而成者也。故中国文明力未必不可以左右世界，即中国史在世界史中当占有一强有力位置也。虽然，此乃将所必至而非过去所已经”。② 充分表明了梁启超心目中的世界史的主角是泰西文明，世界历史也是围绕着泰西文明展开的。中国史在世界历史上尚不占有什么位置，因为中国史在世界历史发展的过程中并没有发挥什么左右世界的重要作用。尽管梁启超在“欧洲中心论”光环的笼罩下不免受其影响，他的认识也并不符合世界历史，尤其是中国历史发展的客观实际，但仍为可贵的是，不论中国历史在过往世界历史的舞台中发挥的作用是多么的“微不足道”，梁启超都能从中分析出中国历史发展的光明远大之前途，言语中流露出强烈的民族主义的情感，这也是梁启超的著作具有恒久魅力的原因所在。

在梁启超看来，泰西、泰东两种文明之间的交流和碰撞直到他所处的时代才开始，而中国史将来才能在世界史上占一强有力位置。为此，梁启超又在“地势”中论道：“地理与历史最有紧切关系，是读史者所最当留意者也。高原适于牧业，平原适于农业，海滨河渠适于商业；寒带之民擅长战争，温带之民能生文明，凡此皆地理历史之公理也。我中国之版图包有温寒热三带，有绝高之山，有绝长之河，有绝广之平原，有绝多之海洋，有绝大之沙漠。宜于耕，宜于虞，宜于渔，宜于工，宜于商。凡地理上之要件与特质，我中国无不有之。”再加之“西北之阿尔泰山，西南之喜马拉雅山为大屏障也”与“小亚细亚之文明、印度文明相合集而成一繁质文明”尚且不能，怎么能在整个世界舞台上占一角色呢？还由于“中国作为封闭型的大陆文化，‘二千年来未尝受亚洲以外大别种族之刺激’③，

---

① 易鑫鼎编：《梁启超选集》上卷，中国文联出版社2006年版，第308页。

② 梁启超：《中国史叙论》，《清议报》1901年9月3日、13日。

③ 梁启超：《中国史叙论》，《饮冰室合集·文集》之六，中华书局1989年版，第12页。

因缺乏外部竞争和不能吸摄新营养，也是‘历久而无大异动’的重要原因”[①]。所以，中国文明在过去是没有世界史的。这里已经非常明确地看到梁启超的世界历史观本质上是一种进化论史观。这种弱肉强食的进化规则并没有让梁启超感到悲观。这是因为梁启超同时又看到，从19世纪中叶到20世纪初这半个世纪中的泰西与泰东文明之融合来判断[②]，则浩浩然寄希望于未来。尽管梁启超这一时期的世界史观在今天看来有一些可议之处，但值得肯定的是梁启超却是带着很深的民族情感来阐述其思想的。

### 四　世界历史者，合各部分文化国之人类所积共业而成也

20世纪初，随着资本主义向帝国主义的过渡，资本主义世界市场进一步形成，现实生活的需要和客观历史形势的发展，使得人们日益关注整个世界的联系，而人类历史发展的连续性又使得人们不得不以更大的精力来关注人类的过往。所有这一切使得现代意义上的世界史编纂成为可能。这一时期各式各样的世界史观，对当时积极主张向西方学习的梁启超产生了程度不一的影响。很显然，对其影响最大的乃是“进化论史观”和“西欧中心论”史观。我们甚至可以进而认为，“西欧中心论”史观对梁启超产生的影响，亦恰是在其进化论史观的影响下产生并发挥作用的，两者具有很大的关联性，在相当大的程度上左右着梁启超对世界历史发展大势的判断。

这两种所谓的世界史观，在西方成为帝国主义列强侵略扩张的理论依据和殖民扩张的托词，但在梁启超那儿所产生的影响，却是积极的成分占据了主要的地位。一方面，它唤醒了梁启超深沉而浓烈的民族忧患意识，促使其投入到更加轰轰烈烈的救国救亡运动中去；另一方面，它为批判旧史学、建立新史学在历史哲学的层面提供了理论依据，从而构建起梁启超史学理论体系的核心与基本的理论框架，为其以后的丰富与发展打下了基础。

梁启超对世界历史观曾给出了自己的形象比喻：“史之为态，若激水然，一波才动万波随。旧金山金门之午潮，与上海吴淞口之夜汐，鄰鄰相

---

① 陈其泰、安静波：《20世纪梁启超对中国学术思想演进的宏观考察》，《北京师范大学学报》（社科版）1998年第4期。

② 关于这个问题的详细的论述，参见梁启超的《五十年中国进化概论》一文，《梁启超史学论著四种》，岳麓书社1985年版，第3—14页。

衔，如环无端也。其发动力有大小之分，则其荡激亦有远近之异。一个人方寸之动，而影响及于一国，一民族之举足左右，而影响及于世界者，比比然也。”① 可以认为这是梁启超的世界历史观发展之联系的辩证认识。梁启超又以“刘项之争，与中亚西亚及印度诸国之兴亡有关系，而影响及于希腊人之东陆领土”和“汉攘匈奴与西罗马之灭亡及欧洲现代诸国家之建设有关”为例，阐述了世界历史发展的关联性和密切性。梁启超对这两个事件在世界历史上的地位和作用均给予了充分的肯定。梁启超指出：“吾侪综合此种种资料，乃知汉永元一役，实可谓全世界史最要之关键。其在中国，结唐、虞、三代以来二千年獯鬻、玁狁之局，自此之后中国不复有匈奴寇边之祸。班固《封燕然山铭》所谓：‘摅高、文之宿愤，光祖宗之玄灵；一劳而久逸，暂费而永宁。’非妄言也。然竟以此嫁祸欧洲，开彼中中古时代千年黑暗之局。直到今日，犹以匈奴遗种之两国（塞尔维亚与匈牙利）惹起全世界五年大战之惨剧。”② 梁启超关于这两个问题的考证与梳理，有一些是值得进一步讨论的，例如匈奴西迁与欧洲中世纪之间的关系，塞尔维亚与匈牙利是否就是匈奴人的后裔，等等。但梁启超能够将人类历史上各国、各民族之间的联系，相互之间的影响，作为世界历史考察的重要内容，确实是难能可贵的。“其实中国是一个大陆国，和周围的民族和文化都有极其复杂和密切的关系。其间交互错综的情形，绝难划分得很清楚。因此，我们要划分中外历史的界限，不应仅以地理意义上的区域为标准，而应以民族和文化的源流为标准。这就是说：凡是和中国没有关系的民族和文化，固然是外国史的范围，就是中国史上大有影响于外国民族和文化的史迹，亦应属于外国史的范围。总而言之，中国史上有许多事迹应以外国史为背景，外国史上亦有许多事迹应以中国史为背景。研究中国史而能注意到外国的背景，研究外国史而能注意到本国的背景，那才是合理的办法。”③ 如果没有宏大的眼光和开阔的视野，这在当时是很难做到的。

梁启超的“世界史”观之所以其后期也在很大程度上又有了发展。一

① 梁启超：《中国历史研究法》，河北教育出版社2000年版，第125—126页。

② 同上书，第129页。

③ 梁启超：《东籍月旦》，《饮冰室合集》第一册，中华书局1989版，第235—236页。

方面，是他的史观由于其年龄和阅历的增长而愈发成熟；另一方面，我们似乎也能看出他也受到在中国传播的唯物史观的影响，变得更加富有辩证性和思辨色彩。他指出："人类动作息息相通，如牵发而动全身，如铜山西崩而洛钟东应。以我中国与彼西方文化中枢地相隔如彼其远，而彼我相互之影响犹且如此其钜。则国内所起之事件，其首尾因果复杂之情形益可推矣，又可见不独一国之历史为'整个的'，即全人类之历史亦为'整个的'。吾中国人前此认为禹域为'天下'固属褊陋，欧洲人认为环地中海而居之诸国为世界，其褊陋亦正与我同。实则世界历史者，合各部分文化国之人类所积共业而成也。"① 在这里，梁启超不仅认清了中国人的"褊陋"的缺点所在，而且也意识到了"欧洲中心论"的偏执。可以说这是他史学思想方面的一大质变与飞跃。梁启超在这里借用日本史学家浮田和民的观点并加以发挥，提出了一个著名论断：人类社会进化的轨迹不是呈直线发展的，而是曲折复杂多变的。他说："其进步又非为一直线，或尺进而寸退，或大涨而小落，其象如一螺线。明此理者，可以知历史之真相矣。"② 其表述与唯物史观对人类社会历史发展的进程所作的表述是非常相似的。唯物史观认为人类历史的发展是螺旋式的上升和波浪式的前进。在这方面，已经有学者注意到了，叶桂生认为："梁启超在1902年发表《新史学》，试图说明中国历史是进化的，有规律的，研究历史如同'求得因果关系'一般。这是一种朴素的唯物论观点。"③ 这里再一次体现出了梁启超学术思想的善"变"特色，其"世界历史观"也恰是在不断的变化中丰富、发展的。

现在看来，梁启超的"世界史"观，显然有许多不妥之处，但也有自己的特色。它既不同于传统史学当中的历史变易论，也不同于后来的资产阶级的世界史观，更不宜与马克思主义的世界史观相提并论，但它在当时所起的作用，新时期的大多数学者还是给予了充分肯定。梁氏的史学理论体系中的"世界史"观是颇具特色的。它的形成"虽然主要是以借鉴西方近代史学理论和方法加以建构，但重要的是他并非机械地摘取某些观点，

① 梁启超：《中国历史研究法》，上海古籍出版社1987年版，第109、113页。

② 梁启超：《新史学》，《饮冰室合集》文集之九，中华书局1989年版，第7—8页。

③ 叶桂生：《史学理论的建树与追求——为纪念郭沫若诞辰一百周年而作》，《史学理论研究》1992年第3期。

也不仅限于翻译原著的某些篇章，而是依据中国的国情和现实需要，经过一定取舍和理性思辨等加工制作，并与中国史学的优良传统巧妙结合，融会贯通，使之中国化……它既不是西方史学理论的简单翻版，也不是为中国前史所未有，而是展示了全新的时代风貌"①，"以梁启超为代表的启蒙思想家，出于改造社会、振兴民族的需要，他们将今文经学派的历史变易观与西方进化论相糅合，既深化了历史变易论，又区别于为西方强权政治服务的社会达尔文主义，从而形成了激励弱小民族进取的带有东方特色的全新的历史进化观，作为他们观察历史、政治、学术思想的工具。"② 应该承认，这也正是梁启超学术思想的魅力所在。

梁启超是富有想象力的，这也在世界历史观和世界历史编纂思想上体现出来。梁启超在提出"合各部分文化国之人类所积共业而成"的世界历史思想后，继而指出："吾侪诚能用此种眼光以观察史迹，则如乘飞机腾空至五千尺以上，周览山川形势，历历如指掌纹，真所谓'俯仰纵宇宙，不乐复何如'矣。然若何然后能提挈纲领，用极巧妙之笔法以公此乐于大多数人，则作史者之责也。"③ 梁启超的想象使人们很容易想到号称"站在月球上"撰写全球史的斯塔夫里阿诺斯。通过梁启超此处的想象，我们不难看出他对于世界历史编纂者寄予的期望。梁启超的"世界历史"观并不是单纯地停留在空发议论的层面上，而是身体力行地撰写了许多世界史论著。他的《波兰灭亡记》、《朝鲜亡国史略》、《越南小志》、《越南亡国史》、《朝鲜灭亡之原因》、《日本并吞朝鲜记》、《雅典小史》、《斯巴达小志》、《欧洲战役史论》等就是在这种"世界历史"观的指导下写成的，并且受到了人们的赞誉。④ 梁启超的"世界历史"观在其史学思想中是一个极为独特的领域，今天我们对它的努力探索，不仅可以帮助我们更深刻地感受那贯穿于梁启超史学实践活动始终的积极向上的民族独立进取精神和奋力拼搏、勇往直前、无畏无私的战斗品格，还有他救亡图存、强我中华的爱国主义思想。这对于我们在更高层面理解梁启超的学术思想尤其是

---

① 安静波：《论梁启超前期史学的时代特色》，《北方论丛》1999年第6期。

② 陈其泰、安静波：《20世纪梁启超对中国学术思想演进的宏观考察》，《北京师范大学学报》（社会科学版）1998年第4期。

③ 梁启超：《中国历史研究法》，河北教育出版社2000年版，第129页。

④ 李喜所：《梁启超与近代史学》，《历史教学》1999年第7期。

史学思想无疑也是有很大帮助的。

## 第二节　李泰棻的万国历史进化思想

李泰棻（1897—1972），字革痴，号痴庵，河北省阳原县人。李泰棻一生经历纷繁复杂，从戎、从政、教书、研究，而尤以其史学研究名世，其中又以其西洋史和世界史的研究成就最大。1917 年，李泰棻所撰《西洋大历史》一版再版，及至四版时，章士钊、李大钊、陈独秀、刘半农等为之写序，称此书为中国编著西洋历史开一新纪元。1932 年，王森然著《近代二十家评传》，将李泰棻与康有为、章炳麟、王国维、陈独秀、胡适、郭沫若等并列，足见其影响之巨，在民国时期的学术地位之高。“七七”事变后，李泰棻担任过伪天津市教育局局长一职，1945 年被南京国民政府认定为汉奸，新中国成立后在傅作义的担保下，被安排在察哈尔省立宣化师范学校任教，此是后话。新中国成立后，其学术研究和学术影响逐渐不闻。李泰棻于西洋史及世界历史的研究编纂在当时的史学界可谓独树一帜，在民国时期的史学史和历史教育发展史上占有重要的地位。

### 一　合各国政治文明而统述之者，谓之万国史

李泰棻对于史学的研究，明显受到西方历史进化论的深刻影响，那就是“排斥神学的、超自然的解释，以人类为中心”①。李泰棻在《初中世界史》中指出：“宇宙现象有二：曰循环状，往而复来，如四时之变，近者是也。凡学之属于兹类者，谓之天然学；曰进化状，即进化无止境，往而不来，如人群之演进是也。凡学之属于兹类者，谓之史学。故史之研究进化现象者也。然动植矿物等，其不各有其自身进化，鲜关于人，故不叙述。今谓史，乃主于人。故史者，研究人群进化现象者也。此其狭义定义也。若夫人类进化史实外，更随时说明其因果关系者，则史学也。”② 李泰棻的分析，一方面体现出他的历史观的进步性，即走出了历史循环论的樊笼，属于典型的历史进化论；另一方面，也充分表现出他对史学的认识，

---

① 李洪岩：《百年中国史话·史学史话》，社会科学文献出版社 2000 年版，第 200 页。

② 李泰棻编：《世界史·绪言》，中华印书局 1932 年版，第 1 页。

即除叙述关于人的进化之迹外，还需探求其进化的因果关系。例如，他对于世界历史概念的认识就表现得非常明显。他指出："凡述国家状态者谓之政治史，如法制史战争史之类是也。凡述社会状态者，谓之文明史，如文学史、美术史之类是也。合一国之政治文明而统述之者，谓之国别史。如中国史、日本史之类是也。合各国政治文明析述之者，谓之分国史，如东亚各国史、欧洲各国史之类是也。合各国政治文明而统述之者，谓之万国史，如东亚史、西洋史之类是也。"① 李泰棻的万国史思想与后来人们所理解的"世界史"并不完全等同，但却是当时世界历史的同义语。这里的"各国"，也并不是确指世界上的所有国家，而是一个概数，类似于多国。鉴于此，李泰棻将东洋史和西洋史等地区史都称为万国史。还有一点值得提及，李泰棻的万国史从内容上分，主要还是政治史，也就是他所说的"政治文明"。这也反映在李泰棻于 1922 年出版的《新著世界史》中。李泰棻在"例言"中指出："本篇将中学应授之东亚史及西洋史合为世界史。"② 李泰棻在《世界史》一书中指出："史虽专名，然则细别，亦各不同。述国家事者，谓之政治史；述社会事者，谓之文明史；自古迄今统述者，谓之通史；仅述数代成一代者，谓之断代史；仅述一国者，谓之国别史。本书则万国史之类也。"③ 这就将世界史明确地归到万国史的范畴中去了，在李泰棻看来，二者是可以画等号的。结合上述分析，我们亦不难看出，当时一些学者对"世界史"的理解仍存在着简单、机械、拼凑之嫌，这在相当大的程度上折射出当时史学界对于世界史的认识基本上还处于将"万国历史等同于世界历史"的萌芽阶段。

李泰棻世界通史类著作的学术价值还在于他较早地强调和阐述了万国历史抑或说是他所理解的世界历史的整体性联系。李泰棻指出："万国史者，研究地球上各民族竞争融合所经过之阶段者也。此强彼掘，续若连环，必欲分判于其间，此为东亚史，此为西洋史，于事既难，于理亦背。晚近史家之所以强分之者，以其便于研究也。考世界史之所由起，厥有二区，一以黄河扬子江流域为中心，以汉民族为主，而满、蒙、回、藏、日

---

① 李泰棻：《西洋大历史·绪论》，武学书馆 1916 年版，第 4 页。

② 李泰棻：《新著世界史·例言》，商务印书馆 1922 年版，第 1 页。

③ 李泰棻：《世界史·绪言》，中华印书局 1932 年版，第 2 页。

本、安南、暹罗、缅甸、印度，中央亚西亚各民族附之，是为东亚史。一以尼罗河、底格里斯河、幼发拉底河为中心，以欧洲民族为主，而亚洲西部、非洲北部、南北美洲各民族附之，是为西洋史。故西洋史者，研究西方各国国际关系及其国家之所以成文化所以兴也。至西洋二字，定其范围颇难确合，必强区之，则惟欧洲全部、亚洲西部、非洲北部及南北美洲可以属之耳。"① 李泰棻指出，人类历史的发展本来是各个民族相互竞争、相互融合的，"续若连环"，若是勉强划分，必然会造成"于事既难，于理亦背"的矛盾，这是应该避免的。仅就东亚史和西洋史的发源、传播和发展势力所达到的地域来讲，就是一个难以截然进行区分的问题，人们之所以还是愿意进行这样那样的区分，实际上只是为了研究上的方便。李泰棻的这一观点主要是受到唯物辩证法的影响，与梁启超关于世界历史的认识是有很多相似之处的。

## 二　史也者，人类之事实录也

1916 年，李泰棻在《西洋大历史》中从进化论的角度，批评了种族优越论，倡导一种平等的种族观，反映了他朴素的平等思想。他指出，尽管关于种族的划分的论点多至数十种，议论纷纷，莫衷一是，但要其所持以判据者，不过色泽、头颅、语言、风教四者而已。即使种尝有别，四者亦不足征。"盖人之生也，狉狉榛榛、盱盱睢睢。知渔猎而不事耕种，逐水草而无定畛域，重以部族之争，俘虏之失，羼处互效，各失厥本。燥湿沧热之异，而色泽变，牝牡接构之异而颅骨变。社会阶级之异而风教变。号令契约之异而语言变。故今日之种同者古或异，异者古或同。厥初生民，近者数十万岁，自有记录始五千年。吾人所知，犹瀼潟之水比诸大江，不过小支而已。以是区区，妄定种别，是执管窥豹，坐井观天，一孔之见，庸有当耶。是就外表分之已谬于理，而又有以文野别人种者，不更妄耶。"② 文明之前人类发展进化的历史，对 20 世纪初的人们来说，如"迷"一般的难解。很显然，李泰棻这一朴素的进化思想较之时人已有了很大进步。他认识到的人类进化中的跳跃性和反复性现象，在今天仍有着

① 李泰棻：《西洋大历史・绪论》，武学书馆 1916 年版，第 4 页。

② 同上书，第 9 页。

启示作用。这种宏大视野审视下的民族、人种的进化历程，相比人类所谓的文明，差不多是九牛一毛。就是在这漫长的人类历史发展进程中，李泰棻以人类目前掌握的知识来区分民族与人种的优劣，不免显得粗浅和可笑，但就是这种朴素的、平等的民族、人种进化理论，较之西方存在已久的"上帝造人说"的天然种族优越论，无疑是一个巨大的进步。

李泰棻更进一步指出："夫所谓文明者，初无定义，无论何种，在何时代，苟其生活于物竞，即可号曰'文明'。人类生活演而弥进，窥诸学理，固属进化状。故文明之等次范围，皆为相对，前日之宽衣博带，较之衣皮不缝时，当为文明矣，而今日狭袖短襟，不更文明耶。古之所谓文明者，今既认为不文明，则今之所谓文明者，又安知后日不认为不文明耶。沈沈千古，莽莽神州，天之生斯民也，不知其几千万年矣，记录有涯，何以知其文野也。或曰人类生活状属进化，则今之文明者，古或为野，然野者古绝不文。愚谓不然，今之野者，古亦或文。谓吾不信请征诸史。"① 此处指出了文明的相对性和变化性，要求史家对于各个民族、人种要作历史、具体的考察。这种朴素的民族进化观念，对于当时国人正确地理解当时中国的落后与欧美的先进文明具有较强的启示意义。

李泰棻在这个问题上的认识是深刻的，他并没有仅仅停留在理论上的泛论，也没有仅仅以搬弄西方的历史知识为满足，而是举出了中国历史上类似的例子来佐证他关于世界历史上的不同民族和人种之间进化与发展的观点。李泰棻指出："以汉族与苗人较即可知矣。……更观苗人腰围片布，头插羽毛，半身无衣，足底若铁，熏兽以食，杂卧于地，牛豕同藉，日晒粪蒸，面黑若腊，穴处巢栖，结绳为识，刳木为舟，窥鸟发弹，射兽分炙，视吾汉族，故蛮人也。然回溯四千年前，则固文明种族，恐吾汉人犹瞠乎其后也。苗族文明何在，请列举之。一曰发明刑法。中夏古无刑法，始发明者，厥为苗族。《书·吕刑》云：'苗民弗用灵，制以刑。惟作五虐之刑曰法'，此其一也。一曰发明武器。中国武器古甚拙劣，利器之兴肇自蚩尤。史称蚩尤好兵喜乱作刀戟大弩。《山海经》云：'蚩尤作兵伐黄帝。'《管子·地数篇》云：'蚩尤受金作兵。'此其二也。一曰创造宗教。楚语云：'少皞之衰，九黎乱德，民神杂糅，不可方物，夫人作享，家为

① 李泰棻：《西洋大历史·绪论》，武学书馆 1916 年版，第 9—10 页。

巫史，无有要质，民遗于祀。’此其三也。蚩尤九黎皆苗族。有此三者，在吾汉族獉狉之时，故已文明矣。然逐鹿一战遂窜河南，厥后汉族愈进，苗族愈穷，沦胥至今，遂返蛮俗。此就中史而言也，证诸西史亦不乏例。西希里最初居民为西坎人，故是岛先有西坎里亚之名，后西塞尔人亦自意大利迁入，与西坎人争，各得其半，建立二小国，文明颇得可观。后，腓尼基及希腊人相继殖民，二族逃避山中，遂返蛮俗。然其文明之时，遂希腊当日亦所弗及。谓今之野人，古必不文，谁其信之？比据史之可征者而言也。准是以推，则连州之猺人、台湾之生蕃、印度之岛民、非洲之黑人及他种野蛮民族安见其太古不为文明人耶。浅学之士，本其所知妄自骄矜以人别人，自号文明，是犹上林之羊，欲自为卜式汧渭之马。欲自为伯翳，多见其不知自量已。史也者，人类之事实录也。吾人治史，当宏眼界，对于人种，莫存私见。庶几有促进史学之一日。”① 汉族与苗族之间先进与落后的转化，西坎人、西塞尔人与腓尼基人及希腊人之间文明与野蛮关系的转化，都有力地支持了作者的文明进化观点。李泰棻由此提出，在通史编纂方面史家应该具有宽广的视域，平等的历史观，对于人类历史上存在的人种一律平等待之。正如有的学者所指出的：“李泰棻主张种族与国家关系平等，反对‘欧洲中心论’及民族歧视，希望利用历史达到各族人民的大同，认为只有具备这种胸怀的史家，才算得是具备‘史德’。”② 所以，李泰棻于此提出了“人类之事实录也”的观点，在当时的中国委实具有唤醒史家、拓展眼界之作用，并将撰写平等如实的世界历史，作为一个值得世界史家孜孜追求的学术目标。

### 三　李泰棻著《西洋大历史》之时代精神

1916 年冬李泰棻所著《西洋大历史》一书的上古、中古部分由中华书局出版。其后，不断增补，于 1917、1919 年由宣元阁出版了近古、近世部分。李大钊、陈独秀、章士钊等人为该书作序向学界推介，均给予较高评价。1930 年 12 月，中华书局出版《西洋大历史》第五次印刷本，成为定本，共 4 大册，100 多万字，从古埃及、希腊上古历史一直叙述到第

---

① 李泰棻：《西洋大历史·绪论》，武学书馆 1916 年版，第 10—11 页。

② 李洪岩：《百年中国史话·史学史话》，社会科学文献出版社 2000 年版，第 201 页。

一次世界大战后，共参考英、法、日等国史书200余种，是中国近代学者以一人之力独自完成的著名西洋通史著作，风靡一时，被国内许多大学采用为教科书。

1918年夏，陈独秀在为《西洋大历史》的序言中提到："李泰棻君编西洋大历史成，送我读，命我作序。我空疏无学，更非历史专家，有话可说，但是我见了此书，却有两种感想。第一是我们中国人所编的所译的西洋历史从来没见过有如此详细又如此谨严的，实是佩服；第二是我们中国立国数千年，史家名著也算不少，但是至今没有一部贯穿古今的通史，这是中国读书人一大耻辱。我希中国保存国粹论者和研究西洋史的学者，大家注意此点。"① 陈独秀对中国人关于西洋史著述情况的考察，以及对当时中国世界通史编纂情况所作的概括，应该说是符合实际的，这一概括也加深了我们对李泰棻世界历史编纂思想的理解。这里我们对于陈独秀提到的"通史"似乎可以作两个方面的理解：一是，适合时代需要的新时代的中国通史；二是，适合时代需求的世界通史。从陈独秀的话中我们也可以看出，中国学者所独具的自觉的追求贯通的意识，这是中国史学中的优秀史学传统——"通史家风"的有力体现。中国的世界通史编纂在20世纪之所以能够连绵不断、代有佳作，与中国史家所独有的贯通意识和对通史撰述的孜孜不倦的追求是有着密不可分的关系的。

1921年7月，李大钊在为《西洋大历史》增订三版写的序中也表达了中国学者应奋发图强、中国学术应于世界学术中谋一地位的愿望。李大钊满怀期待地写道："西史一书，本为常识所需，而当欧风东渐、汉土革新之时，尤宜资为借鉴。求之坊肆，乃无善本之可寻，即间有一二，亦皆病未详备，无足供研考。李君独能于颠沛流离中，斐然成兹制，钜以饷学者，是又安得无感觉哉？爰书数语，以壮其奋进之志，冀其益加奋励，自跻于世界作者之林。"② 李大钊在此未对《西洋大历史》一书的内容给予具体的评价，唯独对李泰棻的治学精神给予了赞赏，同时，表达了他对李泰棻史学研究的期待。作为民国时期有着重要影响的学界名人，陈独秀和李大钊对《西洋大历史》的评介似乎都是从治学层面上谈及他们的感想，

① 陈独秀：《西洋大历史·序》，武学书馆1924年版，第4页。

② 李大钊：《李大钊文集》（下），人民出版社1984年版，第490页。

这也从一个很重要的方面显示出他们对于中国史学界的期许。很显然，“自跻于世界作者之林”，是很多学者朦胧的学术梦想，体现了这一时代的自发集体意识，较之于其他时期的学者对于中国独立之学术的感受，这一时期学术上被殖民的切肤之痛，在众多学者的心中更为真切。于是，要求学术之独立，思想之自觉，也就成了他们的理智的追求。正是这种追求、这种意识才使得中国学术即便是在民族危机不断加深的民国时期始终没有完全地沉沦，中国学者的主体意识也没有完全沉溺于西方学术话语之中，而是对西方的学术话语体系进行改造，力争体现出中国学者的思考。这在中国的世界通史编纂中表现得异常真切和明显，反映出中国学术界不曾间断的进取与开拓。

为了便于理解上述学者的观点，刘复在《西洋大历史》的“序言”中所讲到的当时学术界的情况是值得读者加以关注的。他指出：“虽然吾国在二十年前已有西洋历史译本（如《泰西新史揽要》）出现。此等书在当时难仅为策论场中抄袭之用。然以进化之程序言之，彼时既有《泰西新史揽要》，则今日所出之西洋历史译本，其篇幅与李君之书相等者，当为彼邦一人一地一事一时之史而不当为综合各国连贯古今之通史。”① 这一方面反映出了《泰西新史揽要》在当时的中国史学界产生的影响之大；另一方面也反映出当时的史学界对于西史翻译和研究中存在的人云亦云的被动接受心理。更为重要的是，人们对于通史所存在的畏难的心理和死气沉沉的局面展现无遗。刘复认为李泰棻的《西洋大历史》的出版之意义恰恰就在于给当时的史学界以警醒，诚意将该书介绍给“志愿入于活现时代者”，这不仅表白了李君之苦志，而且还严厉地批判了“学术消沉，万事垂毙之死现在”②。在当时的学术形势下，李泰棻《西洋大历史》出版后所引起的热烈反响，也就不难理解了。

《西洋大历史》全书共分为“绪论”七章、第一编“太古史”七章、第二编“上古史”四十六章、第三编“中古史”二十四章、第四编“近古史”三十三章、第五编“近世史”五十四章。其中，“绪论”具有鲜明的特色，集中体现了李氏的编纂思想和旨趣：其一，具有很强的理论

---

① 刘复：《西洋大历史·刘序》，李泰棻：《西洋大历史》，武学书馆 1916 年版，第 7 页。

② 同上。

色彩。第一章“原史”、第三章“史之新同盟”、第四章“史家三要”阐述了历史学的起源、发展和流变，考古学等史学的相关学科以及史家素养等史学史及史学理论问题。例如，第一章就以史之起源、史之造字、史之进化、史之目的、史之界说命名加以展开，可称为一篇简短而又系统的史学概论。其二，《西洋大历史》具有强烈的现实针对性，在其第二章中系统梳理了“过去的欧洲史学界”的发展历程，并且给予了评价，显示出一个中国史学家的思想和主张。作者分上古时代、中古时代、近古时代、近世时代一、近世时代二、近世时代三、近世时代四、近世时代五、近世时代六、近世时代七等十部分对欧洲史学的发展展开了系统的评述。应该承认，这在中国史学界是第一次对西方史学展开系统的探讨，具有相当的学术价值。其三，李泰棻还对当时的欧美史料给予了较多的关注，这体现在《西洋大历史》一书中便是用三章的篇幅深入探讨了欧美史料。“欧美史料及其种类”、“欧美史料之搜集及保存”和“欧美史料之鉴定”三部分不仅对当时欧美史学界重要的史料给予全面的介绍和评述，反映了当时学者对于欧美史学界的认识，而且作者将史料分为记录的史料和记录以外的史料两部分，为后来的学者所遵从，具有史料学和文献学的价值。这里，李泰棻所表现出的做法表明中国史学家并不仅仅满足于对于西方学者的相关著作的翻译，而且在相当大的程度上践行着发出中国学者自己的学术声音的尝试。对欧美史料的探索，反映出李泰棻的编纂意识和应用特色。

李泰棻在1926年出版的《记录以前之人类史略》中对撰述历史只关注西洋历史，即使中国史方面有相当的成绩，也只是概述从略的做法极为反对，认为这是编著史书的“大病”。因而，他在该书中“中国已有成绩或见于载籍之追述者，亦并叙之，非示独见理当然也”[①]。该书书末附《记录以前汉族文化发源考》一文，列举了拉克伯里说、蒋观云说、章炳麟说、丁谦说、章鸿钊说，意在表明中国学者应对人类历史上的重大历史问题，尤其是事关中国历史的重大问题发表自己的见解的主张。

---

① 李泰棻：《记录以前之人类史略·例言》，青云阁佩文斋、琉璃厂武学书馆、北京文化学社1927年版，第1页。

## 第三节　何炳松的世界通史编纂思想

何炳松（1890—1946）作为中国现代史上著名的史学家，对世界通史有着独到的认识和深入的研究，更有非常成功的通史编纂实践。1928 年，何炳松撰成的《通史新义》是中国现代史学史上少有的史学理论著作，其中体现出的通史编纂主旨突出地反映了何炳松世界通史编纂思想。1929 年6 月何炳松出版了《新时代外国史教科书》（商务印书馆 1929 年版）。1933 年出版的《世界简史》是中国学者较早编纂的世界通史代表作。而何炳松所编纂的《复兴初级中学教科书外国史》（商务印书馆 1933 年版）和《复兴高级中学教科书外国史》（商务印书馆 1934 年版）则充分反映了他对于世界通史的认识，是他关于世界通史功能定位的主要体现。何炳松的世界通史编纂思想形成了系统的观点，撮其要者，主要表现以下几个方面：

### 一　重视对通史理论及其与史料关系的探讨

何炳松在其 1927 年出版的《历史研究法》一书的“序”中就详细阐述了他对通史的认识及其与正史（指的是史料）的关系。他认为：“通史者，乃钩元提要之功，所谓撰述者是也”，“为著作，所以备常人之浏览，故唯恐其不精”[①]。在何炳松看来，通史的这一功能和特性也就决定了它的局限和不足，这就是“通史之为物，钩元提要，语焉不详。以备浏览或有余，以资约取，必不足”。[②] 这反映出何炳松对于通史的认识水平，更对他的世界通史编纂产生了决定性的影响：第一，对世界通史的定位就是供常人阅读、学习之用，是用来普及历史知识的，但世界通史的编纂必须要以史料为基础。他指出：“今人之习西洋史者，误以为西洋只有通史，遂好发编辑通史以代正史之议论。诚可谓知二五不知一十之谈也。西洋各国自 19 世纪民族主义兴起以来，对于国史材料之搜集，莫不聚精会神，唯力是亲。如德国之史料集成（*Monumenta Germaniae Historiea*）、英国之史料丛书

① 何炳松：《历史研究法·序》，商务印书馆 1927 年版，第 2 页。

② 同上书，第 3 页。

(*Rolls Series*)、法国之史料汇编(*Collection Documents Inèdits Sur I' Histoire de France*),皆其最著之实例也。故西洋史家一方固努力于撰述之功,一方亦并努力于记注之业,则可断言矣。"① 这表明,在何炳松看来,对于西方通史的介绍和借鉴应该是全面的,撰述与记注两者应同时并重,不可偏废。这一点在何炳松运用中国史学的专门术语对上述观点作进一步总结方面亦有反映。何炳松指出记注与通史,乃"前者为史料,所以备后人之要删,故唯恐其不富;后者为著作,所以备常人之浏览,故唯恐其不精。若论其事业,绝不相同。然相须而成,其归一揆"②。在何炳松看来,"通史",是从西方传播到中国来的,即便是中国传统史学中的正史也只是编纂通史所需的史料。很显然,何炳松这里所谓的"通史",事实上是指现代意义上的通史,而非中国传统意义上的通史,这是应该指明的一点。鉴于此,何炳松的通史编纂实践主要集中在世界历史编纂方面,也就容易理解了。

第二,对世界通史与相关的史料有着非常清晰的界定,这表现为何炳松在世界通史编纂过程中非常看重史料的作用。例如,何炳松在1933年商务印书馆出版的《复兴初级中学教科书外国史》的"编辑大意"中就指出:"本书的取材均有根据。关于亚洲部分大都以《大英百科全书》为主,参以波斯印度史的专著,冯承钧君所译法国学者考证的文字。关于揄扬亚洲各黄族对于文化贡献的部分,都是现代外国史家的见解……本书地图和插图亦都各有所本。"③ 从教科书编纂的角度来看,似乎并无特别之处,而结合何炳松上述关于通史的论述,我们不难看出他对于世界通史功能的认识,也是何炳松针对当时教育界和史学界流行的通史编纂过程中不重视史料进行的间接批评。何炳松进一步指出这种浮泛之风的危害:"夫良史之才,世称难得。则谨守绳墨以待后人之论定,不特为势所必至,亦且理有阙然。若不务史料之整齐,而唯事通史之著述。万一世无良史,不且遂无史书乎?……且著作必有所本,非可凭虚杜撰者也。故比次之功实急于独断之学。若有史料虽无著作无伤也。而著作则断不能不以史料为根据。"④

① 何炳松:《历史研究法·序》,商务印书馆1927年版,第1—2页。

② 何炳松编著:《复兴初级中学教科书外国史》,商务印书馆1933年版,第2页。

③ 同上书,第1页。

④ 何炳松:《历史研究法·序》,商务印书馆1927年版,第2—3页。

何氏所论史料与撰述的关系，对于通史编纂都是极为重要的问题，也是我国 20 世纪二三十年代世界通史编纂思想的价值体现之一。

## 二　以文化形态史观为指导编纂世界通史

在何炳松看来，编纂世界史著作，应该突出地反映出编纂者对世界历史进程的认识。“要想避免个人的成见，只有绝对应用科学标准的一法。现在史学上比较最合科学的新标准就是‘综合的研究’（synthetic study）。所谓综合的研究就是说：我们要研究人类文化的演进，我们不应该单单研究人类政治的、经济的、学术的、教育的和宗教的发展；我们要同时研究人类政治的、经济的、学术的、教育的或者宗教的等活动的交互错纵的情形。因为人类的文化是政治、经济、学术、教育、宗教等活动的总和；我们倘使单单研究这种种活动的一部分，那么我们对于人类的文化决不能窥见它的全貌。所以我们课本中所取的材料和所包的范围就应该以综合研究四个字来作标准，目的在于说明人类全部文化的演进。换句话说，就是凡是足以证实人类全部文化演进的事迹都是历史课本范围中的材料。”[①] 这里包含了何炳松对于研究和编纂世界历史时，机械分科所带来的割裂的反省，在给予了批评的同时，也提出了避免割裂的主张。这充分表明何炳松编纂世界通史的目的所在，即为“说明人类全部文化的演进”，凡是有利于说明人类文化的材料都是可以用来编纂世界历史的，而这也在更本质的层面上，反映出何炳松的世界观和历史观。

何炳松还批评了当时史学界盛行的以地域为界简单地划分本国史与外国史、西洋史与中国史的做法，并且指出这种做法实际上是受了“欧洲中心论”以及各种中心论的影响。何炳松指出：“我们试看寻常所谓外国史或世界史，多半是欧洲中心扩大起来的西洋史。欧洲固然是现代世界文化的重心，值得我们格外的注意。但是我们中国人既系亚洲民族的一分子，而亚洲其他各民族在上古和中古时代对于世界的文化又确有很大的贡献，似乎不应因为他们久已衰亡，就可符合欧洲史家的偏见，一概置之不理。因此著者很想在本书中用一种新的立场，把亚洲匈奴人、安息人、月氏人、突厥人、蒙古人等向来受人轻视的民族，根据他们在世界文化史上活

① 何炳松：《世界简史·序言》，中国工人出版社 2007 年版，第 2 页。

动和贡献的程度，给以相当的位置，而加以叙述。”① 这里探讨的是世界历史编纂中的选材问题。何炳松一方面承认了欧洲在世界历史上的重要地位和作用；另一方面，他又强调了亚洲一些在世界历史上作出过重大贡献的民族的重要性。这些民族，除了中国，还应包括亚洲西部的重要民族（例如古代的匈奴与安息中古的波斯突厥以及南洋诸国）。这从编纂的视角上看，是一种旨在突破“欧洲中心论”和“中国中心论”的局限，拓展世界历史研究视野和研究领域的新的编纂方法；而从世界通史编纂本身来看，事实上是他关于世界通史编纂标准的认识。

对此，何炳松在《世界简史》的序言中作了详细的阐述。“著者的愚见以为我们要划分中外史的界限亦因该以文化的演进为标准。详细来说，就是凡是纯属本国文化演进过程中的事迹当然除偶然用来作比较外可以绝对不提，凡是纯属外国文化演进过程中的事迹当然是本书正当的资料，这是很明显的了。至于和全世界人类文化有一般关系的事迹，著者的愚见，以为我们应该不分中外，把它们一律划入本书的范围。本书所以述及中国的石器时代，法显和玄奘辈的西游，中国蚕桑，印刷术和造纸术的西传，以及郑和下西洋的种种事迹，理由就是在此。”② 何炳松的关于外国史和世界通史编纂的标准，实际上大致可以概括为内和外两个方面。在论者看来，内的方面，即便是欧洲的，抑或说是本国的内部发展的事迹，除了偶尔可以作为参考资料之外，可以绝对不提；而作为外的方面，别国的一些重要史迹不应遗漏，就是本国的对外文化发展和交流的思想和史迹也应该花费笔墨如实撰写，而不应因是外国史或者世界通史就不去撰写。何炳松在此发挥了他在1933年出版的《复兴初级中学教科书外国史》中有关划分中外历史的标准。

《世界简史》于1934年出版，前后印行几十次，受到了学界的关注。有学者给予了这样的评价：“全书提倡中国文化本位，在参考西方史学成果的基础之上，根据包括中国在内的亚洲国家在世界文化史上的活动和贡献程度，在适合的位置上进行叙述。作者意在借本书说明：亚洲文化曾大大促进了欧洲的进步，欧洲之盛与亚洲之衰，仅在近世欧洲进行世界殖民

① 何炳松：《世界简史·序言》，中国工人出版社2007年版，第3页。

② 同上书，第2—3页。

之后，亚洲民族应该正确看待历史。同时，这种新的史学观打破了一直以来欧洲中心主义的历史史观，把由欧洲中心扩大起来的世界史改成以欧亚互动构成的世界史，着实调整了新的史学视域。”① 这种史学思想观念的变化，应该是历史学发展中最为关键的变化，它成为何炳松史学思想变化的基础性因素。“这个新的史观、新的架构，我以为重点还不在将蒙古人、突厥人等之历史事功补充式地插入其中而已，实是调整了一个视域。也就是把由欧洲中心扩大起来的西洋史与世界史，改成以欧亚互动构成的世界史。”② 何炳松关于外国史和世界通史编纂标准的探讨，说明了西洋史、外国史与世界通史之间并不存在截然如鸿的界限，它们之间存在着某种认识上的关联性。20 世纪上半叶，三者差不多同时出现于史学界，并且是角逐峥嵘，鼎足而立，构成了当时世界历史研究的三大领域。在某种程度上也可以看作当时世界历史研究与编纂的三大范式，共同促进了人们对世界历史的认识。事实上，这已经与今天的世界通史、世界文明史以及全球史研究者所关注的问题有了许多相似之处，对于我们今天认识全球史，客观评价全球史的地位和作用，无疑是有着重要的启示意义的。

### 三　力倡用社会科学相关方法编纂通史

类似同样的观点，何炳松在《通史新义》一书作了更为系统的阐述。何炳松在《通史新义》一书“自序”中对中国古代史学中的通史思想进行了深刻的分析后指出，中国尚未有一部差强人意的中国通史，原因在于：中国学者没有能够像西洋史家那样自如地运用最新方法。何炳松还指出了中西学术环境之不同，这对于成功运用最新社会科学方法编纂世界通史著作是非常重要的，也正是由于这一点，中国古代史学中通史编纂方法已不能适应时代的要求。“吾国旧日之所谓通史，《史记》一书实为嚆矢，其难满今日吾辈之意固不待言。至于章学诚通史观念之明确，固远驾西洋史家之上；然亦终以时代关系，未能以切实之方昭示后世。吾辈生当后代，耳目见闻自当有补前人。益以今日中外交通，万国庭户，则西洋史家通史义

---

① http：//book. danawa. com. cn/book/3487772. html，2010 年 4 月 5 日。

② 龚鹏程：《世界简史·推荐序》，何炳松：《世界简史》，中国工人出版社 2007 年版，第 4 页。

例之或能稍补章学诚辈之缺憾者，其可不稍负介绍之责乎？”① 而最新的社会科学研究方法必定来源于自然科学和社会科学最为发达的西方列国，因此，向国人介绍西方先进的社会科学方法也就成为繁荣中国史学的重要任务，也是史学家的一份重要职责。

西方现代意义上的历史编纂学对于新式史书体裁的历史编纂作了系统的探索，并且探索出一系列的标准和要求，但中国史学界对此却并不是都能够正确理解和恰当把握，因而不可避免地存在一些误区。对此，何炳松指出：“现在普通往往以为所谓详就是无所不包，所谓略就是撮其大要。于是求详的人竭力做堆砌的工夫，求略的人竭力做通概的工作。堆砌的结果往往流于琐碎，通概的结果往往流于空疏。使得读者或感到兴味索然，或觉得模糊影响。”② 在何炳松看来，历史编纂中的详略问题是决定读者对一本书是否感兴趣的重要因素，这也是最能够体现编者史料选择的功力和史实评判的见识的地方。

事实上社会科学的发展并非一人一己一时所能完善和总其大成，而是需要全体史家长时间的积累。只有这样，才能推动世界历史编纂的发展，也才能取得编纂上的突破。何炳松说：“专门家每以考证一己范围中之事实为限。此种单独考证之结果必再有人焉为之权其轻重而综合之。此通史家之职务也。通史家必须明白各专门家研究结果之价值如何，然后方得评论其得失。故各种专门家之工作方法如何不能不有精密之认识。通史家对于各类事实之关系必须具有明白公正之观念，然后方能权其轻重而综合之，既不可失其相对之重要，亦不引入主观臆测于事实之因果关系中。通史家应用极谨严之方法，将各种结果秉笔直书，且必先将几种已知之演化加以比较，然后再断定各种变动之因果为何。……而具有科学意义之社会历史哲学即由此种工作中出发者也。”③ 这里，我们不难看出何炳松在世界历史编纂上所受到的进化史观和西方形式逻辑的影响，而他之强调世界通史编纂中的精密、客观以及对主观因素的排斥，也充分反映出他受西方现代科学的影响。

① 何炳松：《通史新义·自序》，广西师范大学出版社 2005 年版，第 7 页。

② 何炳松：《世界简史·序言》，中国工人出版社 2007 年版，第 2 页。

③ 何炳松：《通史新义》，广西师范大学出版社 2005 年版，第 129—130 页。

教科书的编写是一项严谨而周密的工作。何炳松曾感慨："编辑历史的课本实在是一种不很容易的工作。因为就编辑课本的眼光看来，历史的材料实在太多，历史范围实在太广。材料既多当然不能不加以选择，范围既广当然不能不加以限制。倘使我们没有相当的标准，那么当我们选择材料和限制范围时，就要受个人成见的支配；或者偏重政治，或者偏重经济，或者偏重民族精神，或者偏重大同主义，因此就要发生偏而不全的毛病，违反现代科学上客观的标准。"① 在当时有些人看来，西方的社会科学方法在某种意义上可以看作是科学的同义语，何炳松也不免对其倍加推崇。

上述分析表明何炳松在世界通史编纂中不仅重视传统史学的历史编纂方法，而且尤为重视西方社会科学研究领域中能够运用于历史研究最新方法的介绍，应该说这也是何炳松撰写《历史研究法》和《通史新义》两书的初衷所在。何炳松在《历史研究法》中表明："著者之作是书，意在介绍西洋之史法。故关于理论方面完全本诸朋汉姆、郎格罗亚、塞诺波三人之著作。遇有与吾国史家不约而同之言论，则引用吾国固有之成文，书中所有实例亦如之。一以便吾国读者之了解，一以明中西史家见解之大体相同。初不敢俾贩西籍以欺国人，尤不敢牵附中文，以欺读者。"② 而在《通史新义》中，何炳松更是将西方史学理论推崇为医学术界痼疾之良药。"依据各种最新人文科学研究而来，较吾国固有者为切实而适用，足备国内史家之采择，初不敢因其来自西洋，遂奉为金科玉律也。"③ 对西方历史研究持有的批判之理性，也是绍介西学不可缺少之素养。只有这样才能达到编写出理想的教科书，乃至编写出理想的世界通史的目的。"理想的课本一定要能够简明而且切实，所谓简明就是略而能够不流于空疏，所谓切实就是详而能够不流于堆砌。简单地说，就是一面要'言皆有物'，一面要'纲举目张'，以文化的演进为经，以过去的事象为纬，这才是折衷至当的办法。"④ 很显然，要做到"言皆有物"和"纲举目张"，非应用西方社会科学之方法不可。

---

① 何炳松：《世界简史·序言》，中国工人出版社 2007 年版，第 2 页。

② 何炳松：《历史研究法·序》，商务印书馆 1927 年版，第 6 页。

③ 何炳松：《通史新义·自序》，广西师范大学出版社 2005 年版，第 10 页。

④ 何炳松：《世界简史·序言》，中国工人出版社 2007 年版，第 2 页。

## 四　在世界历史中突出中国史的地位和作用

《世界简史》在不同时期都有对中国史的相关部分的融合、吸收。这是何炳松世界通史编纂思想的重要内容。例如，“石器时代人类的状况”一节中特设“中国石器时代的发现”一目，阐述中国境内的石器时代的考古发掘状况，并据此得出了“中国确有一个石器时代，那是无疑的了”①。而以“张骞的凿空和亚欧商业的发轫”一目，将中国人熟悉张骞出使西域融入“亚历山大帝国瓦解后的亚洲”一章中去，进而将此时中国史的相关内容融入到世界历史。何炳松将张骞出使西域放在了世界历史发展进程中加以阐发，给予了高度的评价。何炳松指出：“他（指张骞——引者注）这次的西行，在政治上虽告失败，而在文化上却大有关系。因为此行结果，不但希腊和波斯的文化——前一种如汉代海马葡萄镜的图案，后一种如天马和葡萄——有一部分传入中国，而且中国的丝绸贸易亦经安息人之手逐渐向西发展到罗马去。后来这种亚欧两洲商业垄断的竞争，不但成为罗马先后和安息、波斯苦战的一个原因，并且为引起亚欧两洲永远冲突的导线。”② 这一阐述突显了张骞通西域在世界交通史上的重要性。何炳松对月氏民族历史的重视，更是体现了他凸显中国文化和历史的世界通史编纂特征。他在“月氏帝国的护法”中这样写道：“月氏人本亚洲北部的黄种，向居中国甘肃省的西北境，武力很为雄厚。……于公元前一三九年左右把大夏灭掉。希腊在中亚的文化根据地到此乃被受中国化的黄种人所夺。中国张骞的西通月氏就在此时，目的在于求月氏夹攻匈奴，亦可见当时月氏势力并未因西迁而减少。”③ “月氏人在世界史上地位和中古时代的突厥人完全相同，他们的重要一部分固然在于武功很盛，大部分却在亚洲的文化多靠他们而广播。……月氏人既雄霸中原，对于宗教的态度，和一般受过中国感化的黄种人一样，极其宽大。这种信仰自由的习惯，从前安息人和后来的突厥人、蒙古人，凡是深受中国文化影响的民族，无不照样仿行。这可说是中国人特性中对于文化有贡献的一点。”④ 而至佛教东传，中国对

---

① 何炳松：《世界简史》上卷，中国工人出版社2007年版，第11页。

② 同上书，第93页。

③ 同上书，第141页。

④ 同上书，第143页。

于佛教的重大作用更是得到了充分的重视。“现代佛教已完全绝迹于印度，但东亚一带如中国、朝鲜、日本等国至今尚不失为世界佛教的中心。这不能不归功于公元一世纪来月氏人的提倡和传布。”四世纪以来，“中国的地位和从前的月氏一样，就继起而成佛教徒的世外桃源。……向来崇尚儒道两种哲学的中国，到此乃得到一支生力军，而佛教遂成为中国文化上一个主要的元素。所谓东方文化的中国和印度两源，到此乃合为一大潮流，推波助澜，蔚成特殊的光彩，和基督教西传，加入希腊、罗马文明而合流，成为现代文明的情形，几乎是如出一辙。这真是世界文化史上一件极有关系的事迹。”① 而对于中古时代，“中国玄奘的西游和印度教的复兴”、“中国佛教的发达”和“佛教及于中国的影响”则详细阐述了中国佛教对于世界历史的影响及其应有的地位。

当然，何炳松在其世界历史著作中强调突出中国史的地位和作用是以其不违背中国史在世界历史发展中的实际地位和作用为底线的。针对有些历史著作夸大了中国史的地位和作用，何炳松则对这种做法予以批评。他指出：“旧式外国史总以欧洲一洲为中心；东洋史则以中国一国为中心。欧洲和中国固然为东西两洋文化的重心，不可忽视，但亦不宜偏重。本书很想用综合眼光，把东西史家向来轻视的西部亚洲史给以相当的地位。因此，对于古代的匈奴与安息，中古的波斯、突厥，以及南洋诸国均较寻常课本为详。唯亦不欲故意夸张，给以不应得的篇幅。”② 这表明，在何炳松的通史编纂中，史实的选择，绝不是随心所欲的，更不是凭借个人的感情好恶简单加以增删，而是有着明确的标准——这就是要符合文化形态史观的标准。

## 第四节　周谷城的“历史完形论”思想

周谷城（1898—1996），湖南益阳人，1921 年北京高等师范学院毕业。历任长沙第一师范学校教员，湖南省农民运动讲习所教师，全国农民协会宣传干事。1930 年秋，任中山大学教授兼社会学系主任。1931 年秋

① 何炳松：《世界简史》上卷，中国工人出版社 2007 年版，第 144 页。

② 何炳松编著：《复兴初级中学教科书外国史》，商务印书馆 1933 年版，第 1 页。

任暨南大学教授，兼历史社会系主任。1943年后，任复旦大学教授，曾兼史学系主任、教务长，同时，讲授中国通史和世界通史公共必修课。提出了“历史完形论”思想，形成了系统的理论体系。著有《中国通史》和《世界通史》等著作。

周谷城对“完形”通史理论的探索，经历了一个由创立到完善的漫长过程。尽管他没有明确提出“‘完形’通史”这一概念，但他创立一个学术派别的意识还是存在的。“我又读了各派心理学，当时我年轻，自命不凡，俨然要在心理学方面成一个学派。”① 从后来的实践看，周谷城在心理学方面没有构成一个学派，倒是他以“历史完形论”为指导，在历史学领域写出了独具特色的通史，形成了自己的体系。很显然，“完形”一词最初来自德国的格式塔心理学。周谷城借鉴的格式塔心理学诞生于1912年。它强调经验和行为的整体性，反对当时流行的构造主义元素学说和行为主义“刺激—反应”公式，认为整体不等于部分之和，意识不等于感觉元素的集合，行为不等于反射弧的循环。这对于周谷城理解历史的整体性和完整性产生了重要的启发作用。

周谷城在《历史完形论》一文中也提出了“维护完形之通史”的说法。鉴于此，笔者将这个通史系统称为“完形”通史。以1949年为界将其分为两部分。1949年以前，如果说周谷城对传统史学和新体通史的批评，体现出的是一种批判性的深刻反省的话，那么对“完形”通史的创建，则是一种构建性的探索。而在1949年以后周谷城对通史批评、总结以及在《中国通史》修订、再版的序言中的交代，则可被看作对“完形”通史理论与思想的进一步阐述。

## 一 对以往史书体裁的批评

周谷城对中国传统史书编撰体裁进行批评，反映出在新的形势下对于通史编纂体裁的探索。周谷城认为纪传体本身并无所谓好坏，但若用它来撰写通史就会不可避免地造成将完整事实，分述于不同的纪、传当中，将同一时期，同做一事的人物不合并起来加以论述的弊端。它分类记事，

① 吕涛、周竣羽整理：《周谷城传略》，山西人民出版社1988年版，第17页。

"根本不能不将历史自身之完整加以分裂，加以捣碎"①。在周谷城看来，最能保存史料的是纪传体，"最能破坏历史自身之完整者"② 也是纪传体。在周谷城的"完形"通史思想中追求"历史自身之完整"成了最高也是最基本的要求。"编著史书的人大抵只注意到文字的记录，个别的史料，与夫典章制度等；不以为凡此等等之里面，尚有历史之自身或活动之自身……编得愈有条理系统，而历史自身或活动自身之完整性愈被支离。于是历史书变成了史料书或历史辞典。每一子目均有独立的意义；而从诸种子目的联缀上看去，始终看不出历史之自身或人类过去活动之自身。"③ 强调有机的联系，始终是周谷城"完形"通史编纂思想的重要内容，这一点与文化形态史观有着天然的类似。值得注意的是，周谷城在此强调的不是形式上的精致和完美，而是一种内容上的完整，强调的是神似。

毋庸讳言，史家用纪传体编撰史书的目的是要将自己过去活动中所有重要的事情保存下来，因而纪传体在保存史料的过程中决不可少。可是由于其"分类不嫌精细"，且以朝代为单位人为地横断之，这么一来历史自身之完整性便全然被破坏。所分之类中，即使本纪一类，通史的味道较多，但是，限于本纪所述又只是整个社会中为数极少的精英阶层，因而也就只可视为帝皇家谱。所以，"纪传体史书到底只合保存史料，不能作为通史"④。从上面所引的论述中，我们可以看出周谷城认为纪传体并不能作为通史的编撰体裁的原因一方面是由于破坏了历史自身的完形；另一方面则是由于本纪所涉及的活动对象实在是太少了，不足以反映丰富多彩的历史内容之间的有机联系。

编年体恰好与纪传体相反，不是把有彼此关联者分开而是把同时间发生而没有联系的事物混合在一起。周谷城认为编年体"纤芥无遗，与丘山是弃"⑤ 的短处是由于史家的见解所致，是"选材的失当，属于作者的识见问题；评史家的见解，固无妨及此；若评史书的体裁，则此等失当并不

① 周谷城：《历史完形论》，《周谷城史学论文选集》，人民出版社 1983 年版，第 55—56 页。
② 同上书，第 54 页。
③ 同上书，第 42 页。
④ 同上书，第 56 页。
⑤ 刘知几：《史通·二体》。

关重要"[①]。重要的是，刘知几所高度赞赏的编年体的优点，在周谷城看来，却也是破坏历史自身的缺点。他认为刘知几眼中那"系日月而为次，列时岁以相续；中国外夷，同年共世，莫不备载其事，形于目前"的长处只是简单的"儱侗"（笼统——作者注，下同）。虽然编年体于纵横的方面都照顾到了，与通史最为接近，但"把同时间而彼此无关系的许多事情并列起来，只是含糊的儱侗，而不是辩证的完整"。况且"同一年或同一月所发生的许多事情，彼此间未必定有不可移易的因果关系。无关系而并列之，只是杂录。其次每一事情之产生发展完成未必定在同一时限之内：其所历时间往往有数年乃至数十年的。编著史书之时，将整个的一事分散，按年排比其零散的部分，而与其他许多不相干的事情混合，于是这一事情的完整性亦不能保"[②]。因为要达到辩证的完整，必须遵循两个标准："一，消极的不破坏诸部分自身的完整性；二，积极的须阐明诸部分彼此间不可移易的关系，或因果关系。"[③] 而编年体却将这两个方面都破坏了，所以编年体也不是周谷城心目中理想的通史编纂模式。

对于纪事本末体，周谷城认为"比较地接近了人类过去之活动"。他还是归结了三点缺点：①事情与事情间或篇与篇间没有联系。每一篇所述之一事与前后各篇所述各事必然的联系如何，全未指出。每一篇都是孤立无援的。②每一事情之内，或每一篇之内没有分析。③未能充分表现人类过去之是也。[④] 而造成这一现象最根本的原因是"由于未能明白认识历史自身之完整性，历史之全体成于个别的诸部分；诸部分固各有其独立性，但其能构成全体，则只因彼此间有不可移易的必然关系或因果关系"[⑤]。在周谷城看来，纪事本末体的出现不是偶然的，而是由于纪传体已是陈陈相因，无复"传世行远之具"；编年体此时的发展，亦仅为"绝世的空前"的地步。"旧形式不足以应新要求的事实是也。"[⑥] 于是纪事本末体的史书体裁便应运而生。但即使是这样，纪事本末体史书仍然存在着"我们现在

① 周谷城：《历史完形论》，《周谷城史学论文选集》，人民出版社1983年版，第57页。
② 同上。
③ 同上。
④ 周谷城：《历史完形论》，《周谷城史学论文选集》，人民出版社1983年版，第60页。
⑤ 同上。
⑥ 参见周谷城：《中国史学之进化》，《复旦学报》（人文版）1944年第1期。

任取一篇读下去，看不出其中较大的事情如何依赖较小的事情；只看见一条一条尚保留着从通鉴中抄下的原形”① 的弊端。

采用这三种史书体裁编撰史书，作者心中当然都有部分与全局的观念，只是没有办法完全、彻底地表现出来。我们读史书的时候，要重新自行组织著作中所叙述历史的线索和脉络，只有这样才能够寻出全局与部分、整体与局部的辩证关系，因而，“读书等于著书”②。当然，他对中国传统的通史体裁并不是一棍子打死。对于它们的优点还是给予了相对客观的评价。例如，他在1944年的《中国史学之进化》一文又借郑樵对班固评述对纪传体这一体裁作了较为辩证的分析。他认为郑樵对班固那“不幸班固非其人，遂失会通之旨，由其断汉为书，遂至周秦不相因，古今成间隔”③ 的批评过于苛刻了些：“这种批评，偏重于朝代的通与断，在我们看来并不甚关重要。朝代既多，用一书总括之，若《史记》之所为，固甚经济；新朝既起，断代为书以续之，若《汉书》之所为，又有何妨?”④ 由此可见，周谷城并没有完全否定纪传体这一体裁而是认为它不适合用来编撰通史而已。由上论述可见，在周谷城那里，中国传统史学中的几部经典通史著作如《史记》、《资治通鉴》、《十通》等都没有真正地做到很好把握人类过去之活动本身。如果说中国传统的史书编纂体裁和体例，在周谷城看来都不能适应现代史学表现内容的需要的话，新兴的章节体要比传统史书体裁在破坏内容的完整性方面更有过之而无不及。这反映出周谷城历史观的进步。

新史学中通史的编撰，直到夏曾佑仿日人之法编写教科书，方有所谓新体。周谷城将这种纵横两种界限、交织于同一书体之中的史书编撰体裁形象地称之为坐标体。周谷城实事求是地列举了新体通史所具有的弊端：①编制无条理，无系统；②文字太干枯，无趣味；③说明既嫌不够；④篇幅又嫌太多。如若就叙述史料、个别的史事或典章经制而言，此体最为进步；但若就保持历史自身之完形而言，则坐标体所起的破坏作用最大。“至是所谓新体或坐标体乃将完整的历史破坏无余；将人类过去活动之完

① 周谷城：《史学上的全局观念》，《学术月刊》1959年第12期。

② 同上。

③ 郑樵：《通志·总序》。

④ 周谷城：《中国史学之进化》，《复旦学报》（人文版）1944年第1期。

整性捣得粉碎。”[①] 这种章节体流行于史学界，就“只见动的历史化成静的史料；只见历史之完形化为史料之分类排比。致读者只看见条理系统井然的史料，看不见活跃而完整的人类活动”[②]。周谷城在中肯地指出了坐标体优点的同时，对于它的批评也最为严厉和激烈。由于他所处时代的特殊性，使得周谷城的通史编纂思想在批判吸收了中国传统史学中的通史思想和新史学的通史编撰思想的基础上又向前发展了一大步。

## 二　“完形”体通史的创立

周谷城对于“完形”通史编撰体裁的探索首先表现在对于大的历史阶段的划分和处理上。这是通史编撰过程中需要解决的重要问题之一。在当时通行的史书体裁中，比较重要的四种：①用古代、中世、近代、现代等名称来划分历史时期。②以氏族社会、奴隶社会、封建社会、资本主义社会、社会主义社会等五种生产方式划分历史时期。③以事情为单位，又不违反时代的先后顺序，略似纪事本末体。④以几个朝代为一段，也于叙述之中顾到古、中、近、现之分，五种生产方式的。[③] 对于中国历史来说，朝代与大的历史阶段划分之间关系的处理是一个无法绕过的问题。周谷城认为：“朝代的存在，并无碍于新体史书的编写。……以几个朝代为一段的书或讲义，未必把每一朝代都同等地叙述了；以古、中、近、现分期的，以五种生产方式分期的，以纪事本末为体的，又未必一定抹煞朝代，沾都不敢沾。我自己写中国通史时，觉得清初统治阶级的所作所为，有值得特别注意者，曾从正面叙述康、雍、乾三朝之政绩。并不见得采了类似本末体的办法，朝代就无存在之可能了。”[④] 周谷城对朝代在历史上的作用给予了特别的关注，但在“完形”通史编撰的过程中并没有按照朝代划分章节。很显然，作为通史完全地按照朝代划分章节最终仍不免打破、分割历史自身的完整性。

首先，通史编纂的结构与框架需要“完形”思想。关于这一点，我们也能从《中国通史》的结构与编写框架上得到更为明确的答案。“他的

---

① 周谷城：《历史完形论》，《周谷城史学论文选集》，人民出版社1983年版，第63页。

② 同上书，第53—54页。

③ 周谷城：《略论朝代在历史研究中的地位》，《学术月刊》1961年第8期。

④ 同上。

《中国通史》打破了王朝体系，以西方世界史的分期，将中国历史分为古代史（原始社会至秦）、中世纪前期（汉至五代）、中世纪后期（宋至清）等。"[①] 尽管这是比较常用的阶段划分法，但在具体的分期裁断上却是与众不同，自成一家之言。周谷城考虑到纵横（即由并立的诸族归并为统一帝国的归并过程和奴隶阶级同奴隶主阶级的斗争过程）两方面的特点将公元前2000年左右到公元9年称为古代史。而中世前期则包括从新莽开始到五代末（公元9—959年）950年的历史。这是封建社会的全盛时期。中世后期包括北宋初到鸦片之战（公元960—1840年），是为封建社会持续时代，其特点是种族斗争比中世前期更厉害，对外贸易则海上贸易几乎完全代替了陆路贸易。近代史指从鸦片战争到五四运动（公元1840—1919年）是为半封建半殖民地时代。其时内部已经有了资本主义，但仍有封建主义的压迫，外部则有帝国主义国家的大肆入侵，广大人民在此双重压力下，进行激烈的斗争。[②] 是为"历史阶段决定分期"的标准。

在《世界通史》中，周谷城指出："进化阶段，不能因难明而予以否认。世界各地历史的演进，无不有阶段可循，典型的阶段为氏族社会时代到奴隶经济时代，再到封建时代，再到前资本主义及资本主义时代，然后到社会主义时代。"[③] 这对于我们理解周谷城的"完形"体通史思想是具有重要的意义的。综合考察各种历史阶段的划分，周谷城最终所认可的历史阶段之划分很显然是受到了马克思主义的社会经济形态理论的影响。换句话说，也就是周谷城认为马克思主义的社会经济形态理论是最能体现其"历史阶段决定分期"标准的理论体系。

其次，在选材与历史自身关系方面，周谷城可谓用心良苦，惨淡经营。在周谷城看来，不仅历史学家所研究的客观历史是一个有机的完整的体系，而且史学家经过研究后所写成的著作也应该是一个不可分割的整体。通史，尤其是历史教科书决不能是简单地相加、机械地拼凑。"今之新体史书，尤其是中学历史教科书等，每干燥无味至极，令人循诵数遍，也不能得到深刻印象。……每一段、每一节、每一章都是孤立无援的；而

① 刘统：《二十世纪的中国通史》，《历史科学与理论建设》，北京师范大学出版社1999年版，第504页。

② 参考周谷城《中国通史》各编的小序言。

③ 周谷城：《世界通史·弁言》，河北教育出版社2000年版，第4页。

与前后的章节全无联系。于是读起来有如历史词典，历史之完形终不可得；深刻的印象当然更没有了。”① 好的历史教科书并不仅仅是语言的生动形象，而是需完整反映出历史的客体。

关于这一标准，周谷城在编撰世界通史的时候强调得最为充分。周谷城指出：“今日世界通史的著作，仍是单纯堆砌零碎事件者多，阐明有机组织统一整体者少。现在世界通史有如百科全书，按目录或索引检查，可以查到个别事情的知识，这是优点；阅读全书，了解世界全局或统一整体，则很不易。”② 这里周谷城将以往的世界通史著作视同百科全书，意在批评其堆砌和割裂之弊端。

他甚至想到了在历史教科书编写过程中采用纪事本末体和如何处理纷繁复杂的年代问题。周谷城在后来的文章中作了总结：“我们今日写历史教科书，如果仍采用流行已久的，类似纪事本末体的形式，则上述缺点可大大减少。我们的历史，从来是统一整体：同一时限之内，分别叙述的要求不大，至少不如在世界史中那样大。在每一章中，夹一个小小的年表，既可以帮助读者易于了解一个事情的本末始终；合起来看各表又可以连续而不交叉之处比较多。”③ 教科书中除了夹叙夹议之外，辅以年表，更加有利于表现中外历史进程的完整性质。

20世纪20至40年代国内关于外国史的著作，所能见到的仅有李泰棻编的《西洋大历史》、王桐龄的《东洋史》、何炳松编的《欧洲古代史》和《欧洲近代史》等寥寥几部。“这几部著作，严格地来说，也只能称作区域史，还说不上是世界史。”④ 加上中国学者经常把经济、政治、文化、思想、文物以及典章制度等各项厘分切割，也就使得这种所谓世界通史成了资料汇编或历史辞典。周谷城在编撰世界通史时本着反对“欧洲中心论”倾向，提出了“世界史并非国别史之和”的观点。他力求突出世界史在发展中各部分的联系，着眼于全局，从有文化的或文化较多的六大地区同时写起，从而得出一部比较完整的、作为有机统一体的世界历史。因

---

① 周谷城：《历史完形论》，《周谷城史学论文选集》，人民出版社1983年版，第67页。

② 周谷城：《我是怎样研究世界史的》，《周谷城史学论文选集》，人民出版社1983年版，第112页。

③ 周谷城：《中国历史知识及其年代学的处理》，《文史知识》1981年第2期。

④ 桂遵义：《马克思主义史学在中国》，山东人民出版社1992年版，第544—545页。

而，1949 年周谷城著《世界通史》的出版，是对上述弊端加以纠正所作的一次尝试。这便是周谷城的“选材以反映历史自身”的标准。“这部著作，并不是仅仅将以往国外各项研究成果汇集综合起来，从体系构成到具体论断，都表现了作者鲜明的个性与独到的见解。和国外同类著作相比，特别是与在中国有很大影响的威尔斯及海斯等人的著作相比，本书有着极鲜明的特色。”① 周谷城著《世界通史》在编纂上用功之深可见一斑。

再次，是关于题目与内容的关系问题。重视统一的、整体的历史，说到底也就是重视各个部分之间的联系。这就决定了史学家“在写历史著作和教科书时，就应考虑篇、章、节、目之间的联系”。这样，研究成果才“能反映历史的自身，既要有具体事实，也要有有机的组织，使读者读了以后能得到系统的历史知识”②。除此之外，周谷城认为不仅通史著作中篇、章、节、目之间应该有一个有机的联系和系统的组织，而且认为即使它们的标题之间的关系也是应该仔细斟酌的。周谷城认为“在今日编著史书，则篇内之义理固应当研求；而篇外之题目也须有意义，而与文章之内容相符合”。因为要“维护完形之通史，其文章之内容应与其有意义之题目相符合；诸有意义之题目所代表的事情，应该彼此相关联。事情与事情之联系，反映为文章与文章之联系，文章与文章之联系，反映为题目与题目之联系。倘题目全无意义，那便不能表明文章内容之彼此相关，而显示着历史自身之完整性了”③。具体通史编纂过程中的题目与内容之间的关系，属于体例的范畴，事实上表明周谷城对通史编纂的思考已经有非同一般的深入，已经具体到细枝末节之处。

复次，我们还应该注意到《世界通史》在体例方面的创新。这在其《世界通史》的“弁言”中能够寻出：“书中文字，仿拙著中国通史之办法，分为两种：高一格者，偏重较为抽象，较为概括的叙述；低一格者，偏重较为具体，较为详明的说明。④” 这使得《世界通史》在内容上可以

① 姜义华、姜玢：《世界通史·前言》，周谷城：《世界通史》，河北教育出版社 2000 年版，第 10 页。

② 张兰馨、袁云珠、张小云：《周谷城教育实践与教育思想》，湖南教育出版社 1998 年版，第 244 页。

③ 周谷城：《历史完形论》，《周谷城史学论文选集》，人民出版社 1983 年版，第 68—69、69—70 页。

④ 张兰馨、袁云珠：《周谷城文化·艺术文集》，教育科学出版社 1991 年版，第 265 页。

因读者的不同而加以灵活增减。这个特点在竖排版的通史中体现得一清二楚，给读者提供了莫大的方便，而在横排版的通史中这一特点就基本上体现不出来了。也许，这是编辑出版者在改版时所始料不及的。周谷城在通史中所倾注的心血，顾及到了它的角角落落，哪怕是最微细的环节。在1939年版的《中国通史》“序言”中，我们可以感受到周谷城对读者的谆谆告诫。他生怕给读者造成学习知识方面的不便，更怕读者不明白他自始至终体现在通史中的见解，更害怕由于在技术问题处理上的不当，从而造成读者在接受知识过程中出现不应有的偏差和失误。这便是“标题以符合内容”的标准。

最后，历史学家几乎无一例外地将历史著作的文笔优美与否、行文流畅与否作为衡量史学著作质量优劣的一个重要标志。似乎每一个史学家都是这样评价他的同行，也是这样要求自己的。在当时就有学者主张历史教材的语言风格应该是故事化、趣味化、艺术化，但周谷城对史学著作的语言文笔问题有着更加独到而深入的认识。他认为历史教材趣味性的有无不全在于历史教材编写过程中所采取的语言以及叙事的技巧。问题关键在于编写者所采用的文字能否真正表达历史事物、现象发展过程的“有机统一性”。“盖文字能如量表达事实，即有趣味。此在自然科学教本中，在历史教本中亦莫不然。”① 他举出了数理化生物等学科的教材，以从不发生文字错误充满趣味为例子来加以佐证。

其实，史学著作的枯燥乏味，并不能完全归咎于史家语言文字的功底以及行文叙事的技巧，而与编纂者能否客观、完整地再现研究对象之间的联系，有着重要的关系。周谷城指出：“倘所选之材料不是构成历史自身之一环，或是一环，而移易了地位，以致与前后各环节的必然的不可移易之关系或因果关系，被打断了；则文字无论如何优美，终亦不能显示其所应有之效用”，“只惜读史的人未能明见及此，而归咎于史书之文字的干枯，甚至有希望史学家以轻快有趣或带文学意味之文字写历史者。其实文字的趣味，不在其自身，而在其所描写之事实。一本史书之中，每一段事实，倘为读完了其前一段之后所不可不知的，则文字虽然拙劣，读来仍有

---

① 周谷城：《考察史学教育报告》，《周谷城教育文集》，吉林教育出版社1991年版，第290页。

'先得我心'之感，而发生趣味。"[①] 以能否反映研究对象之间的紧密联系作为提升通史著作的语言文字的标准确实是别出心裁，给人以耳目一新之感觉。周谷城举例来阐述这个问题，他指出："最简单而又最完备的历史知识，莫过于《三字经》中的历史部分。章炳麟对《三字经》作了订正，对这部分除略有补充外，基本未动。这一部分，全文不过三百余字，上下古今的朝代都提到了；前后秩序丝毫不乱，文字整齐，便于记忆；从其中可以获得索引（index）式的知识。"[②]《三字经》之所以成功，在周谷城看来，并不是其语言文字之如何优美，而是充分反映了所叙事件的联系。从这一思想看，通史著作"倘后事不关于前事，突然而起；则文字虽美，仍将是干燥无味的"。[③] 这就是周谷城通史著作编纂思想中"行文以说明史事"的标准。

周谷城的"历史完形论"在中国现代通史理论占有特殊的位置，其较为成功的世界通史编纂实践，将这一理论的发展引向深入。

## 第五节　雷海宗的文化形态论

雷海宗（1902—1962），河北省永清县人，1919 年入清华学校高等科。1922 年毕业后留学美国，在芝加哥大学学习历史，1924 年入该校历史研究所深造，1927 年获哲学博士学位。归国后，历任南京中央大学、武汉大学、清华大学、南开大学教授，著名的历史研究专家。雷海宗以其独特的"文化形态史观"和对唯物史观的灵活运用，奠定了他在中国现代史学史上的重要位置。

### 一　世界文明周期论

关于雷海宗的文化形态史观所具有的概括性，雷海宗的学生何炳棣曾作过如下的概括。他指出："盖两河（巴比伦）、埃及、印度、中国、希腊——罗马、回教、欧西七大文化各有其不同的特征与风格，此即所谓的

① 周谷城：《历史完形论》，《周谷城史学论文选集》，人民出版社 1983 年版，第 67 页。

② 周谷城：《继往开来的史学工作》，《中国史研究》1979 年第 3 期。

③ 周谷城：《历史完形论》，《周谷城史学论文选集》，人民出版社 1983 年版，第 67 页。

形态之异；但以上七大文化亦标示彼此之间确有类似的发展阶段、历程，以及最后大一统之出现、崩溃、没落的共同之处，此即所谓的形态之同。”[①] 这里所谓的文化之形态是一个宏观的历史哲学的理论体系，受到了西方文明史学者的深刻影响。人类历史发展进程中所存在的各种文明事实上就是一个有机体，因而会有产生、发展、壮大、衰败，乃至灭亡的不同发展阶段。而大致处于相同发展阶段的文明之间是可以有许多相同之处的。例如1941年，雷海宗就曾在《战国策》半月刊上撰文对各个文明的春秋时代作过比较。他阐述了“春秋时代”作为一个文明发展所必经阶段的普遍性。雷海宗指出：“春秋时代，在任何高等文化的发展上，都可说是最美满的阶段。它的背景是封建，它的前途是战国。它仍保有封建时代的侠义与礼数，但已磨掉封建的混乱与不安；它已具有战国时代的齐整与秩序，但尚未染有战国的紧张与残酷。人世间并没有完全合乎理想的生活方式与文化形态，但在人力可能达到的境界中，春秋时代可说是与此种理想最为相近的。”[②] 这里所述春秋时代乃是世界历史上各民族普遍经历的文明形态的初步展开时期。

具体说来，雷海宗比较了中国与欧西两种文明之间的共同点。从时间上讲是春秋背景下的封建时代；从文化上仍然维持着礼仪和侠气；从社会发展的状态看都保持着一种稳定安详的状态。雷海宗还阐述了希腊文化的春秋时代。他指出：“希腊文化的春秋时代，是公元前650年左右到亚历山大崛起的三百年间。当时的历史重心仍在希腊半岛，雅典与斯巴达的争雄是历史的推动力，正如中国的晋楚争盟或欧西的英法争霸一样。当时的希腊也有种种春秋式的礼制，凡读过希罗多德的历史的人都可知道。侠义的精神，尤其是大国对大国，是很显著的。雅典与斯巴达时断时续地打了四十年的大战之后，雅典一败涂地，当时有人劝斯巴达把雅典彻底毁灭。但斯巴达坚决拒绝，认为这是一种亵渎神明的主张。”[③] 雷海宗对处于“春秋时代”的各种文明形态的分析具有自己的特色。当然，应该指出的是，将“礼制”、“侠义”、“宗教”等社会风气、社会文化现象看作是维系这

① 何炳棣：《被忽视的“雷海宗的年代”——忆雷海宗师》，http：//www. guoxue. com/master/leihaizong/leihaizong. htm，2010年12月31日。

② 雷海宗：《中外的春秋时代》，《伯伦史学集》，中华书局2002年版，第217页。

③ 同上书，第222页。

个时期各文明间所达到的势均力敌的胶着状态的根本原因，则反映出雷海宗的这一理论体系所具有的局限性。

雷海宗认为文明形态发展的第二个阶段可称为“贵族国家时代”。这一时代前后约三百年，是一个以贵族为中心的列国并立的时代。在这一时代，夺上御下占尽一切利益的，是中间的一级，就是当初封建各国的国君，他们统一了疆域，彻底摆脱了天下共主的羁绊。整个天下虽未统一，但列国的内部却是主权集中的。在经济方面，井田之类的授田制尚未正式推翻，但自由买卖的风气已经相当流行。各国内部已经完成了统一，局部的统一局面已经形成，小的纷乱已经降至最低限度。贵族阶级在封建时代已经开始修养的侠义精神与斯文仪式，已经发展到最高的程度。国际的战争虽然难免，但天下大定的局面已经形成。宗教在这一时期仍然占据着重要的地位。一个文化对于宇宙人生问题的伟大解释与伟大答案都产生于这一时期。

在雷海宗的文化体系中，文化发展的第三个阶段是“帝国主义时代”。在第二阶段和第三阶段必然要发生惊天动地的政治、社会与经济的大革命。全民皆兵的征兵制度已经完全确立，大规模的以歼灭、毁灭为目的的战争已经成为国际野心家所钻研的方法。战争将各个国家创造的文明和社会生产力破坏到一个前所未有的程度。还产生了任意屠杀文人学士、破坏思想的野蛮举动。在思想上，“这是一个回光返照的时代。短期之间，百家争鸣，在表面上似乎非常热闹。但思想趋于派别化，伟大的创造思想家并不多见。最后连派别化的思想也趋于消失，只剩下毫无中心见解的杂家，东拼西凑地去写许多杂乱无章的大书”[①]。文化“帝国主义时代”乃是文明的衰落和耗散阶段，社会的剧变、阶级斗争的频仍，使得文化面临着新的转变与蜕变。

雷海宗还系统地考察了文明发展到大一统阶段的世界历史发展的状况和未来发展的趋势。雷海宗将中、西两文化统一于一个视景（perspective）之下，确实是加深洞悉中、西文化特征及其同异的最有效方法。在雷海宗的笔下，大一统时代前后约三百年，一国独强，并吞天下，实现了封建时代可望而不可即的理想。帝国的疆域往往不断扩大，许多边外的夷狄，纷

---

① 雷海宗：《历史的形态与例证》，《伯伦史学集》，中华书局2002年版，第247页。

纷归顺投降，天下大致是太平的，一般人的生活也大致安逸，但这却增加了心理的松懈和精神的涣散。整个社会颓风日甚，最后一泻千里，不可收拾。但表面的庞大，却并非内在伟大，毁灭的命运很快就要来临。①

具体文化形态发展的第五个形态是政治的破裂与文化灭亡的末世。政治日益专制腐败，社会的机构程式化、效率低下，极端的个人主义、自私自利主义，变成社会生活，乃至社会发展的主要动力。古老的文化时常被异族文化所侵略和征服，古老的文明一蹶不振，以致死亡。传统的政治文化总有完全毁灭的一天。雷海宗举出了埃及文化、希腊罗马文化、欧西文化为例，阐述了他的文化形态体系。具体到中国文化，雷海宗又提出了中国文化二周论。他指出："除欧美的历史尚未结束外，一切过去的伟大文化都曾经一度的发展，兴盛，衰败，而最后灭亡。唯一的例外就是中国。中国的文化独具二周。由殷商西周至五胡乱华为第一周。由五胡乱华以至最近为第二周。"② 雷海宗对于中国文化的两周之阐述采用具体如下简表。③

| 时代<br>周 | 宗教时代 | 哲学时代 | 哲学派别化与开始退步时代 | 哲学消灭与学术化时代 | 文化破裂时代 |
|---|---|---|---|---|---|
| 第一周 | 殷商西周（公元前1300—前771年）殷墟宗教周代宗教 | 春秋时代（公元前770—前473年）邓析、楚狂接舆、孔子 | 战国时代（公元前473—前221年）六家 | 秦汉与东汉中兴（公元221—公元88年）经学训诂 | 东汉末年至五胡乱华（公元89—383年）思想学术并衰，佛教输入 |
| 第二周 | 南北朝隋唐五代（公元383—960年）佛教之大盛 | 宋代（公元960—1279年）五子、陆象山 | 元明（公元1279—1528年）程朱派、陆王派 | 晚明盛清（公元1528—1839年）汉学考证 | 清末以下（公元1839年以下）思想学术并衰，西洋文化东渐 |

由上图我们不难看出，雷海宗对中国历史发展进程所作的文化形态分析之系统、缜密。很显然，雷海宗以文化形态理论对世界文明所作的分析确实开辟出阐释世界历史的一个新模式，这对于雷海宗的世界历史观念是

① 雷海宗：《历史的形态与例证》，《伯伦史学集》，中华书局2002年版，第247—248页。
② 同上书，第253页。
③ 同上书，第256页。

至关重要的。对于世界上其他文化都是一周而亡，何以中国文化独居二周的回答，雷海宗除了作比喻之外，并没有给出系统的回答。他说："我们可说文化如花，其他的文化都是草本，花一度开放，即告凋死；中国似为木本花，今年开放，明年可再重开，若善自培植，可以无限的延长生命。第二周的文化虽在人类史上已为例外，但既有第二周，也就可有第三周。"① 很显然，雷海宗的这个比喻也只是一个假说而已，并不能作为中国文化第二周，并且能够发展出第三周的直接证据。即便是南方的开发对中国文化的发展委实产生过举足轻重的影响，但能否判定在中华民族发展的进程中只这一种因素起决定性作用，也是值得进一步探讨的问题。或许这也正是雷海宗对于世界历史、中国历史侧重于文化分析而忽视其他因素（如地理环境、经济、政治制度等因素）分析的局限所在吧。值得注意的是，雷海宗将中华文化第三周开始的标志定位于抗日战争，并认为抗战的胜利与否决定着中华民族的生死存亡，以此来唤醒整个中华民族的斗志，应该说这在抗战万分危机的关头，还是发挥了积极作用的。

纵观雷海宗的文明形态理论，我们就会发现，它的重点仍在于这个理论的现实性和实用性，实际上是为当时的人们观察世界，观察世界历史发展的大趋势，思考、探求中国历史的前途和中华民族的命运提供了一个学术上的视角。今天看来，世界文明周期论仍然具有相当的影响和地位。何炳棣评价道，遍观20世纪治史或论史对象最"大"的史家，除施本格勒外，如英国的汤因比，德国的雅斯波斯（Karl Jaspers），中国之雷海宗，以及与何氏学术关系深久的美国同僚麦克尼尔（William Hardy McNeill）等无一不预觉到世界之进入"大一统"局面，无一敢深信这行将一统世界的大帝国（及其盟属）能有最低必要的智慧、正义、不自私、精神、理想和长期控御无情的高科技力量而不为高科技力量所控御。今后全球规模大一统帝国继续发展演化下去，是否能避免以往各大文化的最后没落与崩溃，正是关系全人类命运能不能预卜的最大问题。② 何炳棣将雷氏与西方史学界的文化形态史大家相提并论，已可见其学术地位之高。上述，何炳棣所

---

① 雷海宗：《历史的形态与例证》，《伯伦史学集》，中华书局2002年版，第257页。

② 何炳棣：《被忽视的"雷海宗的年代"——忆雷海宗师》，http：//www. guoxue. com/master/leihaizong/leihaizong. htm，2010年12月31日。

论已经不仅仅是对历史的反思和总结，而且在更大程度上表现出对当代世界文明前途和命运的忧思。

## 二 以马克思主义唯物史观为指导的世界历史体系

新中国成立后，唯物史观在学术界得到了广泛传播，史学界也掀起了学习马列主义、毛泽东思想的热潮。雷海宗在学习马克思主义的过程中，开始尝试以唯物史观为指导研究世界历史，对于世界历史上的许多重大历史问题提出了自己的见解，反映出他贵自得之学而坚持之的学术品质。《世界上古史讲义》是1955年雷海宗在南开大学执教时撰写的第一部以马克思主义唯物史观为指导的世界历史著作。在这部著作中就鲜明地表现出他对于唯物史观的理解和在具体研究中的创新。雷海宗在该讲义中开宗明义表明了他对于世界历史分期的认识。他指出：

> 人类社会的发展过程，按其生产方式的不同，亦即社会性质的不同来划分其各个历史阶段，则有五个不同的历史阶段，即氏族社会、奴隶社会、封建社会、资本主义社会与共产主义社会。但世界史的分期却不能完全按照社会发展史的五个阶段来划分。因为学习历史除了应具有这种科学的社会阶段的观念外，同时还需要具有严格的时代与年代观念，否则就不可能清楚地理解历史上所发生的重要事变的内在联系及其前因后果。如就某一个各别的地区和民族的历史分期来说，则应在其历史的发展过程中，依其能标志着生产方式发生根本变革的重大事件所发生的年代来分期。但世界史要讲授世界上所有地区和所有民族的历史，而这些地区和这些民族的历史发展过程不是平衡的，它们并不是在同一个时间内发生同样性质的社会根本变革的。所以世界史的分期只能参照社会发展的五个阶段而实际上则严格地按照年代来划分成下列五个时期。①

这段话语是雷海宗学习唯物史观后对社会经济形态，乃至对世界历史体系所作的思考，具有其自身的价值，也具有时代的印记。其一，从雷海宗本

① 雷海宗：《〈世界上古史讲义〉选录》，《伯伦史学集》，中华书局2002年版，第571页。

人的学术思想发展过程来看，上述对于世界体系的认识与他的文化形态史观已经有了巨大的差异，可以说属于完全两个不同的思想体系，我们可以将其看作是雷海宗学术思想的一大升华。后者相对前者来说是一个巨大的进步，具有更强的系统性和辩证性。其二，从20世纪50年代的学术风气看，雷海宗对于唯物史观的学习和应用，应该是真正的接受，而非表面的应付，或者说是跟风。这里一个突出的表现就是对五种社会发展阶段理论的批判接受，从学术层面上区分了世界史的分期和社会发展史的分期。他既肯定五种社会生产方式理论是“科学的社会阶段的观念”，又指出世界史的分期不能“完全按照社会发展史的五个阶段来划分”。其三，对于世界历史的分期首先是要求在“严格的时代与年代观念”与世界历史发展的不平衡性之间作一个平衡与照顾，而权衡之下，主观的社会分期理论还是服从了严格的年代划分。严格的年代划分，事实上在世界通史编纂的过程中，也有一些难以处理的问题，比如容易给人留下一种挥之不去的机械或一刀切的痕迹。

在上述分期理论的指导下，雷海宗将整个世界历史分为氏族社会（公元前3000年以前），整体上是人对自然进行斗争的时期，在发展较快的地区已经出现了阶级和国家；上古（公元前3000年至公元五六世纪间），世界上几个发展较快、文明发展较早的地区都已经进入了奴隶社会，其阶级斗争主要是奴隶主与奴隶之间的斗争；中古（公元五六世纪间至17世纪），世界上各重要地区都已经进入了封建社会，但很多地区也还停留在氏族社会阶段；近代（公元1640年至1918年），主要特征即是资本主义在世界范围内的统治与支配，将1918年作为世界近代史结束的标志则是因为在世界大战的末尾爆发了宣告资本主义在世界范围内统治结束的十月社会主义革命；现代（自1917年十月革命至现在），这一时期是如日初升的社会主义与日趋没落的资本主义二者之间斗争的时期，总的趋势是社会主义在全世界范围内的发展并将取得最后胜利，资本主义在世界各地统治的削弱与走向最后灭亡。①

雷海宗的世界历史体系既照顾了文化形态史观中的完整性，又对唯物史观关于社会经济形态理论进行了灵活运用。雷海宗关于世界历史分期的

---

① 参见雷海宗《〈世界上古史讲义〉选录》，《伯伦史学集》，中华书局2002年版，第571—572页。

思想反映出他结合世界历史研究实际运用唯物史观的深入程度。雷海宗对世界历史上的奴隶社会的认识，更是反映了他对于唯物史观理解和运用的灵活与辩证。雷海宗指出："在理论上讲，阶级出现、国家成立之后，战争日多，胜利国所得的战俘日多，奴隶的数目可以无限增加与随时增加。但实际的情形并不如此简单，除罗马历史中很短的一段外，我们并不确知任何其他的此类例证。"① 紧接着，雷海宗论述了在游牧地区、地广人稠的大陆农业区，以及在航海区奴隶制度发展的情形，指出海洋区是唯一奴隶社会为时较长及奴隶制度发展程度较高的地区。雷海宗还从理论上论证高度发达的奴隶社会不可能成为一种稳定的社会制度的原因所在。"高度发展奴隶制度是一个很实际、很严重、很危险的制度，不能视同儿戏，不是想做就能做到的事。不只本国本族的人不能随意奴役，外国以种族语言风俗习惯与自己相同或相近的人也不能大量奴役。如果这样做，小之他们可以很容易逃回老家，大之他们可以不太困难地联合起来推翻主人。奴隶如果多，如果成为主要的劳动力，必须来自远方，不能轻易逃回；必须是种族语言不同的人混杂交错，使他们不容易组织反抗；最好是落后部族的成员，经验幼稚，知识简单，容易制服。只有通过海上航线而能达到异族地区的工商业国家，有可能掌握大量的合乎上列条件的奴隶。所以在历史上真正的奴隶主国家只能是例外的，不可能形成通例。所谓希腊奴隶社会的说法，完全出于错觉，希腊绝大部分根本没有奴隶。"② 这一推论是有一定的道理的，对于人们研究历史上的古史分期问题提供了一定的理论支撑。

在实际研究中，雷海宗发现奴隶社会向封建社会的转变并没有像其他社会形态转变那样发生大的生产力的提高和变化，也没有发现大规模的阶级斗争。他运用归纳法来看待这一问题，指出：

> 生产力生产关系与社会转化问题，是历史科学中的一个基本问题。在此方面，氏族社会转入奴隶社会，封建社会转入资本主义社会，资本主义社会转入社会主义社会，都有清楚明显的生产工具进

---

① 雷海宗：《〈世界上古史讲义〉选录》，《伯伦史学集》，中华书局2002年版，第601页。

② 雷海宗：《世界史分期与上古中古史中的一些问题》，《伯伦史学集》，中华书局2002年版，第391页。

> 步，生产力提高，旧生产关系成了障碍，非突破不可的现象发生：金属工具代替石器，氏族社会于是转入奴隶社会。机器代替手工工具，封建社会于是转入资本主义社会；集中之大机器工厂代替分散之小工厂，资本主义社会于是转入社会主义社会。这都是再清楚不过的历史事实。只有在奴隶社会转入封建社会的过程中，我们看不到此类的历史事实。以大家最注意、过去研究最多的3至5世纪间西欧的转化为例，我们并没有见到生产工具的改善或生产技术的提高。我们所见到的是生产破坏和生产锐减，绝无生产力突破生产关系可言。①

很显然，运用生产力和生产关系来分析世界历史上社会形态的更替，以生产工具的提高来反映生产力的提高，进而揭示社会经济形态的变化，是较有说服力的。文中所论，奴隶社会向封建社会的过渡问题，委实是一个值得进一步深入探究的问题。

从奴隶社会中奴隶地位的情形看，“专就农民而论，人口的大多数一般的是自耕农或农奴，奴隶反占少数；大量农田奴隶受着非人且低于牛马的待遇的一个农业社会而能持久，在经济上是不可想象的事，在历史上是没有见过的事”②。此外，雷海宗还从理论分析的层面上找到了奴隶社会与封建社会之间在生产力发展程度上差别不大的反证。雷海宗强调：“原始社会转入奴隶社会，是无阶级的社会分化为两个对立阶级的过程；封建社会转入资本主义社会和资本主义社会转入社会主义社会，都要经过新兴阶级打倒旧统治阶级的一番革命。只有奴隶社会转入封建社会时无此现象，个别的人虽有升降，但基本上不过是旧的奴隶主变为封建领主而已，被统治阶级也只是把奴隶身份换成农奴身份，根本没有新兴阶级打倒旧阶级的丝毫痕迹。”③ 很显然，雷海宗在这里是运用唯物史观的基本原理对奴隶社会作了深入细致的考察，其见解虽然在当时不为时人所认可，并且还遭到了批判，但今天看来，这并不能抹杀其学术价值。这对于进一步研究社会经济形态，尤其是奴隶社会的相关问题具有相当的启示。当然，我们从雷

① 雷海宗：《〈世界上古史讲义〉选录》，《伯伦史学集》，中华书局2002年版，第605—606页。

② 同上书，第604页。

③ 同上书，第606页。

海宗遭到批判这件事也不难体会出对于唯物史观的学习和运用是一件异常艰苦的事情，需要长期的持之以恒才能收到其应有的效果。

以现在的眼光来看，20 世纪 50 年代雷海宗运用马克思主义的唯物史观对世界历史进程所作的分析，尤其是对奴隶社会所作的分析是相当深刻的，具有不为时代所限的学术性，为我们深刻认识世界历史发展中社会经济形态的复杂性和多样性提供了充分的依据，对于我们辩证理解和运用马克思主义的社会形态理论均具有相当大的启示意义。

## 三　在联系中把握中国史和世界历史的发展

我们知道，新中国成立后世界通史的研究和编纂主要是向苏联学习，在研究和分科中，出于课时、认识等各方面的考虑，世界通史很自然地就将中国史排除在外。20 世纪五六十年代，一些通史著作，即便是周一良、吴于廑主编的《世界通史》也未能例外。在 20 世纪 50 年代将中国史纳入到世界历史发展的大趋势中加以考察，是雷海宗等学者的一大学术创新。

首先，雷海宗主张在世界历史的联系中把握中国史。雷海宗在 1955 年撰写的《世界上古史讲义》中首章“总论——中国与世界”中的第四部分着重探讨“上古的中国”。该部分从“甲、地理环境”、“乙、民族和文化”和“丙、古代中国历史的概述”详细阐述了上古时代中国历史的发展。在第五部分“上古时代的中国与世界”中，雷海宗指出：“在这一段历史中，中国有它特殊的地位，在某些重要方面中国的发展特高。早在殷周时代，中国内部各区的发展已显特殊。例如齐国，殷代已有，前后大概维持了一千年以上；楚国是否殷代已有，尚难确定，但由周初到战国，最少也维持了八百年。这都是逐渐扩大而始终有一个政治中心的列国，都是内部有统一的经济生活的大单位，经济政治的发展千年上下一线相传，始终不断，乃是经济不断上扬，政治比较稳定的征兆。齐国或楚国一国，最后都大过上古时代中国地区以外的任何较为持久的国家，例如埃及或巴比伦。上古时代中国内部的列国，其经济发展与政治稳定已超过世界任何一个整个地区。”① 雷海宗在此运用了比较法来研究中外历史，使人们对中国历史在世

① 雷海宗：《〈世界上古史讲义〉选录》，《伯伦史学集》，中华书局 2002 年版，第 596—597 页。

界历史上的地位和文明程度有了更为客观和整体的认识。1956 年，雷海宗在《历史教学》杂志上发表的《世界上古史教学章目》中就充分体现了他的这一主张。在“上古前期下”（公元前 2000—前 1100 年）中讲述了中国的夏商两朝的历史，在“上古后期上”（公元前 1100—前 500 年）中介绍了中国的殷周之际、西周、春秋的历史，在“上古后期中”（公元前 500—公元元年）首先介绍了中国的战国、秦、汉—诸子—汉与儒家以及中国哲学的发展，在“上古后期下”（公元元年—570 年）中拟讲中国的新、东汉、魏、晋、南北朝—佛教以及中国的宗教之发展。[①] 从这份《世界上古史教学章目》中抽出的这份中国史的内容实际上构成了一部中国历史（夏商至南北朝）的基本脉络，由此可见中国史在雷海宗的世界历史体系中所占的分量，这也表现出他在史学思想中与众不同之处。

其次，雷海宗主张在世界上古史中撰写游牧民族的历史以充分体现世界历史的全面性，这也体现了他对中国历史上少数民族历史的重视。他指出：“世界史应当是全世界的历史，由于史料的关系，我们不得不侧重土著国家的历史，但游牧世界大约在公元前 1000 年以后，最少在个别地方，已开始超越了原始社会的阶段，已开始有了初步的阶级分化，已开始有了国家的雏形。既然如此，我们在名为‘世界史’的课程中，就不当把它漏掉。”[②] 这里生动地体现出了世界历史的第一个基本原则，即世界历史的全面性原则，这是非常重要的。雷海宗主张将游牧民族写入世界上古历史中，还因为“把整个旧大陆的所有重要部分联系为一体的一个现成媒介，就是游牧部族，尤其是公元前 1000 年以下开始特别活跃的游牧部族。土著国家的居民一般地是固定不动的，相互之间的征伐也往往局限于世界的一隅。只有游牧部族是自由自在地东西骋驰，同一个部族可以在先后不远的两段时期与中国和欧洲都发生直接关系，东西的交通路线也在很大程度上经过这个游牧世界。所以我们如果以游牧世界为主而观察全世界，会发现永远站在土著立场所不能见到的许多历史景象和历史关系，这对于全面

---

① 雷海宗：《对世界上古史改分区教学法为分段教学法的体会》，《伯伦史学集》，中华书局 2002 年版，第 377—378 页。

② 雷海宗：《上古中晚期亚欧大草原的游牧世界与土著世界（公元前 1000—公元 570）》，《伯伦史学集》，中华书局 2002 年版，第 342 页。

掌握历史是有帮助的"①。视角和立场的转换，对于世界历史的研究是至关重要的。

再次，雷海宗对游牧部族的重视，也恰恰是基于这种研究视角和研究立场的变化，从以往对土著民族的重视转变为对游牧民族的重视。雷海宗笔下的世界历史对于游牧部族的重视，很显然是从另外一个层面上来理解世界历史的全面性的，即抓住世界范围内游牧部族和土著部族之间的联系，恰恰是这种联系充分彰显了中国历史在世界历史发展进程中的独特地位。世界历史的全面性从更深刻的意义上体现出了一种联系性。接着，雷海宗分别考察了塞人与希腊、中国古史上的游牧部族、科尔提人、日耳曼人、匈奴人与罗马帝国，及游牧民族的结局和世界历史上的地位。而中国古史上的游牧部族，与以汉族为首的土著部族之间千丝万缕的联系，反映了中国历史在世界历史中的重要地位。这也就是雷海宗所指出的游牧部族对于世界历史发展的第三个贡献中所体现的："自中国而中亚、伊朗、印度，而西亚、欧洲，交通和通商都须经过大草原的一部或全部。游牧部族维持东西的交通，对他们自己也是有利的，过路税形成他们的一种重要财源。同时东西文化的沟通和交流，当然也经过这一地带。"② 这种媒介作用无论主观上，还是客观上都与中国历史有着千丝万缕的联系，一方面体现了雷海宗并没有仅仅局限于以往的世界历史研究的视角和立场，另一方面又自然而然地阐扬了中国学者对中国史与世界史关系的认识，体现出一个史学家的史识。雷海宗对于游牧民族的重视，在其后周谷城的论述中进一步得到了确认。

最后，雷海宗对游牧民族的把握成为中国的世界历史研究者深化研究的特色视角。这开辟了中国的世界史研究的独特领域。1961 年 2 月 7 日，周谷城在《文汇报》上发表《论西亚古史的重要性》一文，指出："研究古代、中世世界史，如果忽视这等地方，其失当如研究近代、现代世界史，而忽视非洲、拉丁美洲诸国一样。研究近代、现代世界史，而忽视非洲、拉丁美洲诸国，则是对反帝斗争的力量，未能顾到；对民族解放运动

---

① 雷海宗：《上古中晚期亚欧大草原的游牧世界与土著世界（公元前 1000—公元 570）》，《伯伦史学集》，中华书局 2002 年版，第 342—343 页。

② 同上书，第 372 页。

的国家，未能顾到；对整个世界历史的完整体系未能全面顾到。”[1] 很显然，周谷城发挥了雷海宗的观点，给予的评价更高。周谷城的文章发表之后，在学术界产生了较大的影响，金兆梓曾致信周谷城谈了他对于西亚古史的认识和在世界历史编纂中的处理情况。应该说，金兆梓的认识包含了他对于以往世界史编纂的反省，也在相当程度上表明西亚古史和游牧民族的重要性，是得到了中国的世界历史研究者的广泛关注的。1979 年，周谷城仍然关注古代西亚在世界历史发展进程中的地位。[2] 20 世纪 80 年代，吴于廑恰在上述认识的基础上作出了更为深入的拓展。吴于廑在 1983 年 3 月发表的《世界历史上的游牧民族与农耕世界》一文，全面、深入阐述了游牧民族在世界历史上的作用，最终得出了“从世界历史的全局着眼，来自游牧世界的各部族被吸收、融化于农耕世界，一批又一批接受农耕世界的先进经济和文化，也应该认为是历史的一种发展，尽管这种发展往往是经过野蛮破坏才获得的。我们不能设想，世界历史上游牧世界和农耕世界的长期矛盾运动，可以杜绝或避免破坏，听从人们的理性要求，遵循人们的道德准则，和和平平地向前发展下去。”[3] 至此，中国史家对于游牧民族的认识已经达到了一个相当的高度，此时众多的世界历史研究者已经开始探讨宏观的整体的世界历史了。如果从梁启超 20 世纪初对这个问题的探讨算起，经过半个多世纪的不懈探索，学界对游牧民族的认识已经达到了较高的水准，成为中国学者探讨世界历史的重要切入点和有中国特色的视角。无疑，雷海宗在这个问题上的研究构成了这一认识过程中的重要一环。

① 周谷城：《论西亚古史的重要性》，《周谷城史学论文选集》，人民出版社 1983 年版，第 152 页。

② 周谷城：《古代西亚的国际地位》，《世界历史》1979 年第 1 期。

③ 吴于廑：《世界历史上的游牧民族与农耕世界》，《云南社会科学》1983 年第 1 期。

# 第四章

# 世界通史表现形式的多样化

世界通史著作类型的划分是一个非常复杂的问题。无论是其划分的标准，还是其划分的类型，中国学术界都没有专门的研究成果问世。[①] 20世纪以来，在学术界和教育界的共同努力下，共有约300部各种类型的世界通史著作问世，其中有相当一部分是一般学者闻所未闻、见所未见的。这是一个五彩斑斓、琳琅满目的学术领地，这些著作在吸收中国传统史书编纂经验的基础上，又借鉴了西方历史编纂学的成功经验，创新了一些体裁、体例，极大地丰富了中国史书编纂的内容和形式。世界通史编纂中的体裁问题是一个值得下大力气来研究的史学研究领域。世界通史著作类型的划分具有相对性，并没有截然如鸿的界限。

晚清时，西方史学东渐日本和中国，继而对东亚地区的史学发展产生了深远的影响。西史译著在中国传播时所产生的影响是多方面，从史学观念、史书内容、史学语言，到史书表述形式都呈现出诸多新面貌和新气象。英国传教士麦都思于1829年石印的《东西史记和合》带来了中西比较的编年体历史著述，被看作是“第一部中西比较的编年体史书，可能也堪称有史以来第一部中西比较历史的著述”[②]。正如有的学者所评价的，是书“所采取的中西对比的方法，不仅在一定程度上克服了以往宗教史的对

---

① 有学者对20世纪中国通史著作类型作了系统的研究之后将其分为通俗类、教科书类和学术研究类三大类型。参见赵梅春：《20世纪中国通史编纂研究》，中国社会科学出版社2008年版，第306页。这对笔者梳理世界通史著作具有较大的启发，同时又觉得这种分法似有空泛、笼统之弊端。本书则以对典型体裁的代表作的分析为主。

② 邹振环：《西方传教士与晚清西史东渐：以1815年至1900年西方历史译著的传播与影响为中心》，上海古籍出版社2007年版，第65页。

比叙述的某些局限，而且在整体历史叙述上克服了以往历史学家历史阐述的狭隘性，将中西历史发展放到了更广阔的背景下，改变了欧洲史学中的孤立主义倾向，扩大了中国学者的历史视野，有助于全面地认识西方和东方”①。这就极大地扩展了世界史研究的视域。《四裔编年表》采用的是一种中西历史时间对照的年表体；《大英国志》展现了世界史中的国别史；《欧洲史略》给予一种区域性的洲史；《防海新论》展示的是一种西方战争实录体；《泰西新史揽要》则给我们带来了“每百年为一周”的世纪史。上述史书编纂体裁在中国学者的世界通史编纂中均得到了不同程度的体现，为这一时期世界通史的编纂实践所吸收。

## 第一节　章节体在世界历史编纂中的发展

中国传统史书体裁中纪事本末体与章节体最为接近，它成为中国史书体裁近代化的重要基础，在此基础上发展起来的章节体，便于对所研究的对象详叙首尾，探求因果。当然，不应否认的是章节体之所以能够在当时的史学界引起足够的重视，并且能够被应用于历史著作的编纂最根本的原因还是中国历史学自身发展的结果。应该指出的是，章节体在中国史学界最初应用在西洋史、外国史和世界通史编纂领域，然后逐渐在整个史学界推广开来，成为中国的世界通史编纂体裁中应用最为广泛的体裁之一。

### 一　陈衡哲对章节体的运用

陈衡哲（1893—1976），湖南省衡山县人，出身于一个封建官僚家庭，受过良好的教育，1914 年赴美国瓦沙女子大学专修西洋历史，后入芝加哥大学学习，获得硕士学位，归国后先后在北京大学、四川大学、东南大学等高校任教，被称为“民国第一女教授”，是中国现代史上著名的文学家和历史学家。《西洋史》是其史学研究成果中的代表作。

首先，陈衡哲将史书编纂的体裁体例以及纲目的设计与史家的道德操守联系起来，可谓是有慧眼独具之史识。从整体上看，陈衡哲的《西洋史》

① 邹振环：《西方传教士与晚清西史东渐：以 1815 年至 1900 年西方历史译著的传播与影响为中心》，上海古籍出版社 2007 年版，第 64 页。

上下册已经算是运用章节体体裁比较成熟的了。陈衡哲在《西洋史》下册“例言”中指出：“本时期的西洋史，还有一个与上古和中古史不同的地方，这便是它的世界化。靠了地理上的发现，和科学的应用，西洋历史的范围，就愈扩愈大了，而因为时间的接近，我们对于这一期的西洋史，尤能感到深切的兴趣；所以编辑此书的标准，也不得不略略变更。上册西洋史的编辑，比如是闲谈隔村张三李四家太上老祖的掌故，此册的编辑，却如演讲本村现存长辈的事业和人品，他们的历史，是都与我们有密切的关系的。所以上册所当避免的，是无精打采的干枯说话，此册所当避免的，却是左右袒的偏见。但这个危险，又岂独是著者所当注意，近世的教者和读者，岂不当以世界观的超然眼光，作为他们的指南针么？”① 陈衡哲从便于表现历史发展的脉络和编纂者基本的史德入手，适时地调整了《西洋史》下册的编写体裁和体例，同时强调要以“世界观的超然眼光”为指导。

其次，陈衡哲对于史书编纂的体裁问题有一些独到的探索。陈衡哲的《西洋史》上册于1924年出版，分上古与中古两编。上古史起于史前时代，终于公元5世纪西罗马帝国灭亡，历述古代埃及、西亚、希腊和罗马的历史文化。中古史迄于13世纪文艺复兴，分为蛮族入寇时代、封建时代、近代列国的成立、中古文化的回顾四章。下册为近代史，凡十章起于文艺复兴，终于第一次世界大战，历述文艺复兴、宗教改革、地理大发现、法国革命、列国争霸等史事。全书附有历史地图和插图多幅。值得称道的是，这些地图和插图均是作者根据自己的理解亲手绘制的，体现了作者对所叙史实的认识。正是基于此，陈衡哲才将“表”和“地图”看作“历史的两只眼睛”。1926年商务印书馆出版的陈衡哲著《西洋史》下册“例言”道：“本册的编辑方法，又与上册略有不同。上册中的上古史，是以国为单位的，而中古史则是以重大的史迹或时期为单位的。但近世史则因史迹的众多，及彼此关系的密切和复杂，所以便不能不两法兼采，以期完成本时期历史的整个性质了。读者但须查一查卷首的章目，及每章中的重要段落，便可以明白本书经纬的所在，及织成这个整幅图案的方法。”②

---

① 陈衡哲：《西洋史·例言》，李长林编、陈衡哲著：《西洋史》下册，湖南教育出版社2009年版，第145—146页。

② 同上书，第145页。

这里的“两法兼采”，事实上就已经超出了国别史、编年体的范畴，事实上也不同于纪事本末体，而包含着一种适合表现西洋历史发展线索和整个历史发展的新综合体——章节体的萌芽了。从《西洋史》中我们可以比较清晰地发现这种体裁的演变轨迹。从最本质的角度看，是世界历史发展的内容决定了史书的表现形式。

## 二　周谷城著《世界通史》对章节体的发展

20世纪三四十年代，周谷城以“历史完形论”为理论指导，对于通史编纂体裁的探索，具有自己独到的思想，并且进行了成功的实践。1981年9月14日，他在《我是怎样研究世界史的》一文中曾对以往的探索作了系统总结：“如何编法呢？首先考虑到的一个大问题，是怎样得出一个客观存在的统一整体。历史事实之存在，虽是客观的，但统一整体不易看出。这在一国是如此，在全世界更是如此，如要记录下来，写成有条理系统的统一整体，或有机组织，好像是不可能的。……我著《中国通史》时曾力求得到通史的统一整体，其初版导言曰《历史完形论》，意在指出历史事情的有机组织和必然规律。撰写世界通史亦复如此，统一整体或有机组织也是必要的，否则写出的书也必然是流水账式的。”① 具体世界历史的研究和编纂，在周谷城看来就是要突出客观存在的统一整体，深入的研究是一方面，体裁的创新也是必不可少的。

单从对历史事实及其联系的展现方面看，周谷城指出了以往世界通史著作所存在的缺点与不足。他认为：“近代科学发达，交通工具日益进步，世界交通日趋便利。客观形势迫史学家著世界通史时，力求得出世界史发展的统一整体，或有机组织。但这并不容易，一般只能得到一些较大的事情的叙述，比较有条理，比较易懂而已。因此今日世界通史的著作，仍是单纯堆砌零碎事件者多，阐明有机组织统一整体者少。现在世界通史有如百科全书，按目录或索引检查，可以查到个别事情的知识，这是优点；阅读全书，了解世界全局或统一整体，则很不易。”② 研究内容的深入与否固

① 周谷城：《我是怎样研究世界史的》，《周谷城史学论文选集》，人民出版社1983年版，第111页。

② 同上书，第111—112页。

然能够在展现“世界史发展的统一整体”方面显示出高低上下来，同样重要的是，在世界通史编纂方面，体裁的创新与否、材料选择的恰当与否都是非常重要的。两者是内容与形式的关系，在世界通史著作中缺一不可。

鉴于上述认识，针对材料的安排，周谷城指出：“我教世界通史或写世界通史，首先考虑的是统一整体问题。著一部世界通史，不患材料太少，而患材料不易安排。因此我们在仔细审核材料的同时，必须高瞻远瞩，注意整体。我所著的世界通史，虽谈不上高瞻远瞩，得出了统一整体，但在寻找有机组织、希望得出统一整体方面，我是花了工夫的。由商务印书馆出版的我著的《世界通史》只出到一、二、三册，第四册尚未写完，自认为不同于百科全书，不同于材料的机械堆砌。今后编著世界通史在认真审核材料的同时，务必力求有统一整体和有机组织，以便得出历史的规律性。偏重统一整体，材料不多，不免空疏；单有丰富的材料，而看不出统一整体的有机组织，则一定流于繁琐。这两者必须同时注意。”① 周谷城的这种考虑在当时中国国内世界历史的研究刚刚开始，没有多少可资参考、借鉴的研究成果而国外研究成果又不易得的起步时期是有着十分重要的现实意义的。因为，材料太少，对于世界通史的编纂肯定是不行的；材料太多，若是裁剪没有章法，机械堆砌或者按条排列如同百科全书，都不能算作世界通史编纂中的成功之处。周谷城强调同时注意平衡两者是很有见地的。

具体到世界通史编纂的谋篇布局等体例问题，周谷城颇费了一番脑筋。周谷城非常重视世界通史开端的撰写，他指出：“着眼于统一整体来撰写世界通史是如何开始呢？从单一的一个角度开始，还是从全局的本身开始？从单一的一个角度开始，贯彻下去，必有所偏。今日的欧洲中心论，就是这样产生出来的。……我的看法是编写世界通史时，不从单一的一个角度写起，而是要着眼全局，或统一整体，从有文化的或文化较高的许多古文化区同时写起。我所著的《世界通史》第一册，为着反对欧洲中心论的写法，便一连举了六个古文化区：曰尼罗河流域文化区，曰西亚文化区，曰爱琴文化区，曰中国文化区，曰印度文化区，曰中美文化区。”②

---

① 周谷城：《我是怎样研究世界史的》，《周谷城史学论文选集》，人民出版社1983年版，第112页。

② 同上书，第112—113页。

周谷城从历史编纂的角度探讨了“欧洲中心论”产生的原因，很是发人深省。他发明的从六个古文化区同时写起的世界通史的编纂方法与理念，在反对历史编纂学上的“欧洲中心论”是很有效的，一改过去的单线叙述方式，创造了多元发展、齐流并进的世界通史叙述模式，在中国的世界通史编纂史上是一个很大的进步，推动了世界通史编纂思想的发展。

值得特别提及的是，周谷城的《世界通史》在体例上的一大特点，即文中引用的材料，阐述观点需要的证据都在书中用不同于正文的字体标出。这样，就使得该书作为教材供学生研习、教师讲授时富有弹性。如果时间不够则可略去不读，如果学有余力则可以进一步探究这些文字。这些文字一般具有较强的故事性，是对正文的引申或进一步阐述。还有每章末尾附有作者列的参考书以供研究者进一步研究之用，也充分显现出作者是为读者着想的。这里，周谷城发展了中国传统史学中的纲目体，同样也发展了陈衡哲在《西洋史》中所体现出的解决教学内容和授课时间常常矛盾的教材处理方法。至1949年周谷城的三卷本《世界通史》问世，中国的世界通史编纂在章节体的改造和运用方面达到了比较成熟和完善的水平。

## 第二节　年表体和纲目体的创新

### 一　李凤苞编译《四裔编年表》

1861年，外交家李凤苞、英文教习严良勋会同美籍传教士林乐知开始编译《四裔编年表》，后由江南制造局于1874年出版。该书在形式和内容方面均具有一定的开拓性，对以后世界史和中国史年表的编制与世界历史的编纂产生了相当大的影响。① 在此后的世界历史编纂中，表、年表以及编年体逐渐成为不可或缺的史书呈现形式，是我国世界历史著述体裁的重要组成部分。

《四裔编年表》始于公元前2439年，止于公元1861年。其编制体例，采用我国固有年表分国记事，即国别史的撰述形式，记载世界各洲各国的大事，是一部较早的世界通史著作。该书最上一栏为中国纪年，记帝王年

① 马文峰编著：《社会科学文献信息检索概论》，中国人民大学出版社1995年版，第324页。

数、年号及干支。最末一栏记西历年数。中间按时代不同，分为若干栏，分记各洲各国之大事。在我国年表著作发展史上，该书是第一部使用公元配合中国传统史学上帝王纪年，系统地记载了世界历史发展大势的综合性著作。① 在该书中，中国人的时间观念与西方人的时间观念得到了很好的交汇，在同一时间概念下，分述各洲各国的历史大事，方便了人们对各个文明的比较认识，极大地深化了人们对本国史和世界史内涵的理解。

《四裔编年表》的书影如下：

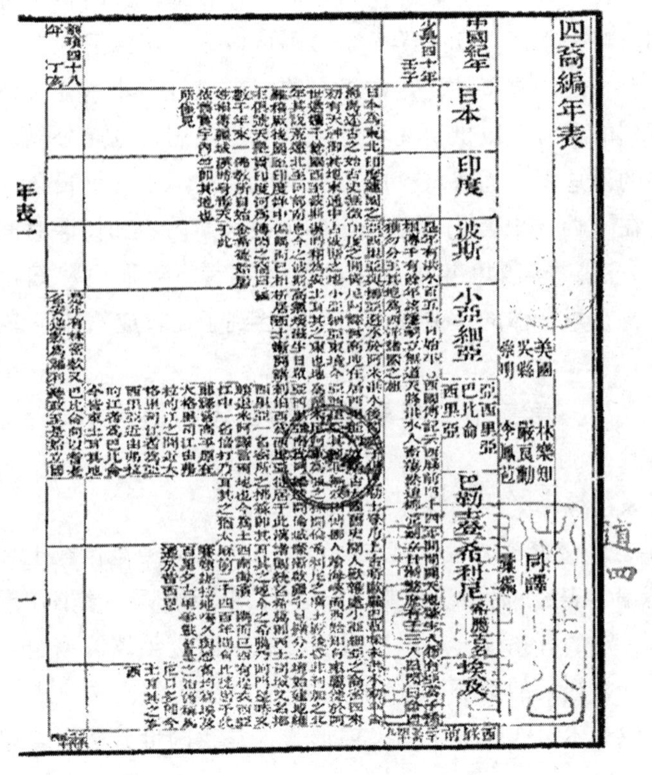
四裔編年表

美國 林樂知 嚴良勳 同譯

吳縣 李鳳苞 彙編

中國紀年　日本　印度　波斯　小亞細亞　亞西里亞 巴比倫 西里亞　巴勒士登　希利尼　埃及

少昊四十年壬子

年表一

311391

《四裔编年表》全书共分为四个年表，年表一最高栏为中国的帝王纪年，依次为“日本”、“印度”、“波斯”、“小亚细亚”、“亚西里亚·巴比伦·亚里亚”、“巴勒士登”、“希利尼”、“埃及”，起于少昊四十年壬子

① 张旭光：《文史工具书评介》，齐鲁书社 1986 年版，第 350 页。

（公元前2349年），迄于汉哀帝元寿二年（公元1年）。年表二依次列出的国家有日本、印度、罗马（东罗马、西罗马）、日耳曼、百里登、波斯、荷兰、法兰西、亚非利加、意大利、西班牙、丹麦、阿拉伯。年表三自宋太祖乾德元年癸亥（公元963年）起，依次列出的国家有日本、印度、东罗马、意大利、日耳曼、荷兰、俄罗斯、丹麦、法兰西、英吉利、西班牙、葡萄牙、土耳其、阿非利加。年表四起于明景帝景泰五年（公元1455年），考察的国家有日本、印度、波斯、意大利、日耳曼、荷兰、俄罗斯、挪威、丹麦、瑞典、法兰西、英吉利、西班牙、葡萄牙、土耳其、阿非利加。迄于大清咸丰十一年辛酉（公元1861年）。[①] 该书的特点之一，就在于第一次将中国历史与西方历史以时间为线索结合起来同时阐述，将中国的帝王纪年与基督纪年有机结合起来，对于中国史学的近代化、中国学者世界视域的拓展，是一个极大的推动，对于其后的世界历史著作的编纂扫清了纪年方面的障碍。此后，编撰世界史或中国史年表，都大多数不免受其影响，尤其是在表现形式和内容上，大大影响了中国历史学的发展面貌，在一定程度上也可以将其看作中国史学近代化的标志之一。

《四裔编年表》出版之后，就受到了历史研究者的重视，陆续被征引，流传甚广，影响很大。例如，1919年就有学者引用《四裔编年表》中的记载来论证自己的观点。他指出："《四裔编年表》称此部曰'白匈奴'。自公元430、438、482年与波斯战者凡三，助波斯王得国者亦三。至公元508年，《年表》载波斯设炮台屯军于北山以御匈奴，此为悦般全部西徙俄境之证。"[②] 此后，史学界，尤其研究中外交通史、民族关系史的学者均对该书给予了相当的关注。

> 《四裔编年表》：虞舜四十三年，印度始拜婆罗门，造梵字，著肥大司比乎书。[③]
>
> 《四裔编年表》：虞舜四十三年波斯禁民拜日，其事之有无不可

---

① 邹振环：《西方传教士与晚清西史东渐——以1815至1900年西方历史译著的传播与影响为中心》，上海古籍出版社2007年版，第155页。

② 丁谦：《汉以后匈奴事迹考》，林斡主编：《匈奴史论文选集（1919—1979）》，中华书局1983年版，第580页。

③ 刘晴波主编：《杨度集》二，湖南人民出版社2008年版，第1029页。

知，然足见西人敬火之风由来已久，恶习相沿，遂有杀人以为供者，瑣罗阿乃因其旧俗而立教以化导之，斯所以为波斯之圣欤？[①]

《四裔编年表》：周灵王二十一年瑣罗阿司得著经书，为波斯之圣。[②]

《四裔编年表》：周景王二年，释迦卒。或云生于景王五年。按：释迦之生，传闻不一，即彼教亦不能详。[③]

《四裔编年表》：周敬王四十四年，西地人攻波斯之白得利，拜火教师死之。[④]

《四裔编年表》：周赧王三十年，埃及大亚尼斯讲天文于亚立山德城，定三百六十五日四分日之一为一年。[⑤]

《四裔编年表》前元二百六年（汉高帝元年），米纳人在巴特里东境与印度接壤处为王，以中史证之，此米纳人必即塞王无疑。[⑥]

《四裔编年表》：晋太始十年，有人以中国丝携往西国。[⑦]

《四裔编年表》，前元百八十八年（惠帝七年），地米特属巴特里王，地米特即米纳，此塞王所踞之厨宾转属巴特里之证。[⑧]

《四裔编年表》：贞观十一年，沙兰生破东罗马都城，王出奔。沙兰生即白衣大食之别部，其事与旧书正合。[⑨]

《四裔编年表》：唐贞观二十年，希腊人引中国及土耳其人来攻，取埃及之阿立山得城。[⑩]

《四裔编年表》：贞观二十二年，戒日王溺死于恒河。[⑪]

《四裔编年表》曰：宋甯宗嘉定十四年，元太祖自蒙古伐俄

---

① 刘晴波主编：《杨度集》二，湖南人民出版社2008年版，第1041页。
② 同上书，第1033页。
③ 同上书，第1034页。
④ 同上书，第1041页。
⑤ 姚大荣：《改历刍议》，《中国学报》1913年第3期，第6页。
⑥ 岑仲勉：《汉书西域传地里校释》上册，中华书局1981年版，第112—113页。
⑦ 刘晴波主编：《杨度集》二，湖南人民出版社2008年版，第1036页。
⑧ 岑仲勉：《汉书西域传地里校释》上册，中华书局1981年版，第113页。
⑨ 刘晴波主编：《杨度集》二，湖南人民出版社2008年版，第1037页。
⑩ 姚大荣：《改历刍议》，《中国学报》1913年第3期，第7页。
⑪ 杨廷福：《玄奘年谱》，中华书局1988年版，第230页。

罗斯。①

《四裔编年表》：宋仁宗嘉祐元年，西一千五十六，土耳其人讨克鲁贝克立色力诸格朝。②

《四裔编年表》云：宋理宗宝庆二年，蒙古成吉思汗卒，以属地分王四子，第三子察噶台立国于波斯之土阑。③

《四裔编年表》：日本天历在五代汉、周间。天历五年撰《和歌集》甫成，当后周广顺元年辛亥也。天元改元，当宋太宗太平兴国三年。源顺以天元三年请任伊贺伊势守，当太平兴国五年庚辰也。④

这远不是《四裔编年表》被征引的全部条目，然而据笔者从各种不同的著作中翻检出来的《四裔编年表》的条目中，我们可以看出该书一经问世不仅大大方便了时人学习世界历史，而且也成为中国历史研究者研究中国史不断征引的对象。其学术性由此可见一斑。这也从一个侧面说明了《四裔编年表》与中国史著作相互发明、相互补充方面的地位和作用。这些著作一般部头不大，但却在世界历史著作体裁的探索方面具有较强的创新性和开拓性，大大丰富了世界通史编纂的内容和形式。在江南制造局翻译馆译刊的少量历史译著中，1874 年出版的《四裔编年表》被认为是晚清第一部专门介绍西方历史的年表体著作。⑤ 熊月之也认为该书“用年表体例，以各国帝王、总统沿革为经，以各种种族、政教、争战之事为纬，叙事清楚，语言简洁，是人们了解世界历史的实用工具”⑥，其在史学史上的地位理应得到应有的重视。仅就这一点看，那种认为 20 世纪前半期的世界历史著作通常都是编译性、评介性的资料汇编，没有什么学术性的观点，现在看来似乎是过于武断了。我们认为应该具体分析某一部著作的学术性。一个时代有一个时代需要解决的学术问题。

---

① 《元朝秘史》卷十三，齐鲁书社 2000 年版，第 193 页。

② 白寿彝：《中国伊斯兰史纲要参考资料》，文通书局 1948 年版，第 20 页。

③ 道润梯步译校：《新译校注蒙古源流》，内蒙古人民出版社 2007 年版，第 168 页。

④ 傅增湘：《藏园群书题记》，上海古籍出版社 1989 年版，第 473 页。

⑤ 姜鸣：《李凤苞》，沈渭滨主编：《近代中国科学家》，上海人民出版社 1988 年版，第 161 页。

⑥ 熊月之：《西学东渐与晚清社会》，上海人民出版社 1994 年版，第 519 页。

## 二　周维翰编《西史纲目》

《西史纲目》，清周维翰编撰，分上古、中古、近古、三世，共 120 卷。有 1901 年（清光绪二十七年）石印本、1902 年（清光绪二十七年）常州经世文社刻本和 1903 年（湖南书局）刻本，三种版本问世。《西史纲目》上古史部分即《西史纲目初函》20 卷，附地图 8 帧、图表 4 帧；二函 15 卷。全书以地球原始、动植物原始、人类原始、鬼神原始、饮食原始、语言原始、人事原始、种族原始等专题，又将整个人类上古史分为无衣无食、穴居野食的“初生之世”，经过漫长的发展过程进入到“野番之世”、“酋长之世”、“君主之世”。该书运用了近代考古学的理论，参考了最新考古发掘资料和自然科学研究的最新成果，综合百余种西方历史著作，而成为中国第一部纲目体世界编年史。

史学界对这部书的评价给予了充分的肯定，有学者指出：《西史纲目》所论各国史实“无不悉经烹炼，重加组织，蔚然成一家言。知综观参考，其搴采之功勤矣博矣。其《原始》一卷，所辟新理多为前人所未言”①。上述评论表明，在当时学术界已经认识到《西史纲目》在研究内容的技术形式和所采用的研究方法上的价值。从体裁、体例创新的角度看，《西史纲目》的前三卷值得特别注意。第一卷：序篇、缘起、目录、凡例、书目、提要、唐虞夏商图、周汉时图、埃及图、米颠巴比伦亚述图、波斯图、希腊图、意大利图、埃及文字图、埃及文理声音图、太古文字图、西字古今递变图。第二卷则讲述了地球、生物和人类的起源。第三卷上古史引言、三古说、纪年说，以及记述少昊四十年（公元前 2349 年）起至商小庚四年间的史实。其余十七卷则记述了自商小甲元年迄东汉哀帝六年间 1485 年的历史。所记内容虽为西方历史，但纪年却采用中国传统的帝王纪年，辅以西历纪年相互发明。很显然，这种做法大大方便了国人的阅读，更容易加深对西洋历史的理解和记忆。

《西史纲目·凡例》对于我们认识该书的体裁和体例上的特色有重要帮助，现将其罗列如下：

---

① 《书西史纲目后》，《中外日报》1901 年 12 月 14 日，转引自李孝迁《西方史学在中国的传播》，华东师范大学出版社 2007 年版，第 132—133 页。

一、用中西纪年便考订也。用中国纪年附注西历于下，明正统之有在也。

二、以《四裔编年表》为纲，凡编年表所有者，博考而为之目；编年表所无者，则附列其前后诸条内。

三、既仿《通鉴纲目》之例，则纲目中宜参笔削，故虽以《年表》为纲，但取其实，而不袭其言语。

四、已译西书，其词句多欠雅驯，或且失其肤浅。此书采取各书，多加删改，然事实则仍之，无丝毫敢失真也。

五、诸译书音互异，往往一人一地各译一音，合而录之折衷非易。此书于习见者，则仍其名；否则考其事实，定而归一，附注于下。

六、同一事实，诸书有前后倒置或年代参差者，则取三占从二之意，以正之，别为注释条于后。

七、考据家援引类注出处，然《通鉴》及《纲目》无是例也，且此书采辑诸书多非原文，或有数书相同者，或有刺取其一二语、一二字者，若概注其出处，颇嫌繁琐。

八、诸家议论，择其精者，附之于后。至其说之然否，则阅者各有见解，尚其谅之。

九、中国史志，汗牛充栋。故《通鉴纲目》之采择其例甚严。西史则译之颇少。此书鬼集，其例从宽，所期阅者勿咎其玉石杂投，良枳罗列也。

十、教会诸书，往往杂耶和华神语，若谆谆然命之者，此书一律淘汰，故原始诸篇，一宗格致家之说，取其有理可凭也。至其事实，则可以见西国之古事，故仍之，以供参考。

十一、是书兼载日本史事，而统名曰《西史》者，以东方帷此一国，西多而东少也。

十二、中西交涉，虽细必载，以考古家、外交家之助。

十三、凡曾为中国藩属，如暹、越、缅、朝等，皆不载也，不忍载也；帷遇欧西蚕食之处，则不得不载。

十四、本朝域内事，如非交涉，则亦不载，盖既明《西史》，其体例宜然也。

十五、书中颇参己意，发为论说，或就事论事，或别有会心，皆一时兴到之作，无甚精，意幸阅者勿苛责之。

十六、此书易稿已十余次，然体例、章程，恐尚有未尽划一之处，幸阅者谅之。[①]

在笔者看来，这篇“凡例”之所以重要，不仅仅是因为《西史纲目》体现出了周维翰关于体裁、体例的认识特点，而且还在于通过这篇“凡例”使我们能够看出该书在中国史学史，尤其是世界通史编纂中的地位和作用。其一，周维翰明确指出了对他编纂《西史纲目》影响最大的两部书，即在内容方面以《四夷编年表》为底本加以扩充，在体例方面则遵从朱熹编纂的《通鉴纲目》，并有灵活变通。由此可以看出，20世纪的世界通史编纂确实是中外史学交流的结果。其二，从“凡例”我们可以看出，周维翰的选材标准，必须是西方历史或者是与西方历史相“交涉”的历史。因此，中国史、暹罗史、朝鲜史、泰国史、缅甸史、越南史等与西方列国无关“交涉”者皆不载。作者还指出，该书兼载日本史实，似与该书主旨不符，但今天我们从文化的角度看，似乎也并无不可。这也是作者并没有仅仅从地域上理解“西方”，而是从文化上、社会形态上来理解“西方”的最好反映。对日本的这一定位，至今没有大的变化。也可以说是作者与今人在认识上的暗合之处，从而也可以使大家看到作者的史识之一斑。其三，《西史纲目》不是对西方历史的简单堆砌，更不是相关著作的机械拼凑，而是渗透了作者的严密编纂思想。无论是参阅中国学者的著作，还是西方学者的著作，周维翰贯彻的一个基本理念就是“求真”。为了达到这一目的，周维翰对于《四裔编年表》并不是全盘照抄，而是只“取其实”，还要“宜参笔削”，而对于增补的史料，无论是中国的史志，还是时人翻译的著作均以事实入书。其四，《西史纲目》一书还通过不同的形式表达了作者的见解和主张。从内容方面看，周维翰对所述的西洋历史中不同的史实，是充分发表了自己的见解和主张，表明了立场和感受，抒发了真情实感的。在清政府完全败倒在八国联军的铁蹄之下的危难时

① 周维翰编：《西史纲目》，常州经世文社刻本1902年版。

刻，周维翰述及列国图强和诸国败亡的时候不能不流露出对祖国前途和命运的关切之情。相比之下，本国的衰败与沉沦更让这位史家欷歔不已，无法平静这颗炽热的爱国之心。其五，近代以来，纲目体受到近代学者的广泛关注，为章节体的引入和广泛传播奠定了思想基础。梁启超曾对纲目体有如下评论："此法（纲目体——引者注）很容易，很自由，提纲处写断案，低一格作注解，在文章上不必多下功夫，实为简单省事的办法。做得好，可以把自己研究的结果畅所欲言，比前法（《资治通鉴》编年体——引者注）方便多了。虽文章之美不如前法，而伸缩自如，改动较易，又为前法所不及"，"这体的好处，文章干净，叙述自由，看读方便"①。正是由于有梁启超所述的这些优点，纲目体出现之后一直为学界所认可，其影响波及到中国近现代史学的编纂。周维翰编纂的《西史纲目》是为中国近代学者编译的世界历史著作中较早采用这一体裁的通史类著作，在中国的世界通史编纂史上所占的地位已经得到了学界的充分肯定。②

### 三　傅运森编著《世界大事年表》

傅运森编著的《世界大事年表》于1934年由商务印书馆出版。该书第三版上迄黄帝元年甲子（公元前2697年），终于民国十五年（公元1926年），兼用中西纪年，合纪中外史事。本年表的形式，固定为每年一行。一行中分为六栏，第一干支，第二帝王纪年，第三中国大事，第四民国纪元前或后，第五公元纪元前或后，第六世界各国大事。这六大部分规定了全表的基本规制，也充分体现出了作者的世界视野和中国学者对世界历史进程的认知。

该年表采取了略古详今的写法，是符合历史认识的规律和历史发展的客观情况的。"古今史实，上古既苦荒远，近代又甚繁杂。故三皇五帝之时，或数十年无一事可纪。至于近代，一岁之内往往要事叠见，势难概录。本书于上古多从阙疑，不敢滥列以误阅者。于近代，以限于篇幅，只能举其最要，而略其其余。"③ 这里，傅运森作为一个中国史家对史实的处

---

① 梁启超：《中国历史研究法补编》，上海古籍出版社1987年版，第170页。

② 参见唐建福主编《二十世纪中国学术要籍大辞典·历史学》，中共中央党校出版社1993年版，第532页；汤勤福：《朱熹的史学思想》，齐鲁书社2000年版，第325页。

③ 傅运森编著：《世界大事年表·例言》，商务印书馆1934年版，第1页。

理体现出了科学的态度。春秋以上，中外纪事都非常少而且简略，往往寥寥数语，甚或数行至数十行，空无一事。中世纪以下，史事日繁，但是限于每年一行，中外只能各纪二三事。该年表所记载中外大事，以今天的眼光看来均嫌太略，因此，它在史实方面的参考价值事实上并不高；唯一好处在“表的形式简单，核对中外年历，极为方便，且略具各年大事，终较仅排干支年代而一事不纪者为善”①。

略古详今，是历史研究难以避免的问题，而作者在书中所反映的严谨态度，还是值得肯定的。傅运森在《世界大事年表》“例言”中指出：“年历史实，各书所纪，不无乖迕，如中国上古《竹书纪年》、《皇极经世》等，彼此相差甚剧。至外国事实，有此书纪于甲年，彼书纪于乙年，尤不胜枚举，本书只能于各书中酌从一说。差异之处，以俟专家考订。”② 这表明在对具体史实的处理上，该书基于史料的采撰和学者的史识所得出的结论应该是非常谨慎的。正如作者所指出：“中外年历及史事综合为表者，除日本略有数种外，我国尚未之见，故本馆从事编辑。并列中西两元，分注中外大事，更标举甲子及历代帝王年号，以便政学各界之检查。中西分纪之年表，其书颇多，如纪中国者，有《历代帝王年表》之类；纪外国者，有《四裔编年表》之类。日本所著，则有《最新世界年表》。若编年之类，尤为宏富，《竹书纪年》、《通鉴纲目》、《古史纪年》及日本《万国史纲目》等，足资引证。本书编辑就各书妥慎引用，其外国事实间参考西文书，期无讹误。”③ 傅运森编著《世界大事年表》可以说是参考诸书、谨慎采择，顺应了中国史学发展创新的潮流，反映出当时中国史家不畏艰辛的探索精神。

该书以黄帝至中华民国的历代帝王年号为纲，参以西元纪元，以中国学者的视角全面地展现了世界历史发展的大势和中国学者对世界历史的认识。从世界通史编纂体裁的角度看，傅运森《世界大事年表》一书的编纂既继承了中国传统的编年体史书的编纂优点，又充分借鉴了西方和日本的编年体史书的特长，不仅在中国的世界通史编纂领域具有其创新之处，而且在世界通史编纂发展进程中也具有一定的地位。

---

① 张旭光：《文史工具书评介》，齐鲁书社1986年版，第351页。

② 傅运森编著：《世界大事年表·例言》，商务印书馆1934年版，第1页。

③ 同上。

## 第三节　百科全书体和纪事本末体的探索

### 一　《大百科全书·外国历史》

百科全书与世界通史的关系，已经有学者在20世纪30年代作过明确的探讨。胡秋原在1935年给《世界史略》撰写的序中曾有一段精彩的阐述。

> 自人知日广，人事日繁，无牢笼记忆之便，有淹通贯串之难，类而聚之，乃有通书。若中国之三通，大典，集成，西方之百科全书，均其畴也。虽然，欲以通书类书百科全书以赅古今文物之变，中外涂辙之殊，则无论依内容分门别类，或依部首字母索引，既不免重见叠出，漫无理次，尤不能见其相关相连之密，仅供检阅之资，或獭祭之助；犹如断锦盈屋，未为冠裳也。余以为最理想之百科全书，莫如世界通史之形式，自原始以迄今日，一切事象，均依其生成，叙其次别，则首尾一贯，脉络分明，譬登高楼，穷千里目，河海细流，均在眼底；非同管窥，不为断水。欲便检查，可附索引。如是则一切天地之开关，人群之生聚，与夫人事器物之变异，政治之风波，学艺之发明，殆无不纳于此体以内，所谓万物之聚散，皆在其中，通学集艺之法，计莫善于此矣。①

胡秋原在此时提出了采用世界通史的形式来编纂百科全书的思想，抑或说，胡秋原把世界通史看作是百科全书的一种形式，并且是最好的形式。在他看来，世界通史编纂形式，既避免了“重见叠出”，又克服了“漫无理次”，而理想的世界通史，更是最佳的人类历史撰述形式。这里，胡秋原将世界通史看成是百科全书的一个表现形式，则显示出当时人们关于世界通史的价值与功能的认识。这从一个侧面也反映出世界通史囊括人类历史知识宏富的一面。事实上，世界通史不可能完全代替百科全书，而百科全书这一体裁却可以用来书写世界历史，呈现百科全书视野下的世界历史的全貌、基本脉络和发展趋势。

---

① 胡秋原：《历史哲学概论·全书旧序》，商务印书馆1947年影印，第3页。

作为中国大百科全书之一种，《中国大百科全书·外国历史》（以下简称《外国历史》——作者注）二卷本由中国大百科全书出版社于1993出版，2004年再版。该书编委会主任是陈翰笙，共有88位学者参加了条目的编写工作。该书分为前言、凡例、世界历史、条目分类目录（附：彩图插页目录）、正文、外国历史大事年表、条目笔画索引（附：繁体字和简化字对照表）、条目外文索引、内容索引（附：外国人名译名对照表）九部分。正文又分为总论、亚洲历史、非洲历史、欧洲历史、拉丁美洲历史、大洋洲历史、国际共产主义运动历史七部分，共约2900多条，200万字。

毫无疑问，《外国历史》的编写是百科全书体裁最为重要的实践，也是水平最高、最权威的代表作。条目的内容包括以下三大部分：第一，主要文字内容——由浅入深，准确生动，充分照顾到了不同的读者群体。第二，相关插图——形象直观，增进理解。第三，相关条目——举一反三、深入研究。《外国历史》条目的撰写，既照顾到了其学术性，又兼及通俗性。每个条目既相对独立，单独成篇，又与相关条目相互发明，相得益彰，都是所属知识网络中不可或缺的一环。例如“人类的起源”和“原始社会”两个条目的撰写就采用了相互发明的写法。“美国战后经济危机”、“美国内战”、“美国历史”、“人类的起源”、“伊斯兰教”、“智利历史”、“古代美索不达米亚文化”、“古代希腊”、“戈尔巴乔夫”等重要条目，均开列了参考书目，以供读者延伸阅读，进一步钻研之用。《外国历史》在体例上的特色之一是设专文，用两万字的篇幅分为“古今历史学家对世界历史的不同认识”、“世界历史的纵向发展和横向发展”、“世界历史全局概览”三部分系统地阐述了“世界历史”这一条目。这可以说是一个中国大百科全书编纂中的一个创新。《外国历史》还采取了中国传统史书编纂中常用的互见法，处理相互交叉的条目。例如“伊斯特万一世”条目见“匈牙利历史”、“议会改革”见“英国议会改革”、“意大利抵抗运动”见“抵抗运动”、“意大利文艺复兴”见“文艺复兴”、“意大利1848年革命”见“欧洲1848年革命”、“印度教”见“笈多王朝”、“执政府”见“法国大革命”，等等。互见法既节省了篇幅，又能够充分体现百科全书的体例。《外国历史》在每个条目的末尾均有作者署名，这既便于了解具体条目的出处、来源，又能够充分体现出编纂者的合作与分工，更为重要的是，这为读者进一步深入研究相关条目的作者的学术思想提供了极为重要的线索。

《外国历史》显示出了世界通史所应该呈现的内容，包括基础知识、对世界历史体系的宏观认识，对重大事件、重要历史人物的评价，乃至对世界历史发展规律的探讨。应该说这是对《外国历史》全体编者的最高褒奖。从世界通史编纂的视角来，《外国历史》一书的基本结构反映出了编纂者对世界历史基本状况和来龙去脉的总体把握，每个部分又均以不同的线索将所属条目贯穿于一线，形成一个有机的整体。人物类、组织类条目的撰写多采用传记体，事件类条目采用纪事本末体，著作类条目采取典志体的写法，理论类条目（如“世界历史”条、“原始社会”条、“人类的起源”条、“共产主义”条，等等）则采取了论说体，多样化的条目撰写方法，充分体现出编纂者在体裁的选择和运用上的突破和创新，因此，《外国历史》是融合中国传统史学中的有益编纂方法，借鉴了国外的百科全书的编纂方法编纂而成的。多样化的编纂方法所编纂成的条目从不同的角度、不同的层面上充分展现出了世界历史丰富多彩的内容，共同构成了世界历史发展的宏大画面。

《中国大百科全书·外国历史》卷的出版在整个中国的世界历史研究领域具有相当重要的学术价值。具体表现为：其一，促进了中国的世界历史研究的全面发展，推动世界历史研究中强势领域的总结和反省；其二，促进了薄弱研究领域中重要问题、人物、事件、现象、组织等研究的开展；其三，从学科建设的角度看，《外国历史》是中国的世界历史学科完善、成熟的重要标志；其四，从促进中国史学发展的角度看，它是对世界历史学科建立以来的世界历史研究成果的第一次系统盘点和总结，并且在相当程度上昭示出世界历史研究的趋势和方向。当然，作为中国大百科全书之一种，所具有的科普性、权威性也决定了它在历史教育领域发挥了重要的作用。

程舒伟等著的《世界史百科系列》，由东北朝鲜民族教育出版社于1997年8月出版，共260万字。全书分为君主、女皇、名臣、帝国、法典、改革、兵器、战争（上）、战争（下）、国旗、神话、文明、宗教、民族、科技、体育、学府、名城、航海、文学、艺术、思想、景观、企业、经贸等25册。包括自人类诞生至今，全世界各国各地区的人类历史、哲学、社会科学、文学艺术、体育、军事、人文景观等各方面的重大实践活动、发明创造等大事近千件，充分显示了我们生活的这个星球上的物质文明与精神文明的全貌。其特点是：第一，短小精悍，数十个条目就把一个领域内数千年的演变线索清晰地再现了出来；第二，信息量大，每个事件均记载起止时间、发生地点、主人公状况、缘由结果、影响作用、地位意义等内容，具有“一次查全”之效果；第三，逻辑性强，无论怎样排列事件或人物，都展现出了人类认识与改造自然、社会及自身的历史缩影。

徐寒主编的《世界历史百科全书》（吉林文史出版社2005年版），全国中小学校本课程与教材研究中心组织编写的《世界历史百科全书（青少版）》（北京出版社2009年版），李森、徐志莹、范传南编著的《世界历史小百科》（吉林人民出版社2010年版）。翻译的百科全书有：苏联百科全书出版社学术委员会、苏联科学院历史学部编编：《世界历史百科全书（人物卷）》（黑龙江大学等译，商务印书馆1992年版），张丽琼译：《世界历史百科》（牛顿出版公司1995年版），［英］胡怀（Plantagenet Somerset Fry）：《新世纪世界史百科全书》（猫头鹰出版社编译小组翻译，台北猫头鹰出版社1999年版），锡泉主译：《世界历史百科全书少年版》（福建少年儿童出版社2002年版）、刘源译：《世界历史百科》（香港三联书店有限公司2003年版），［英］夏洛特·赫德曼主编，［英］安尼塔·加奈瑞（Anita Ganeri）等著：《最新不列颠世界历史百科全书：400万年前至今》（张艺等译，明天出版社2004年版），［英］夏洛特·伊万斯主编：《彩图世界历史百科全书》（新宇翻译公司译，晨光出版社2006年版），［英］西蒙·亚当斯、［英］威尔·福勒等著：《世界历史百科》（陈日华等译，黑龙江科学技术出版社2008年版）等。这些编写和翻译的百科全书所针对的对象是多层次的，水平也参差不齐，但却反映出人们对于百科全书体世界历史知识的认可，这也是百科全书体世界通史编纂繁荣发展的动力和源泉所在。

此外，值得提及的是中国大百科全书为外国历史设卷而没有为世界历史设卷，是一个耐人寻味的问题，而在外国历史卷的卷首又专设了由吴于廑主笔撰写长达五万言的“世界历史”专条。或许是中国大百科全书的编纂体例所致，即为了与中国历史卷相对应，但这里我们仍旧不难看出，外国历史与世界历史之间难以彻底划清界限的关系。更为重要的是，如何在世界历史进程中考量中国史，抑或在外国历史中恰如其分地阐述与中国相关的史实，确实是检验史家水平的大课题。在21世纪的今天，我们再来回首梳理20世纪前半期所出现的西洋史、外国史和世界历史，以及不同时期对它们之间的关系的认识，或许对它们之间的关系能够有一个更为辩证的认识。

百科全书对世界历史的不同分类从一个侧面反映出学界相关认识的深化程度。而纪事本末体在世界通史编纂领域的出现则更多地融合了中国传统史书编纂过程积累的方法和技巧。

## 二　齐世荣主编《世界五千年纪事本末》

在中国古代史学上，纪事本末体也是源远流长的史书编纂体裁之一。自南宋袁枢创立纪事本末体以来，历代仿制和续编者不乏其人。它与西方史学中的叙事体有着许多相似之处。近代以来，魏源、王韬、梁启超等学者均对纪事本末体进行探索，写出了影响较大的世界史著作。中国的世界史研究和编纂者融合了叙述体和纪事本末体的一些特点，在中国的世界通史编纂中形成了一种具有鲜明的中国史学特色的现代史书编纂体裁。其中以齐世荣主编的《世界五千年纪事本末》为成就最大者。

2005 年 10 月，齐世荣主编的《世界五千年纪事本末》一书由人民出版社出版，全书上溯人类的起源（有比较可靠的纪年则为公元前 3000 年“埃及的统一”），下迄 20 世纪 90 年代，大约 5000 年间的 1148 件重大历史事件，共 220 万字。本书的古代史部分包括自人类起源以来至公元 1500 年左右的历史，这一时期各个地区、民族、国家之间的联系非常松散，从社会性质看，主要包括了原始社会、奴隶社会和封建社会的历史，包括的时间最长。世界近代史则包括公元 1500 年左右至 19 世纪末资本主义在西方产生、发展、向全世界扩张并产生巨大影响的历史，这两部分叙述了大约 400 多件具有重大历史影响的事件，占到了全书总条目的 37%。世界现代史和世界当代史，则以 1945 年第二次世界大战的结束为界线叙述整个 20 世纪的历史，从全球范围看，20 世纪前半期是世界经济发展曲折、充满暴力的阶段。20 世纪后半期为世界经济发展迅速、相对和平阶段。这两部分的条目有 700 多，占到了全书总条目的 63%。很显然，这体现了编纂者“略古详今”的编纂原则。这是因为在编纂者看来，对于刚刚过去的 20 世纪的了解理应超过对以往世纪的认识，否则，如果颠倒过来，对古代的历史知识了解得越多，反而会模糊我们对于现实的认识。

另外，编纂者在事件的选取上体现了全面的原则，既尽量照顾地域的均衡，又试图体现经济、政治、军事、科学技术和思想文化等内容的均衡。编纂者还指出：“尽可能从经济、政治、军事、思想文化、科学技术等各个方面选取历史事件，叙述力求准确、具体，观点寓于叙事之中，而不做空论。"[①] 众所周知，"寓论断于叙事之中"是西汉历史学家司马迁的重要叙述原则，也为历代史学家所推崇和仿效，可以认为这样的叙事风格在中国是形成了优良传统的。《世界五千年纪事本末》也将这一原则悬为其编纂之鹄的，反映出编纂者运用中国传统优秀史书体裁编纂世界历史，尤其是编纂世界通史的自觉意识。

值得提及的是，正如主编在该书的"序"中所言，本书与其姊妹篇《中华五千年纪事本末》（人民出版社 1996 年版）相得益彰，相互印证，相互发明，因而在编纂体例上，《世界五千年纪事本末》一书叙述的重点虽不包括中国史，但仍然选取了与中国有密切关联，对世界历史发展产生了重大影响的 24 件事件贯穿整部书的始终，形成该书的一条特征鲜明的主线。它们是丝绸之路、蒙古西征、中日甲午战争、日本出兵山东、"九·一八"事变、李顿调查团、日本发动全面侵华战争、印度援华医疗队、《中苏友好互助同盟条约》的签订、三八线的划定和朝鲜半岛的分裂、中印边境武装冲突、中法正式建交、中苏两国两党关系的破裂、中苏边境冲突、中华人民共和国在联合国合法席位的恢复、中日建交和《中日和平友好合作条约》的签订、中美建交和关系正常化、1989 年戈尔巴乔夫访问中国和中苏关系正常化、中国印尼正式复交、中国和新加坡正式建交、中俄哈吉塔五国协定、钓鱼岛事件、香港回归祖国的历史进程、江泽民访问美国。这表明编纂者尽管是以尽可能全面的视角和眼光来展现世界历史的整体面貌，但仍能发现其中蕴涵着的中国立场和中国视角。

从条目的设置上看，编纂者对一些具体问题的评价也具有相当深度且富有新意。例如对"丝绸之路"的评价，编纂者陈凌云不仅指出"丝绸之路自西汉正式开通以后，历 1500 余年，直到明代，它一直承担着内地与西域、中国与西亚、欧一些国家、地区之间政治、经济、文化联系的重要任务"[②]，而且还进一步将其放到世界历史经济文化交流的长河中加以定位，给予了应有的评价："丝绸之路是一条具有世界历史意义的通道。从历史上看，丝绸之

① 齐世荣：《〈世界五千年纪事本末〉前言》，《齐世荣史学文集》，人民出版社 2002 年版，459 页。

② 齐世荣主编：《世界五千年纪事本末》，人民出版社 2005 年版，第 53 页。

路曾是连接世界上最古老的文明国家——中国、印度、埃及等国家的纽带。在丝路所经过的地区，出现过波斯帝国、马其顿帝国、罗马帝国等跨亚、非、欧三洲的世界大帝国。在丝绸之路之要冲，产生了佛教、伊斯兰教等影响亿万人思想的宗教，还有伟大的创造发明及思想流派，这些都经丝绸之路流传到全世界。总之，丝绸之路从政治、经济、文化等各方面，影响和推动了世界上很大一部分人口稠密地区的社会历史的发展。"① 编纂者还特别关注了一般世界史很少关注的事件。例如，对于新加坡的关注就是一个突出的实例。新加坡"检证"大屠杀、新加坡"居者有其屋"计划、新加坡经济起飞、中国和新加坡正式建交，这已经是非常的难得了。再如，马克思主义在拉丁美洲的传播、20 世纪初马克思主义在拉丁美洲的传播、第一次世界大战后拉丁美洲各国共产党和工人党的成立等，都显示出编纂者独特的研究视角。

从条目的确定标准看，《世界五千年纪事本末》也体现出全面的观点。一方面，编纂者既注重以往历史研究中重点关注的政治、经济、民族、战争等领域的条目的选编；另一方面，又增添了对于文化、科技和环境，以及国际组织、地区性联盟条目的设置。用这一体裁去写世界历史的确能给人一种耳目一新的感觉，对于单个的历史事件、历史现象、历史人物、国家和民族的叙述非常清晰，但对于不同事物之间的联系也存在着揭示不够的憾事。当然，这或许并不是编纂者编纂能力的不足而是由于体裁之缺陷所致。

让人费解的是，在多如繁星世界史著作之林中，除了《世界五千年纪事本末》之外，同类著述成果非常少见。

1982 年 10 月，《辞海·历史分册·外国历史、考古学》由上海辞书出版社出版，该书收录了世界历史领域中比较常见的名词术语、古国朝代、人民起义、历史人物、历史事件等 2300 余条词目，约占全书总内容的 75%。该书以世界古代史、世界中世纪史、世界近代史与世界现代史为大致的分期断限，分国别收入词目，便于检索、查用，因其行文朴实、论点稳妥，受到学界的重视。靳文翰、郭圣铭、孙道天主编的《世界历史辞典》由上海辞书出版社于 1983 年出版，全书共 230 万字，插图 300 幅，共收词目 7300 条，收录了从人类起源直至当代的重要人物、历史事件、邦国、民族、典章制度、战争战役、科学文化、宗教神话、史学流派与著

① 齐世荣主编：《世界五千年纪事本末》，人民出版社 2005 年版，第 53—54 页。

作等内容。该书对20世纪八九十年代的史学界产生了较大影响，成为治世界史者案头常备之书。本书编纂委员会编，上海辞书出版社于1981年出版的《世界历史辞典》，与叶昌纲等主编，山西人民出版社于1987年出版的《世界历史备览》也是当时普遍使用的工具书。

## 第四节　图画体和表解体的活跃

作为史书编纂体裁，图和表在中国古代史学发展史上尽管也有单独传世的，但更多的是与其他体裁结合成书[①]，有的工具书则干脆将表视为纪传体史书的一部分[②]。1833年在广州创刊的《东西洋考每月统记传》自创刊号起，分11次转载了《东西史记和合》，这是一部用历史比较方法记载东西历史演变的专门著作。大约同期，还有通过手抄流传的《道学家传》所附《原祖历代宗谱合中国朝代年历略记》和《中国帝王纪》两篇。后者记载了上起耶稣降生的汉哀帝元寿二年（公元1年），下迄嘉庆年间，前后共记载1800多年的历史，“特别是将西史纪年与中国古史纪年相对照；将宗教史上的重大事件与中国古史中帝王事迹以编年的形式加以编排”[③]，这两部早期著作对中国的世界史研究产生了较大影响。于史学而言，中西纪年的有机结合是中国史学史上纪年方法的一次革新，对后世史学废除王朝纪年，改用公元纪年具有开辟性的意义。[④] 这同时也为真正意义上的运用年表编纂中西历史的著作奠定了基础。19世纪中期以来，这两种史书编纂体裁，尤其是表受到了世界通史编纂者的重视和青睐。陈衡哲曾在其《西洋史》的“例言”中将表和地图比作“历史的两只眼目”[⑤]，足见她对于图表的重

---

① 白寿彝主编：《史学概论》，宁夏人民出版社1983年版，第129—130页。

② 中国历史大辞典·史学史编纂委员会编：《中国历史大辞典·史学史》，上海辞书出版社1983年版，第257页。

③ 邹振环：《西方传教士与晚清西史东渐——以1815至1900年西方历史译著的传播与影响为中心》，上海古籍出版社2007年版，第63页。

④ 阚红柳：《以史证教与以史驳教——清初天主教传播与史学》，中国人民大学清史研究所、国家清史编纂委员会编：《西学与清代文化国际学术研讨会论文集》上册，中国北京，2006年，转引自邹振环《西方传教士与晚清西史东渐——以1815至1900年西方历史译著的传播与影响为中心》，上海古籍出版社2007年版，第63页。

⑤ 陈衡哲：《西洋史·原序》，李长林编、陈衡哲著：《西洋史》上册，湖南教育出版社2009年版，第7页。

视和喜爱。陈著《西洋史》中收录了大量的插图，并且附录自己作的各种历史年表，目的在于让学生养成看图读书的习惯。还有为数不少的世界史研究者和编纂者在吸收了外国史学中相关体裁的编纂经验后，尝试着用图或表单独编纂世界历史著作，从而产生了一批西洋史、外国史，乃至世界史的图画体和表解体著作。

## 一　《泰晤士世界历史地图集》中文版和《世界史便览》

《泰晤士世界历史地图集》原版由伦敦泰晤士图书公司1982年出版，先后出版了德、意、法、日、荷兰、希伯来文等11个版本，中文版于1982年由三联书店出版、发行。后附有年代表、词汇和索引。该书出版后在英国学术界引起了轰动，被公认为"是一部对史学研究具有重要参考价值的出版物"①。

早在1973年，巴勒克拉夫就制订了编写这部地图集的方案，并同英国老一辈史学家阿诺德·汤因比以及美国加利福尼亚州立大学的L. S. 斯塔夫里亚诺斯教授共同讨论过此方案。不久，巴勒克拉夫组织了80位西方学者，选择了126个对形成和改变世界历史进程有重大影响的主要事件，开始正式的编纂工作。该地图集分为七个时期：①早期人类的世界；②最初的文明；③欧亚的古典文明；④划分为地区的世界；⑤新兴的西方世界；⑥欧洲统治时期；⑦全球文明时代。作者按这些分期，选择了政治、经济、文化、宗教、民族、战争等方面的重大题材或与历史发展、经济与文化的繁荣有密切关系的典型历史事件，介绍世界历史的发展水平和不同时期的光明与黑暗。作者注意从宏观历史的高度加以阐述，对公元前4000年至公元1975年间的人类历史作了宏观的考察。该图集有600多幅彩色地图，数百个大小图表，127篇文字说明，共约32万字。事实上，这已经构成为一部图文并茂的世界通史，对改革开放之初的史学界产生了积极的影响，推动了全球史观在中国的广泛传播，对中国的世界历史地图集的编纂也产生了重要的推进作用。

《世界史便览：公元前9000——公元1975年的世界》是由《泰晤士世

---

① 杨麦龙：《世界史便览（《泰晤士世界历史地图集》解说）》，刘明翰：《外国史学名著评介》第三卷，山东教育出版社1993年版，第521页。

界历史地图集》中文版翻译组选编而成的，全书共约 51 万字，由三联书店于 1983 年正式出版，印数约 16000 册。在编选者看来，《泰晤士世界历史地图集》的文字论述既有完整的体系，又可按照专题独立成篇。该书对重大历史事件和一些历史人物作了简明介绍，大事年表按地区对照排列，对于读者查用都比较方便。但是原书因为有地图，须用铜版纸彩色印刷，篇幅和开本又比较大，售价较贵，印数很少，故将这部地图集的文字部分选译编成一本《世界史便览》单独出版。尽管《世界史便览》的出版很大程度上是出于使用的方便，但由于是中国学者对《泰晤士世界历史地图集》的选编，因而较之后者更能够体现出中国学者的思想。因而，对于研究 20 世纪 80 年代中国学术界的世界历史研究状况，具有一定的价值。

《世界史便览》共分为四个部分。

一是世界历史大事年表。该部分分列了五个栏目，前四个以地区来划分，并随着时代不同而变化，分为亚洲、欧洲、近东和北非（15 世纪末之后为非洲）、其他地区（15 世纪末之后为新世界，18 世纪之后为美洲和澳大利亚），最后一个栏目是文化和技术，专门记载各个地区的重大文化事件（不仅包括文学、艺术、音乐，也包括科学发明和技术革新等）。编者以最简洁的文字记录了公元前 9000 年至公元 1975 年全世界发生的、对人类历史进程发生重大影响的事件。为便于查对，并附有一个《中国历史年代简表》。

二是地图的文字说明。《泰晤士世界历史地图集》共选编大小 600 多幅地图和图表，附有约 30 万字的文字说明。这些文字说明分为七篇，既是这些地图和图表的文字解说，又是对人类历史一些重大主题的高度概括。这些文字说明就是《世界史便览》的主要内容。《世界史便览》的第二部分“公元前 9000 年至公元 1975 年的世界”中地图的文字说明部分占全书内容的 3/4 左右，约 30 多万字。这部分分为七个阶段：第一部分“早期人类的世界”，通过人类的起源，早期人类的经济，人类和冰河时代，农业的起源和最早城市的出现，欧洲大陆的开拓，早期的非洲、美洲、澳大利亚和大洋洲等主题来展示早期人类的活动。通过阅读这些文字和图表，基本上可以概括了解早期人类历史的全貌。第二部分“最初的文明”，包括自公元前 3500 年至公元前 1500 年的欧亚地区的文明、美索不达米亚的早期帝国、从巴比伦灭亡到亚述灭亡时期的近东、古代埃及及其帝国、印欧人和闪米特人在人类最初文明阶段的活动、公元前 500 年以前的中国文明、印度文明的开端、早期地中海世界等共8个主题。第三部分“欧亚的古典文明”，叙述了公元前500年左右到公元600年之间大约1100多年的历史事件，较多地涉及了希腊、罗马、波斯、印度、中国等重点文明区域，同时也强调指出，这些文明区域在基本上独立发展的状态下，互相之间的商业和文化联系有着明显的加强，东西方货物交流的品种和数量日益增加，思想文化和科学技术的交流，尤其是宗教的广泛传播，成为联系欧亚文明世界的强有力纽带。第四部分“划分地区的世界”，则从公元5世纪欧洲的游牧民族的日耳曼人和斯拉夫人向欧洲文明地区发动侵袭开始，到15世纪末地理大发现前为止，时间跨度近1000年的历史，有27个主题。这一时期包括了传统历史分期的中世纪历史，但作者认为“这个解释对欧洲史是合适的，但对更广阔的世界史来说则没有什么意义”①。第五部分“新兴的西方世界”，包括自1500年前后到19世纪初拿破仑重新绘制欧洲地图时为止，大约300年左右的历史，包括26个主题。在1500年之前，欧洲的文明处于相对落后的状态，比起这个时期最强盛、最先进的中国明帝国和勃然兴起的中东奥斯曼土耳其帝国，以及在萨菲王朝统治下的波斯帝国，欧洲的文明都显得黯然失色。在1500至1815年间世界历史的主要特征是欧洲的扩张和欧洲的文明向全球的传播。第六部分“欧洲统治时期”有23个主题，从1815年到1914年的100年，欧洲以及全世界的历史发生了急剧的变化，由于工业化的推动和海外殖民扩张，使欧洲的力量在世界崛起，在人口和面积都占全世界少数的欧洲，占据了世界的统治地位。第七部分用20个主题展现了编纂者所理解的“全球文明时代”。19世纪是欧洲文明的时代，而到20世纪初转入了全球文明的时代，并且把1914—1918年的第一次世界大战作为这一转折的界标。

三是“小辞汇”。《泰晤士世界历史地图集》附有一个包括1600多个条目的“专名汇编”，是编者考虑到在图集的正文中，由于篇幅所限不可能对一些专有名词详加解释，因此在图集的最后增加一个“专名汇编”，对地图或文字说明中提及的有关人物、事件、民族、战争、条约等作了比较简略且准确的解释。中文版翻译组根据这一“专名汇编”，加以选择删

① 《泰晤士世界历史地图集》中文版翻译组：《世界史便览》，生活·读书·新知三联书店1983年版，第199页。

减，以“小辞汇”为题编入本书，供阅读地图和文字说明时参考。

四是世界史英文简明参考书目。为便于读者查阅方便，中文版翻译组特选编了一个世界历史英文简明参考书目。提供了 100 多本重要的英文参考书名，分为工具书、专著、分期史、地区史等类。

《泰晤士世界历史地图集》中文版和《世界史便览》的出版，是 20 世纪 80 年代初期中国史学界的重要事件，该书的出版不仅推动了世界历史的研究和教学，而且也在编纂思想和编纂方法上促进了世界通史编纂的发展。

## 二 《大学世界历史地图集》

《大学世界历史地图集》（人民出版社 1988 年版）是吴于廑主编的中国第一部世界历史地图集。该书具有“亦图亦史”的特点，每一幅图都有简明扼要而又深具理论特色的文字说明，综合起来可以看出世界历史的进程。这本大型历史地图集包括大小 600 幅彩色地图，反映了从人类起源到 1975 年为止的人类发展，展示了人类文明在各个时期所形成的不同中心在历史上的成就、挫折、影响和复兴；包括 127 个重大历史主题，每个主题除地图外，还有 3000 字左右的文字论述，分别由 80 位著名的西方史学家执笔撰写。制图技术采用计算机立体投影新工艺。地图前附有 12 页世界历史大事年表，用对照形式，选列了从公元前 9044 年到公元 1975 年世界各大区域的重大事件（包括科技文化的成就）。书后附有约 1500 条“专名词条”，以每条 200 字左右的篇幅，简明扼要地介绍重大历史事件和著名历史人物。另有约 8000 条中英文对照地名索引。

《大学世界历史地图集》的副题是“从地图看世界历史行程”。地图集由历史编辑组和地图编辑组分工协作共同完成。全书共 600 多幅图面，每幅都有主图和附图，同时在每幅图面上都有能体现出“世界历史行程”这一主线的学术性文字说明。该书内容由人类的起源开始，包括从猿到人转变过程的主要遗迹和早期人类的迁徙；两万年前后的冰河世界，直到第二次世界大战后形成新的世界格局，包括亚、非、拉美战后反帝反殖斗争，帝国主义殖民体系及其没落，第三世界的兴起，社会主义中国屹立在东方等。其间对人类最早的文明中心、公元前后 300 年间亚欧大陆的东西交往、世界性海道大通的开端、新旧大陆隔绝状态的突破、工业革命前的世界贸易和人口流动、西方资本控制下的世界经济、20 世纪二三十年代欧洲国际关系的演变等学术界研究比较薄弱的重大问题，都有较详尽的介绍和论述。

该书重视对中国史在世界历史进程中所具有的地位和作用的阐释，如《古代中国和印度——由诸国并立到统一帝国》（《秦代中国　孔雀王朝时期的印度》、《春秋诸国》、《战国七雄》）、《公元前后三百年间亚欧大陆的东西交往》（《汉代中国、贵霜、帕提亚、罗马之间的陆海通道》、《张骞、班超的西使》）、《唐代中国　同时期的印度、东南亚》（《唐代中国和东亚、戒日王时期的印度唐长安城》、《图表：唐代人口的增长》）、《中国两宋时代　伊斯兰势力深入印度》（《中国北宋》、《中国南宋》）、《蒙古扩张时期的亚欧大陆（十三至十四世纪）》（《蒙古的扩张和大帝国的建立》、《中国元末农民起义》）、《封建统治强化下的东亚和南亚（十五、十六世纪）》（《明代中国》、《倭寇　中日贸易　统一王权下的日本侵朝》），等等。这充分反映了编者所具有的全球史的研究视野和比较史学的研究理念，体现出一个中国学者对世界历史发展大趋势的认识和理解。

《大学世界历史地图集》以马克思主义的唯物史观为指导，以图为主，辅以必要的文字，形象直观地展现出世界历史发展变化的历程。编者以马克思在《政治经济学批判导言》中所论“世界史不是过去一直存在的，作为世界史的历史是结果”为指导，在编图和撰写文字说明时，强调历史是在人类社会生产方式逐步完善的前提下，不断扩大横向发展而成为世界历史的这一历史唯物主义的结论。该书重视生产力发展的历史，在“处于科学技术新发展中的当代世界”图幅中，着重介绍了现代科学技术的重要成果。《大学世界历史地图集》受到了马克思主义学者的关注，被当作马克思主义的经典史学著作加以称引。① 编者认为，科学技术革命是社会生产力迅猛发展的标志，近百年来，每次科技革命都推动了经济的发展和历史的前进。当前，以信息技术为标志的新技术革命正在一些国家蓬勃兴起，这不仅将大大改变社会生产和生活的面貌，而且将进一步拉开不同国家之间在经济发展水平上的差距，从而影响今后世界的政治格局和历史进程。

### 三　曹剑光《世界史表解》

曹剑光编纂的《世界史表解》于 1934 年由上海南华书店出版，作为

① 廖盖隆等主编：《马克思主义百科要览》下卷，人民日报出版社 1993 年版，第 2343 页。

中学生的世界历史课的教材名于世。该书分概论、上古史、中古史、近古史、近世史、现代史六部分叙述从人类远古社会至华盛顿会议的召开。该书的特点在于：

一是从编纂体例方面看，以表解的形式来反映世界历史的发展进程是对中国史书编纂方式的大胆借鉴，不仅反映出具体的史实，而且也反映出一些诸如“人类生活的演进”和“人类宗教的沿革”，以及“人群组织及人类思想的变迁”等历史理论问题。例如，作者在列举了世界文化起源的相关观点后，提出了世界文化多元起源的观点：“世界文化发源地有六，即埃及、中国、印度、美索不达米亚、秘鲁、墨西哥等国之地，都是位近温带，所以气候温和，适于生活，而且都有大河流域，如埃及的尼罗河、中国的黄河及长江、印度的恒河及印度河、美索不达米亚的狄格利及幼发拉底两河、秘鲁的亚马孙河上游、墨西哥的列峨兰老河，都很便于灌溉，适于交通，所以文化的发达特早。”① 这里的“文化”很显然指的是“文明”，而世界文化的多元起源说，事实上也就是世界历史的多元起源说。早在20世纪30年代中期，中国学者就能够跳出西方学者所津津乐道的“欧洲中心论”，明确提出世界文化的多元起源说，这是具有很强的现实意义和重要的学术价值的。这一观点后来为周谷城研究世界历史时所吸收，并在1949年出版的《世界通史》中作了更为系统和深入的探讨，构成为周著《世界通史》的一大亮点。

二是该书中国史的内容占据了较大篇幅。比如“上古史编”有：第一章“古代的各国”共分为“埃及”、“巴比伦亚述及加堤”、“希伯来”、“腓尼基”、“印度”和“中国”六节，中国占一节。第四章中又设“中国与罗马”专节论述中国与罗马的种种文化交流。在“中古编”，第一章中设“中国朝鲜及日本与佛教的关系”一节，第五章则是“蒙古的西征与土耳其帝国的成立”。在“近世史编”有第七章“欧洲诸国的东洋发展及中日的冲突”。在“现代史编”有第二章“中国的革命运动”。由此不难看出，该书将中国历史发展融入到世界历史发展的趋势和洪流中去了，这反映出当时中国学者对于世界历史认识的水平。

三是运用历史比较的编纂方法，大量比较了中国与西方欧美国家的历史和思想。从而很鲜明地体现出了该书的特点。例如作者在阐释“世界的

---

① 曹剑光：《世界史表解》，上海南华书店1934年版，第14页。

成立”中“创造世界的传说”时就使用了中国盘古开天地的传说和西洋方面犹太教的创世纪的传说加以比较。而在阐示“人类历史的年限”时，则以西汉人的《纬书》和《广雅》对人类历史的记载、欧洲考古和人类学研究成果加以比较。①

四是该书探讨了历史的意义、历史与各科学的关系、世界史的定义，以及世界史与文明史的关系，具有较强的理论色彩。“历史是叙述人类社会过去赓续活动的事实在前面已经说过了。凡记述政治的变迁而明其递嬗的症结的，叫做政治史。专述及家国社会、文物制度，而明其演进的程序的，叫做文明史。至于单阐一国以内民族的活动的，叫做国别史。合世界各民族相互的关系，及其活动的影响而一一加以叙述的，这就叫做世界史。向来西洋史家，往往指欧洲通史，与直接于他们有关系的近东及美洲为世界史的范围，尽人知其为谬。这完全是他们的私见，不值识者一笑。”② 这里曹剑光所界定的“合世界各民族相互的关系，及其活动的影响一一加以叙述的”才是世界史的思想。在当时看来，反映了作者对世界历史认识的程度，是很见功力的，今天看来，这个定义也不过时。

五是该书的重要特点还在于详细叙述了世界文明史。该书将概论，中古编的第八章中古文明史概论分为基督教、黑暗时代、夏立曼的兴学、阿拉伯的文明、封建时代、文艺复兴、教育制度、兵制和社会情形九个部分；近古编的第六章近古文明史概略则分为科学、哲学、文学、艺术和发明；近世编的第八章近世文明史概论又分了科学、哲学、文学和艺术，详细阐述了世界文明史的发展脉络。《世界史表解》在一定意义上可以被视为中国的世界文明史编纂的试笔之作。

## 四　陈逸《西洋史表解》和叶云瑞《世界史表解》

### （一）陈逸《西洋史表解》

陈逸著《西洋史表解》于1935年由商务印书馆出版，该书表述了公元前3300年至著者所处的“今日”。该书在表这一体裁的运用方面已经颇为娴熟，即便是对编辑大意的阐述，也运用了这一方法阐述了该书编纂的目的、

① 曹剑光：《世界史表解》，上海南华书店1934年版，第7—10页。

② 同上书，第5页。

内容、形式和利便。“绪论”仅用了四个页码，约500字，就把西洋史的意义、文化发达之要素、世界文化最古发现地、时代区分、纪年法、西洋史上之诸人种等内容呈现在读者面前，的确能给人一目了然之感觉，见扫描图。



# 西洋史表解

## 緒論

**（一）西洋史的意義**

人類爲國家及社會之一份子，有人類始有國家社會之組織。歷史者即記述人類發達之經過，以及人類與國家社會之關係，故西洋歷史即以歐美人民爲中心而記載其經過之事實。

**（二）文化發達之要素**

| | |
|---|---|
| 地勢 | 地勢於文化發源大有影響，河海交通便利之處，多爲世界史上最古文化發達之區。 |
| 氣候 | 氣候之寒暖，大有關於文化；文化發達之國多在溫帶；位於熱帶寒帶者甚鮮。 |
| 地味 | 地味肥沃，便於生物之供給，亦爲重要之條件。 |

**（三）世界文化最古發現地**

| | | |
|---|---|---|
| 中國 | 黃河、揚子江。 | 適合氣候，地勢，地味之要件，爲東洋文化之發源地。 |
| 印度 | 恒河、印度河。 | 地味肥沃，地勢幽祕，故成爲宗教哲學與佛教等之發源地。 |
| 美索不達米亞 | 底格里斯河、幼發拉底斯河。 | |
| 埃及 | 尼羅河。 | |

緒論

因夏季定期氾濫，沃土淤積，獲多量之農產物，故爲西洋文化之發源地。

（四）時代區分

上古史……至（三七五）日耳曼人之遷徙。

中古史……至（三七五——一五一七）——宗教改革之發端。

近古史……至（一五一七——一七八九）——法蘭西革命之破裂。

近世史……至（一七八九——一八七八）——柏林會議。

現代史……至（一八七八——今日）

（五）紀年法

皇紀（日本紀元）　神武天皇即位元年……西曆紀元前六六〇年。當亞述（Assyria）之末葉，當中國周惠王一七年。釋迦之誕生，當皇紀九七年。孔子之誕生，當皇紀一一〇年。

西紀或西曆（耶穌紀元）　耶穌基督降誕後四年……亦有以基督誕生之年定爲紀元元年者。則因經歷史家精密推算，知耶穌生年實在降誕之前四年，然因前說相沿已久，至今迄未變更。世界强國多屬基督教國，故西紀最通行。表示紀元以前，用 Before Christ 省寫之爲 B. C.；表示紀元以後，以拉丁語之 Anno Domini (in the year of our Lord) 省寫之爲 A. D.。

回教曆　西紀六二二年……黑齊拉（Hegira），即回教祖逃往麥加之年。

中國系

中國種族……漢人

西藏種族……西藏人

印度支那種族……印度支那人

（六）

# 西洋史上之諸人種

- 亞細亞系統
  - 烏拉爾阿爾泰系
    - 通古斯種族……通古斯人　滿洲人
    - 蒙古種族……蒙古人
    - 土耳其種族……土耳其人　匈奴
    - 芬及馬札兒種族……芬人　拉伯人　馬札兒人
    - 日鮮種族……日本人　朝鮮人
- 歐羅巴系統
  - 地中海南部系
    - 哈姆種族……埃及人　利比亞人
    - 塞姆種族
      - 巴比倫人　亞述人　米太人
      - 敘利亞人　希伯來人　腓尼基人
      - 阿剌伯人
  - 地中海北部系
    - 幼斯加立安種族……巴士克人
    - 阿利安種族
      - 開爾托族
        - 高盧人　普立托亞人
        - 蘇格蘭人
      - 拉丁族
        - 希臘人　伊利里亞人
        - 意大利（羅馬）人
        - 法蘭西人
        - 意俾里亞
        - 羅馬尼亞人

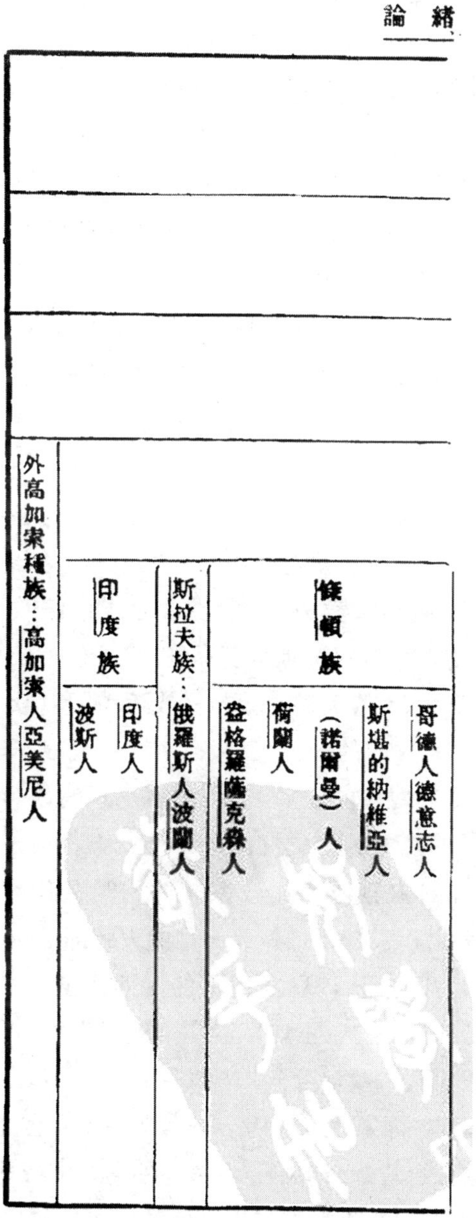

緒論

條頓族
哥德人 德意志人
斯堪的納維亞人
（諾爾曼）人
荷蘭人
盎格羅薩克森人

斯拉夫族…俄羅斯人 波蘭人

印度族
印度人
波斯人

外高加索種族…高加索人 亞美尼亞人

该书虽为名为西洋史，但却具有世界历史的视野。例如，陈逸在正式讲西洋史之前，先在“世界文化最古发现地”中介绍了具有“四大文明古国”之称的中国、印度、美索不达米亚、埃及。在“纪年法”中则介绍了该书采用最多的“皇纪”（日本纪元）、“西纪”和“回教历”。而在“西洋史上诸人种”中分亚细亚系统和欧罗巴系统。前者又可分为中国系（中国种族、西藏种族和印度支那种族）和乌拉尔阿拉泰系（通古斯种族、蒙古种族、土耳其种族、芬及马扎尔种族、日鲜种族）；后者分为地中海南部系（哈姆种族和塞姆种族）和地中海北部系（幼斯加立安种族、阿立安种族）。这充分表明陈逸所著《西洋史表解》所具有的全局眼光和世界意识。

（二）叶云瑞《世界史表解》

叶云瑞的《世界史表解》曾由东方文学社、学生书局在 1937 年、1947 年出版多次。该书分为上古史、中古史、近古史、近世史和现代史五编二十三章，依次展现了“古代诸国的文化”、“古印度和佛教”、“希腊与波斯”、“罗马与安息”[①]、“东罗马帝国与回教”、“中古前半期欧洲的宗教与政治”、“基督教与国教的冲突”、“蒙古民族与土耳其帝国”、“中古欧洲的制度与文化”、“欧洲文艺复兴”、“欧洲民族国家的成立与地理上大发现”、“宗教革命和宗教战争”、“十七八世纪欧洲各大国政局的鸟瞰”、“欧人的殖民事业与殖民地的竞争”、“近代欧洲的旧制度之文艺”、“法兰西革命与拿破仑”、“反动政治与民族运动”、“实业革命”、“帝国主义的发展”、“欧洲大战前的国际形势”、“世界大战与巴黎和会”、“现代欧洲国际的形势”、“现代的世界”。该书所呈现的内容很显然欧美国家占据了绝对的优势，非西方的历史仅仅是一个点缀。从具体的历史内容的处理来看，应该包含的内容还是比较系统的，既有政治、经济、军事、外交，也有思想、文化和宗教，是一部典型的表解体通史著作。

还应该注意的是田农于 1933 年编纂的《西洋史表解》一书。该书在体裁上也是具有自己的特点的。正如作者在“编辑大意”所言：“历来史学记载，多系偏重帝王年代、政治变迁、战争史迹，而且分章分节，割裂破碎，欲知整个社会之概况，常苦无从参考。本表即注重社会经济科学等发展，以及一切运动所有的社会背景与影响，参考中外书九十余种编纂而成；以期一览即得，事半功倍。”[②] 由此不难看出，西洋史、世界史中的表这一体裁在

① 该章共分为十节，第九节、第十节分别为“朝鲜的建国与中国文化的输入”和“日本的建国与中国文化的东渡”，似乎与罗马和安息的关系不大。

② 田农：《西洋史表解 · 编辑大意》，和记印书馆 1933 年版，第 1 页。

很大程度上是为了纠正、弥补章节体史书的弊端而被应用到世界历史编纂中来的。该书所期望达到的目标则在于对于整个西洋历史之概况的系统阐述，而不仅仅是对于政治史的发明。除了阐述一切社会运动本身的历史之外，该书还格外注意发掘所述历史事件的社会背景与影响。这就使得《西洋史表解》一书有可能摆脱对史事机械的简单的堆砌，更侧重于对历史事件前因后果的探求和梳理，至少编纂者在这方面是具有鲜明的自觉意识的。

此外，世界史地研究社编辑：《外国历史表解》（上海新声书局 1937 年版）、李尚春编：《外国历史表解》（香港中华书局 1938 年版）等，也是 20 世纪 30 年代图表体史书著作中的优秀著作。齐思和等编著：《中外历史年表　公元前 5000 年—公元 1918 年》（三联书店 1958 年版）与翦伯赞主编的《中外历史年表》（中华书局 1961 年版）代表了 20 世纪五六十年代，世界历史研究与编纂的一个趋势。在这一趋势下，编纂者不仅认为过去学者所编年表“已经不大适用了”，而且还想用历史唯物主义的观点方法通过年代的顺序与中外历史的对比，显示出历史事件自己的发展和彼此之间的交错关系，从而揭示出世界历史发展进程中的脉络。李文业主编的《世界历史年表》（青海人民出版社 1986 年版）、杨子坤等编《简明中外历史年表》（轻工业出版社 1989 年版）、丁笃本主编的《中外历史大事年表》（湖南人民出版社 1998 年版）、李华的《中外历史年表》（凤凰出版社 2004 年版）等书都是表解体世界历史著作中较有影响的著作，具有较强的实用性。翦伯赞主编的《中外历史年表》于 2008 年由中华书局校订再版就是一例证。

20 世纪三四十年代年表体世界历史著作的涌现，从一个侧面反映出中国的世界历史研究的发展的活跃，它与其他体裁的世界历史著作相互补充，共同促进了世界历史研究和教育的深入发展。20 世纪五六十年代以来年表体世界史著作所具有的一个越来越突出的特点是，愈益体现出中国学者的主体意识与主旨思想。

## 第五节　演义体和史话体的成就

演义体和史话体的世界通史著作属于普及读物的范畴，但却较之专门的学术著作有着更为广泛的受众。这标志着中国历史学研究正在走向社会的深层，对于促进社会发展发挥重大的作用。演义体和史话体在世界历史普及和传播领域的应用，确实是中国世界通史编纂的一大创造。因此，其社会影响和编纂方面的学术价值值得认真地加以梳理和总结。演义和史话体裁被应用到世界历史编纂和普及中来表明了民众对世界历史知识的需求呈现出多层化、多样化的发展趋势。20世纪以来，演义体和史话体世界历史作品的编纂在不同的历史时期都有探索，涌现出许多具有代表性的作品，诸如《泰西历史演义》、《万国通俗史》等。其中以作新社于1903年出版的《万国演义》和20世纪90年代面世的《世界历史通俗演义》、《世界史通俗演义》最为典型。

### 一 《万国演义》

通俗历史读物编纂所能达到的程度，在一定意义上也反映出一个时代历史研究的水平。《万国演义》是上贤斋沈惟贤编纂，由作新社于光绪二十九年（1903）出版、发行的历史小说。全书60卷，共十册，每册十卷。另有凡例和世界各国名称的中英日文对照表、眉批等。该书叙述了自混沌天开的传说时代至19世纪70年代初期普鲁士改号德意志和法兰西第三共和国建立。

《万国演义》卷目工整严谨，体现出编纂者所具有的中国传统演义体素养。从该书对世界史知识的涉及看，卷目很是值得研读。《万国演义》有三卷是从总体上阐述了人类诞生之前宇宙、行星、地球的演变与五大洋、五大洲等地质地理环境的变迁，讲到原始社会、人种民族的产生。在该书的最后一卷，即第六十卷则有“地球混沌之说”、“地球发生人物期”、“以几何级推生物数”，则是从人类历史发展的长时段展望了人类的前途和命运，视野广阔、立意深远。

从卷目所涉及的国家和地区看，《万国演义》讲到了埃及、亚述、印度、以色列、犹太、迦太基、意大利、罗马、巴比伦、波斯、斯巴达、雅典、东罗马、法兰克、俄国、丹麦、瑞典、澳洲、美洲、中国、日本等国家和地区，反映出作者所具有的世界意识在横向上较之19世纪中期的中国学者有了进一步的拓展。这是现实世界联系日益紧密在历史研究中的体现，也是人们适应了这种交往中的彼此了解的需要而作出的呼应。

从该书所反映的事件看，亚当创世、文字的创立、犹太建国、波斯兴起、希波战争、宗教的创始、罗马开国、日耳曼人入侵、东罗马迁都、法兰克分立、北欧海盗、十字军东征、英法百年战争、哥伦布发现新大陆、蒙古西征、西方殖民、美利坚立国、法国革命、拿破仑兴衰、神圣同盟、中英鸦片战争、巴黎和会等。这些事件现在看来均是对世界历史的发展产生了较大影响的历史史实，这反映了编者对于世界历史发展大势的把握，另一方面也反映出中国的世界历史在纵向研究领域的深入程度。

从该书所着意阐述的内容看，《万国演义》除了对政治、军事给予了关注之外，尤其注重对世界历史发展中的文化、科技和宗教的开掘。这一点在对近代之前的世界历史进程表述中表现得最为明显。例如，讲到上古埃及历史时，着重讲述了“埃及文字”、“埃及图学”、“营造之工”、“埃及律例”、“埃及希腊宗教”；在讲到上古印度的历史时，讲述了“印度旧俗”、“梵文圣书”、“婆罗门教”、“三一真神”、“印度四期哲学”、“天文学”、“医学”；在讲到腓尼基人的历史时，讲述了“推罗人航海之法”、“采五金矿”、“有机器之始”、“腓人发明谐音字母”、“造玻璃之法”、“染色之法”、“始造甲盾”等科技成就；在讲到米颠历史时，讲述了“尼哥议开苏离士河”、“通非洲航路”、“他勒天文之学”、“北斗诸星名”、“预推日月食”、“周匡王三年九月日食”、“日食之理”、“月球”、“月中火山”、“日食”、“在朔月食在望”等。此外，还在第十六卷“立宪法始启民权　新教科创行戏曲”中着重讲述了政治、民权、学校教育、体育、戏曲等，希腊、雅典、斯巴达的发展及其深远的影响。第二十九卷“贵勾利僭执教皇权　摩诃末自称天使号”着重讲述了耶稣教、罗马教、君士坦丁教派、加特利亚利教派、希腊教、天主教、教皇之立、回教等诸宗教的兴起与纷争；在第四十卷“出兵戈儒林怀古哲　谈格致学界辟新机”中着重讲述了教育、文学理学、培根实验派、瓦特汽学、傅兰克令电学、哈兰测日面黑斑、西国医学、哈尔非论周身血络等诸科技成就。因而，从某种意义上说，《万国演义》已经具备了文明史的影子。

《万国演义》是编纂者运用当时最为先进的进化论理论，对人类历史发展作出的新探索，尽管是以特殊的体裁来呈现出这种探索的成果，但也在相当大的程度上显示出20世纪初期中国的世界史研究所能达到的高度。尽管编纂者还不能完全摆脱神创说的影响，例如第二卷“万物冶洪炉埃田创世　五洲沦降水挪亚方舟”就是具体而系统地讲述了神创说，但从根本上说全书还是基本上贯穿了朴素的历史进化论的发展观点。开篇“凿混沌

特开天演界　话沧桑广证地圆篇”讲述了物竞天择、适者生存的道理和地球是圆的理念，洋溢着科学的精神和严肃的态度。这与一般演义小说可以说是有很大的不同。通过该书的卷目，我们不难看出世界历史的发展在当时看来就是一个逐步由神支配下的历史向人主宰下的历史发展的过程。例如“宁鲁答崛起猎夫雄　色立齿并营城郭国”、“进文明书裁字体　竞物力二族扫蛮风”、“亚述国神权尊伯路　婆罗门梵典演韦驼”、“乘象兴师雄兵出印度　牧牛张幕乐土徙迦南”、“以色列大兴新种族　耶和华一洗旧神权”、“腓尼基商权雄南亚　阿的加文物擅西欧”，等等。编纂者在书中所传递给我们的信息就是人是历史的主人，人最终创造了历史。

《万国演义》出版后产生了较大影响，中国近代著名诗人金天羽在1904 年曾经撰写《题万国演义》七律诗一首，可以窥见该书在当时的知识界和思想界产生的影响。

> 洪荒草木有春秋，祖鸟哀龙遍地游。八十万年天不曙，钧天开幕舞猕猴。创世亚当孙悟空，翻云覆雨仗英雄。最怜一部唐虞史，法曲仙音演未终。推背图中埃印亡，封神榜上换侯王。十洲未了鱼龙戏，王母萧萧鬓已霜。龙战玄黄血史青，百虫繙遍大荒经。咖啡结子香槟熟，想起泉台柳敬亭。宪史修成缀白裘，扶桑帝女逞风流。梦中忽作庐家妇，十六生儿字阿侯。国际风云剧万千，武装谈笑出当筵。格兰斯顿卑斯麦，抵得京华小叫天。三千余年老大国，二十世纪太平洋。红楼跳舞聊斋梦，满地江湖一宋江。①

应该承认，金天羽的这首词所反映出的历史心境是复杂的，既有个人

① 金天羽：《天放楼诗文集》上册，上海古籍出版社 2007 年版，第 60 页。在阿英编：《晚清文学丛钞 · 小说戏曲研究卷》中还有《题〈万国演义〉后》（署名金一）：“洪荒草木有春秋，祖鸟哀龙遍地游。八十万年天不曙，钧天开幕舞猕猴。创世亚当孙悟空，翻云覆雨仗英雄。诗吟荷马歌维达，演出惊奇惝怳中。商权海权腓尼基，武育神教雄波斯。希腊解崩罗马蹶，日耳曼族森林飞。历山东征出印度，该撒西去人英伦。长驱亚骑凌欧陆，禁煞儿啼铁木真。孔佛耶回百劫灰，华拏光焰烛天开。开新世界哥伦布，不借人间旧舞台。教派争平种祸罹，君权推倒戟群魔。汗青点点玄黄血，万古兴亡一刹那。三千余年老大国，二十世纪太平洋。红楼跳舞聊斋梦，满地江湖一宋江。活剧排人说可怜，武装鼓吹上当筵。格兰斯顿俾斯麦，抵得京华小叫天。”（阿英编：《晚清文学丛钞 · 小说戏曲研究卷》，中华书局 1960 年版，第 584 页）。

对历史沧桑变化的感慨，也有个人对中西历史发展变化差异比较后的失落。老大帝国的衰落与世界上列国、列强的突飞猛进不能不对作者构成强有力的冲击。20 世纪初叶，中国半殖民地半封建社会的种种际遇，落后总是挨打的现实，构成了作者阅读《万国演义》的深切体验，同时也使得这种现实体验在该书阅读中得到了升华。著名历史学家顾颉刚也曾回忆，他幼年就是在“恣意翻阅”《万国演义》、《万国史记》、《泰西新史揽要》等书时，得到了一点世界史的知识。①

## 二　《世界历史通俗演义》

20 世纪 90 年代初期，“世界历史通俗演义”丛书由四川省历史学会会长谭继和、重庆艺术研究所书记段明等策划、出版。该丛书共分为《古希腊演义》、《古罗马演义》、《中世纪政教演义》、《蒙古帝国征战演义》、《英国革命演义》、《法国大革命演义》、《第一次世界大战演义》、《苏俄演义（1917—1953）》、《现代外交演义》九卷。该丛书以影响世界历史发展进程的重大事件、民族和国家为重点，并不苛求对世界历史知识的全面性和系统性，但却对选题的生动性、趣味性、文学性和故事性提出了较高的要求，是世界历史知识普及的一次大胆尝试。从体裁方面看，也是丛书编纂者运用中国传统表现体裁来阐述世界历史的一次有益尝试。

陶笑红、汪学典著《古希腊演义》一书由四川大学出版社于 1997 年出版。全书共分为叹古希腊历史、楔子、正文四十回和后记四大部分，共约 45 万字。该书题目显示了作者在理解历史事实的基础上所作的概括。例如“楔子　奥林匹亚众神聚仙乡　特洛伊城遗勇发恶谶”、“第一回　雅典智夺萨拉米　索伦远游吕底亚”、“居鲁士挟怨败远祖　斯巴达报恩结盟邦”、“第三回　斯巴达半岛成盟主　居鲁士草原输战阵”、“第四回　雅典城复立僭主　斯基泰智拒波斯”、“第十七回　南北同盟初动干戈　希罗多德重访故人”、“第十八回　科西拉岛水师对阵　波提狄亚劲旅交锋”、“第二十二回　伯罗奔尼撒穷山遭惨败　德莫斯迪尼荒岛建奇功”、“第三十四回　疑旧臣亚历山大杀宿将　惜故土斯皮达马抗强敌”、“第四十回　劲旅输战阵马其顿衰微　名城化灰烬古希腊终结”，等等。

① 李红岩：《中国史学的近代化》，《学术研究》1999 年第 4 期。

值得注意的是，该丛书还吸收了中国的古典诗词的形式，来表现世界历史的内容，达到了一个新境界。《望海潮·叹古希腊历史》：

> 襟连欧亚，肘悬非陆，当胸万顷波涛。荷马史诗，奥林神庙，传得千载英豪。古地正相交。莫道城邦小，教化前茅。剧院笙歌，赛场身手，竞夺标。
>
> 狼烟烽火长烧。教波斯进犯，沉舸折刀。对垒壕边，鏖兵海上，旷原逐鹿几遭？不废乐声高。铁骑东征处，印度来朝。谁信繁华过后，冷月共萧条？①

此词浓缩了一部古代希腊的产生、发展、兴盛、衰落至灭亡的历史，既描述了希腊城邦的地理方位、风俗传统、文化杰作、又刻画了古希腊城邦的政治建树、军事争霸、衰败灭亡，充分显示出中国诗词语言在表述内容方面所具有的独特优势，带有浓厚的历史感。它简洁、洗练，而又底蕴雄浑、慷慨悲壮。

韦红著的《蒙古帝国征战演义》由成都出版社1992年出版，1997年再版，全书约有41万余字。该书的特点之一，就是更加注重对历史脉络的梳理。例如对于蒙古部落的源流和演变的辨析。该书开篇写道："话说公元十一、十二世纪时，蒙古高原星天旋转，诸部争战难休，众生惶惶不安。先是蒙古部首领海都攻灭斡难河强部——札剌亦儿部，从此势力日大。海都次子察剌孩领忽受有辽朝'令稳'官号，其子想昆必勒格升号'详稳'，父子相继任辽属部官。金初，全蒙古各部落联盟推举海都长子之孙合不勒为汗，蒙古部落首领自此始用汗号。察剌孩领忽之后裔形成泰亦赤乌惕部，合不勒汗家族号乞颜部，各自拥有许多部众。合不勒汗曾入朝金朝皇帝，然金朝恐蒙古强大成为边患，企图将其杀死，未遂，蒙古遂叛金。此后数十年间，双方战事不断。金人利用属部塔塔儿入攻打蒙古，俘杀俺巴孩汗等蒙古首领，并派兵入蒙古剿杀掳掠，蒙古亦多次攻掠金朝边境，劫掠。"②通过对蒙古部族与辽、金政权关系，以及蒙古族内部关系的梳理，为其后

---

① 陶笑红、汪学典：《古希腊演义》，四川大学出版社1997年版，第1页。

② 韦红：《蒙古帝国征战演义》，成都出版社1992年版，第1页。

蒙古族的强大和征战对世界历史的发展进程产生影响埋下了伏笔。

该书对于演义体的运用已经相当成熟，无论是对于人物的刻画、语言的描述，打斗场面的呈现均有可取之处，是为该书的又一特点：

> 公元1176年的一天，蒙古乞颜部与塔塔儿部摆阵大战于克鲁伦河畔。两军相逢处，只见乞颜部众骑中冲出一员大将，长得虎背熊腰，骑一匹枣红马，手执一柄利剑，奔至阵前，给人以不怒自威之感。此人名曰也速该，乃乞颜部可汗忽图剌之侄。但听见也速该勒马对塔塔儿人喝道："对面何人出来受死?"话音刚落，塔塔儿部中冲出一员大将，直奔而来。也速该并不慌忙，又道："本将不杀无名之辈，报上姓名再战不迟。"那人也不迟疑："我乃豁里不花，休要猖狂，看招。"说罢，手持长矛直刺也速该。也速该手持宝剑相迎。两马相交，不过数回合，也速该瞧个破绽，轻舒猿臂，竟将豁里不花生擒活拿。这景象早激怒了塔塔儿部中一员猛将。只见他圆睁豹眼，倒竖虎须，策马奔至阵前大叫道："也速该休走，铁木真兀格来也。本将今天要与你定个高低!"也速该见状，也不搭话，拨马来战。二人抖擞精神，酣战五十余回合，不分胜负。也速该心中暗暗称赞：久闻铁木真兀格骁勇异常，今见之，果然名不虚传。料知一时不能取胜。也速该眼珠一转，计上心来，佯装力不能支，拨马便走，铁木真不知是计，打马直追过去，眼见快要赶上，也速该猛地回身一剑，正刺中所骑马肚，铁木真急不能防，当场落马被擒。①

这样的场面在中国传统演义体裁的章回体小说中，可以说是屡见不鲜，作者将其应用到对世界历史的描写，增强故事的生动性，将这一打斗场面栩栩如生地展现在读者面前。通过《蒙古帝国征战演义》，人们能够在听故事中了解蒙古族的兴起、发展、鼎盛的历史，了解其如何在中国历史和世界历史上发挥其巨大历史作用的。由此人们也能够对游牧民族在世界历史上所发挥的桥梁和纽带作用有更加深入的认识。

该丛书的编纂者针对不同的史书，也有一些议论于卷首或书尾。其间可以窥见编纂者对于相关历史的认识，也能体会出对于历史学功用的思索。张

① 韦红：《蒙古帝国征战演义》，成都出版社1992年版，第2—3页。

光明编著的《苏俄演义（1917—1953）》由成都出版社于 1993 年出版，全书共约 35 万余字。该书开篇写道："创业何坎坷，守业复更难；历历七十载，抚册一泫然。列位看官，这四句不表别的，单表苏俄 70 年之历史。遥想几十年中，那苏维埃共和国曾轰轰烈烈，威震六合，其间事几多伟壮，又几多悲辛，直演成一幕幕惊心动魄、令人瞠目、令人扼腕之故事。在下不才，学苏俄史有年，每读至悲壮处，未尝不掩卷长叹，唏嘘流涕者再三。感慨之余，愿将史迹，铺叙成文，以昭来者。虽常恐文有不周，笔有不及，但能让读者诸君稍广见闻，略增知识，便不枉了写书人一点心意。"① 作者对于身世的交代，对于苏俄史的研习，使得该书在知识的科学性上要胜其他史书一筹，而作者的议论则让读者鲜明地体会到历史的沧桑和世事多变。

### 三　张联芳主编《世界史通俗演义》

张联芳主编的《世界史通俗演义》于 1992 年由世界知识出版社出版。本套书用民间演义的形式叙述世界历史，上迄人类文明的起源，下迄 20 世纪 80 年代末的世界巨变，分上古（郭小凌著）、中古（王乃耀、刘城等著）、近代上卷和近代下卷（刘宗绪著）、现代（闻一等著）、当代（吴必康、郭富民著）6 卷。

张联芳在全书的总序中体现出了该体裁的特点，反映了编纂者对演义体裁的把握。他指出："一部好的历史演义，应具有科学性、艺术性和启喻性的特质。所谓科学性，就是求真，从准确无误的史实中找出历史本身所固有的发展规律来。艺术性就在于它能够通过形象思维，具体而生动地再现历史的主体——人类的活动及其内心世界，展示出历史的美学价值和史学家的审美观。启喻性则是提供历史经验及伦理道德规范，以教育后世。此'三性'存在着不可分割的联系。启喻性要以科学性为基础，而艺术性则是为了更好地体现启喻性。科学性与艺术性在理论上虽有对立，但在实践中却可趋于统一。……科学性是灵魂，固然需我们来维护，但艺术性的作用也不可低估，否则人类的精神风貌难以展现，亦即失去历史的风骨、趣味和感染力。启喻性不仅与艺术性而且也与科学性相通，因为它们最终殊途同归，都以各自的社会手段和作用，造福于人类。总之，这'三性'是统一的整体，缺少任何

---

① 张光明编著：《苏俄演义（1917—1953）》，成都出版社 1993 年版，第 1 页。

一‘性’，历史演义就不那么完全，有效果了。”① 张联芳将历史演义体裁概括为三个特性，对于恰当理解历史演义无疑有很大帮助。

从历史演义编纂上看，张联芳对《世界史通俗演义》从总体上给予了探讨，他指出：“在写法上，虽然运用了表现形象与个性的文学手段，但不同于一般的文学小说，因为它受到信史史料的制约，不能虚构历史人物及其活动情节。即使采用神话故事、民间传说和野史纪实，亦须查有旁证，勿敢游谈无根。本书还使用了迄今为止不曾被使用的文献资料，作为文学手段的依据。在内容上，也有别于以往《中国历代通俗演义》一类书，这类书因受到传统史法的影响，大多演的是统治阶级内部争夺篡弑、王朝递变乃至社会战乱之义，很少涉及活跃在经济和科学文化领域的重要历史人物和人民大众的活动。而我们则力图加强表现后者的篇幅，以全面地反映人类社会之貌。在形式上，我们还试图摆脱新兴学说体系和结构的框框，突出演义特色，以人物为中心展现世界史画卷，在描写重要历史人物的典型环境中，见科学，见艺术，见知识，见趣味。在继承演义这一古老表现形式的同时，我们也对其加以改革和发展，并尽量博取现代演义小说之长，使本书从内容到形式都更加符合我国广大读者的欣赏水平。”② 这里，张联芳对于《世界史通俗演义》的认识是比较全面的，从写法上、内容上和形式上均给予概括。这对于我们理解该书是一个导引。

《世界史通俗演义》采用一种特殊的体裁，对于世界通史编纂来说也是一个创新。该书在很多问题上的处理都反映出作者对世界历史的理解。例如作者对于人类起源问题的处理就颇费了一番脑筋，具有自己的特色。作者在论述了苏美尔人、毛利人、古希腊人、古罗马人、古埃及人、古中国人、古希伯来人等民族关于人类起源的神话后，又探讨了西方中世纪基督教关于神创论和进化论关于人类起源问题的斗争，以及现代科学对于人类起源问题的新发现。作者一方面指出，人类认识世界及自身历史过程中出现的神创论，“遍数世界各地的古老民族，打着灯笼找不出一个未曾把自己的祖先归之于神灵的。区别仅在于各自神灵的细微末节有所不同罢

① 张联芳：《世界史通俗演义·总序》，郭小凌：《世界史通俗演义·上古卷》，世界知识出版社 1992 年版，第 1—2 页。

② 同上书，第 2 页。

了”[1]；另一方面，作者又通过这一问题的探讨，总结出了人类认识的相对性和无穷性，“达尔文举起的火炬，照亮的只是通向彼岸的一条漫长的、隐约可辨的正确航路。人们荡起桨叶、驶向彼岸时仍会遇到无数难以预料的困难。现在看来，进化论还远未穷尽真理，它只揭示了真理的一个侧面，面临着基因学说的严重挑战。它的精华需要发展，漏洞需要修补，谬误需要纠正，难以纠正的则需要彻底扬弃。当代人类正利用分子生物学等新型装备，不断调整探测船的航向，乘长风，斩巨浪，向着真理的彼岸奋勇划进。”[2] 这反映作者并没有局限于史实的讲述，而是有所升华，充分体现出了科学性、艺术性和启喻性的结合。

《世界史通俗演义》一书中所讲述的道理是深刻的，既有对于历史的反思，也有对于人类的反省，并没有刻意去迎合读者，在呈现世界历史丰富多彩的故事的同时，也反映出作者的良史之忧思。例如对于科技和战争的反思，就表现得异常明显。在《现代卷》中，作者指出：“这个世界的‘现代’，实在既疯狂，又怪诞，更凶残！30余年不算长，然而容纳了两次世界大战。便是那世界大战的间隙吧，亦是经济的大萧条，30年代不如20年代，40年代不如30年代，且还不说殖民统治登峰造极，局部战争烽火连绵。这世界大战也是愈演愈烈。头一回席卷欧洲，第二回则全球开辟东西两个战场，大东亚蒙受‘共荣’之灾，太平洋从此无太平。就说那经济进步与人类智慧的结晶吧，也都走向预期目标之反面，演变成为杀人与毁灭的武器，令山河破碎，生灵涂炭。头一回大战，德国海上使用潜艇，空中使用轰炸机，英国投入32辆刚发明的坦克，已算得上武器的上乘；第二回大战，德国使用导弹轰击英格兰，美国人使用原子弹炸烂长崎、广岛，又把战争提升一格，这也便是人类文化进步之荣耀！”[3] 在这里，作者站在人类历史发展的高度，品评了现代战争发展与科技之间的关系，隐隐地透露出对于人类现代社会发展前途和命运的担忧。这是一种深刻的剖析，抛却了战争的是非，从世界历史发展的高度，来反省战争，来剖析现代社会中人类的理性，来反省人类对于科技发展的把握。《现代卷》所展现出的一个

---

① 郭小凌：《世界史通俗演义·上古卷》，世界知识出版社1992年版，第2—3页。

② 同上书，第13页。

③ 闻一等：《世界史通俗演义·现代卷·楔子》，世界知识出版社1992年版，第1页。

重要的特点就是对人类战争和科技发展的反省。这对于世界通史编纂中如何处理20世纪前半期人类社会的发展，无疑是具有相当大的启示意义的。

当然，《现代卷》所传达给读者的基本的世界观还是唯物史观。在对战争和科技，对英雄与狂人进行了系统的描述和刻画之后，作者最终指出了人民群众在世界历史发展进程中的作用："幸亏这颠倒的世界尚容有民众的选择。一次大战中专制主义四个大本营有三个（德、意、土）玩火自焚，另一个（俄）却让布尔什维克抄了后路，几天的工夫，竟然生出一个崭新的社会制度来！……一战造出一个国际联盟，二战造出一个联合国，其间还有一个联络无产阶级的第三国际。更不消说一战推出了一个苏维埃俄国，二战成就了一个社会主义体系。国际战争不光有'整体化'之效应，尚有促进民族自决与独立之奇功。虽说点燃战火者做的乃是称霸世界，灭绝种族之梦，其结果却是民族觉醒、小国独立……这看似脆弱的环球世界，是炸也炸不平，打也打不烂。"① 人民群众与杰出人物之间的关系，以及他们对于世界历史发展所起的作用并不是泾渭分明的，有时候甚至是难以分清的，然而对这个问题的具体的态度却是判定是否是唯物史观的重要的标志。

《世界史通俗演义》在内容的选取上是较为典型的。例如《当代卷》对于重要史事的选取就是相当地富有技巧。该卷正文共分为二十五回，其前十回的题目则是：维系安全联合国应运而生、伸张正义众战犯纷纷伏法；冷战骤起盟友突兀变敌国、金瓯残缺德国山河分东西；越南苦战争取独立燃烽火、印巴分治血染山河遗后患；阿以冲突祸难休兵火频仍、朝鲜分裂起战事中美交兵；南苏反目铁托铁肩担重担、刀枪相逼北约华约大对抗；麦卡锡逞凶美国人人自危、斯大林谢世苏联领导纷争；纳斯尔勇斗群强血战运河、拉科西苛政误国匈国大乱；法兰西占阿国旧债添新仇、戴高乐乱世中得权又失权；亚非诸国求互助聚会万隆、争取民权黑牧师以血寻梦；携手合作向未来西欧一体、各显其能核武器美苏争雄。② 这十回讲述了从1945年4月至1961年4月间的世界历史上发生的大事。联合国的创建、二战战犯审判、冷战、德国的分裂、越南战争、印巴分治、阿以冲突、南斯拉夫和苏联反目、北约

---

① 闻一等：《世界史通俗演义·现代卷·楔子》，世界知识出版社1992年版，第2页。

② 吴必康、郭富民：《世界史通俗演义·当代卷·目录》，世界知识出版社1992年版，第1页。

华约对抗、麦卡锡迫害、斯大林逝世、纳赛尔维护独立、法国占领阿尔及利亚、戴高乐掌权、亚非万隆会议、美国的种族歧视、欧共体、美苏争霸等18件影响世界历史发展进程的重大事件，其范围遍及亚、欧、非、美等各大洲，既有意识形态的斗争，也有种族之间的冲突；既有科技的发展，也有文化领域的摩擦，给读者以全面的印象。

此外，《世界史通俗演义》在形式上还吸收了中国古代诗词的形式，“不仅回目要有中国古典小说的意境，而且每一章回的开头和结尾都需以古典诗词的形式揭示和总结该章回的内容”。要做到这一点，没有深厚的中国传统文化的底蕴和渊博的世界历史知识是很难完成的。《中古卷》在这方面表现得最为典型。《中古卷》由资深翻译家戚国淦实际主编，并且撰写了该书的回目和诗词。① 该书的写作，使得他能够有机会利用古典诗词的形式表现世界历史的内容，尤其是用中国古典诗词的形式表达欧洲中世纪的历史内容，可谓是珠联璧合、中西合璧。第三回开篇一首《西江月》对不列颠早期的历史脉络勾勒得非常清晰。“辞别北欧故土，举族渡海西迁。三支遍布英格兰，也现七国局面。奥古斯丁一众，传经历尽艰难。折服异说醒愚顽，端赖唇枪舌剑。”② 该书第六回以1337—1453年发生的英法“百年战争”为主要内容，集中讲述了克勒西战役中，英格兰长弓手如何克敌制胜，打败法兰西重骑兵的故事。正文用了数千字的篇幅，而回目则以“制强敌，英王施诡计；布奇阵，神弩逞雄威”十六字作了精准的概括。而在第二十八回马丁·路德宗教改革中，编者以“揭论纲，路德燃火种；申讨伐，博士撰檄文”为回目，开头的“诗曰”阐明了路德的基本立场：“为图敛财骗愚夫，交汇推销赦罪符。一纸论纲燃火种，讨伐罗马是先驱。”结尾处一句“正是”表明了路德宗教改革的历史作用：“一纸檄文鸣战鼓，西欧到处改革声。”这些诗词内容贴切，形式严整，极其纯熟精美，显示出一个史学家中西兼通的渊博学养。《当代卷》的卷尾词作也有特色：“纵观人类历史，起于宇宙混沌、天地初开之时，又于千载万年之间，历经无数沧桑福患，披荆斩棘发展至今。人世之中，富裕与贫困、战争与和平，可谓千古之争的难题，迄今犹存。其间苦难

① 刘城：《精深的造诣，深厚的底蕴》，《首都师范大学学报》（哲学社会科学版）2008年第3期；刘新成：《读史杂咏》，《灌园集：中世纪探研及其他》，商务印书馆2007年版，第299页。

② 王乃耀、刘城、王勤榕、刘新成：《世界史通俗演义·中古卷》，世界知识出版社1992年版，第49页。

与希望共生，邪恶与正义并存，挑战与机遇同在，更有黑暗与光明相搏。然而，文明与进步、科学与民主、和平与发展，如日月经天、江河行地，势不可挡，终为人间正道，赢取希望与奋斗的21世纪。正可谓：青山遮不住，毕竟东流去。”①

值得注意的是，演义体这一世界历史的特殊表现形式从根本上看，并不能算作严谨的史学形态，而是一种文学形态。这一体裁所依据的基本的史实是确切的、真实的，同时又夹杂了一些作者的想象，以夸张的语言、精妙的叙述，较为鲜明地体现出了编纂者的个性好恶和情感色彩。作为一种重要的史学现象，以世界历史为描述对象的演义体小说的出现，也就在相当大的程度上标志着中国的世界历史研究发展到了一个新的阶段。

## 四　陈汉年编译《儿童世界史话》

儿童作为一个比较特殊的群体，同样也受到了一些世界通史编纂者的关注，应该说这是一件值得称道的事情，值得从历史教育和儿童教育的角度给予关注。其中最值得称道的主要有陈翰笙的《人类的历史》、张闻天编译的《西洋史大纲》和陈汉年编译的《儿童世界史话》等。

陈汉年编译的《儿童世界史话》于1936年在大东书局出版。其特点主要有：第一，在陈汉年编译的这部《儿童世界史话》中，我们不仅看到了一些读起来兴趣盎然的世界历史故事，而且还能从中体会出编译者对于儿童教育的见解和体会，有些还上升到教育理论的层面，对于我们今天的儿童教育是不无启发的。例如针对学校里的教材和读物，编译者指出：“讲到学校里，那一套读物，又是多么枯燥无味，固然说不到得寸进尺的兴味与要求，反而引起儿童的憎恨与厌弃。凡是从事过儿童教育的人，谁不感到教授社会、自然、常识等科目的时候是在把一串生硬的知识，不分皂白地灌进儿童的头脑，塞进儿童的头脑。儿童的头脑绝不比什么水壶或是钱袋，可以随便灌，随便塞的。硬灌，硬塞，结果只有引起儿童的反动——使得他们对于硬灌硬塞的科目永远地怀着艰深怕惧的成见。”② 对于

① 吴必康、郭富民：《世界史通俗演义·当代卷》，世界知识出版社1992年版，第417页。

② 黑勒（D. M. Hillyer）：《儿童世界史话·译者序言》，陈汉年编译，大东书局1936年版，第1页。

儿童的教育首先要引起儿童的兴趣，这是一个众所皆知的规律性问题，现阶段强调儿童兴趣的教育理论可以说是汗牛充栋。引起兴趣不是目的，重要的是要让儿童在兴趣之余，在幼小的头脑中留下一些有用的知识。因此，他强调："儿童读物没有趣味是不行的，一般新的作家能很聪明地把握住这点，产生着大量有趣味的书。可惜他们太懂得趣味了，结果所引起的都是些空虚的、低级的趣味。猫跳、狗叫、狐狸舞蹈等没有内容的故事，在读的时候诚然可以引起儿童些许的雀跃，但是一掩卷，遗留在他们脑海里的是什么？"① 这非常鲜明地表示出了他对于当时空洞无物的儿童教育所表示出的不满和担忧。他认为真正正确的做法是："儿童读物没有趣味是不行的，但是趣味只能作为帮助儿童理解各种知识的手段，反之，便毫无意义。怎样利用趣味，藉着猫叫、狗跳、狐狸舞蹈的形式把一切历史、地理、科学等真确的知识解释出来，才是儿童需要的书，才是儿童作家应该努力的书。"② 对于儿童教育中的主次之分，陈汉年是有着清醒的认识的，兴趣固然重要，但只是达到帮助儿童理解知识的手段，离开了传播正确知识，很显然便会有喧宾夺主之嫌。

而对于翻译作品来说，更是相对增加了语言方面的难度。难能可贵的是作者在全书编译完成之后，让一位六年级的小学生校阅了一遍，这在今天来看，也是很罕见的。

第二，《儿童世界史话》向儿童传授了许多世界历史的故事，这些故事都是用极为浅显的语言写成的。对于时间的理解，即便是对成年人来说也是非常抽象的问题，具有很强的哲学意味，然而，在编译者的笔下，也变得恰如潺潺流水，婉婉道来。在"昨天，今天，明天"部分中："假如你活在10000AD，这时的事，不过是你们历史上的开端罢了。欧洲大战对于你们，一样是远古以前的事。你们也许对于我们今日所认为伟大的发明，和我们对于铜铁的发明一样，觉得不足为奇了。"③ 这就使儿童对于历史时间的理解更加前进了一步，对于时间的体验，也更加的自觉。

第三，《儿童世界史话》一书还于浅显的故事和语言中，讲述了许多

---

① 黑勒（D. M. Hillyer）：《儿童世界史话·译者序言》，陈汉年编译，大东书局1936年版，第1页。

② 同上书，第1页。

③ 同上书，第128页。

重要的道理。例如，在“奇迹时代”这一部分中讲到意大利人马可尼发明的无线电后说，这是一个大可辩论的问题：我们现在的生活是否因为有了这些发明而比从前不能享受这些发明的人幸福吗？“生活是迅速多了，紧张多了；但也困难多，危险多了。我们不再捧着书，蜷在炉火旁边翻着消遣了，我们现在要离开装着水汀的卧室而去看电影了。我们现在……失去自己制作音乐的兴趣了，我们只要开开留声机片就行了。”① 科技的发展对人类幸福感受的影响，似乎是近年来，人们才逐渐开始探讨的问题，然而，早在作者成书的20世纪30年代就已经作了非常深入的思考，并且将其观点运用到儿童启蒙的教育中，不能不说是一个很大进步。再比如对于战争的看法，“一直到现在，历史里充满着一个个的战争，大的，小的，短的，长的。差不多每一个时期里面总有什么地方在战争。过去全是战争，战争，战争；打，打，打。小孩子们抓也来，踢也来，咬也来。可是我们的年纪越渐渐大，我们越少用我们的拳脚来解决纠纷。所以像是孩子气的表示——表示我们是小团——我们的战争，正式表示着我们的世界是年轻到如何程度；我们从这种表示上知道我们的世界还不过才一两分钟老呢。”② 应该说，对于战争问题的思考是一个深奥而沉重的问题，编译者将其与人类成熟程度相联系，再以儿童所熟知的打架相比喻，就一下子变得通俗易懂起来，而且也能使孩子对这个问题产生兴趣，学到知识。

## 五　常麟书《外史歌略》和宋爱萍《世界历史三字歌》

### （一）常麟书著《外史歌略》

《外史歌略》是常麟书于1904年亲自为笃初学堂编写的历史教材。编写的宗旨是“聚吾民四百兆之精神，振我国数千年之政教。在己则兴利除弊，于彼则弃短取长”、“以爱国为体，识时为用”。常望春在此书的序中写道：“余校阅全书，虽数卷而提要钩元，删繁就简，五洲之大事，备悉其中；其于民族之盛衰，邦国之兴亡，尤三致意焉。学者苟默识于心，则五洲之形势已得大半矣。”③ 这里已经非常典型地流露出学习世界历史，探

① 黑勒（D. M. Hillyer）：《儿童世界史话·译者序言》，陈汉年编译，大东书局1936年版，第1、356页。

② 同上书，第357页。

③ 常望春：《外史歌略·序言》，笃初学堂刻本1904年版。

讨各国兴衰治乱道理的自觉意识。全书共四卷，以上千句的四言歌行简明地叙述了亚、欧、非、美、大洋五大洲几十个国家的地理环境和自原始社会以来的历史，一些世界性的重大事件又可于各国史中相互参见，还特别记载了列强对中国的侵略。如：

中国："惟我中朝，幅员最广。物产丰饶，特为沃壤。"

日本："日本素强，独居局外，雄视海隅，并吞坐大。""逼夺琉球，乃吾属国。近取台湾，惟自封殖。"

英国："有英吉利，亦窥广东。焚其鸦片，遂致兴戎。割让香港，于计斯得；五口更增，谋真叵测。津沽之役，复割九龙。时有俄法，以兵相从。""欲占利源，地须别辟；妄生要求，匪伊朝夕。"

印度："惜哉诸邦，未能统一。五裂四分，凭谁相恤。当英始至，惧为所侵，合纵以御，究不齐心。""更生鸦片，害乃靡涯，英人乘此，广为荼毒。"

俄国："彼得罗立，卑礼招贤。躬教士卒，兴也勃焉。习驶船术，潜隐荷兰，甘为弟子，备历艰难。舟师既劲，驾以长驱。既摧瑞典，乃建新都。彼得既殁，其后摄政，敏慧有谋，日臻强盛。""俄国之约，则在争地。定界绘图，悉如其意。近租旅顺，巧词市惠。英人乘之，索威海卫。""狡焉思启，匪独欧洲；酣人卧榻，东亚之忧。"

美洲："亚美利加，别一区域。细颈中连，划分南北。"

美国："美利坚国，号曰合众。较之列强，实堪伯仲。英人北犯，助之以兵。貌为恭顺，和议先成。"①

文中叙述每个国家现实，介绍其方位，后讲其历史及特点，尤其注重该国与中国的关系。从以上歌诀中我们不难看出，编者于各国历史中尤重对于各国的奋斗史、独立史和亡国史等历史的阐发，以期达到激发读者爱国图强和奋发有为的斗志。这突出地反映出在 20 世纪初年中国在所面临瓜分豆剖、亡国灭种的危难时刻，中国知识分子以探索救国道路，以挽救民族危亡为己任的历史精神。该书虽名为外史，却详细记载了中国的历史

① 程光、梅生编著：《儒商常家》，山西经济出版社 2004 年版，第 205—206 页。

和地理状况，这也是值得称道的。甚至在某种程度上，我们可以认为《外史歌略》就是一部记述世界历史的通俗读物。

值得注意的是，课文中每段都有详细的注释，使学生不仅容易背诵，而且还能理解记忆。通过该书不仅使孩子了解了世界，开拓了视野，而且激励了他们的爱国心志。更为重要的是，通过《外史歌略》，我们可以看到西学在20世纪初年已经深深地影响了中国的学术界，而且也深深地影响了中国的教育，甚至是地方上的私塾教育。通过《外史歌略》我们还可以看到像常麟书、常望春这样的知识分子已经能够将世界历史、地理的知识融会贯通、烂熟于心，否则是很难编写出这样通俗易懂的童蒙教育读物的。编纂者之所以花费了大量的心血，致力于世界通史童蒙读物的编写，实在是有其强烈的爱国感情在里面的。这一点已有学者给予揭橥，使人体会到作者的良苦用心。正如所言："可以想象，读惯经书诗文的一介儒生，是怎样认真地'检阅报章，遍游书肆'；怎样将佶屈聱牙的外国地名、人名合辙押韵地编成四言古诗；怎样耗费心血地把历史大事贯穿其中；又怎样尽其所能地使学生易读易记。如果说，魏源的《海国图志》和徐继畬的《瀛寰志略》是为使统治者睁开眼睛观察世界的话，那么常麟书的《外史歌略》是把常家子弟的目光从封闭的大院引向全球，从保守的'四书'、'五经'引向了先进的文化和科学，把奋发图强的希望寄托到下一代。"① 该书"编辑思路，其形式、内容，都独具匠心；全书充满强烈的爱国主义情感，融汇了戊戌变法以来先进的中国人要求'民主'、'共和'的新思想。不仅在当时具有启蒙教育的作用，就是在现时也有普及爱国主义教育的意义"。②

（二）宋爱萍、解洪臣编著《世界历史三字歌》

宋爱萍、解洪臣编著《世界历史三字歌》由济南出版社于1992年出版，是高中用历史辅助读物。全书分为古代部分、近代部分、近代部分续和现代部分，三十九章，全书约4.5万字。该书在体裁上取自中国古代流行的《三字经》和《中国历史朝代顺序歌》，将世界历史自人类的产生至

① 程光、梅生编著：《儒商常家》，山西经济出版社2004年版，第206页。

② 赵兰：《韵述世界史　呼唤中国心——清末榆次常氏笃初学堂世界史教材〈外史歌略〉评介》，《沧桑》2007年第3期。

20世纪七八十年代的历史编成三字歌诀，公开出版，读来朗朗上口，易于记忆，是为世界通史编纂体裁中又一特殊形式。该书按照人类社会发展的五种社会形态理论阐释了世界历史的发展变化。该书的特点之一，在于擅长根据不同历史时期的具体史实，选择合适的对象加以阐述。如对于原始社会的描述如下。

## 古代部分

### 第一章　原始社会

二三百，万年前，
地球上，人类现。
人之初，由猿变，
群居林，常攀援。
有了人，有历史，
原始社，第一段。
原始人，生活难，
沿林际，沿湖岸，
结群体，战自然；
找食物，四处转，
遇兽攻，群开战；
用棍棒，和石器，
造工具，顺自然。
四五十，万年前，
北京人，知火燃，
烤食物，来取暖。
距今约，一万年，
旧石器，时代完。
造器具，之技术，
又进入，新阶段：
将石器，打磨光，
制作成，斧锄枪。

新石器，新阶段，
从此后，母系繁。
有姻亲，成部落，
氏族社，按血缘。
距今约，六七千，
西亚人，把铜炼。
石铜器，同并用，
引起了，大分工。
两分工，产品剩，
开始了，两交换。
生产力，有发展，
重劳动，男子担。
父系社，代母系，
氏族长，女变男。
社会上，贫富分，
相斗争，奴隶现。
父系末，原解体，
奴隶制，国家建。
古中国，古印度，
巴比伦，古埃及，
称摇篮，文明地。

## 第二章　古代亚非奴隶制国家

### 第一节　埃及

公元前，三千一，
美尼斯，统埃及，
国性质，奴隶制，
定首都，孟斐斯。
奴隶主，太残忍，
视奴隶，不当人；
奴隶们，遭毒打，

整个人类原始社会的历史被编排在129字当中，其中涉及人类由猿到人的进化、原始社会的分期、社会的组织形式、工具的制造、婚姻形式、贫富分化、阶级国家的建立和文明的出现。

再比如，第八章“西欧封建制度的解体和资本主义的兴起”，就将复杂的历史过程娓娓道来，显示出作者对纷繁复杂的历史事件的驾驭能力。

## 第八章　西欧封建制度的解体和资本主义的兴起

十三世，后半期，
意大利，处割据，
北部兴，工商城，
十五世，达极盛。
十四世，十五纪，
意大利，工场兴。
标志着，资本生，
资阶级，已形成。
东方富，西方慕，
为掠财，通新路。
迪亚士，到好望，
达·伽马，达印度，
哥伦布，到美洲，
麦哲伦，环球走。
新路通，血腥掠，
把财货，运回国。
十六世，又初期，
德意志，矛盾激。
天主教，权太大，
急需要，改革它。
一五一，又七载，
有马丁，路德者，
提倡议，宗教改。
托马斯·闵采尔，

四处走，起义败。
十六世，古英国，
毛纺织，成规模。
“羊吃人”，圈地盛，
农民们，没法活。
资萌芽，文化兴，
诸学科，有人领。
诗方面，有但丁，
《神曲》诗，最著名；
大画家，达·芬奇；
两作品，世上遗；
有莎士，比亚者，
名声大，有剧作；
哥白尼，布鲁诺
开普勒，伽利略，
天文学，成就阔。

西欧封建制度的解体和资本主义的兴起，是重要的历史理论问题，也是非常抽象且难于理解的客观现实。《世界历史三字歌》没有回避这些问题，而是经过潜心研究史实，从众多的历史事件中提炼出最为重要的意大利的城邦割据、工商业和工场手工业兴起、新航路开辟、德意志宗教改革、圈地运动、文艺复兴、科学发展等事件，来作为封建制度解体和资本主义兴起的过程，具有历史的完整性和系统性。

稍早于宋爱萍、解洪臣编著《世界历史三字歌》的世界历史著作，还有任世芳编《世界史三字歌》。该书由安徽教育出版社于 1991 年，是同类普及读物中具有特色的作品。这些辅助读物对于新阶段的历史课程编排和历史教材的编纂，都是具有一定的启示意义的。

## 第六节 世界通史编纂的语言文字表述

20 世纪以来，世界通史编纂中所用的语言也发生了很大的变化，充分反映了历史的变革与时代的变迁。纵观20世纪以来中国的世界通史编纂语言的发展，具有很强的时代性。20世纪的世界通史编纂语言文字表述大致分三个阶段，经历了最初的文言文（这主要是在20世纪的前30年）、文白夹杂的白话文（畅行于20世纪三四十年代，其中以周谷城的《世界通史》为代表），进入20世纪后半期，现代语体文在世界通史编纂的语言文字表述中占据了主流，成为绝大部分世界通史所采用的语言。

## 一 陈衡哲《西洋史》的语言成就

这里需要指出的是，尽管陈衡哲的《西洋史》上、下册出版于20世纪20年代，但在语言叙述方面取得了很大的成功，此书因“文笔隽永，叙事畅达”[①]颇受时人欢迎。对于陈衡哲来说，文学不是她的本行，但她却是“新文学史上颇有贡献的女作家”，在她“身上每一个细胞都充满着文艺气息”[②]，而作为历史学家，她又使理性和深沉的历史著作具有了文学的格调和优美的笔触。

例如，陈衡哲在《西洋史》中对于宗教和教会的描述：“总而言之，亘中古之世，宗教不啻是欧洲人生的唯一元素。它如天罗地网一样，任你高飞深蹈，出生入死，终休想逃出它的范围来。但这个张网特权，也自有它的代价。教会的所以能获到如此大权，实是由于中古初年时，它能保护人民，维持秩序，和继续燃烧那将息未息的一星古文化。换句话说，教会的大权乃是它的功绩换来的。但此时他却忘了它的责任，但知暖衣美食，去享它的快乐幸福。这已在无形中取消了它那张网的权利了。而适在这个时候，从前因蛮族入寇而消灭的几个权府却又重兴起来，向教皇索取那久假不归的种种权势。于是新兴的列国国君便向他要回法庭独立权，要回敕封主教权，要回国家在教会产业上的收税权；人民也举手来，向他要回思想自由权，读书自由权，判断善恶的自由权，生的权和死的权；一般困苦的农民更是额皮流血的叩求教会，去减少他们的担负。可怜那个气焰熏天，不可一世的教会，此时竟是四面受敌了。”[③]这里，陈衡哲对于宗教在

---

① 刘凌、吴士余主编：《中国学术名著大词典·近现代卷》，汉语大词典出版社2001年版，第532页。

② 转引自白吉庵《胡适传》，人民出版社1993年版，第320页。

③ 陈衡哲：《西洋史》下册，商务印书馆1927年版，第88页。

中世纪欧洲人们生活世界和精神世界中的作用给予了充分的理解，它就在你的身边，同时却又挥之不去，如影相随，可以说是充分肯定了宗教对于中世纪欧洲人民的重要性，肯定了它的历史合理性。对于教会的权力，陈衡哲在娓娓道来的叙述中给予了细致入微的分析，赋予了几分怜悯的气息。对于教会的历史作用的分析，一方面肯定了教会本来应该发挥的积极作用；另一方面又指出事实上教会却将历史的尘絮遮裹了个严严实实，不仅人们享受不到自由之光的照耀，而且还成为阻碍人们追求进步的障碍，最终导致了“四面受敌”。陈衡哲并没有就此止步，更进一步分析了宗教革命的伟大进步意义。

陈衡哲接着分析道：“但这又何足奇呢？教会的实力，本只是一个基督教义。他如小小的一颗明珠，本来是应该让它自由发光的。可恨此时他已是不但重锦袭裹，被他的收藏家埋藏起来，并且那个收藏家又是匣外加匣，造巨屋，筑围城的去把他看守着，致使一般人士不见明珠的光华，但见一个围城重重，厚壁坚墙的巨堡；堡外所见的是守卒卫兵的横行肆虐。所以宗教革命的意义，不啻便是这个拆城毁壁的事业。国王欲取回本来属于他们的城砖屋瓦，人民要挥走那般如狼如虎的守卒，信徒又要看一看那光华久藏的明珠。于是一声高呼，群众立集，虽各怀各的目的，但他们的摩拳擦掌却是一致的。他们的共同目的，乃是在拆毁这个巨堡。因此之故，宗教革命的范围便如是其广大，位置便如是其重要，影响便如是其深远了。”① 在旧有的宗教的围裹下，中世纪的黑暗异常漫长，所以打破这漫漫长夜的拂晓之光，便来得格外明亮。众叛亲离的教会，犹如过街之鼠，人人喊打，再难阻挡社会的进步和历史的潮流。陈衡哲对于宗教革命的态度，很显然，与对一般战争的态度迥异，这也是我们除了欣赏其语言之优美外，值得进一步关注的地方。

这两段胡适大加赞赏的文字，同样也让我们看到了陈衡哲语言的魅力，同时也让我们更加深切地体会到语言对世界通史编纂的重要意义。“历史叙述的文字也很有文学的意味。叙述夹议论的文字，在白话文里还不多见。”② 如果说在20世纪20年代胡适所说的情形属实的话，则在三四

① 陈衡哲：《西洋史》下册，商务印书馆1927年版，第89页。

② 胡适：《介绍几部新出的史学书》，《古史辨》第二册，景山书社1930年版，第340页。

十年代，夹叙夹议的白话文就越来越广泛地运用于世界通史的编纂中了。

## 二　周谷城《世界通史》的语言风格

1949 年 4 月，周谷城编著的《世界通史》由商务印书馆出版。该书在语言方面具有自己的特色。

第一是简明易懂。例如，作者在讲到罗马城时，指出："至于罗马城，最初不过是一个小小的买卖中心而已"。其情形大约如下：

> 当拉丁农民需要什么武器或用具之时，自不能不拿谷物或牲口之类到地白河沿岸适当的地方去谋交换。恰好在离河口大约一二十英里的地方，河中有一小岛，周围水浅，极易渡过；最早的居民便在这里建起了桥梁。桥之近处，小山雄立，俨然是一个要冲；伊特鲁士干人的货船常来这里。山下有一平旷的地方，最便于各地货物的交换；久而又久，竟成了一个市场。拉丁农民便拿着自己的谷物或牲口等，和伊特鲁士干商人换取金属用具及武器等。附近各村落中的居民极为复杂：有些是拉丁族，他们或经商，或种田；有些是伊特鲁士干人，他们或为平民，或为地主；有些是从沿海混进来的人，他们的血统极为复杂，颇不容易明白；更有些是各地的亡命客人或浪人之类。公元前一〇〇〇年左右的罗马，不过是这样一个地方。这个地方，在公元前七五〇年的时候，曾被伊特鲁士干人占领，历时凡二百余年。当其被占领之时，拉丁人便完全屈服在他们的势力之下。①

周谷城用寥寥四百言，就将罗马城最初的情形生动形象地展现在读者面前。这段概括性极强而又异常生动的话语，不仅讲清楚了罗马城的地理方位、主要职能、周围居民的成分和罗马城最初二百年的历史命运，也将一个剥掉了神秘光环的真实的罗马城矗立在读者的面前了。在笔者看来，这平实的描述不仅使人了解到罗马城建城的历史，而且还剥去了欧洲历史的神化色彩，这在语言手法的运用上同样也是有助于祛除"欧洲中心论"的。

---

① 周谷城：《世界通史》，河北教育出版社 2000 年版，第 433 页。

第二是平实准确。例如，周谷城在叙述佛教对于中国文化的影响时有这么一段话可以作为典范：

> 一、文字方面的新成分。除却唐时沙门守温所新创的三十六字母不计，单是翻译经典时所新创之字汇与成语，便达数万之多。这些字汇或成语，虽未必一一普遍流行，但学人们所晓得的确实不少，显然成了中国的新词汇或新成语。梁任公《饮冰室合集·专集》第十四册述这种新成分云：或缀华语，而别赋新义，如真如、无明、法界、众生、因缘、果报等；或存梵音而变为熟语，如涅槃、般若、瑜伽、禅那、刹那、由旬等。其见于《一切经音义》、《翻译名义集》者，各以千计。近日本人所编《佛教大辞典》，所收乃至三万五千余语。此诸语者非他，实汉晋迄唐八百年间诸师所创造，加入吾国语系统中，而变为新成分者也。
>
> 二、文章方面的新成分。翻译的佛经，于今读来，或甚难懂。但这是意义本身难懂，并非文字艰深。反之，当时翻译界所用的，乃是一种革命的白话新文体。此体可算是当时中国文字方面的新成分。再者文章的组织，也随佛经本身的组织而据新型。诸佛经中的重要经典，尝经数家或数十家的科判，分章、分节、分段，极为精细。①

阅读上面这两段文字，不仅使人了解佛教文化对于中国语言文化的影响，而且还能够约略看出随着佛教而来的波斯、希腊等文化的痕迹。这两段语言文字，读来竟然能够让人不觉得枯燥，这也表明了周谷城在材料的选择方面，似乎是毫不经意、信手拈来，实际上却是颇费了一番工夫的，给人以耳目一新的感觉。

第三，周谷城《世界通史》语言的特点就是善于用典，形象生动。例如在解释佛教传入中国给中国建筑领域带来的新变化时，所用的《康熙字典》的典故就属于这种类型。

---

① 周谷城：《世界通史》，河北教育出版社2000年版，第560页。

> 佛教传入中国，中国建筑方面随着增加的新事物，最重要的有浮屠、有石窟、有佛寺。浮屠为梵文的音译，华言曰塔。塔或五级、或七级、或九级、或十三级不等。其用处大概很多：或为储藏经典之用，如唐太宗贞观三年，亦即公元六二九年，长安城南建大慈恩寺，造砖浮屠，藏释玄奘所取西域佛经，名雁塔。或为特殊纪念之用，即如雁塔之名，便是因纪念一特殊之雁而来。相传“昔有伽蓝依小乘食三净食；三净食者，雁、犊、鹿也。一日见雁飞，辄曰：众僧阙供，摩诃萨垂宜知。摩诃萨垂，梵言好施也。一雁应声而坠。众曰：此雁垂戒，宜旌彼德。因建塔瘗雁，雁塔之名因此。唐韦肇及第，偶题名慈恩寺雁塔，后遂为故事。”（此段说明系从《康熙字典》“塔”字下转录）①

周谷城的这段文字不仅使读者对中国古代的建筑式样，尤其是唐代的建筑所受佛教的影响，有了新的认识，而且还通过雁塔之名的来历，向读者绘声绘色地讲述了塔的分类与用途。恰当地运用典故能够使本来因专业性较强容易使人枯燥的内容变得饶有兴趣，使读者读来轻松愉快。

周谷城著《世界通史》的语言总体上看来，属于半文半白、文白夹杂的过渡性语体，这一方面与作者个人的用语习惯有关，另一方面也与作者所处的时代有很大的关系。这在新中国成立之前，乃至在新中国成立后的一段时间内的历史著作中是比较普遍的。周谷城能够将让一般人望而生畏的世界历史，尤其是世界上古史讲述得妙趣横生，不能不得益于他对于中国文言和中国历史文化的深厚功底，及其高超的语言驾驭能力。

## 三　吴于廑、齐世荣《世界史》的语言文字特色

谈及20世纪世界通史著作的语言，我们不能不提及吴于廑、齐世荣主编的六卷本《世界史》。六卷本《世界史》的语言是典型的学术语言，平实、流畅而力求准确。这是《世界史》语言文字的最大特色。例如在讲到“佛教在中国的传播”，编纂者作了如下的叙述：北传佛教以中国为中心。大约西汉哀帝年间（公元前6—1年），佛教从印度通过西域传入中

---

① 周谷城：《世界通史》，河北教育出版社2000年版，第563—564页。

国。东汉桓帝（公元 147—167 年）时，洛阳业已成为佛教传播中心。魏晋南北朝时期，中国社会动乱，人民苦难，期望从佛教中寻求安慰，佛教得到广泛发展。各种佛教经典翻译、佛学研究、寺院建设以及寺院经济等空前增加，名僧辈出。其中道安有各种佛教著述 48 种，又创僧尼规范三例和佛教徒以释为姓的法规……“各种京师、律师、论师蜂起，并形成许多学派”，“佛教在中国长期传播，既影响了中国文化，又使其自身中国化。所以，佛教不仅是中国文化宝库中的重要组成部分，而且在很大程度上体现了中国文化的基本特征，包括政治思想、伦理道德、哲学、历史、文学和艺术等各个方面。”① 这种平实、浅显的叙述风格也成为吴齐本《世界史》的一大语言特色。这里吴齐本《世界史》与周谷城的《世界通史》的语言风格是明显不同的。前者的风格是概括、平实，后者是生动、具体。可以说两者是各有特色的。

吴齐本《世界史》作为高等学校的教材，主要针对的阅读对象是世界历史知识背景较为薄弱的大一、大二的学生。因此，《世界史》在具体论述上避免了繁琐的引证。编纂者把必须引用的材料都尽可能地化作自己的语言，融入到对相关事实的叙述中去。该书使人很难辨认出哪是作者的见解，哪是作者采用的史料。这反映出作者对于相关问题的史料之把握，之驾驭的能力，可以说文字表述达到了一个相当娴熟的水平。如教材在叙述斯巴达人的社会风习时是这样叙述的：“自称‘平等人’的斯巴达男性公民必须按国家要求终生过着严格的军事生活，其全民皆兵、重武轻文的程度在世界历史上可谓空前绝后。每个斯巴达男性公民从小就受严格到不近人情的体育和军事训练，甚至婴儿出生时体质不合要求即被抛弃。少年时要历经缺衣少食日夜操练等艰苦生活的考验。成年后，则始终生活在军营中，除了行军作战就是反复操练，回家会见亲人只能偷偷进行。精神上，也以培养绝对服从视死如归的军人气质为首义。这样，直到 60 岁才能解甲归田过平民生活。由于这套制度执行得非常彻底，斯巴达的公民社会却是有如军营，历史上流传不少形容少年军训执法如山、斯巴达战士赴汤蹈火的佳话。这样一来，确实使斯巴达拥有一支希腊世界实力最强、纪律最

① 吴于廑、齐世荣主编：《世界史·古代史》下卷，高等教育出版社 1994 年版，第 72、76 页。

严的军队。但其他文化建设则完全被忽视了，以至于在辉煌的希腊古典文明中，所有重大文化创树皆与斯巴达人无缘。”① 很显然，这段对于斯巴达人社会生活习俗和精神面貌的描写是依据大量的史料，经过编纂者的理解概括、提炼而成的。这段不仅讲到了社会机制、组织结构、社会生活、社会心理、风俗习惯等内容，而且也向我们展示出斯巴达城邦国家中社会个体的精神面貌、情感世界和精神追求。读者通过阅读这段描述，对于长达一千多年的斯巴达人生活有了形象生动的认识，而且还对斯巴达城邦之所以能够持续一千多年历史的原因有了一个基本的了解。

吴齐本《世界史》对于一些史实的把握和处理也采用了生动形象的叙述。例如《世界史·近代史卷》在叙述近代社会的变迁时，讲道：“19世纪初一位英国矿工告诉调查人员说：‘我认为（矿区的）姑娘很少洗澡’，至于男子，‘他们的身子和脚就像你（指调查人员）的帽子一样黑。’当穷人被招到工厂干活时，他们经常抵制洗澡；有个人这样抗议说：洗澡如同‘剥去他穿了许多年的一件大衣一样’。上层社会的人士也不例外。虽然清洁卫生同文明举止早已建立了联系，但这仅限于洗手洗脸及服饰的整洁，全身的清洁卫生还没有成为人们的习惯。……1798年，一位富有的商人在费城自己家的后院装了一套淋浴设施，一年以后，他的65岁的妻子伊丽莎白第一次进去洗了澡。她在日记中写道：‘我觉得比预想的要好。过去28年来我没有全身洗过一次澡。’而这位伊丽莎白女士被认为是‘举止文明、受人爱戴’的人。上层社会个人卫生状况由此可见一斑。”② 读者通过这些生动形象的叙述，对欧洲资本主义早期发展进程中的人们的生活有了真切的感受，认识到社会的发展和进步，进一步会很自然地与中国近代，乃至古代的生活习俗相比较，从而得出中西社会生活习俗方面的差异的认识。认识西方社会习俗古今差异对于我们树立发展变化的观点，正确认识“欧洲中心论”的观点，清除时下存在的历史虚无主义思想无疑是有价值的。类似的例子，在吴齐本《世界史》中还有不少。

---

① 吴于廑、齐世荣主编：《世界史·古代史》上卷，高等教育出版社1994年版，第242—243页。

② 吴于廑、齐世荣主编：《世界史·近代史》下卷，高等教育出版社1994年版，第334—345页。

# 第五章

# 对世界通史编纂中若干问题的思考

中国史学具有编纂通史的优良传统，“通史家风”成为中国史学发展史上的重要史学思想。中国历史、中华文明之所以能够绵延数千年，与历代史家对通史的追求和实践有着重要的关系。从史学发展的角度看，通史著述不仅汇集了历史学界各个方面的研究成果，也是历史学发挥社会功能的主渠道，某种意义上代表着整个历史学的发展水平，其重要性不言而喻。[①] 这对于世界通史编纂来说，尤其如此。中国学者的世界通史编纂，主要是在对西方的西洋史、世界通史进行翻译、借鉴的基础上，结合中国通史编纂的经验进行的再创造。这既不是西方学术研究成果的简单翻译评介，也不是对中国传统通史编纂理论的机械模拟，而是中国先进的知识分子在对中外通史编纂理论研究、吸收的基础之上的创造性发展。世界通史在唤醒民众、寻求救国真理、传播先进知识、传承文化、净化心灵、陶冶情操等方面发挥了不可替代的作用。

## 第一节　世界通史编纂思想的演变

世界历史作为一个人类社会发展进程中的特定阶段是从16—18世纪开始的。世界历史作为一个学术概念引起中国是20世纪前后的事情。中国学者接触到西方学者的通史思想及著作则是19世纪以来的事情了。世界

① 陈立柱：《百年来中国通史写作的阶段性发展及其特点概说》，《史学理论研究》2003年第3期。

通史中所反映出的世界历史，能够最大限度地反映出人们对于世界及其历史的认识水平。长时期以来，中国学者对世界历史存在着种种不同的理解，伴随着中外学术交流的发展，中国学者对世界历史的认识也在不断深化。具体经历了如下几个主要阶段：

## 一　世界通史编纂思想的萌芽与发展

中国的世界通史编纂在 20 世纪初形成了多种编纂模式齐流并进的发展态势，最终在实践的检验下形成了三种广泛应用的模式。

（1）对万国历史的最初探索。1602 年，利玛窦通过《坤舆万国全图》将“万国”的概念第一次介绍到中国。1838 年，郭实猎出版了《古今万国纲鉴》；1845 年，叶子佩刊刻了《万国大地全图》。1863 年，戴作铭刊行《新刻万国朝宗》。这些著作拓展了人们的时空观念，丰富了特定时代的历史观念。空间概念上的扩展，也就相应地引起了时间观念上的变化，中国由过去的天下，现在成了万国中的“一国”。这种变化对晚清知识分子的头脑构成了强烈冲击，一方面，逼迫着他们不得不放弃夜郎自大的天朝上国幻想，以一种平等的身份看待万国；另一方面，也使得万国—东洋—中国的观念逐渐地为人们所接受。这在事实上成为中国人认识世界、认识世界历史过程中的关键一步。

20 世纪的最初十年是清朝统治的最后十年，也是中华民族面临着前所未有的亡国灭种危机的十年，在这十年中，中国社会的各个阶级、阶层都竭尽所能探索救国救民的道路。这反映在世界通史的编纂上，就是诞生了大量的具有汇编性质的万国历史类著作。1903 年秋，刘师培在给江子云等编纂的《万国历史汇编》（上海官书局，光绪二十九年即 1904 年）[①] 序言中曾指出：“今者中外大同，吾中国固有之史法固不足以尽西史之能，则史例之不能不变更者，势也，因史例之变更而不能不用国别史、列国史者，亦势也。岂可以中国旧史律之哉？抑吾闻之，世界史者，一国史之对照也。”[②] 这里刘师培从列国史、国别史的角度来探讨世界史与国别史的关

---

① 刘师培：《刘师培著作系年目录》，《刘师培史学论著选集》，上海古籍出版社 2006 年版，第 611 页。

② 刘师培：《万国历史汇编·序》，《刘师培史学论著选集》，上海古籍出版社 2006 年版，第 6 页。

系，则反映出刘师培将世界史看作是国别史之汇编的认识，而这一认识是直接根源于他对《左传》《国语》等传统史书体裁的研判与对照。在该序中，刘师培高度评价了江子云等人主编的《万国历史汇编》，认为是“所谓集历史之大成者耶”，“蒐辑繇富、纂述尤精者”①。这些论断更是直接地反映出了他的“万国史”等同于“世界史”的思想。将世界史作为本国史的对照物，也反映了当时世界史的汇编色彩。

（2）以西洋史为世界史的广泛探讨。20 世纪二三十年代以来，随着中国留学生的主要输出地由日本转向欧美，欧美等国的世界历史著作开始逐渐被译介到中国。这一时期中国学界对西方史学的关注对象发生了变化，“由前一阶段的间接介绍转为本阶段的直接接触”②。这种对西方文化广泛而深入的直接引介，对包括中国史学在内的中国文化产生了巨大的冲击。对于如何对待中国历史文化，一直存在着两种截然不同的观点。全盘西化的观点在 20 世纪 30 年代提出后，在当时具有相当大的市场。全盘西化主张的代表者对待中国历史文化和世界历史文化的态度值得我们从世界通史编纂的角度加以分析。如，有的学者主张：“固有的文化固不适用于现在，然在历史上的位置，却不因之而消灭。就使我们中国人而不顾及，西洋人也会注意，因为他是世界文化历史的一部分。十七世纪的欧洲学者，也许写世界史，而不包括中国史，然二十世纪的历史家，若对于中国历史没有相当的了解，他决不敢去写世界史。”③ 此论指出了世界文化历史具有的客观性是正确的，但因此推论出，撰写世界历史的史家都能够客观公正地对待所有的客观历史事实，显然是过于乐观了。这是因为任何一个宏观历史研究者都具有特殊的专业背景、国别出身、阶级立场、兴趣爱好、时代背景等，这就使得人们对于世界历史的研究呈现出鲜明的个性，价值观的取舍、材料的甄选、体裁的运用、语言的选择等都会表现出丰富多彩的形式。从当时整个史学界对世界通史译介和编纂的情况看，以《世界通史》命名，很少谈到中国史，甚至完全不提中国史的也不少见。总

---

① 刘师培：《万国历史汇编·序》，《刘师培史学论著选集》，上海古籍出版社 2006 年版，第 5—6 页。

② 张广智主编：《20 世纪中外史学交流》，北京大学出版社 2007 年版，第 15 页。

③ 陈序经：《全盘西化的理由》，罗荣渠主编：《从“西化”到现代化》（中册），黄山书社 2008 年版，第 407 页。

之，中国历史被安放在了一个不恰当的位置。在这些史家看来，欧美以外的历史，显然不是世界历史的有机组成部分，而只是“欧洲中心论”指导下编纂的《世界通史》的注脚，或者是阐发欧洲资本主义影响的点缀。很显然，学术的话语权、文化的影响力和主导权问题并没有引起陈氏的足够注意。另外，历史学本身所具有的主观性、立场性和意识形态属性更是为陈序经所没有认识到的，而这也恰是“全盘西化”思想在当时的中国昙花一现的重要原因之一。以西洋史为世界史，从其本质上讲，是“欧洲中心论”的典型表现。

以西洋史为世界史的观点，可以说是由来已久，并且影响广泛，在大量的史家以其为指导编纂了大量的西洋史或“世界史”的同时，也有不少学者对这一观点进行了反省。1916年，王桐龄在其《东洋史》中对“西洋史等于世界史”的说法，提出了批评：“西洋史家，动谓西洋史为世界史，其说非也。……亚东民族，在历史上，绰有价值。欧人一笔抹杀之大不可也。……然则合东洋西洋各民族之历史，组织成一世界史可乎？曰：不可。世界史者，研究全世界国与国关系者也。东洋各国，孤立东亚，与西洋各国关系绝少或竟绝无焉，欲合一炉而陶铸之，恐无水乳交融之望也。”① 他既不赞同以西洋史抹杀其他民族历史的做法，也不赞同将东洋史和西洋史放在一起叙述，而是认为世界史当以研究全世界国与国之间关系为宗旨。既然东洋、西洋各国绝少关系，甚或绝无关系，那么也就没有编写一部包含东洋、西洋各国历史之世界史的可能。为此，作者还在第一章中以“国史与万国史之区别”、“万国史与非万国史之区别”、“世界史之二部”、“东洋史研究之必要”等节，对世界历史作了详细的阐述。“世界史者，研究地球上各民族自古迄今互相竞争、互相融合、演成今日之社会状态所经过之阶级者。而世界史又分为两部，一东洋史……而西洋史……”② 1916年，李泰棻在《西洋大历史》中也指出：“通史有通史之范围，专史有专史之范围。吾人作史当先明其类别，次名其范围。然后可名曰某史。西洋史学家往往名其著作为通史（General History）或世界史

① 王桐龄：《东洋史·序论》，商务印书馆1922年版，第3—4页。
② 同上书，第3页。

(History of The World)，然其内容仍西洋史，东方诸国不过寥寥数语。”[①] 李泰棻所批评的情况，在中国学者的世界史编纂中普遍地存在着，甚至可以说是一个相当长的时期内世界通史编纂的主要模式。通史编纂发展到一定程度所表现出来的历史观就不仅仅是通过地域历史的拓展表现出来，更为深层次地是通过编纂者的历史理论体系和编纂方法表现出来。

1928年，雷海宗曾对在中国国内广泛流传的威尔斯的《世界史纲》提出了严厉的批评，他指出：“书虽名为世界史，实是头绪错乱参杂质的西洋史。西洋历史家每将埃及巴比伦亚述等国拉入‘西洋’的圈中，强迫他们作‘西洋史’的开幕人，已是不通！几乎可说是一种对已死民族的帝国侵略主义；现在威尔斯把一部比此还不若的一本西洋史硬叫作世界史，是越发没有道理了。”[②] 类似的观点还充分反映在雷海宗于1955年撰写的《世界上古史讲义》中。该讲义指出：“中国是世界上最早的文明古国之一，在古代世界历史上，中国占有重要的地位。因此我们在学习世界史的过程中要注意两个问题：第一中国与世界其他地区的联系和彼此间的相互影响；第二要注意中国对世界人类文明发展的贡献。同时，我们中国人学习世界历史，则必须要从中国的角度来看世界，这样就能够在很大程度上纠正过去把‘世界史’看成是‘西洋史’的错误看法。”[③] 很显然，雷海宗是在强调中国上古史在世界上古史上的重要地位，是在纠正“世界史”等同于“西洋史”的错误。这也恰恰从反面印证了1949年前“西洋史”等同于“世界史”的观点在史学界所具有的影响力。

1922年，李泰棻的《新著世界史》由商务印书馆出版，仍然采用的是万国史体裁，它就表明了万国史等于世界史这一思想的影响所在。他在该书“例言”中交代，该书是东亚史和西洋史合成的“世界史”，其撰述宗旨则是依据当时制定的《外国历史》的要旨，即“外国历史应授以世界大势之变迁，著名各国之兴亡，人文之发达，及与本国有关系之事迹”，而他所采用的万国史体裁则是“各国事迹必须于当时有关始能叙及，若日本、朝鲜、安南、缅甸、暹罗诸国，以上古、中古、近古均与欧西无关，

---

① 李泰棻：《西洋大历史·绪论》，中华书局1916年版，第91—92页。

② 雷海宗：《评汉译威尔斯著〈世界史纲〉》，《伯伦史学集》，中华书局2002年版，第616—617页。

③ 雷海宗：《〈世界上古史讲义〉选录》，《伯伦史学集》，中华书局2002年版，第578页。

故难按期叙述，均在近世史中追叙。倘教授时以关系紧要，亦可择出提前讲授。”① 从这个“例言”中，我们不难看出，李泰棻认为东亚史和西洋史即构成为“世界史”的认识，以及以外国历史的要旨来指导“世界史”编纂实践，则在相当大程度上反映出他将“外国史”等同于“世界史”的认识，以万国史体裁来写作“世界史”，又显示出了万国史体裁的影响力之深远。在李泰棻的史学思想中，即便不是完全认为“万国史”等同于“世界史”，而认为它们之间存在着千丝万缕的联系，在具体的编纂实践中也很难将它们分开则是无疑的。在这一时期，很显然，万国历史等同于世界史的认识比较广泛地存在于人们认识之中，同时史学界也出现了万国历史、世界史和外国史的混用。这一时期被视为中国的世界历史认识的最初阶段。

（3）世界史成为世界通史编纂中的重要一支。1949年，周谷城的三卷本《世界通史》由商务印书馆出版。周谷城的《世界通史》三卷被称为“中国人自己撰著的第一部世界通史著作”②，参考外文资料多达100余种，而中国学者的世界史研究成果则很少体现出来。这一方面说明了周著《世界通史》的特点和个性，较多地吸取了国外同行的研究成果，具有较强的世界意识；另一方面也表明当时中国学者在世界史研究领域并没有多少值得关注的成果，毕竟当时中国的世界史研究学科还没有形成，还没有开始关注世界历史上的众多重大问题。从世界通史编纂思想发展史的角度看，该书的出版所具有的价值在于标志着中国学者对世界历史的理解达到了一个新的境界，也是世界历史编纂开始走向成熟的重要界标。至此，人们对世界历史的理解终于可以摆脱机械、拼凑的痕迹，而可以从总结世界历史发展的有机联系入手来探索和实践世界通史的编纂了。

这三种世界通史编纂思想在20世纪前半期均产生了较大影响，构成这一时期史学界的三股富有生机和活力的学术思潮，对于促进世界历史的发展起到了重要的作用。应该指出的是，这一时期的世界历史著作史观庞杂、质量参差不齐，学术影响也不尽相同，多以普及性的教科书为主，鲜

① 李泰棻：《新著世界史·例言》，商务印书馆1922年版，第1—2页。

② 姜义华、姜玢：《世界通史·前言》，周谷城：《世界通史》，河北教育出版社2000年版，第9页。

见研究类的学术著作，这也是不容否认的事实。

## 二　反对“欧洲中心论”的世界历史

20 世纪五六十年代，史学家对于世界通史的认识具有自己独到之处。其重要的表现就是以马克思主义的五种社会形态理论为指导来研究和编纂世界通史，同时倡导重视研究的国际视野，重视亚非拉丁美洲诸国历史的研究，重视民族解放运动史的研究。这就使得整个史学界的研究都具有鲜明的反对“欧洲中心论”的色彩。

1956 年哲学社会科学长远规划办公室印发的《历史科学研究工作十二年远景规划草案（初稿）》将“中国在世界史上的地位”列为历史学规划研究的第九个中心问题。具体问题包括：①批判帝国主义史学家对世界史的歪曲——首先是对中国在世界史上地位的歪曲；②古代西域国家及其与中国的关系；③匈奴西迁与西亚、欧洲部族的大迁徙；④中国丝与大丝道；⑤中国四大发明在世界文化上所起的作用；⑥中国与罗马帝国及拜占庭帝国的关系；⑦中世纪伊斯兰教旅行家东方纪行的研究；⑧元代欧洲旅行家东方纪行研究；⑨西亚诸宗教与中国；⑩古代欧亚海上交通的研究；⑪十六七世纪中国艺术对欧洲艺术的影响；⑫十七八世纪中国文化对欧洲启蒙运动的影响；⑬华侨在世界史上所起的作用；⑭中华人民共和国在世界和平运动中所起的作用；⑮中国现代革命的世界意义。[①] 这些重大问题与中国和其他国家的外交关系史有着根本的不同。规划草案对这些问题在20 世纪五六十年代的中国学者的世界历史研究中的地位和作用给予了足够的重视，在一定意义上反映出这一时期的人们对于中国历史与世界历史关系的思考。因此，根据当时流行的一些世界通史教材就断定此时世界史不包括中国史的看法占据了整个学术界主流，是不正确的。

周谷城在《世界通史》中有力地批评了“欧洲中心论”，1961 年系统归纳了以往世界通史中“欧洲中心论”的种种表现：①借亚非古国为开端，将其作为欧洲史的开端来叙述，加上近东、远东、古代东方等称谓。②以欧洲为世界史的中心。③地理大发现后，仍以欧洲为中心。④至于侵

---

① 哲学社会科学长远规划办公室印：《历史科学研究工作十二年远景规划草案（初稿）》，1956 年 4 月，第 5—6 页。

略各地，使各地变为欧洲的势力范围和殖民地，反曰“白种人的负担”。[①] 这些从世界史研究对象的具体安排和设计上所提出的“欧洲中心论”的种种表现，为即将诞生的新型马克思主义的世界通史编纂奠定了基础。

1964 年，吴于廑在与周一良主编、出版了四卷本《世界通史》之后，对不同时期时代与世界历史的关系问题的认识脉络作了深入的探索[②]，在推动世界历史观念的认识方面迈出了重要的一步。他认为“不论地理知识如何扩大，历史文献如何积累和传播，都不能保证近代西方对世界史的研究具有全面的世界观点”，指出了各种中心论的实质：“世界史领域中的由古及今的各种中心论，都是不同时代统治阶级思想意识的反映。……中心论表现的形式虽是地理的，其实质则是阶级的。历代为各自统治阶级御用的世界史家，不管自觉或不自觉，都无法不受这种阶级意识的支配。他们的世界在地理意义上可以和时代的已知世界相等，或如近代这样，和全部地球相等；但在阶级意义上，总是局限于一隅之地。正因如此，不论奴隶制时代的、封建制时代的或资本主义时代的世界史家，都不可能摆脱地域和种族的局限，具有真正的世界观点。”[③] 吴于廑在此从理论的高度，强调了各种中心论出现的客观历史条件，即时代的局限，同时也指出了各种中心论的阶级实质。

具体到“欧洲中心论”，吴于廑给予了如下的分析：

> 欧洲中心论者是以欧洲为世界历史发展中心的。他们用欧洲的价值观念衡量世界一切。在欧洲文明发生以前，所有其他文明都只是它的准备；在它发生以后，全世界的历史又必然受它支配和推动，是它的从属品。他们把世界分为文明的欧洲和落后的非欧洲。虽然后者是前者在经济上争夺的对象，资本主义国家为此不知发动多少次的战争，但在世界历史上，这一大片落后的非欧洲，却是可有可无，即使被写进历史，也不过是聊备一目，用以反衬欧洲的进步和文明。只有欧洲历史才具有推

① 周谷城：《评没有世界性的世界史》，《周谷城史学论文选集》，人民出版社 1983 年版，第 144—146 页。

② 吴于廑：《时代和世界历史——试论不同时代关于世界历史中心的不同观点》，《江汉学报》1964 年第 7 期。

③ 同上。

> 动全人类进步的意义——这种观点支配着近代西方资产阶级的历史思想和世界史的编纂，也支配了那些向西方鹦鹉学舌的史家。①

“欧洲中心论”实际上是一种价值观，这种价值观论从根本上是与论者的阶级立场紧密地联系在一起的。非欧洲地区的“准备”、“从属”、“点缀”和“反衬”作用与欧洲历史的“支配”、“主导”、“推动”作用相比，足以让所有的非东方人的话语和思想黯然失色。这便是“欧洲中心论”者在思想文化领域的傲慢所在，其本质则是其政治、经济上的强势，即世界政治、经济旧秩序的存在。在吴于廑看来，“无产阶级自从在历史上成为自觉自为的阶级，就意识到它自身的世界性。这是历史上任何其他阶级所没有的……它以世界革命为阶级的使命，把人类历史推向世界为一体的发展阶段。因此只有这个阶级的历史学家，才能以世界的观点，也就是打破一切地区或种族偏见的观点，来研究和写作世界的历史。”② 从阶级的角度，吴于廑不仅对“欧洲中心论”进行了鞭辟入里的分析，而且对种种反对“欧洲中心论”的思想和史家也行了分析，见解犀利而独特，将史家对世界历史的认识，推进到一个新的认识阶段。是否具有真正的世界历史观念并不仅仅纠缠于地域的狭窄，而是与史家的阶级属性有密切的关联。从阶级立场和阶级属性的角度来探讨世界历史和反对“欧洲中心论”无疑具有较强的说服力，也是马克思主义史家的一大理论贡献。吴于廑的这些认识对于世界历史的认识和探讨为世界通史的编纂奠定了学术基础。

## 三　宏观世界史的新探索

1989—1991 年，陈隆坡、罗静兰、尹元超、周友光、李植枬等主编的《从分散到整体的世界史》分为上古、中古、近代、现代和当代五卷，由湖南人民出版社出版，是一部具有鲜明宏观特色的世界史。编纂者认为在下列三方面形成特点：第一，必须将世界史与一般的外国史区分开来。以往那种分国分区编列的国别史集成不是本来意义的世界史，它可以“为读

---

① 吴于廑：《时代和世界历史——试论不同时代关于世界历史中心的不同观点》，《江汉学报》1964 年第 7 期。

② 同上。

者提供世界各国、各地区历史的概略”，但却“很难说明历史怎样发展为世界历史的过程”。第二，世界史的形成自身经历了一个漫长的过程。这个形成过程就是“由原始的各族互相闭塞的历史发展为世界成一整体的历史”。第三，世界史的研究对象包括人类历史纵向发展和横向发展两个互为作用的方面，“纵向发展指由生产力推动的生产方式的变革，人类社会形态依次由低级向高级的演进，横向发展指与社会生产力不断提高相适应的各民族、各地区交换、交往增长，闭塞和隔绝状态的突破，文化的扩散与汇合，以及由此导致的整体世界的形成”。为此，“阐述历史纵向和横向发展的过程，探索这个过程的规律和趋向，也就成了世界史这门学科的任务”①。上述这些有关世界史、世界历史体系的新构想，可以促使人们从一般的破除“欧洲中心论”或其他中心论、编写国别地区的多少宽窄、历史分期问题、历史体系问题等讨论争议中，加深对世界历史的认识，而且还可从世界历史学科体系的深层思考和宏观把握中寻求世界史编写的新起点。

2001 年，王斯德主编，沈坚、金志霖著的《世界通史》由华东师范大学出版社出版，对世界通史这一学术概念的阐述具有自己的特点，除了将现代化作为世界历史发展的基本线索外，还深刻地探讨了人类历史、人类文明社会的历史和世界历史之间的关系。他指出：“人类历史、人类文明社会的历史和世界历史是类似同心圆结构的三个既重合又不同的概念。其中，人类历史是涵盖面最大的圆，从地球上出现最初的人类群体算起，大约已有 300 多万年；人类的文明史一般指脱离了蒙昧和野蛮状态，有了文化传承和形成了社会运作机制的人类历史，这样的文明社会历史大约已有五六千年；世界历史则是最小的圆，它是指人类社会进入了整体性发展，形成了世界性体系结构的现代工业文明时代以来的历史……这一工业文明时代的历史大约发端于 16—18 世纪，目前仍在延续、发展。”②

上述阐述可用图 5 - 1 来表示。

---

① 陈隆坡、罗静兰主编：《从分散到整体的世界史 · 序》（上古分册），湖南人民出版社 1989 年版，第 1—2 页。

② 王斯德主编：《世界通史 · 前言》（第一编），华东师范大学出版社 2001 年版，第 1 页。

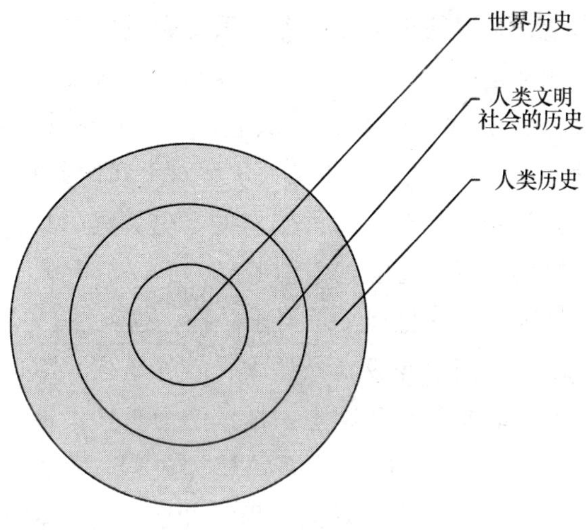


图 5－1

这里，我们可以对人类历史的不同发展阶段所具有的特征给予一个清楚的把握。结合编纂者对世界通史编纂要旨的理解，我们更容易看出世界通史编纂的外延和内涵。“《世界通史》，顾名思义是对世界历史的通观，它所考察的对象应当是人类社会作为一个整体性历史运动的发展过程。它之所以区别于国别史和地区史，首先就在于它以‘世界’——人类社会的整体作为自己的考察对象和研究视域；而之所以区别于更广义的人类史或人类文明史，也在于它确立的中心概念——‘世界’具有结构意义上的特殊内涵，而不是一般意义的对人类社会的泛指。”① 这样的认识和理解是对以往的积极研究成果的吸收和总结。而在笔者看来，世界现代化史、世界文明史、全球史均应该包含在宏观世界史的范畴之中，抑或说是宏观世界史的一种编纂模式。有关世界历史结构的阐述，何顺果教授从全球化趋势与现代化趋势的视角作了富有成效的探讨。②

## 第二节　世界通史编纂的学术定位

将中国学者在 20 世纪以来编纂的世界通史放在中国现代史学发展史

---

① 王斯德主编：《世界通史·前言》（第一编），华东师范大学出版社 2001 年版，第 1 页。
② 参见何顺果《全球化的历史考察》，江西人民出版社 2010 年版。

上加以考察和衡量，是以往史学界没有人系统做过的事情，也是一件非常冒险的事情，但却又是一件事关中国的世界历史学科发展，事关中国史学发展的重要事情。在对这个问题的认识上，学界直到今天仍有不同的认识。例如，有学者指出："从满足中国人了解对手和他者的需要来说，'世界史'的性格注定从一开始就是向外倾斜的。更关键的是，由于对西方文化的钦慕服膺和对变贫弱为富强的急切渴望，不仅'天朝上国'的优越心态荡然无存，而且国族文化也似乎不屑于一提。这就使得'世界史'不仅仅是向外倾斜，而且逐渐演变成唯外是求、唯外是依，不仅在内容上，而且在价值观念和方法取向上都和国土一样，沦为半殖民地。可以说，中国现代'世界'和'世界史'观念体系的建构过程，不仅是'华夏中心'体系崩溃和'天朝上国'心态失落的过程，也是自我主体消融迷失于'他者'之中并逐渐'他者化'的过程。这样一来，中国的'世界史'从一开始就把中国史排除在外，一切不包括中国在内的历史都可以叫'世界史'，也就是说，在中国的历史学科分类中，'世界史'等同于'外国史'①。"[②]"在中国，所谓的'世界史'是不包括中国史在内的，实际上指的是外国的历史。"[③] 这个认识我们看到了外来史学思想在冲击中国传统文化中僵化保守因素和心态，扩展人们眼界和思想所起到的开拓作用，无疑具有积极的意义。但认为中国的世界史观念体系的建构过程是自我主体的消融过程，是如同中国主权一样逐步沦为半殖民地的过程的观点却是值得进一步探讨的。很显然，这个认识我们与中国的世界史研究者整个20世纪中所具有的救亡图存的爱国精神、自强不息的进取精神大相径庭，也与中国世界史研究中所具有的"关注现实、求真致用"精神，自觉地和当时中国人民"救亡图存"、避免"亡国灭种"，实现这一伟大的时代主题密切地联系在一起的事实，不相符合。[④] 因而，将中国的世界通

---

① 参见钱乘旦为威廉·麦克尼尔《世界史》英文影印版，北京大学出版社2008年版，"导读"，第2页。

② 夏继果、[美] 杰里·H. 本特利主编：《全球史读本·导言》，北京大学出版社2010年版，第2页。

③ 陈启能：《近年来中国的世界史研究的进展》，张海鹏主编：《中国历史学30年（1978—2008）》，中国社会科学出版社2008年版，第83页。

④ 于沛、周荣耀主编：《中国世界历史学30年（1978—2008）》，中国社会科学出版社2008年版，第1页。

史编纂放在20世纪中国学术史发展的长河中作一整体的定位，就十分必要了。

## 一 学界对世界通史编纂的质疑

随着中国的世界历史研究的不断推进，史学界对世界通史编纂问题的认识也在不断深化。进入20世纪，也有史家对世界通史编纂的可行性提出过质疑，并且阐述了自己的观点。

例如，19世纪末，王国维认为世界历史的编写在当时是不可能的，他对这个问题的阐述表明了他思考的深入。王国维对历史之所以成为科学，强调了事实之间的“系统”的重要性，这也是我们理解他的世界历史观点的关键点之一，同样也有助于我们对于当时史学界对世界历史理解的认识。1899年，王国维指出：“自近代历史为一科学，故事实之间不可无系统。抑无论何学，苟无系统之智（知）识者，不可谓之科学。中国之所谓‘历史’，殆无有系统者，不过集合社会中散见之事实，单可称史料而已，不得云历史。”[①] 王国维在这里以西方科学的概念来探讨历史，并且以西方近代历史学的系统性加以验证，得出了历史是科学的结论。他以此来反观中国传统历史学，得出了中国史学不能称之为科学的结论。由此我们可以看出，王国维的历史观所受到的西方逻辑学和进化史观的影响之深。在王国维看来，具有系统性的历史有两种：国史和世界史。然而不管是“述关于一国之事实”的国史，还是“述世界诸国历史上之相互关系”的世界史，都不可无“系统”。因此，系统性是历史成为科学的根本属性。王国维也正是拿这一思想标准来衡量当时的世界史编纂的。“抑古来西洋各国，自为一历史团体，以为今日西洋之文化。我东洋诸国，亦自为一历史团体，以为东方数千年来固有之文化。至二者相受相拒，有密切之关系，不过最近世事耳。故欲为完全之世界史，今日尚不能。”[②] 东洋与西洋两个历史团体在以往的发展历程中并未发生关系，更谈不上相互影响，同时由于史学界尚不能构建起最近东洋与西洋相互影响的“系统”，所以，王国维

① 王国维：《〈东洋史要〉序》，《王国维集》（第四册），中国社会科学出版社2008年版，第471页。

② 同上。

才认为在 20 世纪初编纂世界史是不可能的。王国维在为 1900 年出版的日本学者箕作元八、峰岸米造著，徐有成译的《西洋史纲》所作的序中再次阐述了这一观点，并且还能看出他的言外之深意。他指出："历史上之分类，大别为二，即东洋史与西洋史是已。此两史上之邦国，各为一群，以遂其文化之发达。以西洋史言之，波斯以西诸国，若巴比伦，若西里亚，若希伯来，若阿剌伯，虽国于亚洲，然其事实，关系于东洋史者绝少，从历史上观之，盖纯然西洋史上之民族也。其可为两史上之公共之材料者，除蒙古之西侵，与近世西欧人之东略外，数千年中，殆无可指之事实。故历史之分东西，亦所不得以也。"① 王国维依据"系统"对历史所作的阐述具有自己的特色，他以不同国家、民族间历史事件发生的联系断定为东洋史还是西欧史的观点，并不逊于当时的世界历史研究者的观点，留给学界的思考也较多。

1955 年，雷海宗在《世界上古史讲义》中，也提出了世界通史编纂之不可能的观点。他指出："除国际外交史与文化沟通史以外并没有别样可能的世界史。世界通史是无论怎样也写不出来的；宇宙全史就更不必说了。一切世界通史都不外乎以下两种：（一）著者若能自圆其说，那书就成了一部结构精密不合事实的小说。（二）著者若不能自圆其说，那书就成了前后不相连贯的数本民族专史所勉强合成的一本所谓世界通史。"② 接着，雷海宗对上述观点给予了进一步的阐述："人类近五六千年的历史并不是一贯的，也不是一体的。换句话说，时间上或空间上人类史都不是一息相通的。'人类史'是没有存在的，不过是一个方便的抽象名词；因为人类史的实情乃是好几个文化区域独立的各各独自发展演变；其中虽于几个极短的时期中，不免有外交上与文化上的关系，但一大半的时间各各文化区域都是自过自家的生活，与其他一切的文化区域毫不发生关系。中国由开国到两汉，与其他开化民族并没有过什么国际上或文化上的来往；假设我们硬要将中国这二千年左右的历史与全世界所有民族同时期的历史拼在一起去叙述，试问那本历史怎会有上下连贯的可能？假如叙述起来，居

---

① 王国维：《〈欧罗巴通史〉序》，《王国维集》（第四册），中国社会科学出版社 2008 年版，第 473 页。

② 雷海宗：《评汉译威尔斯著〈世界史纲〉》，《伯伦史学集》，中华书局 2002 年版，第 613 页。

然上下一气相连，那我们就不问可知——著者——一定是强词夺理，掩饰删抹的痕迹在在皆是。”[①] 雷海宗从批评威尔斯的《世界史纲》引申出对于世界通史编纂之可能性的认识，并且明确提出“世界通史是无论如何也写不出来的”观点，是值得我们进一步思考的。雷海宗关于世界通史编纂之不可能性的探讨，我们似可以理解为他对于不同文化区域之间联系的重视，又似乎可以认为他没有将世界历史的发展看作一个不断发展的过程，至少与他理想中的世界通史存在着较大的差距。

今天对于世界通史编纂可能性的探讨，在学术界已经不占什么重要位置了，但也不能说已经完全消失了。针对这个问题，齐世荣 2008 年仍撰文谈他对这个问题的看法。他指出：“至今，仍有少数人认为撰写世界通史是不可能的（在 2000 年举行的第 19 届国际历史科学大会上就有这类主张）。但时代毕竟变了，随着二战后经济的全球化，世界各国在经济、政治、文化上的联系日益密切，交往日益频繁，人们不能只关心本国的事情，世界通史或称全球通史遂成为一门新的独立的历史学分支，重视者日益增多。”[②] 齐世荣还在另外一篇文章中分析了人们不愿意编纂世界通史的原因，他指出：“许多专业历史学家害怕自己的知识不足，因而宁愿撰写专题论文或范围较小的专题史、国别史，以免‘硬伤’累累，受人讥笑……这些人是把考据学当作了历史学，他们害怕有微小的史实错误，而不怕犯更大的错误，即把读者引入无穷无尽的具体事实的原始森林之中，始终不见天日。……如果这样做，读者关于世界史的局部的、具体的知识虽然会不断增加，但将永远不会知道‘世界史’是什么样子。在历史正在发生迅速变化的今天，‘细节’固然需要了解，但‘总画面’更需要让人清楚。否则，就会只见树木，不见森林。”[③] 出现这种情况的原因在于，有人认为世界历史体系的构建是办不到的，主要是因为民族主义的影响、害

① 雷海宗：《评汉译威尔斯著〈世界史纲〉》，《伯伦史学集》，中华书局 2002 年版，第 613 页。

② 齐世荣：《我和世界现代史与世界通史研究》，《世界史探研：齐世荣自选集》，首都师范大学出版社 2008 年版，第 10 页。

③ 齐世荣：《漫谈世界史和世界现代史》，《齐世荣史学文集》，人民出版社 2002 年版，第 335—336 页。

怕犯错误，以及逃避困难等。[①] 很显然，这对于世界通史的编纂是极为不利的，研究的深入与否固然重要，但世界历史研究者的责任感和使命感的培养，也是有待于进一步加强的学科建设任务之一。在世界通史编纂领域也还有一个学术自信的培养问题。

从上述梳理中我们可以看出，世界通史编纂之不可能的观点与中国世界历史研究与编纂领域的发展并行不悖。从整个 20 世纪中国的世界通史编纂思想和实践来看，世界通史的优秀著作可以说是连续不断，世界通史不可能编纂成功的声音从来没有占据过主流，但也可以说是不绝如缕，时隐时现，这构成了中国历史学发展中的一个独特现象。如何看待这一现象？笔者认为有以下几个方面值得分析：其一，持反对意见的学者多是在理论的层面上加以探讨的，而且是以其心目中理想的世界通史为准绳来看待世界通史编纂这一实践的。其二，反映出这些学者对世界通史编纂现状的不满意，抑或说是对世界通史的标准过高，尤其是在 20 世纪前半期"欧洲中心论"占据了世界通史编纂的主流时期，出于反对"欧洲中心论"的需要，所提出的见解。其三，持反对意见的种种观点的存在，从学科的发展来看，无疑也是具有一定的积极意义的。这也从一个角度反映出了世界通史编纂学科发展的自觉程度。

## 二　中国传统史学对世界通史编纂的影响

近代以来，我国通史编纂的优良传统不仅表现在对中国通史的编纂和研究上，而且还体现在对世界通史的关注和编纂方面。这最初表现在对国外世界通史类著作的翻译和评介方面，后来逐渐出现了关于世界通史的编译，再发展到编纂世界通史。对世界通史的关注和编纂是中国史学近代化的重要标志之一，也是中国新史学区别于传统史学的显著内容。此时，作为中国史书附庸和点缀的"四夷传"、"外国传"，终于羽化成蝶，发展成为一门内容丰富、体系恢宏的世界史学科了。中国的新史学虽然对外国史和世界史给予了相当大的关注，并且新史学的代表人物梁启超、章太炎、夏曾佑、张荫麟、钱穆、顾颉刚等均将编纂通史悬为其治史之鹄的，但大

① 齐世荣：《世界史和世界现代史》，《世界史探研：齐世荣自选集》，人民出版社 2002 年版，第 381—384 页。

多还是偏重对中国通史的关注，并且多停留在理论探讨的层面，真正对世界通史引为研究对象并进行实践则是在马克思主义史学在中国产生，并得到了一定程度的发展之后。由此我们不难看出，各种专史、国别史的研究成果的积累固然重要，但对于世界通史编纂来说，最为重要的是指导思想的确立。

胡适在1926年撰写的《介绍几部新出的史学书》一文阐述了对这个问题的理解，他指出："史学有两方面：一方面是科学的，重在史料的搜集与整理；一方面是艺术的，重在史实的叙述与解释。我们治西洋史，在科学的方面也许不容易有什么重大的贡献。但我们以东方人的眼光来治西洋史，脱离了西洋史家不自觉的成见，减少了宗教上与思想上的传统观念的权威，在叙述与解释的方面，我们正多驰骋的余地。试看今日最通行的西洋通史只是用西洋人眼光给西洋人做的通史；宗教史只是基督教某派的信徒做的西洋宗教史；哲学史只是某一学派的哲学家做的西洋哲学史。我们若能秉着公心，重新演述西洋的史实，这里面的创作的机会正多呢。"① 胡适看到了当时中国史家编纂西洋史、世界史的优势与不足。在具体的史实的研究方面，即在占有史料方面，诚然不是中国学者的优势所在，但在"叙述与解释"方面，中国学者的著作就不是可有可无的了，而是"大可以有充分创作的机会"②。正是从这个意义上看，胡适才充分肯定了陈衡哲的《西洋史》下册所取得的成就，认为"是一部带有创作的野心的著作"，"这部书可以说是中国治西史的学者给中国读者精心著述的第一部西洋史。在这一方面说，此书也是一部开山的作品"。③ 胡适的话语之间也流露出了世界历史编纂过程中中国学者主体意识的觉醒。

文化的传播是开放的，这一时期也出现了一些外国学者用汉文和中国传统史书体裁专为中国读者编写的世界通史性著作。日本学者重野安绎编著的《万国史纲目》就是其中的代表。"其书全用汉文，所用人名地名亦依《瀛寰志略》等旧籍所常用者，盖专为中国人而著也。其体例仿《朱子纲目》用编年体，每条皆列一纲，其目则低一格，叙事颇为简洁。宜于中

① 胡适：《介绍几部新出的史学书》，《古史辨》第二册，景山书社1930年版，第340页。

② 同上书，第330页。

③ 同上书，第340页。

国人脑质，但近今西史之佳构，无不用纪事本末体，旧哉之作万不能及新著矣。重野氏以汉学著名，至其新学之学力或不逮后辈远甚。学者苟能读东文则正不必乞灵于此编耳。”[①] 梁启超对于《万国史纲要》的肯定主要是从体裁、体例的方面，这是很有见地的。而重野安绎对中国古代史书体裁运用之熟稔，也表明中国史学对日本史学的影响是巨大的，中日文化交流是双向的。这是由中日两国在19世纪后期至20世纪初叶所处的共同境地决定的。外国学者用汉语撰写的世界历史著作主要采用的是中国传统史学体裁，应该说在当时是一件耐人寻味的事情。

## 三　世界通史对中国历史研究的影响

从对中国历史研究的影响看，这一时期的中国历史研究自觉不自觉地具有了一种世界视野。例如，雷海宗在1936年就对西洋史作了详细的分析，并将西洋史析为狭义的、广义的和泛义的三种。狭义的西洋专指中古以下的欧西，就是波兰以西的地方，近四百年来又包括新大陆。广义的西洋，除中古与近代的欧西之外，又加上希腊罗马的所谓经典文化，也就是文艺复兴时代的所谓上古文化。泛义的西洋，除希腊、罗马与欧西外，又添上回教与地下发掘出来的埃及、巴比伦以及新石器时代，甚至再加上欧洲的旧石器时代。[②] 雷海宗对于西洋史的外延三种概括显示出在20世纪30年代中国学者对于整个世界历史的把握，也使得雷海宗的中国史研究带有宽广的视域。如《断代问题与中国历史的分期》一文开篇指出，所谓“西洋史”包括埃及、巴比伦、回教、希腊罗马、中古以下的欧西等五种文化。雷海宗对这些文化形态作了高度的概括，指出断代当以每个独立的文化为对象，不能把几个不同的个体混为一谈而牵强分期。随后，雷海宗将公元383年淝水之战作为分界点，将中国文化四千年的历史分为古典的、综合的中国两大周。最后，雷海宗又将中国史与世界史进行比较，得出“中国文化独特二周论”[③]。此外，还有《张伯伦与楚怀王》、《中外的春秋时代》和《战后的世界和战后的中国》等文章也均具有宏大的世界眼光和

---

① 梁启超：《东籍月旦》，《饮冰室合集》文集之四，中华书局1989年版，第93页。

② 雷海宗：《断代问题与中国史的分期》，《伯伦史学集》，中华书局2002年版，第137—138页。

③ 同上。

深厚的理论色彩。

1939年钱穆在其《国史大纲·引论》中阐述了对中西历史的宏观认识，在一定意义上开展了中西历史的比较研究。

> 今于国史，若细心籀其动态，则有一至可注意之事象，即我民族文化常于“和平”中得进展是也。欧洲史每常于“斗争”中著精神，如火如荼，可歌可泣。划界线的时期，常在惊心动魄之震荡中产生。若以此意态来看中国史，则中国常如昏腾腾地没有长进。中国史上，亦有大规模从社会下层掀起的斗争，不幸此等常为纷乱牺牲，而非有意义的划界线之进步。秦末刘、项之乱，可谓例外。明祖崛起，扫除胡尘，光复故土，亦可谓一个上进的转变。其他如汉末黄巾，乃至黄巢、张献忠、李自成，全是混乱破坏，只见倒退，无上进。近人治史，颇推洪、杨为近世中国民族革命之先锋，此固然矣。然洪、杨十余年扰乱，除与国家社会以莫大之创伤外，成就何在？建设何在？此中国史上大规模从社会下层掀起的斗争，常不为民族文化进展之一好例也。然中国史非无进展，中国史之进展，乃常在和平形态下，以舒齐步骤得之。若空洞设譬，中国史如一首诗，西洋史如一本剧。一本剧之各幕，均有其截然不同之变换。诗则只在和谐节奏中转移到新阶段，令人不可划分。所以诗代表中国文化之最美部分，而剧曲之在中国，不占地位。西洋则以作剧为文学家之圣境。即以人物作证，苏格拉底死于一杯毒药，耶稣死于十字架，孔子则梦奠于两楹之间，晨起扶杖逍遥，咏歌自挽。三位民族圣人之死去，其景象不同如此，正足反映民族精神之全部。再以前举音乐家与网球家之例喻之，西洋史正如几幕精彩的硬地网球赛，中国史则直是一片琴韵悠扬也。①

钱穆将中国与西方的历史作了大量生动形象的比喻，“和平”与“斗争”，“诗”与“剧”，“音乐”与“网球”等比喻，从不同的视角体现了钱穆对中西方历史的理解。尽管钱穆对于中国历史上自下而上的社会斗争，尤其是农民起义和农民战争评价不高，但总起来看，他在积极肯定了

① 钱穆：《国史大纲·引论》，商务印书馆1996年版，第12—13页。

西方历史发展进步的同时，也肯定了中国历史的发展和进步，是一种典型的文化形态史观，历史进化论的思想在其中起到了主导的作用。

钱穆对于人类历史的发展变化以及中西方历史发展变化的动因，也作过系统的探讨，具有鲜明的理论色彩，反映出钱穆的世界意识在历史研究中所起到的重要作用，使我们能够从中窥见世界历史的观念传入中国之后，对中国历史认识产生的影响之广泛。

> 尝谓世界群族，其文化演进，主要者不越两型：一者环地中海之四周，自埃及、巴比伦、爱琴、波斯、希腊、罗马以渐次波及于欧罗巴之全部，此西方之一型也。一者沿黄河两岸，以达于海滨，我华夏民族，自虞、夏、商、周以来，渐次展扩以及于长江、辽河、珠江诸流域，并及于朝鲜、日本、蒙古、西域、青海、西藏、安南、暹罗诸境，此东方之一型也。此二型者，其先限于地势，东西各不相闻接。西方之一型，于破碎中为分立，为并存，故常务为“力”的斗争，而竞为四围之斗。东方之一型，于整块中为团聚，为相协，故常务为“情”的融和，而专为中心之一翕。一则务于国强为并包，一则务于谋安为绵延。故西方型文化之进展，其特色在转换，而东西型文化之进展，其特色则在扩大。转换者，如后浪之覆前浪，波澜层叠，后一波涌架于前一波之上，而前一波即归消失。西洋史之演进，自埃及、巴比伦、波斯以逮希腊、罗马，翻翻滚滚，其吞咽卷灭于洪涛骇浪、波澜层叠之下者，已不知其几国几族矣。扩大者，如大山聚，群峰奔凑，蜿蜒缭绕，此一带山脉包裹于又一带山脉之外，层层围拱，层层簇聚，而诸峰映带，共为一体。故中国史之演进，不仅自两汉而隋、唐，而宋、明，一脉相沿，绳绳不绝；即环我族而处者，或与我相融和而同化，如辽、金、蒙古、满洲、西藏、新疆诸族；亦有接受我文化，与我终古相依，如梁甫之于泰山然，则朝鲜、日本、安南之类是也。（朝鲜、安南久属中国而犹得自存，此尤明受中国文化之赐）将西洋史逐层分析，则见其莫非一种“力”的支撑，亦莫非一种“力”的转换。此力代彼力而起，而社会遂为变形。其文化进展之层次明析者在此，其使人常有一种强力之感觉者亦在此。东方与西方，有绝然不同之态：西方于同一世界中，常有各国并立；东方则每每有即以一

国当一世界之感。故西方常求其力之向外为斗争；而东方则惟求其力之于内部自消融，因此每一种力量之存在，常不使其僵化以与他种力量相冲突，而相率投入于更大之同情圈中，卒于溶解消散而不见其存在。我所谓国史于和平中见进展者在此。故西方史常表现为"力量"，而东方史则常表见为"情感"。西方史之顿挫，在其某种力量之解体；其发皇，则在某一种新力量之产生。中国史之隆污升降，则常在其维系国家社会内部的情感之麻木与觉醒。此等情感一旦陷于麻木，则国家社会内部失所维系，而大混乱随之。中国史上之大混乱，亦与西方史上之"革命"不同。西方史上之革命，多为一种新力量与旧力量之冲突。革命成功，即新力量登台，社会亦随之入一新阶段。中国史上之混乱，则如江河决堤，洪水泛滥。泛滥愈广，力量愈薄，有破坏，无长进。必待复归故槽，然后再有流力。中国社会，自秦以下，大体即向"力"的解消之途演进。迄于近世，社会各方平流缓进，流量日大，而流速日减。以治西史之眼光衡之，常觉我民族之啴缓无力者在此。然我民族国家精神命脉所系，固不在一种力之向外冲击，而在一种情之内在融和也。盖西方制为列国争存之局，东方常为融和者，至是乃不得不卷而藏之，而追随于彼我角力争胜之场；此已为东方之不得不见逊于西方者矣。抑我之所以为国家社会内部一统情感之融和者，方其时，又适值麻痹堕退之际，自清中叶乾、嘉以来，川、楚、两粤大乱迭起，洪流四泛之象已成，中国社会本苦无力，又继之以追随西方角力争胜之势，既不足以对外，乃转锋而内向。终于"情"的融和，常此麻木，"力"的长成，遥遥无期。不断决堤放坝，使水流不断泛滥，洪水遍于中国，而国人仍复有沉酣于凭借某力推翻某力之好梦者。此又不明国史真相，应食恶果之一至可痛心之例也。①

这段具有历史哲学色彩的阐述，对于我们认识钱穆的史学思想，乃至整个时代的世界意识都是非常重要的。"扩大"与"转换"、"消融"与"斗争"、"情感"与"力量"等历史发展的表现形态，对于时人认识中国历史和世界历史都是具有相当大的启示意义的。钱穆有关中西方历史发展

① 钱穆：《国史大纲·引论》，商务印书馆1996年版，第23—25页。

路径、历史发展动力的认识尚可进一步讨论，对于中西文明交锋之后的发展也语焉不详，但世界历史观念的传入对中国历史研究无疑起到了推动作用。通过中西历史的对比研究，大大深化了人们对中国历史的认识。

当然在这一模仿西洋史研究中国史的过程中出现了不少东施效颦的做法，受到了一些学者的批评。雷海宗曾批评盲目模仿西洋史分期方法划分中国史的做法。他指出："19世纪西学东渐以后，国人见西洋史分为三段，于是就把中国史也那样划分。战国诸子的分法到今日当然已不适用，于是就参考西洋的前例，以先秦时代为上古，秦汉至五代为中古，宋以下为近代。再完备的就以宋为近古，元、明、清为近代，近百年为现代。此外大同小异的分期法，更不知有多少。这种分期法倡于何人，已无可考，正如西洋史的三段分法由何人始创的不可考一样。但西洋史的三段分法，若把希腊以前除外，还勉强可通；至于中国史的三段分法或五六段分法，却极难说得圆满。"① 这表明这一时期世界通史编纂中所呈现出来的特点，一方面是出于当时国人了解世界形势的现实需要；另一方面从学术研究的角度看，中国学者对于世界历史的具体研究还很匮乏，谈不上有多少深入的研究，也就只好从外国已有的研究成果中择其要者，译介到国内。类似的认识不能说是完全没有道理，但其中包含现实需要是不难理解的，因此一旦将其用于"学术研究"，自然难以服众。

## 四　世界通史对中国历史学的影响

世界通史编纂对中国历史学的影响是多方面的。从历史编纂的角度看，章节体的学术影响贯穿于整个20世纪的始终，对当代中国历史学的发展作出了不可忽视的贡献。20世纪初年，刘师培在江子云、蒋绍箕等主编的《万国历史汇编·序》中探讨了中国已有的国别史与西方传入的国别史之间的关系，对我们理解章节体在中国史学近代化过程中所发挥的作用，有一定的启示意义。刘师培指出：

> 昔刘子元之作《史通》也，谓诸史之流有六，三曰《左传》家，四曰《国语》家。以吾观之，《左传》家者，列国史之祖也，《国语》

① 雷海宗：《断代问题与中国史的分期》，《伯伦史学集》，中华书局2002年版，第135页。

家者，国别史之祖也。何则？春秋各国，棋布星罗，无所统一。《左传》一书虽以鲁为主，然于各国相关系之事实言之特详，则非徒一国之史矣。国语为《春秋》外传，于周、鲁、齐、晋、郑、楚、吴、越八国事各自为篇，后世《战国策》一书踵其遗意。此二派者为后世史书之鼻祖。及封建既废，天下统于一尊，断代之史兴，而国别之史废矣。惟司马彪《九州春秋》稍师国别史之成法，然范围甚狭，不过地方之志乘已耳。

自欧人东渐以来，欧亚之交通日密，历史之法传入亚东。其专详一国之政治、文化者，是谓国别史，其明群邦之关系，以与世运相对照者，是谓列国史。盖能得中国左、国之遗法者。中儒著西史者，如徐氏《瀛寰志略》、魏氏《海国图志》，一改历代四裔传之例，以开国别史之先声，不可谓非中国之新史学也。然徐、魏之书偏于舆地，且译音未正，分析未精，未足集历史之大成也。惟日本同本氏所著《万国史记》，以事实为主。详于兴衰治乱之繇，为西史中之佳本。然其害作于明治初年，于近数十年之事概从阙如。无锡秦氏《东洋分国史》，亦仅记亚洲。今求一蒐辑繇富、纂述尤精者，其惟万国历史汇编乎？

是书为江君子云、蒋君绍笺、郭君叔瑛、李君北桥之所辑也，既以上、中、近古、近世析其时，后以亚洲、欧洲、美洲析其地，于列国史之中寓国别史之法，非所谓集历史之大成者耶？顾吾中国当秦汉以来，惑于“六合之外，存而不论”之说，不曰王者无外，则曰一统之尊，而环中土立国者复多蛮族之民，作史者悉以四夷傳该之，此中国史书所以无国别史、列国史之体也。今者中外大同，吾中国固有之史法固不足以尽西史之能，则史例之不能不变更者，势也，因史例之变更而不能不用国别史、列国史者，亦势也。岂可以中国旧史律之哉？抑吾闻之，世界史者，一国史之对照也。读此编者，观于西人政治之得失，邦国之废兴，以为中国前车之鉴，于中国庶有瘳乎？则此编也，又岂徒史例之善哉。是焉序。仪征刘师培申叔氏撰。①

① 刘师培：《万国历史汇编·序》，《刘师培史学论著选集》，上海古籍出版社2006年版，第5—6页。

刘师培所撰写的这篇序言，对于我们把握当时人们对世界历史的认识无疑是有帮助的。其一，刘师培比较了中国传统史学与西方史学中的列国史和国别史体裁。刘师培认为造成两国在历史撰述表现形式上的差异是中国与西方历史发展的不同。中国自秦汉以来是“一统之尊”，这就要求有这样一种能够充分表现大一统局面和历史的史书撰述体裁来适应，在纪传体应运而生的情况下，“环中土立国者复多蛮族之民”，当然也就不被作为中国史的重要内容。在西方，列国分治而立的局面一直延续下来，所以国别史、列国史的史书记述形式也就较为发达。历史形势发生了变化，表现这些历史的著作在体裁、体例上也应该有相应的变化。在刘师培看来，中国固有的列国史、国别史等体裁在秦汉之后便衰落了，封建废则列国史、国别史也就废了。而西方在近代兴起的列国史、国别史则与中国固有的《左传》、《国语》所体现的史书编写之法暗合。从根本上讲，这种形式上的暗合虽抹杀不了因时代差异而产生的本质上的不同，却也异常清晰地反映出中外国别史体裁的相互激荡、相互影响，共同促进了现代意义上的章节体的产生。其二，刘师培高度评价了徐继畬的《瀛寰志略》和魏源的《海国图志》在中国近代史学上对于促进近代史书体裁、体例的发展所起到的开拓作用。而这两部书恰恰是受西方史学影响最大的。刘师培对于两书的高度评价也从一个侧面证明了，刘师培并未将中西两种本质上存在巨大差异的体裁混同起来。因此，两书在中国史学由传统向近代的转变过程中起到的过渡性作用是值得进一步深入发掘的。其三，刘师培高度评价了《万国历史汇编》。认为在体裁上，它是“于列国史之中寓国别史之法”，因而可以弥补中国固有史法“不能尽西史之能”之不足。这种体裁可能已经包含了类似章节体这一综合体裁的朦胧探索。其四，刘师培最后指出了编纂万国历史的根本目的所在，并不仅仅是从史书编纂体例来改善史书编撰，而是能够“观于西人政治之得失，邦国之废兴，以为中国前车之鉴”，镜鉴仍是编纂万国历史的最重要的目的。其五，刘师培从中西历史发展形势的不同来探讨史书编纂体裁的差异，由历史发展的客观性，推出史书编撰体裁是有规律的论断，是很有见地的，这同时也反映出了刘师培的世界史观。

当然，我们也应该认识到 20 世纪初叶的新式中国通史编纂也明显地受到了世界通史译著的影响，尽管当时世界通史编纂基本上处于一种编译的阶段。这种影响主要表现为当时史学界和教育界翻译、编写了许多诸如《万国史鉴》、《东洋史要》、《泰西新史揽要》等带有世界历史性质的教科书，这些教材在体裁、体例，甚至与中国历史相关的内容上对中国历史的研究和对新式中国通史的编纂，均产生了重要影响，第一批中国人编写的教科书，诸如柳诒徵的《历代史略》、曾鲲化的《中国历史》、夏曾佑的《最新中学中国历史教科书》等，“大概没有不参照外国人的著述的”①。

1936 年，齐思和在谈到中国史学对西方章节体的吸收时指出了章节体对于中国通史编纂的影响。他指出，夏曾佑于 1906 年出版的《最新中学历史教科书》“不用旧日编年、纪传、纪事本末等体，而用近世西洋写历史课本的体裁。在体裁方面，大概是受了日人珂那通世的《支那通史》一类书的影响”②。齐思和的这段简短的话是耐人寻味的。其一，我们知道夏曾佑的《最新中学中国历史教科书》有“第一部有名的新式通史”③ 之美誉，采用的是典型的章节体，与以往的纪传体、纪事本末体等有了很大的区别。其二，夏曾佑学习、采用西方学术界广泛采用的章节体的途径很可能是受到了日本学者的影响，这也是应该引起注意的。这也即是周予同所指的“通贯政治、经济、学术、宗教等等的”通史，其写作方法是“将中国史分为若干期而再用分章分节的体裁写作。”④ 其三，齐思和的观点只是指出了夏曾佑在历史编纂中明显受了日本学者珂那通世所著《支那通史》的影响，但这也并不排除可能受到了西方其他学者的影响。夏曾佑也因此被学界称为“在中国史学转变的初期，是将中国正在发展的经今文学、西洋正在发展的进化论和日本正在发展的东洋史研究的体裁相糅合的第一人”，“其识力的敏锐，不仅在当时，就是在现在，和一般只知堆积死的史实的史学家相较，也可以说相去倍蓰”⑤。直到今天，夏曾佑对新史学的贡献，在中国史学史上的地位，仍然可圈可点。⑥ 由此可见，西洋史、外国

---

① 陈立柱：《百年来中国通史写作的阶段性发展及其特点概说》，《史学理论研究》2003 年第 3 期。

② 齐思和：《齐思和史学概论讲义》，天津古籍出版社 2007 年版，第 251 页。

③ 齐思和：《近百年来中国史学的发展》，《燕京社会科学》第二卷 1949 年 10 月。

④ 周予同：《周予同经学史论著选集》，上海人民出版社 1983 年版，第 535 页。

⑤ 同上书，第 536、532 页。

⑥ 史春风：《商务印书馆与中国近代文化》，北京大学出版社 2006 年版，第 128 页。

史、世界历史著作中广泛采用的章节体对中国史学的近代化所产生的积极影响之一斑。

对于柳诒徵来说，他在 1947 年撰写《中国文化史》时就以这种世界意识考察了中西史学的异同。他指出："西国史籍之萌芽，多出文人，故以隶文科，与吾国邃古以来史为政宗异趣。近人欲属之科学，而人文与自然径庭，政治、经济、社会诸学皆产于史，子母不可偶，故吾尝妄谓今之大学宜独立史学院，使学者了然于史之封域非文学、非科学，且创为斯院者，宜莫吾国若。三二纪前，吾史之封且函有亚洲各国史实，固俨有世界史之性。丽、鲜、越、倭所为国史，皆师吾法。夫以数千年丰备之史为之干，益以近世各国新兴之学拓其封，则独立史学院之自吾倡，不患其异于他国也。"① 柳诒徵从中西方史学起源之本质的不同出发，分析了中西史学在分科方面应有的差异。由此指出了中国史学所独居的独立性和综合性。而从史书编纂的层面看，这种综合性在近代以来表现得更为突出，也在相当大的程度上决定了这种现代意义的章节体的通史撰写模式，客观上无疑给中国学者自己编纂世界通史和中国通史开拓了思路，具有相当的启发意义。

## 第三节　世界通史编纂与时代

世界通史的编纂在不同的时代有着不同的时代内涵。丰富的世界通史著作成果表明，但凡经得起时间检验因而具有长久生命力的史学名著，都在不同程度上反映了时代的脉搏和社会的要求。

### 一　探索救国救民视野下的世界通史

19 世纪中期以来至 20 世纪前期，中国的历史面貌和特点可以用毛泽东在 1939 年的两段话来概括：

> 自从一八四〇年的鸦片战争以后，中国一步一步地变成了一个半殖民地半封建的社会。自从一九三一年"九·一八"事变日本帝国主

① 柳诒徵：《中国文化史·弁言》，上海三联书店 2007 年版，第 1 页。

> 义武装侵略中国以后，中国又变成了一个殖民地、半殖民地和半封建的社会。
>
> ……
>
> 帝国主义和中国封建主义相结合，把中国变为半殖民地和殖民地的过程，也就是中国人民反抗帝国主义及其走狗的过程。从鸦片战争、太平天国运动、中法战争、中日战争、戊戌变法、义和团运动、辛亥革命、五四运动、五卅运动、北伐战争、土地革命战争，直至现在的抗日战争，都表现了中国人民不甘屈服于帝国主义及其走狗的顽强的反抗精神。①

今天看来，这一概括仍然是正确的，因为它反映了这一历史时期的基本事实及其本质。这段话准确生动地概括了近代以来中国历史发展的基本脉络，也表现出了中国人民对于救国救民道路探索的艰辛和执着。很显然，对于外部世界的了解，尤其是对于西方发达国家历史和现状的了解，构成了这一探索的重要内容。而对世界通史的执着追求，则从学术研究的层面揭示出当时先进中国人奋发图强的学术追求和精神境界。

19 世纪中期以来，鸦片战争不仅打开了中国对外交往的大门，也给中国的知识界和思想界当头棒喝，惊醒了沉睡的中国。随着中国对外交往的展开和不断发展，人们对世界的了解成为必需。于是便有了翻译外国历史、地理著作的需求。从林则徐、魏源等有识之士的“睁眼看世界”呼声，到边疆史地学派的形成，先进的中国人大量译介世界史著作。这对当时的中国人了解世界，形成与时代相适应的世界意识均起了重要的启蒙作用，但这种引介却是断断续续的，处于一种自发的零星的状态。很长时期以来都有学者或多或少的涉及，一直到 20 世纪 20 年代也没有形成一种文化和学术的自觉。资产阶级改良派，企图通过编译世界通史，特别通过维新史的编译研究，宣传维新变法思想。1904 年，上海广学会刊印的《万国通史》序言说：“（英法）二国之历史，究二国性情之异而结果之殊，可以增人之识见，其间争战之陈迹、治乱兴亡之已事，皆足为后人之明镜，苟能节其短而取其长举而措之于本国，以助今日维新之业，则世界大同之

① 《毛泽东选集》第 2 卷，人民出版社 1991 年版，第 626、632 页。

盛可期，而人类平安幸福全矣。”[①] 在论述法国大革命时，广学会刊印的《万国通史》是这样评论的：“法国革命之祸，竟见于路易十六王，天下后世莫不冤之。……路易十六革命之原因，在其祖父之朝，乃当其身，又不知慎持之而早思变计，所无及此乎。呜呼！有国者可深长思矣。”[②] 这是编者站在统治阶级的立场上来看待和评判法国大革命的，个中也流露出自觉的致用意识和鉴诫思想。此时世界史的编纂之所以重视世界历史上的亡国史、暴乱史的研究，与当时中国所处的革命与暴乱的境地，沦为受人宰割的半殖民地的时代有着密切的关系。

近代以降，国人翻译西方人所著的外国史、万国史、世界史大部分只以欧洲历史为中心，而其他国家地区的历史极少甚至不提。对这种情况当时国人就极为不满。学部审定教科书时对《万国史纲》提出批评，“本编所纪仅域西洋，题为万国亦嫌未合”[③]。而在实际的翻译过程中，当时的史学界事实上已经对这些万国史、世界史进行了一番改造。他们或是在整篇、整编地加上东洋史的内容，或者是在阐述绪论或者结语中探讨本国史与外国史时，流露出对中国史在世界史上地位和作用的认识，有的甚至还预言中国将来在世界历史上的地位和作用。梁启超在这方面是比较突出的。然时人对当下的世界形势仍作了一种较为客观的裁断。“苟从其土地之广袤、人民之户口言之，则欧洲岂足以雄视世界。若就实力而论，则足以耸动全球之大势，固非亚洲所可同日而语也。是以史家去感情，主事实，直以欧洲为世界史之中心点。”[④] 事实上，在这里，当时的学者就涉及了历史编纂领域的一个重要具体问题：如何评价欧洲在世界历史上的地位和作用？与之相关的理论问题是：如何处理好历史编纂者的爱国感情与历史事实之间的关系问题。

在世界通史编纂的发展历程中，史家关于世界通史编纂与时代关系的思考还表现了对当时时刻威胁他们生存的战争问题的思考。陈衡哲在1924

---

① 上海广学会编译：《万国通史续编·自序》，上海广学会1904年版，转引自吴泽主编：《中国近代史学史》（下册），江苏古籍出版社1989年版，第234页。

② 同上。

③ 《学部官报》第五十七期，1908年6月19日，转引自李孝迁《清季汉译西洋史教科书初探》，《东南学术》2003年第6期。

④ 《近世世界史之观念》，《大陆报》1903年1月8日第二期，转引自李孝迁《清季汉译西洋史教科书初探》，《东南学术》2003年第6期。

年出版的《西洋史》上册原序中表明她对于战争的看法，“近年来读史的结果，深悟到战争是一件反文化的事。但同时，我又信战争是一件可以避免的事。避免的方法虽不止一端，然揭穿武人政客的黑幕，揭穿他们愚弄人民的黑幕，却是重要方法中的一个。运用这个方法的工具，当以历史为最有功效了。我们研究西洋历史的人，对于这一件事业，尤觉得负有重大的责任；因为我们至少应该使人们知道，国际的混乱状态，不但不是西洋文明的精神，并且是它的一个大缺点。”① 很显然，对战争的认识和对历史的理解成为陈衡哲撰写《西洋史》的动机之一。对战争的必然性的思考值得进一步探讨，但她的认识在事实上折射出了陈衡哲对于所处时代的思考。正如她在《西洋史》六版序中所表明的那样：“本书上册与下册一样，都是在枪声炮影中得来的——前者作于内战的四川。后者作于齐卢战争时的南京。初不料到在那样情形之下所作成的书，尚能得到如许的读者，以致在三年之内，使它有印至六版的荣宠。”② 生活在“枪声炮影”时代中的人们自然都会对战争这一挥之不去的社会历史现象作出各种不同的认识。陈衡哲对于整个时代所面临的战争这一社会现实的思考促使她编纂《西洋史》，而其《西洋史》大行于世又教育了时人，宣传了其对战争的理解和对战争的态度。因而我们可以认为，陈衡哲是以一个史学家特有的方式参与社会历史运动，贡献出了无愧于时代的力量。尽管我们知道20世纪二三十年代的中国并未因陈氏的《西洋史》而免于战端，但我们却不得不承认陈氏之《西洋史》还是尽到了历史著作对于这个时代应尽的责任的。

具体到对西洋历史上的诸多战争的评价，陈衡哲是以一种史学家的理性来阐述的。作者一方面将反对战争的思想溢于言表；另一方面却又对不同战争的实际效果给予了冷静的思考和客观的评价。例如，陈衡哲对于十字军东征的评价，她指出：“现在我们且看一看，这个占时二百余年，延地三洲之广的大军役，究竟产生了什么效果。十字军的目的，当然在夺回那个圣地。但在一二四四年，耶路撒冷终被回教徒夺了回去。所以从正面看来，十字军可以说是一个大失败。但在别的方面看起来，它却产生了几

---

① 陈衡哲：《西洋史·原序》，李长林编、陈衡哲著：《西洋史》（上册），湖南教育出版社2009年版，第5页。

② 陈衡哲：《西洋史·六版序》，李长林编、陈衡哲著：《西洋史》，湖南教育出版社2009年版，第1页。

个意外的重要结果。”[①] 再比如对于英法两国之间的百年战争（1346—1453年），陈衡哲指出：“这个百年战争，和凡百的战争一样，除了摧残和毁灭之外，是不能产生什么结果的。但这是就它的正面而言，从反面看来，它却也发生了许多重大的意外结果。”[②] 较之前两次对战争的评价，陈衡哲对于法国革命的评价算是比较高的了，她指出：“此十年来，法国革命的成绩，虽未能达到从前一般哲学家的理想，但也自有它的良好结果。……十年来的法国革命，虽不免流了许多血，闯了许多祸，委屈了许多人士，做了许多可笑的改革，但对于它所举的三个标鹄，大致终算是达到了。但法国人民可是个个满意吗？不平等不自由的旧制度是打倒了，这是不错的；但受到革命的实惠的，却仍不是那些苦工和农民，乃是那个有产业有势力的中等社会。”[③] 陈衡哲意识到了国际主义和帝国主义之间斗争的重要性，最后指出：“所以帮助和平之神去打倒战争之神的一件事，实是现代全世界的人士所应负的一个最大的责任。这事初看上去，似乎是一件旋天转地的大事业，但在实际上，它却不是做不到的。”[④] 认识到了战争是反文化的，是人类文明的弊病，尽管在主观上也想着通过史书的教育功能来感召大家共同反对战争，但事实上这毕竟是行不通的，战争在人类历史发展到特定时期已非偶然事件，凭借个人的力量可以说是阻止不了的。当然我们对于陈衡哲对历史所抱有的乐观努进、积极健康的态度，还是应该给予嘉许的。相比之下，雷海宗在 1947 年发表的《理想与现实：政治兴趣浓厚时代的两个世界》一文对战争的认识较之陈氏之论则更为深刻。他说：“宗教和哲学以及各种高超的主义，都属于理想的世界。一切事业的经营，就事业而论事业，都是现实的。但人生最现实的，莫过政治：离开现实，根本无政治可言。就对内而言，政治，即或是历史上或今日最上乘的政治，也不过是勉强调和大多数人之间的兴趣矛盾与利益冲突；如能使矛盾不太严重，使冲突不表面化，就已是政治尽善尽美的境界。等而下之，就不必问了。就对外而言，只要有列国的局面存在，国际的政治必为尔虞我诈互相排挤的世界，诈虞排挤的最后结果总是战争，若极端地讲，甚至可

① 李长林编、陈衡哲著：《西洋史》上册，湖南教育出版社 2009 年版，第 135 页。
② 同上书，第 179 页。
③ 同上书，第 273 页。
④ 同上书，第 329 页。

说玉帛相将和平时期只不过是两段战争期间的休战状态而已；和平为疲乏后的养息，战争才是正常的状态。”① 正是鉴于上述理解，雷海宗的史学思想与时代的结合也体现出了更大的现实性和反思性。

20 世纪三四十年代，中国半殖民地半封建社会历史进程的继续发展，中日民族危机的加深，中华民族处于亡国灭种的严峻形势下，中国人民开始了艰苦卓绝的抗争和自救。这一时期的世界史研究者大多具有较为深厚的爱国主义情感，研究和撰写世界通史的目的很大程度上在于激发人民的斗志和爱国热情。1931 年日军侵占我国东三省，并不断扩大侵略，试图将我国完全变为其殖民地。这一时期的历史教科书便带有强烈的抗日情绪和爱国主义精神。这一转变构成为许多学者一生中的重要转折点。例如，雷海宗在这一时期的转变就充分说明了这一趋势。从“一二·九”运动到卢沟桥事变，这是雷海宗一生中的一个重大转折点。前此，雷海宗是一个基本上不参与政治的学者，抗日战争的烽火，燃起了他满腔的爱国热情。此时的雷海宗开始积极议政，将学术与政治紧密地结合起来，不仅确立了中国文化两周说，而且还进一步提出了第三周文化的前景。雷海宗强调中国文化之有两周文化是其他民族历史上绝无仅有的现象，是值得大可自豪于天地间的。雷海宗指出：“当前，欧西文化发展到帝国主义时代（相当于中国古代战国中期阶段），其时代特征是大规模的战争和强权政治，发展趋势是走向大一统帝国的建立，而中国文化已发展到第二周的末期，面临建设第三周崭新文化的伟大局面。”② 雷海宗将中国文化第二周和第三周之间的标志抗日战争给予了高度的重视，认为这是中华民族绝无仅有的大机会。他说，抗日战争不只在中国历史上是空前的大事，甚至在整个人类历史上也是绝无仅有的奇迹，它比淝水之战更严峻、更重要，中国文化第二周的结束和第三周的开幕，全都在此一战。中国前后方应各忠职责，打破自己的非常记录，通过抗日战争的胜利，使第三周文化的伟业得以实现。

雷海宗在其著作中曾慷慨激昂的写道：“生逢二千年来所未有的乱世，身经四千年来所仅见的外患，担起拨乱反正、抗敌复国、更旧创新的重

---

① 雷海宗：《理想与现实：政治兴趣浓厚时代的两个世界》，《伯伦史学集》，中华书局 2002 年版，第 265 页。

② 王敦书：《〈西洋文化史纲要〉导读》，雷海宗：《西洋文化史纲要》，上海古籍出版社 2001 年版，第 12 页。

任——那是何等难得的机会！何等伟大的权利！何等光荣的使命！”① 在民族危亡的关键时刻，雷海宗将他的文化形态史观与中国文化的前途和命运紧密结合，一方面他将中国文化与世界文化相比较，得出了中国文化“历史上绝无仅有的现象”，中国具有光明远大的前途的结论；另一方面又指出这个光明远大的前途却不是轻而易举就能得到的，必须经过艰苦卓绝的排除内忧外患的斗争，而目前所面临的抗日战争正是考验中华民族、中华儿女的关键事件。雷海宗的系统阐述激发了人们的抗日斗志和爱国热情——史学家以其特有的方式参与了社会历史运动。

## 二　社会主义革命和建设时期的世界通史编纂

20 世纪五六十年代，新中国的成立、社会主义在中国的初步建成，使中国学者的自尊心和自信心有了前所未有的发展，中国马克思主义史学的世界意识以及蕴涵于其中的共产主义和国际主义意识都得到了极大的张显。由于当时存在的社会主义和资本主义两大对立阵营的存在，冷战仍然笼罩着整个世界，又使得这一时期的世界史学者更多地将目光投向了亚、非、拉国家和地区，这首先是在当时的专题史、国别史研究中鲜明地体现出来，也在这一时期的世界通史编纂中得到了不同程度的反映和体现。亚非拉地区和国家的历史在世界通史编纂中得到了前所未有的重视，地球上许多地区和国家的历史第一次被纳入世界历史研究的范畴中来。这不仅在中国的世界通史编纂史上是一个重要的发展，而且在世界的通史编纂史上也是光彩夺目的一笔。

20 世纪八九十年代，改革开放，社会主义市场经济体制的建立，中国加入 WTO 等世界经济组织，最终融入经济全球化的洪流中来，中国的学术研究也日益向着国际化的方向发展。这一时期，中国处于对外交往中的“入超”地位，文化交流中更多的是翻译和接受先进的西方文化，世界通史研究更多的体现了对国外世界通史的翻译和评介。世界通史编纂也开始突破苏联版本的消极影响，开始探索新的编纂模式。在笔者看来，这一时期的世界通史编纂实践一方面逐渐摆脱了前一阶段的传统的世界通史编纂

① 王敦书：《〈西洋文化史纲要〉导读》，雷海宗：《西洋文化史纲要》，上海古籍出版社 2001 年版，第 12 页。

的模式，向着多样化的途径不断创新；另一方面，由于中国当时的经济、文化影响力的有限性，加上苏联世界通史编纂模式的强力影响，这一时期的世界通史编纂并没有真正体现出中国特色和中国气派。

21世纪以来，随着中国综合国力的持续增强，“中国模式”、“中国道路”受到了世界学者的广泛关注。中华文化“走出去”的意识日渐强烈和自觉。编纂具有中国特色，体现中国学术观点和理论风格的新型世界通史，正成为世界通史研究和编纂者的共同目标。关于世界通史编纂的研究更多地体现了经济全球化趋势的深入发展和中国在世界上日趋强大的文化特色及时代特征。这一时期钱乘旦总主编的《世界现代化历程》十卷本充分体现出了中国学者对世界现代化发展的总体认识，反映了中国学者在这个问题上的思考。

中国学者的世界史研究，一直怀有非常明确的经世致用的态度。“翻译者往往怀有深厚的现实关怀，为现实服务的目的十分明确。英国工业革命、法国政治革命、德国国家统一、日本明治维新等，都是在这个样的目标指引下被介绍进来。中国的‘世界史’在其初起时就表现出强烈的时代责任感，这个特点一直传续至今。”① 因此我们可以认为，在世界历史学科形成、发展的过程中形成了经世致用、密切关注现实的传统。

从直接的结果看，世界通史编纂水平反映出的是某一时期中国学者对世界历史的研究水平和中外文化交流的深度和广度。早在20世纪40年代，柳诒徵就指出中国文化，尤其是中国史学在人类历史发展进程中所应该承担的责任。“世运日新，吾国亦迈进未已，后此之视吾往史，殆不过世界史中之一部域，一阶程，吾人正不容以往史自囿。然立人之道，参天地，尽物性，必有其宗主，而后博厚高明可推暨于无疆。故吾往史之宗主，虽在此广宇长宙中，若仅仅占有东亚之一方，数千祀之短晷，要其磊磊轩天地者，固积若干圣哲贤智创垂赓续以迄今兹，吾人继往开来，所宜择精语详，以诏来学，以贡世界，此治中国文化史者之责任。”② 从史学与社会的关系看，世界通史的编纂水平反映出了一个时代人们对社会发展状况的思考，折射出时代对史学的需要以及史学对时代的满足程度。学术研究是一个国家软实力的重要

① 钱乘旦：《新中国60年世界史学科的成长》，《人民日报》2009年9月18日。
② 柳诒徵：《中国文化史·弁言》，上海三联书店2007年版，第2页。

部分，从根本上体现出一个国家在国际史坛上的影响力和话语权，这在经济全球化日益深入发展的今天，显得尤为重要。

世界通史著作的产生具有鲜明的时代特色和历史使命，具有鲜明经世致用的功能和强烈的忧患意识，更能反映出学术与时代的互动、学者与历史的相互塑造。从最初的为寻找中国免于落后挨打的济世良药开始，了解世界和列强，重新定位中国在世界上的位置，到不遗余力地研究世界，试图完全融入到世界历史发展的洪流中去，再到中国以一个独立的民族站起来，发表对于世界历史的见解和主张，形成独具中国特色的世界历史研究话语和体系，这些都鲜明地表现出了时代的印记。

## 第四节　世界通史资料选辑

中国学者研究和编纂世界通史，首先面临的问题是资料问题。鉴于中国世界史的研究状况，中国的世界通史研究与编纂均非常注重资料建设工作。其中一个很重要的工作就是世界史研究资料的整理和出版。这些关于世界通史资料的编纂工作，有的是作为世界通史编纂工作的一部分来进行的，其成果与世界通史著作相辅相成，通行并用。有的则是独立行世，在相当大的程度上可以将其看作是世界通史编纂模式之一种。

### 一　世界通史资料选辑是20世纪五六十年代的创新

世界通史参考资料发展了以往诸多世界通史附录参考文献的做法。它对世界史著作中不能够展开但对相关问题的理解和研讨非常重要的文献，进行汇集、节录、整理、出版，有利于读者灵活掌握世界通史的内容。这类著作带有一定的研究性质，也能够反映作者在通史著作中的未尽之意。

20世纪50年代初期，河南大学历史系编辑、河南人民出版社出版了《世界现代史资料选辑》①，这是较早的世界通史资料选辑。值得提及的是，该书增订本的第三辑的第十四章中不仅辑录了苏联、波兰、捷克斯洛伐克、保加利亚、罗马尼亚、匈牙利、民主德国、蒙古、朝鲜、越南等国家的革命

① 就笔者所见，至1953年7月，河南大学历史系编辑、河南人民出版社出版的《世界现代史资料选辑》就已经出版了三版，印数达到57000册。

运动史料，而且还专门辟出“中华人民共和国的诞生及其伟大成就”一节，分四个部分：中华人民共和国的诞生、中国革命的世界意义、中国革命的胜利及其对亚洲各族人民的解放运动的影响、中华人民共和国的伟大成就，辑录了人民政治协商会议的筹备、中央人民政府的成立、中华人民共和国三年来的成就、三年来中国经济战线上的伟大胜利、三年来我国工业的恢复与发展、三年来新中国农业生产上的伟大成就等方面的资料。[①] 这种体例的设计与安排，从具体的编选内容上看，不仅扩大了世界通史研究的领域与范围，而且具有将中国当代史放到世界历史发展进程中加以把握和研究的倾向。

从当时编选者对世界历史体系的理解看，当时已经有相当一部分学者有了把中国历史纳入到世界历史体系中去的自觉意识，并且进行了有益的探索。换句话说，在20世纪50年代初期，就已经有了编纂一种将中国历史作为世界历史的重要组成部分的新型世界通史的设想及实践。遗憾的是，这种认识并没有成为史学界的主流，得到学术界的一致认可。在后来的世界通史编纂中，大多数编纂者出于教学课时、教材篇幅和师资等因素的考虑，在其编纂的世界通史著作中，将中国史和世界通史分离，形成一种人为的机械割裂，造成了这一时期世界史不包括中国史的印象。应该说这是对20世纪五六十年代中国的世界通史编纂思想的一个误解。

20世纪五六十年代，为了给学生提供学习时所必需的教材与配套的参考书籍，周一良、吴于廑主编的《世界通史资料选辑》分别于1962年12月、1964年9月和1964年4月由商务印书馆陆续出版。林志纯、郭守田、蒋相泽和齐世荣分别担任该书上古、中古、近代和现代分卷的主编。正如有的学者所指出的，在当时外国史原始资料匮乏的情况下，这套《世界通史资料选辑》的特殊补益作用尤为珍贵。[②]《世界通史资料选辑·上古部分》由林志纯主编，参加编写的还有刘文鹏、卢鸿宾、王永本、刘家和与朱桂昌。该资料共分为古代埃及，古代苏美尔和巴比伦，古代亚述和新巴比伦，赫梯、腓尼基、巴勒斯坦，古代中亚和伊朗，古代印度，古代希腊，托勒密埃及、条支（塞琉古）、大夏、安息，古代罗马，古代越南、

① 河南大学历史系编：《世界现代史资料选辑》，河南人民出版社1953年版，第237—287页。

② 侯建新：《新中国世界史研究六十年》，《河北学刊》2009年第4期。

朝鲜、日本十个部分。[①]《世界通史资料选辑·中古部分》的章节设置共分为三部分，中古初期又分为西罗马帝国与蛮族，法兰克国家，九至十一世纪的西欧（法国、德国和意大利、英国），拜占庭帝国，基辅罗斯，阿拉伯国家，印度，越南，日本；中古中期则设有西欧的城市，十字军东侵，法国，英国，德国，意大利，西欧中古文化与早期文艺复兴，捷克，俄罗斯，拜占庭，印度，东南亚（越南、印度尼西亚），朝鲜，日本；中古晚期设置了地理大发现与殖民地掠夺的开端，意大利，法国，英国，西班牙，尼德兰资产阶级革命，俄国，波兰，三十年战争，奥斯曼帝国，印度，东南亚（越南、缅甸），朝鲜，日本。从上述章节的设置看，这部世界通史资料选辑具有以下几个特点：第一，以国家为单位来统领这些参考资料。这也体现出这一时期世界通史编纂的一大特色，与世界通史教材的编纂特色是一致的。第二，该书在内容的辑录上体现出一种前所未有的拓展，极大拓宽了世界通史的视野和世界通史的研究范围。尤其是上古部分体现了东方国家在整个世界历史进程中的地位和作用。第三，该书是中国学者第一次以唯物史观为指导编纂的反映世界历史发展进程的多卷本研究性、史料性的世界通史著作，具有较高的学术价值。

20世纪80年代初期，《世界通史资料选辑》修订重印。这次修订主要是针对旧版在使用过程中发现的问题以及根据改革开放以来高校教学的需要，作了必要的调整。对德国、意大利、拜占庭、法国、土耳其等基础薄弱的章节，补充了必要的内容；对英国、法国、俄国农民起义、意大利梳毛工人起义等的介绍，增加了一些史著中的相关数据；对早期文艺复兴、尼德兰革命、三十年战争的介绍，增加了一些新文献，更为可贵的是，增加了中国邻近的东南亚国家的经济、文化方面的史料，除了继续使用英文、俄文和日文史料外，还增加了较多的法文史料。《世界通史资料选辑》在这次修订重印时，还增加了《世界现代史》第一、第二、第三分册（商务印书馆1980、1982、2007年版）。该书由齐世荣主编，时限1917—1945年，即俄国十月革命胜利到第二次世界大战结束。该书分国际关系、国际共产主义运动、欧洲国家、美洲国家、拉丁美洲国家、亚洲国家、非洲国家、第二次世界大战等八部分，收录了许多珍贵的历史文献，“对开展相

---

① 林志纯主编：《世界通史资料选辑·上古部分》，商务印书馆1962年版。

对薄弱的世界现代史研究，有积极的推动作用”①。综上，世界现代史的研究正是在这样的学术背景下逐步发展起来的。

## 二　世界通史资料选辑具有的独特功能与学术价值

《世界史资料丛刊》最初的编辑动议始于1961年高等学校文科教材会议。《世界史资料丛刊》的初集由商务印书馆出版，其中有：日知选译的《古代埃及与古代两河流域》、任炳湘选译的《罗马共和国时期》（上、下）、齐思和等选译的《中世纪初期的西欧》、刘启戈等选译的《中世纪初期的西欧》、齐思和等选译的《中世纪晚期的西欧》、黎国彬等选译的《十七、十八世纪欧洲大陆诸国》、吴绪等选译的《十八世纪末法国资产阶级革命》、谢德风等选译的《一七六五——一九一七年的美国》、张蓉初等选译的《一八二五——一九〇五年的俄国》、王铁崖等选译的《一八七一——一八九八年的欧洲国际关系》、张芝联选译的《一八一五——一八七〇年的英国》，共分为34个分册，至1966年已经出版了12种，“文化大革命”时期中断，1979年后，《世界史资料丛刊》重新启动，上古、中古、近代和现代部分的主编分别是林志纯、戚国淦、张芝联、齐世荣。这套《世界史资料丛刊》的编辑、出版，前后历时约40年，凝聚了编译者的大量心血。这一资料丛刊的编辑出版与中国的世界通史研究和教学是密不可分的，对于提高中国的世界史学科的教学和科研水平，无疑起到了基础性作用。这些资料选辑大多选录的是原始材料，具有较高的史料价值，同时还有意识地拓展了相关问题研究的广度和深度，因此，在教学上具有很大的灵活性、针对性。该书在编辑体例上按时代、国家或地区事件编排史料，极有利于读者翻检。该书与《世界通史资料选辑》被认为，对于提高我国世界史学科的教学和科研水平，有相当价值。②

齐世荣主编的《当代世界史资料选辑》共分三册，第一分册（张宏毅主编，北京师范学院出版社1990年版）包括第二次世界大战后国际关系、国际共产主义运动、工人运动、和平运动及苏联、东欧国家的历史；第二分册（蓝维、徐蓝、莫志斌编，首都师范大学出版社1996年版）分为，战后美

---

① 于沛、周荣耀主编：《中国世界历史学30年》，中国社会科学出版社2008年版，第11页。

② 齐世荣：《世界史探研：齐世荣的选集》，首都师范大学出版社2008年版，第408页。

国、西欧、日本等资本主义国家的历史；第三分册（张象主编，首都师范大学出版社1996年版）包括战后亚、非、拉地区国家的历史。该书的出版缓解了当时世界史研究与世界史教学领域原始资料比较缺乏的形势。首先，这些资料一方面注重搜集整理相关问题的原始史料，并且将它们或者按照专题排列或者按照国家排列，给人以纪事本末体的印象，与教材注重时间线索的梳理特征相互补充。其次，还比较注重散落在中国的原始资料的收集。例如第一分册中有“周恩来外长关于对日合约问题的声明”（1950年12月4日）、“周恩来外长关于美英对日合约草案及旧金山会议的声明”（1951年8月15日）、“毛泽东接见美国记者斯特朗的谈话”（1946年8月）；第三分册中有“中国人民志愿军司令员彭德怀元帅对抗美援朝的回忆”（以1970年自述材料为主）”、“周恩来就召开扩大的日内瓦会议问题给西哈努克的复信（1961年1月14日）”、“中缅两国总理联合声明”（1954年6月29日）、“中印代表团关于中国西藏地方和印度之间的通商和交通问题的谈判公告”（1954年4月29日），等等。这些材料由于与相关其他国家的资料编辑在一起，具有了世界史的背景，更能反映出相关中国史在世界史上的地位和作用，而从中体现出来的编辑者所具有的中国民族主义情怀也随着世界史学科建设的发展给人留下了深刻印象。此外，西北师范大学张培德主编的《当代世界史资料选辑》于1989年在兰州大学出版社出版，亦在学界产生了积极影响。

进入20世纪90年代以来，一些大学历史系为了方便教学也陆续编辑、出版了一些世界通史的资料选集。北京师范大学历史系世界古代史教研室编的《世界古代及中古史资料选集》，较为引人注目，该书主要是编者从新译的相关资料中选出，其中不少资料史料价值较高，如世界上古史部分的埃及、希腊和罗马的资料，世界中古史的萨利克发电、黄金诏书、城市、文艺复兴和宗教改革等资料，还是第一次在国内公开发表。[①]

齐涛主编的《世界通史教程教学参考》是配合他主编的《世界通史教程》的使用而编写的配套教材。该书突出“全球史观”的理论框架，对世界历史的描述和评析均在这一框架中展开[②]，在资料的选编方面，贯彻整

① 北京师范大学历史系世界古代史教研室编：《世界古代及中古史资料选集·说明》，北京师范大学出版社1999年版，第1页。

② 齐涛主编：《世界通史教程教学参考·古代卷·前言》，山东大学出版社2001年版，第1页。

体世界史的历史观，勾勒人类社会由分散而整体的演化过程。[①] 从世界通史编纂的角度看，《世界通史教程教学参考》一书的创新之处在于：

第一，在很大程度上摆脱了世界通史参考资料编辑过程中的堆砌和罗列，而是明确地表明了编纂的理论指导和学术目标。这一点鲜明地体现在篇章结构的设计与命名方面，例如，《古代史卷》从“初始文明”、“上古区域国家（上）”、“上古区域国家（下）”到“上古洲际帝国”、“由上古文明到中古文明的过渡”、“中世纪的欧洲”、“中世纪的亚洲”、“1500 年以前的中南美洲和美洲”，再到“资本主义萌芽”。很显然，我们通过这些名称可以清楚地看出世界历史横向发展和纵向发展的脉络。

第二，书中各章中均有相关问题的学术研究综述，与资料选辑部分相呼应，既注重联系世界通史研究中的学术前沿信息，又将最基本和最经典的史料呈现在读者面前，供读者亲自探研教材中没有涉及和没有展开的问题，是对《世界通史教程》的很好补充。由此可以看出，《世界通史教程教学参考》既具有相对独立的学术研究价值，又是《世界通史教程》教材体系的重要组成部分，可以认为是体现编者所高悬的“全球史观”旨趣不可或缺的部分。

第三，《世界通史教程教学参考》还具有较强的理论思辨色彩。除了在体例上注重对历史进程的概述外，还有意识地增加了许多世界通史编纂和研究过程无法逾越的历史理论问题讨论。例如在其第一章“史前时代”中就辑录了“关于史前时代的分期问题”、“关于‘劳动创造了人本身’的命题”、“关于人类的年龄问题”、“关于人类的起源地问题”、“关于军事民主制与酋邦问题”、“关于文明起源问题”等六个理论问题，这些理论问题的介绍和探讨在《世界通史教程》中均有不同程度的涉及，但都没有系统展开和深入探讨，而在《世界通史教程教学参考》中就可以进一步讨论。下编中所收录的日知、刘家和、吴于廑、朱寰和马克垚的文章亦属如此。再比如，第九章“资本主义萌芽”一章中，不仅探讨了西欧和英国资本主义萌芽问题的研究状况和经典文献，而且还将中国资本主义萌芽问题放在了世界历史发展进程中加以考量，并且给予了中肯的评价，提出了世

---

① 齐涛主编：《世界通史教程教学参考·古代卷·后记》，山东大学出版社 2001 年版，第 1 页。

界范围内资本主义萌芽问题研究的趋势所在。

目前，世界通史资料选辑并行版本多达十数种，但在大多数情况下是作为世界通史的辅助教材而存在的，其学术价值并未引起人们的足够重视。世界通史资料选辑并不是作为一种完整的体裁而独立存在的，也不适合作为第一手资料用于历史研究，从中似乎很难体现出学术性。笔者认为，纵向看，将不同时期的世界通史资料选辑贯穿起来，系统地加以研究能够较为鲜明地体现出编纂旨趣的变化。横向看，比较世界通史编纂选辑与世界通史著作，不难发现选辑在历史教学中的优势所在。从世界通史研究的角度看，通史资料选辑的研究是世界通史著作研究中的薄弱环节。

## 第五节　建设中国特色马克思主义世界通史编纂学

### 一　世界通史编纂学建立的必要性

从19世纪六七十年代，中国学者翻译出版的《世界史纲》算起，中国学界对世界通史的研究、编纂已经有一个半世纪的历史了，翻译、编纂并公开出版的各种类型的世界通史著作达200余部，而不同时代的史家对于世界通史编纂问题也有不同程度的阐述，积累了丰富的思想成果。这已经成为中国历史学，尤其是世界历史学科发展的珍贵史学遗产，是世界通史编纂进一步发展的学术基石和历史底蕴。

20世纪以来，中国史学界的世界史研究力量由弱到强，世界史学科从无到有逐步建立起来了。从客观世界历史进程发展的角度讲，世界历史本身所具有的世界性即各民族之间的联系，也是一个客观的发展过程。从学术研究的角度讲，在世界史研究中，世界通史的编纂处于相对较晚的阶段，这一方面是由于世界通史的编纂要以专题史和国别史的研究成果为基础；另一方面还由于史学界对于世界通史编纂的理论与方法论准备等需要一个相当长的过程。长期以来，世界通史编纂这一重要的史学理论问题却没有得到应有的重视，处于一种相对落后的状态。随着世界史学科的发展，世界通史的编纂也在事实上成为这门学科建设的重要内容，其重要性日益凸显。正如有的学者所指出的："在世界史研究中，'通史'研究是世界史研究的重要组成部分，占有重要的地位，没有'通史'研究的世界史，是不完整的世界史研究。从某种意义上可以说，世界通史的研究水平，包括理论框架设计和理论体系的构建，往往体现了世界史学科整体上所达到的学术水平。”[①] 这在相当大的程度上表明，世界通史的编纂和出版越来越被史学界看重，成为世界史学科建设的重要标志之一。

从学术发展的历程看，建设中国特色的马克思主义世界通史编纂学也是一个经过长时期的实践而得出的经验。历史学家路易斯·戈特沙尔克在总结参写联合国教科文组织的《人类史》经验时指出两点：未来的世界史必须更多地关注非西方世界和每个国家必须写出适合于自己人民的世界史。[②] 1980 年，英国历史学家巴勒克拉夫在《当代史学主要趋势》一书中也提出，不仅需要把亚洲、非洲的历史当作世界历史研究中一个不可缺少的组成部分，而且还需要用亚洲的方式来认识亚洲，用非洲的方式来认识非洲，也就是从内部而不是从外部来看待亚洲和非洲。只有这样，亚洲和非洲的历史经历在全世界的背景中才变得有意义。[③] 中国学者在 1984 年提出要编写有中国特色和中国气派的世界史的设想[④]。21 世纪以来，建设有中国特色的马克思主义世界通史编纂学为越来越多的学者所关注。

当代中国史学要想获得自身的发展特色，最根本的“在于对当代中国、当代世界复杂的现实问题的思考。因此，要独立地对世界历史的认识和思考和研究，就不能将自己的观点，寄希望在别人的概念体系中得到阐释。离开了别人的命名系统就寸步难行。不仅要在国际政治上我们要有自己的话语权，在学术上也是如此。如果只知道是在写‘世界史’，而忘记了自己首先是中国人，那将是十分悲哀的。中国人应该写出自己心灵中的世界史”[⑤]。这是一个自梁启超以降历代世界历史研究和编纂孜孜以求的学术目标。为实现这一目标，就需要对以往的世界通史编纂实践作系统深刻的理论总结。很显然，在雷海宗、于沛看来，“中国人的世界史研究，从内容上讲应该是‘世界’的，而且这个‘世界’，理所当然地应该包括中国，中国是世界的

---

① 本书编写组：《史学概论》，高等教育出版社、人民出版社 2009 年版，第 122 页。

② Gilbert Allardyce, “Toward World History: American History and the Coming of the World History Course”, *Journal of World History*, 1990 (1).

③ [英] 杰弗里·巴勒克拉夫：《当代史学主要趋势》，杨豫译，上海译文出版社 1987 年版，第 231—232 页。

④ 郭圣铭：《建立马克思主义的世界史体系》，《世界历史》1984 年第 1 期。

⑤ 于沛：《史学思潮与社会思潮——关于史学社会价值的理论思考》，北京师范大学出版社 2007 年版，第 141 页。

中国。而从研究的立场、观点，即文中所说的看世界的‘角度’，则必须是中国的，正如雷先生所言‘必须要从中国的角度来看世界’。因此，中国的世界历史研究，只能是中华民族的世界历史研究，而不是食洋不化，不加选择地重复外国人的观点。……就世界历史研究而言，如果确实做到了‘从中国的角度’出发，首先明确了在研究中怎样做一名中国人的前提下，去从事世界史的研究，那一定会使我们的世界史研究有另一番不同的天地。”① 这也就是通常人们所说的“植中国的‘根’，塑中国的‘魂’的问题，也就是说建设有中国特色的世界史研究理论体系和话语体系，乃是摆在我们面前一项重要的、迫切的任务”②。这里的理论体系和话语体系构建的最终目标应该就是建设有中国特色马克思主义的世界通史编纂学。

从世界历史学的学科建设看，建设中国特色马克思主义世界通史编纂学是新世纪新阶段史学界的重要任务。2011 年 3 月 24 日，国务院学位委员会和教育部下发通知，公布了新的《学位授予和人才培养学科目录（2011 年)》。对哲学社会科学界来说，新目录最大的变化在于历史学门类下由“历史学”一个一级学科变为“考古学”、“中国史”、“世界史”三个一级学科。“世界史”升级为一级学科，必将对整个中国历史学发展产生巨大影响。③ 世界历史由以往历史学的一个二级学科上升为一级学科对于世界历史研究是一个很好的发展机遇。具体到学科建设上，就需要重新调整现有的学科规划布局，加强其分支学科的建设。建设有中国特色马克思主义世界通史编纂学应该提上世界历史学科建设的日程，但建设中国特色马克思主义世界通史编纂学对于当今史学界来说，还不能说已经具备了自觉的意识。有学者撰文呼吁，加强世界史学科的史学史研究，加强对中国历史学视域下的世界史研究，充分显示出上述目标仍是长期的、艰巨的学术理想。

## 二　世界通史编纂学的内涵和特征

中国特色马克思主义世界通史编纂学的学科属性、研究对象是学科建

---

① 于沛：《史学思潮与社会思潮——关于史学社会价值的理论思考》，北京师范大学出版社 2007 年版，第 119 页。

② 于沛：《世界史研究》，福建人民出版社 2006 年版，第 198 页。

③ 刘潇潇：《世界史升级为一级学科开启历史学科发展新阶段》，《中国社会科学报》2011 年 4 月 7 日。

设首先应该研究的问题，应该有一个清晰的界定。吴于廑、齐世荣等学者对此均有明确的阐述，认为世界史不是一个包罗万象的大口袋，而是有其自身的特定研究对象和内容。它既不是把中国史排除在外的外国史，也不是囊括一切国家、民族和地区的历史汇编，而是一门有特定研究对象的历史学分支学科。① 中国特色马克思主义世界通史编纂学是一个中国历史学与世界历史学的交叉学科，是历史编纂学的一个分支学科，是史学理论研究的重要内容。它的研究对象主要包括中国学者编写的世界通史著作和世界通史编纂思想、外国学者编写的世界通史著作及其世界通史编纂思想。因而对于中国学者的世界通史编纂历程进行认真、细致的梳理，也是一个意义非常重大的课题。从这个意义上看，本书只是探讨了世界通史编纂学的前半部分。中国特色马克思主义世界通史编纂学具有极其丰富的内涵，其特征主要表现在：

其一，中国特色马克思主义世界通史编纂学坚持以唯物史观为指导，不断提高学科发展的科学化水平。坚持马克思主义唯物史观的基本原理是建设中国特色马克思主义世界通史编纂学的本质属性。“通史传统是中国历史学原生的理论资源，通变和会通的思想历经实践的检验并且具有鲜活的生命力，可以在唯物史观基本原理的指导下，用来构建我们自己的研究体系和话语体系，从而避免对外国史学理论的生搬硬套，彰显民族特色和中国风格。”② 只有在这方面具有鲜明的学术自觉，才有可能将唯物史观基本原理与中国传统的唯物主义倾向、中国通史编纂传统与马克思主义的世界历史理论打通，并融为一体。21世纪以来，有学者对编写有中国特色的世界通史进行了探讨。例如世界现代史的编纂，它总结了编纂的基本原则。其中，有两个原则对世界通史编纂具有相当的启示，这也是世界通史编纂问题上带有共性的原则和要求。“第一，以马克思主义的世界历史理论和马克思主义中国化、中国特色社会主义理论体系为理论指导，吸收国内外学术界的研究成果，以世界全局的宏观视野，较长时段地综合叙述自19世纪末20世纪初以来的世界现代历史整体发展的趋势和史实。第二，

① 齐世荣：《编写一部简明的世界史是时代的需要》，刘新成主编：《全球史评论》第二辑，中国社会科学出版社2009年版，第147页。

② 董欣洁：《中国的通史传统与世界史编纂》，《史学集刊》2009年第3期。

打破‘欧洲中心论’的束缚，并将中国在20世纪的历史作为世界现代史的有机组成部分，对中国发生的具有世界影响的重大事件给以论述，编写出具有中国特色的世界现代史。”① 论者将中国特色社会主义理论体系，乃至马克思主义中国化的主要理论成果作为重要指导思想体现出与时俱进的理论探索，而将中国史的20世纪部分作为有机部分，将会极大地改变世界现代史的面貌，对世界通史编纂来说，亦应作如是观。这既是21世纪编纂世界现代史基本原则的探讨，对20世纪世界通史编纂基本原则的总结和提升也具有较大的启发价值。

其二，中国特色马克思主义世界通史编纂学注重世界眼光和世界意识的培养。

中国历史学在进入近代以来，就一直在倡导一种向西方学习的意识和行动，直到今天这种学习仍没有结束，甚至已经成为中国人的一种潜意识的行动。应该承认这种“师夷长技”、“洋为中用”的“拿来主义”在中国历史学近代化的过程中发挥了重要的推动作用，其功效是不应抹杀的，也是建设中国特色马克思主义世界通史编纂学不可或缺的途径。正如有的学者所强调：“因为我们生活在一个整体世界，而且受到这个世界的影响，所以我们必须了解它，仅仅了解西方对于理解全球化时代的世界是不够的。全球史是了解世界的一个方法，世界视野有助于学生获得评判西方文明价值体系的能力，虽然不一定敌视自己的价值观念，但有助于他们认识自己价值体系的局限性。”② 引导读者，尤其学生从通史编纂学的视角来审视客观历史，就能掌握许多历史背后的东西，也就有可能对历史学的主观性、意识形态色彩，以及历史研究的民族性有更加清醒的认识，既不为自己的价值观的缺陷所蒙蔽，又不至于成为西方价值的俘虏。这从客观上反映出，“要写好一部世界史，我们应当如实地反映各个国家、民族在人类世界上作过的贡献，如实地反映它们之间的相互关系，当然这是很困难的，各国学者必须抛弃国家、民族的偏见，通力合作，经过长期的努力才

---

① 徐蓝：《关于世界现代史教材编写的一些想法》，《世界历史》2010年第4期。

② 施诚：《相辅相成：美国大学的西方文明史与全球史教学》，刘新成主编：《全球史评论》第二辑，中国社会科学出版社2009年版，第183页。

能做到"[①]。同时也应该注意，国际学术视野下的世界通史编纂，固然需要各国学者的通力合作撰写出尽可能客观的世界通史，更多的是不同国家的学者编纂的世界通史著作之间的内容交流、思想碰撞，在相互激荡中共同促进世界历史研究的发展。

因而，中国特色马克思主义世界通史编纂学具有世界眼光和世界意识还具有另一方面的意义，那就是在经济全球化、文化多样化的过程中如何使中国学者对世界历史的研究成果走出去，通过这些成果去影响别人，以增强中国的世界历史研究在世界历史科学研究中的话语权。"古老的中国正在走向现代，封闭的中国正在走向世界，历史科学的当代发展要求同世界范围内的史学建立更为密切的联系。中国历史科学应当对世界历史科学的发展有所贡献。"[②] 就中国历史学来说，为世界历史科学的发展作贡献的途径和方式是多样的，毋庸置疑，编纂世界通史这一形式无疑是最能体现这一思想主张的有效途径。

其三，中国特色马克思主义世界通史编纂学将普及与提高并重。中国世界史学学科诞生之初所面临的现实形势决定了其根本不可能由中国史家潜心研究，经过长时间的积累，逐渐发展到世界通史编纂。救亡图存的严峻现实和亡国灭种的巨大灾难迫使中国的世界史研究者不得不走上翻译外国世界历史著作、普及世界历史知识的道路。战火不断的 20 世纪，使得世界通史研究一直是中国史学的一个薄弱环节，研究成果的缺乏，研究力量的薄弱，使得中国的世界通史编纂更多地着眼于翻译国外的已有成果，其着眼点也多是从有利于世界史教学的角度出发。故教材多于研究著作的现状，一直到今天也没有发生根本性的变化。

作为历史编纂学的一个分支学科，不能不考虑到世界通史编纂的学术性和研究性，这恰是时下世界通史编纂中需要重点突破和创新的地方。21 世纪以来，中国的世界通史编纂在发展了以往注重教材特色的基础上，开始凸现其研究型的、大部头的世界通史编纂发展趋向。这在新世纪新阶段中出现的《世界文明大系》、《世界文明通论》、《世界现代化的历程》以

---

① 齐世荣：《编写一部简明的世界史是时代的需要》，刘新成主编：《全球史评论》第二辑，中国社会科学出版社 2009 年版，第 147 页。

② 姜义华、瞿林东、赵吉惠：《史学导论》，复旦大学出版社 2003 年版，第 316 页。

及《世界历史》等著作的编纂中已经鲜明地体现出来了。

其四，中国特色马克思主义世界通史编纂学具有浓厚的民族特色，并能正确处理民族性和世界性问题。从内容上讲，源远流长的中国历史是世界历史发展长河中的重要一脉。如何在不同的历史时期恰如其分地表现世界历史中的中国，是中国马克思主义世界通史编纂学上的重要问题。从编纂形式看，中国史学在其辉煌灿烂的发展历程中创造了许多对我们今天编纂世界通史仍有借鉴价值的编纂体裁、体例，这是一笔为全世界人类所共有的宝贵文化遗产，在世界通史编纂中如能恰当借鉴、适当运用，定能更加充分体现出中国特色。从通史编纂者的素养看，编纂者必须中西兼通。“研究外国史，必须懂得中国史，反之亦然。历史有共性，也有特性，我们要能从共性中看出特性，从特性中看出共性。中西会通，才能成为一流学者。”①

这一点，早在20世纪五六十年代，就已经成为中国马克思主义史学的自觉意识。毛泽东很早就强调过对于世界历史遗产的继承，20世纪60年代中国共产党对这个问题的认识又有了新发展，要求广大历史研究者“对于外国历史遗产的研究，我们应当采取同样认真的态度，经过分析批判，吸取其中于我们有益的东西。在我国历史上，不论是古代的唐朝，或现代的‘五四’，都注意吸收外国文化中的好东西，使我国古代和现代文化先后地放出了异彩。我们今天当然更需要把眼光放到全世界，吸收全人类的智慧，用来丰富我国的社会主义的新文化”②。此论是1963年10月26日，时任中宣部副部长、文化部副部长的周扬在中国科学院哲学社会科学部委员会第四次扩大会议上的讲话中的观点。讲话发挥了毛泽东的思想，又加入了周自己的理解，这就是要求借鉴世界历史遗产的重要性，而如何借鉴也就成为人们探讨的重要问题。讲话进一步指出：“以马克思列宁主义的观点，编写世界历史，也是我国历史工作者应当担当的任务。我们不能满足于袭用外国学者所编写的世界历史。对西方资产阶级和现代修正主义的历史学者歪曲世界历史，我们应当给以严正的实事求是的批判。”③ 这

① 齐世荣：《我和世界现代史与世界通史研究》，《世界史探研：齐世荣自选集》，首都师范大学出版社2008年版，第12—13页。

② 周扬：《哲学社会科学工作者的战斗任务》，《建国以来重要文献选编》第17卷，中央文献出版社1997年版，第362—363页。

③ 同上书，第358页。

一观点对世界通史编纂的意义和价值给予了充分的估计，使人明显地感受到中国马克思主义史学不仅在吸收和借鉴外国历史遗产思想中具有独特之处，在吸收和借鉴外国历史遗产的形式上也是有选择性的，并不是仅仅把外国的历史遗产翻译过来就了事，而是在学习借鉴中提高。

即便是要“吸收外国学术文化的优秀成果，也一定要从无产阶级的立场和观点，根据自己民族的需要，根据社会主义的需要，加以鉴别取舍。外来的东西，要加以消化改造，使之具有我们民族的风格和特点，变成自己的东西。盲目崇拜西方，轻视祖国，一切都是外国的好，那是一种丑恶的买办资产阶级思想的表现，是一种最没有出息的学术教条主义，是我们所必须反对的”。[①] 深层次发掘和利用外国历史遗产的重要途径莫过于在深入研究的基础上，撰写出马克思主义的世界通史。从吸收和借鉴外国历史遗产的高度，来认识世界历史的编写，在世界通史编纂史上应该具有浓墨重彩的一笔。这种对世界通史编纂的认识不仅使20世纪60年代的世界通史编纂较之以往的世界通史编纂具有了更丰富的内涵，而且还使得人们对世界通史的意义和价值的认识也上升到一个新的高度。从吸收和借鉴外国历史遗产的角度来看待世界通史编纂的重要意义，标志着这一时代人们对世界通史的认识所达到的高度。这一认识是对史学界的世界通史编纂工作的肯定和总结，一经形成就对当时的世界通史编纂产生了重要影响，有力地推动了世界通史研究的深入发展。

其五，中国特色马克思主义世界通史编纂学具有致用情怀和忧患意识。

世界通史编纂学从根本上讲是一门关乎人类情感和理智的学问，是一门塑造人的精神世界的学问。“历史学家有责任通过自己的研究，推动人们能够站在人类历史发展总进程的高度，正确认识和正确处理由全球化引发的种族的、民族的、地域的、经济的、宗教的、语言的、文化的等各种实体相互之间种种复杂的新关系”，“都要求历史学更多地关注人与自然关系发展演变的全过程，更多地关注人与人关系发展演变的全过程，更多地

① 周扬：《哲学社会科学工作者的战斗任务》，《建国以来重要文献选编》第17卷，中央文献出版社1997年版，第363页。

关注人的认知、情感、审美取向与能力发展演变的全过程。”① 从这个意义上讲，致用和忧患都是基于人类过往历史而对人类社会前途和命运的思考和把握。在这一点上，世界通史编纂学能够引导着人们通过对以往世界历史编写工作的反思，更好地处理全球化与国家民族、普适价值与阶段立场、文化一体与价值多元之间的关系。

齐世荣在20世纪末以无限期待的笔触展望了21世纪中国历史学的发展，他说：“这将是一个持久和平与共同繁荣的世纪，生活在这个世纪的后代子孙们将比他们的前辈更为幸福。要把这种希望变为现实，人们还要作出极大的努力。在建设人类美好未来的宏伟事业中，历史学家是大有可为的。他们不是消极的记录员，而是积极的参与者。从学习历史中，人们将增长智慧，汲取力量，树立乐观进取的精神。这是历史学的最大社会功能，而世界通史和世界现代史就是其中两门可以充分发挥这种功能的学科，因此是值得大力提倡的。愿有更多的人参加到研究世界通史和世界现代史的行列中来！”② 这些写于20世纪90年代的文字，包含了人们对于美好幸福生活的向往与期待，同时也包含着对世界通史的期许，同时，学习世界史，可以帮助人们加深了解今天开放世界的历史渊源，加深对改革开放重要性的认识；可以总结世界各国发展的历史经验，作为建设中国特色社会主义的借鉴；还可以通晓人类社会发展的规律，坚定走建设有中国特色社会主义的信心。③

## 三　世界通史编纂学建设的发展趋势及未来展望

建设有中国特色的马克思主义世界通史编纂学具有重要的学术价值和现实意义，是世界历史编纂研究的薄弱环节，也在一定程度上体现了新的学术增长点。

（一）学术发展趋势

（1）建设有中国特色马克思主义世界通史编纂学属于史学界的前沿问

---

① 姜义华、瞿林东、赵吉惠：《史学导论》，复旦大学出版社2003年版，第318、320页。

② 齐世荣：《漫谈世界史和世界现代史》，《齐世荣史学文集》，人民出版社2002年版，第343页。

③ 齐世荣：《学习世界史与建设中国特色社会主义》，《世界史探研：齐世荣自选集》，首都师范大学出版社2008年版，第359—368页。

题，是系统总结中国史学的世界通史遗产的需要。中国学者从事世界历史的研究自 19 世纪中叶算起已经有了 160 多年的历史，自 20 世纪中叶世界历史学科的创立算起，也已经有了 60 多年的研究历程，中国学者所翻译、编纂的各种体裁类型的世界通史达 200 多部，再加上各个时期，人们对这些著作的批评和研究，构成了中国的世界历史研究的重要内容。不容否认，这些世界通史著作和世界通史思想已经构成为中国史学发展史上的一笔珍贵遗产，不同时期的学者也对这一遗产进行了不同程度的发掘，取得了可喜的成果，然而遗憾的是，限于各种原因，迄今为止史学界一直没有对这个重要的课题进行系统的研究，也没有一部这方面的研究专著问世。

（2）本课题对于世界历史的学科建设具有一定的促进作用。世界历史研究在 20 世纪四五十年代发展成为一门现代学科。它在几代学者的辛勤耕耘下，得到了迅速发展，尤其是在改革开放以来有了突飞猛进的发展。这不仅表现在众多的专题史、国别史的研究方面，而且在世界历史理论和世界通史编纂方面也取得了重要进展。20 世纪以来，中国的世界通史研究在充分展现世界历史学科的发展历程，总结世界历史学科发展的经验教训等方面发挥了重要的作用。建设有中国特色马克思主义世界通史编纂学能够极大地促进当代世界历史学的学科建设。

（3）建设有中国特色马克思主义世界通史编纂学能够拓展当代史学理论研究的领域。中国学者的世界通史著作及其编纂思想研究属于中国史学和世界史学的交叉领域，长期没有引起足够的重视，是史学史和史学理论研究中的薄弱环节。将这一课题纳入研究视野应该说在一定意义上对于当代史学理论，尤其是对于历史编纂理论的发展具有相当的意义，它拓宽了史学理论研究的视野，丰富了当代史学理论研究的内容。

（4）建设有中国特色马克思主义世界通史编纂学是深化当代历史教育研究的新切入点。长期以来，中国的历史教育研究对于中国历史教育发掘得比较深入、系统和透彻，也得到了教育界的普遍重视，这是必要的。作为一个中国人，首先应该了解自己国家和民族的历史。随着经济全球化趋势的迅猛发展、中国改革开放政策的深入发展，对世界各个国家的历史和世界历史发展大势的了解逐渐成为一个当代人必备的基本素质。人们通过各种途径来了解世界历史，无疑为世界历史知识的普及和世界历史教育的发展奠定了基础。很显然，现阶段对于世界历史教育的研究仍为历史教育领域的薄弱环节之一。将世界历史教育和普及的重要载体（不同历史时期的世界通史著作）作为研究对象进行研究，无疑将在一定程度上促进世界历史教育研究的深化。

（二）现实性较强的发展领域

（1）建设有中国特色马克思主义世界通史编纂学对于当代中国的世界通史编纂具有相当的参考价值和启示意义。当代中国的世界通史编纂无论是较之中国通史编纂，还是国外（尤其是西方国家）的世界通史编纂均显落后，而中国学界对世界通史编纂又缺乏深入、系统的总结和反省。这不仅表现在世界通史著作编纂的实践方面，也鲜明地表现在世界通史编纂的理论研究方面。在这里，也充分地体现出两者所具有的相辅相成的关系：对于世界通史编纂实践的总结是提升相关理论研究的基本途径；对于世界通史编纂理论的阐发和提炼无疑也会对相关的实践具有一定的指导意义。认真、系统、深入地总结中国学者编纂和研究世界通史的经验和教训，对于当前的世界通史编纂工作来说，无疑具有积极的推动作用。

（2）建设有中国特色马克思主义世界通史编纂学对于当前的世界通史教学来说具有一定的参考价值。众所周知，中国的世界通史著作多半是基于教学的需求应运而生的。就世界通史著作的发展历程看，迄今为止，鲜有专门研究论著问世，尽管已有一部大型的多卷本《世界历史》问世，但以教科书为主的状况在一个相当长的时期内仍将持续下去，难以发生根本性的改变，甚至也可以认为不会有根本性的改变。这一现实就决定了中国的世界通史编纂，一方面是基于史学界学术研究的积累，另一方面是基于世界历史教学的需要。因此，中国的世界通史著作除反映了史学界的研究成果和编纂水平外，也反映了世界历史教学的状况。反过来，对于中国的世界通史编纂的研究必定对世界通史教学产生相当的影响，这两项工作可以说是息息相关。

（3）建设有中国特色马克思主义世界通史编纂学是中国史学走向世界，自立于世界史学之林的重要一环。20 世纪前半期中国的世界通史编纂发展的历程表明，人们了解外国历史的一个重要途径就是通过编译相关国家的史学家撰写的世界通史著作。通过这些世界通史著作，人们不仅了解了具体的历史知识，而且也了解了作者甚至相关国家对于世界历史发展形势的判断，以及该国在世界文化中的地位。这是一个国家在世界文化中是否具有话语权和国际影响力的重要表现。中国史学要走向世界，不仅要把自己国家的历史和文化推向世界，还应对世界历史，尤其是宏观世界历史发展大势作出自己的研究，更应使自己的研究成果走向世界，扩大影响。从这个意义上讲，世界通史著作无疑是完成这一任务的重要载体，也可以说是中外文化和史学交流的桥梁和纽带。而对于不同时期的世界通史著作加以研究，编纂具有时代特色和民族品格的新型世界通史，更好地推动中国史学走向世界，形成中国史学在国际史坛中的话语权，也就具有不同寻常的现实意义了。

面对经济全球化，中国历史学应坚持世界性与民族性的辩证统一。建设有中国特色马克思主义世界通史编纂学，无疑是一个极好的结合点。在坚持唯物史观指导地位的基础上，密切关注域外文化，既要努力学习其优长，吸收其积极成果，又要警惕消极、颓废文化的侵袭；既要反对文化壁垒和盲目排外，又要反对崇洋媚外和全盘西化，要弘扬民族精神，不断提升民族史学的品位，凸显民族史学的特色。任何一个民族，如果失去了自身文化的独立性，也就失去了自己民族的独立性。史学的民族性，实质上就是一定民族与其他民族在文化特质方面最本质、最深刻的区别。任何一种文化的民族性，只要该民族存在，就不可能消失。越是弘扬民族精神，就越能体现出世界文化的丰富多样性。正是在对史学的民族性和世界性的辩证认识中，很多学者探讨了中国传统史学的现代价值，并就在经济全球化背景下如何维护民族史学的独立性表达了自己的见解。在民族性中反映出世界性的内容和走向，在世界性中体现出民族性的特色和品格，已成为当代中国史学发展的主要趋势，而对这一趋势认识的自觉程度也必将深刻影响其进程。中国历史学应以一种合理的健康的心态积极走向世界，既把优秀的中国文化（包括传统和现实的中国文化）向世界传播，使世界各国文化从中国文化中得到裨益，又把世界各国的优秀文化吸收过来，用以丰富自己。[①] 从这个意义上讲，盲目地认为西方文化能够“一体化”中国文化与中国文化能够“压倒”西方文化的观点都是不现实的，也是不可取的。因此，在21世纪里，中国历史学发展的主要趋势，是民族性和世界性在更高层次上的互动和结合，即在民族性中反映出世界性的走向，在世

① 瞿林东：《中国史学通论》，武汉出版社2006年版，第265页。

界性中体现出民族性的特点。对于这一趋势认识的自觉程度，必将深刻影响这一趋势的进程。这对于我们理解建设有中国特色社会主义的世界通史编纂学无疑是具有重要启示的。

# 附　录

## 19 世纪以来世界通史要目

### 20 世纪前半期

《世界历史》（石印本），1851 年。

［日］野村浩一述：《西洋史》，（清）张本槐译，1851 年。

《西洋史要图［舆图］》，（清）金粟斋译，上海金素斋石印本。

［日］冈本监辅编著：《万国史记》，浣成斋刻本，1879 年。

晏彪：《世界历史》，上海武备学堂刻本，1902 年；甘肃官报书局 1908 年版。

［日］小川银次郎撰：《西洋史要》（共 4 卷），（清）樊炳清、萨端译述，蜀东善成堂，1902 年；商务印书馆 1914 年版。

周维翰：《西史纲目》，常州经世文社刻本，1902 年。

石川利之：《世界通史》，中外书会，1903 年。

［德］驾尔·布勒志：《世界通史》，［日］和田万吉译，仁和叶瀚重译，镜今书局 1903 年版。

［美］威廉斯因顿：《万国史要》，杭州史学斋 1903 年版。

《世界史要》，吴勇适译，开明书店 1903 年版。

［日］高山林次郎：《世界文明史》，商务印书馆 1903 年版。

［日］木寺柳次郎：《新译西洋历史》（2 册），章师濂等译，文明书局 1903 年版。

《万国历史》，上海作新社、上海作新社 1903 年版。

［日］天野为之：《万国通史》，文明书局 1903 年版。

［日］雨谷善太郎、坂田厚胤：《世界史要》，上海开明书店1903年版。
［日］家永丰吉、［日］元良勇次：《万国史纲》，邵希雍译，商务印书馆1903年版。
作新社编：《万国史略》4卷，1903年。
青森工藤助作：《万国通史全编》，中外日报馆1903年版。
常望春：《外史歌略》，笃初学堂刻本，1904年。
江子云：《万国历史汇编》（100卷），上海官书局1904年版。
服部宇之吉：《万国史讲义》，商务印书馆1904年版。
［美］迈尔：《迈尔通史》，黄佐廷、张在新译，山西大学堂译书院，1905年。
梁焕均：《西洋历史》，湖南群治书社1906年。
［美］彼得巴利：《万国史略》（6卷），陈寿彭译，金陵江楚编译局，1906年。
（清）晏彪、（清）廖宇春编辑：《世界历史》，官报书籍，1908年。
［日］天野为之：《万国通史》（2卷），吴启孙译，上海文明书局1909年版。
章起渭：《西洋通史》，商务印书馆1910年版。
伍光建：《西史纪要》（2册），商务印书馆1913年版。
［日］本多浅治郎：《汉译西洋历史》，百城书舍编译，商务印书馆1915年版。
梁启超：《外史鳞爪》（3册），商务印书馆1916年版。
周瘦鹃：《世界秘史》，上海中华图书集成公司1919年版。
傅运森：《共和国教科书西洋史》（上下卷），商务印书馆1920年版。
丁英桂编，傅运森校订：《西洋史参考书》，商务印书馆1920年版。
张相编：《新制西洋史教本》，中华书局1922年版。
金兆梓编：《初级世界史》，中华书局1924年版。
李泰棻：《西洋大历史》（4册），北京武学书馆1924年版。
蔡和森：《社会进化史》，民智书局1924年版。
《世界各国史》（3册），王昌汉等译，商务印书馆1925年版。
周传儒：《中学教科书世界史》，商务印书馆1926年版。
陈翰笙：《人类的历史》，北新书局1921、1927年版。

李泰棻：《记录以前之人类史略》，青云阁佩文斋、琉璃厂武学书馆、北京文化学社1927年版。

［英］韦尔斯：《世界史纲》（2册），梁思成等译，商务印书馆1927年版。

［英］韦尔斯：《简明世界史》，樊仲云等译，商务印书馆1927年版。

陈衡哲：《新学制高级中学教科书西洋史》，商务印书馆1928年版。

傅彦长：《西洋史ABC》，ABC丛书社1928年版。

刘叔琴编译：《民众世界史要》，开明书店1928年版。

［日］上田茂树：《世界史要》，刘叔琴译，开明书店1928、1940四版。

《西洋史要》，王纯一译，上海南强书局1929、1930再版。

张作人：《人类天演史》，商务印书馆1930年版。

陆一远：《社会进化史大纲》，中华书局1930年版。

［德］Marx Beer：《社会斗争通史》，叶启芳译，神州国光社1930年版。

谢康：《西洋史提要》，世界书局1930年版。

［英］韦尔斯：《世界史要》，谢颂羔译，上海文华1931年版。

杨人楩编译：《高中外国史》（上下册），上海北新书局1931年版。

李季谷编：《高中外国历史》（上下册），上海世界书局1931年版。

马哲民编：《社会进化史》，上海南强书局1930、1932再版。

黄菩生：《社会进化史》，商务印书馆1932年版。

库斯聂：《社会形式发展史》，高素明译，上海神州国光社1932年版。

李泰棻编著：《世界史》，中华印书局1932年版。

［日］上田茂树：《世界史纲》，施复亮译，上海大江书铺1932年版、开明书店1935年版。

唐幼峰：《外国史纲要》，上海重庆书店1932年版。

王心石：《西洋史》，上海神州国光社1932年版。

［日］高桥清吾：《社会制度发展史》，潘念之译，上海大江书铺1933年版。

田农：《西洋史表解》，出版者不详，1933年。

余协中：《西洋通史》（3册），世界书局1933—1936年版。

金兆梓：《高中外国史》3册，上海中华书局1934—1935年版。

［苏］波卡诺夫、［苏］雅尼夏尼合著：《唯物史观世界史》第一册，方天白等译，神州国光社1934年版。

［苏］波卡诺夫、［苏］雅尼夏尼合著:《唯物史观世界史》第一卷第一册，方天白等译，神州国光社1934年版。
曹剑光:《世界史表解》，南华书店1934年版。
［苏］波查洛夫、［苏］约尼西亚:《世界史教程·封建社会史》，许仑音等译，骆驼丛书出版社1934年版。
傅运森编:《世界大事年表》，商务印书馆1934年版。
何卧云等:《世界史话》(2册)，商务印书馆1934年版。
李季谷:《李氏高中外国史》，世界书局1934年版。
李季谷:《李氏初中外国史》，世界书局1934年版。
何炳松编著:《复兴高级中学教科书外国史》(上下册)，上海商务印书馆1934—1948年版版。
陈叔时:《世界史之地理因素》，贞社1935年版。
［英］伊文思:《少年世界史纲》(2册)，黄石、吕一舟译，商务印书馆1935年版。
刘炳藜:《社会进化史》，中华书局1935年版。
李季谷:《西洋史纲》，世界书局1935年版。
陈逸:《西洋史表解》，商务印书馆1935年版。
蒋伯熙编著:《高中外国史》，北平立达书局1935年版。
D. M. Hillyer:《儿童世界史话》，陈汉年译，大东书局1936年版。
［苏］波卡诺夫、［苏］雅尼夏尼合著:《唯物史观世界史》第一卷第二册，方天白等译，神州国光社1936年版。
［苏］波卡洛夫、［苏］雅尼夏尼合著:《汉译唯物史观世界史》第四册，方天白译，神州国光社1936年版。
吕一舟编著:《世界历史》(上、下)，商务印书馆1936年版。
瞿世镇编辑:《世界历史问答》，三民图书公司1936年版。
耿淡如、王宗武编著:《高级中学外国史》(上中下)，南京正中书局1936年版。
徐瑞祥、陈锡祺:《外国史纲要》，编者自刊，1937年。
卢文迪、丁绍恒:《历史(第二册)——外国史大纲》，中华书局1937年版。
孙逸殊编著:《高中新外国史》(上中下册)，上海世界书局1937—1948

年版。
[日] 木俊等:《世界历史大年表》, 日本: 平凡社, 日本昭和 27 年(1938)。
[日] 上田茂树:《世界史纲》, 柳岛生译, 上海百纳书店 1938 年版。
[英] 汤马士 (Henry Thomas):《人物中心世界史》, 黄素封、吴直由译, 众生社 1938 年版。
韩汶:《世界列国志》, 上海博文书店 1939 年版。
[日] 矢部周藏:《编年体外国史》, 卢文迪译, 1940 年。
邓初民:《社会史简明教程》, 生活书店 1940 年版。
库斯聂:《社会形势发展史教程》, 高素明译, 上海言行社 1940 年版。
刘叔琴:《民众世界史要》, 开明书店 1940 年版。
[日] 松村介石:《万国兴亡史》, 汤锡祖译, 上海新民译印书局 1940 年版。
齐思和:《西洋史教学之基本问题》, 函雅堂书店 1941 年版。
邓初民:《外国史简明教程》, 重庆五十年代出版社 1942 年版。
金兆梓编:《新编高中外国史》 (上中下), 上海中华书局 1945—1948 年版。
[美] 卡尔登汉士 (C. J. H. Hayes) 等:《世界史》, 邱祖谋译, 上海书店 1946 年版。
方豪:《外国史大纲》, 正中书局 1947 年版。
阿 · 巴顿 (A. Barton):《世界史讲话》, 陈冬野译, 文通书局 1948 年版。
[美] 海思等:《世界通史》 (2 册), 刘启戈译, 上海大孚出版公司 1948 年版。
胡玉堂:《西洋史简编》, 商务印书馆 1948 年版。
周谷城:《世界通史》(共 3 册), 商务印书馆 1949 年版。

## 20 世纪 50 年代

曹伯韩:《世界历史》, 生活 · 读书 · 新知三联书店 1950 年版。
[俄] 波吉牟金:《世界通史研究提纲》, 屈洪译, 解放社 1950 年版。
苏联教育部中小学教育司编:《苏联中等学校世界史教学提纲》, 邝平章

译，大众出版社 1953 年版。
周庆基编著：《新编世界史》，自由出版社 1953 年版。
河南大学历史系编：《世界现代史资料选辑》，河南人民出版社 1953 年版。
浦漪人编：《简明世界通史》，新中国联合出版社 1954 年版。
周庆基编著：《新编世界史》（第 3 版），自由出版社 1954 年版。
中国人民大学世界通史教研室编辑：《世界通史参考资料》，中国人民大学 1954—1959 年版。
王芝九：《初级中学世界历史参考书》（上、下册），人民教育出版社 1955 年版。
杨生茂、李纯武编：《世界历史》（上、下册），人民教育出版社 1955、1956 年印。
李赓序编：《世界历史》，人民教育出版社 1955、1956 年印。
［苏］叶菲莫夫（А. В. Ефимов）主编：《近代世界史教学法》，梅溪译，人民教育出版社 1955、1956 年印。
［法］赛迪洛特・芮奈：《世界史纲》，李定一译，台北正中书局 1956 年版。
中华人民共和国教育部编订：《初级中学世界历史教学大纲（草案）》，人民教育出版社 1956 年版。
叶作舟等编著：《初中世界历史讲话》，浙江人民出版社 1956 年版。
章志云等绘制：《世界历史挂图》，教育图片社 1956 年版。
王芝九编：《世界历史》，人民教育出版社 1956 年版。
李赓序、王芝九编著：《世界历史》，中国青年出版社 1956 年版。
［苏］弗・尼・尼基甫洛夫：《世界通史讲义》（共 3 册），中共中央直属高级党校历史教研室翻译组译，高等教育出版社 1956 年版。
苏共中央直属高级党校国际工人运动和民族解放运动教研室审订：《世界通史教学大纲》，康金镛、刘平译，高等教育出版社 1957 年版。
中华人民共和国高等教育部审订：《世界史教学大纲》，高等教育出版社 1957 年版。
［苏］柯思明斯基（Е. А. Косминский）等编：《中世世界史教学参考书》，朱成光译，人民教育出版社 1957 年版。
［苏］柯瓦辽夫（С. И. Ковалев）、［苏］安德列耶夫斯基（Н. В.

Андреевский)：《古代世界史的课堂教学》，刘泱泱等译，人民教育出版社 1957、1958 年印。

周保城：《世界通史》（第三册）（第 2 版），商务印书馆 1958 年版。

地图出版社编制：《世界历史地图册》，地图出版社 1958—1959 年版。

人民教育出版社编辑：《世界历史》（第 4 版），人民教育出版社 1959 年版。

中国人民大学世界通史教研室编：《世界通史参考资料》，中国人民大学，1958—1959 年。

苏联科学院编：《世界通史》（十卷本）第一卷（共 2 册），北京编译社等译，生活·读书·新知三联书店 1959 年版。

## 20 世纪 60 年代

苏联科学院编：《世界通史》（十卷本）第二卷（共 2 册），北京编译社等译，生活·读书·新知三联书店 1960 年版。

苏联科学院编：《世界通史》（十卷本）第三卷（共 2 册），北京编译社等译，生活·读书·新知三联书店 1961 年版。

苏联科学院编：《世界通史》（十卷本）第四卷（共 2 册），北京编译社等译，生活·读书·新知三联书店 1962 年版。

苏联科学院编：《世界通史》（十卷本）第五卷（2 册），北京编译社等译，生活·读书·新知三联书店 1963 年版。

苏联科学院编：《世界通史》（十卷本）第六卷（共 2 册），北京编译社等译，生活·读书·新知三联书店 1965 年版。

人民教育出版社编辑：《世界历史》（第 5 版），人民教育出版社 1960、天津人民出版社 1962 年印、浙江人民出版社 1962 年重印。

人民教育出版社编辑：《世界历史》（第 6 版），人民教育出版社 1960 年版、甘肃人民出版社 1962 年重印、北京出版社 1960 年版、浙江人民出版社 1961 年重印。

人民教育出版社编：《世界历史》（第一册）［哈萨克文］，新疆人民出版社翻译，新疆人民出版社 1961、1962 年版。

人民教育出版社编：《世界历史》（下册）［哈萨克文］，新疆人民出版社翻译，新疆人民出版社1962年版。

华北中小学教材编审委员会编：《世界历史》（第一分册），五三二制试用本，河北人民出版社1961年版。

北京市教育局中小学教材编审处编：《世界历史》（第一分册），北京出版社1961年版。

北京市教育局中小学教材编审处编：《世界历史》（第二分册），北京出版社1961年版。

朱寰主编：《世界通史》中古部分，人民出版社1962年版。

杨生茂等主编：《世界通史》近代部分，人民出版社1962年版。

林志纯主编：《世界通史资料选辑》，商务印书馆1962年版。

齐思和主编：《世界通史》（上古部分），人民出版社1962年版。

人民教育出版社编：《世界历史》（近代史部分），上海教育出版社1963年版。

人民教育出版社编：《世界历史》（第7版），人民教育出版社1963年版。

上海教育出版社编辑：《世界历史》（暂用本），上海教育出版社1963年版。

李赓序编：《世界历史》（第7版），人民教育出版社1963年版。

周一良、吴于廑等：《世界通史》，商务印书馆1964年版。

## 20世纪70年代

《世界通史》（第六卷），生活·读书·新知三联书店1971年版。

周一良、吴于廑：《世界通史》（第2版），人民出版社1972—1973年版。

史军编著：《读一点世界史》，四川人民出版社1972年版。

史军：《读一点世界史》，陕西人民出版社1972年版。

宁夏人民出版社编辑：《读一点世界史》，宁夏人民出版社1972年版。

江苏师范学院革委会政工组选编：《读一点世界史》，江苏师范学院革委会政工组，1972年。

《读一点世界史》，青海人民出版社1972年版。

内蒙古师范学院《读一点世界史》编写组编写：《读一点世界史》，内蒙古人民出版社1972年版。

武汉大学历史系《读一点世界史》编写组编：《读一点世界史》，湖北人民出版社 1973 年版。

新疆人民出版社编辑：《读一点世界史》，新疆人民出版社 1973 年版。

《读一点世界史》，安徽人民出版社 1973 年版。

贵州人民出版社编辑：《读一点世界史》，贵州人民出版社 1973 年版。

史军编：《读一点世界史》，人民出版社 1973 年版。

《读一点世界史》，河北人民出版社 1973 年版。

《读一点世界史》，浙江人民出版社 1973 年版。

北京市教育局教材编写组编：《世界历史》，北京出版社 1973 年版。

《世界历史》，广西人民出版社 1973 年版。

安徽省教育局教材编写组编：北京市中学试用课本《世界历史》（上下册）1973，安徽省教育局教材编写组翻印，1974 年。

云南省教育局教材编审室［编］：《世界历史》，云南人民出版社 1974 年版。

河北省教育局教材编写组编：《世界历史》，河北人民出版社 1974 年版。

哈尔滨师范学院历史系《世界历史知识》编写组编写：《世界历史知识》，黑龙江人民出版社 1974 年版。

山西省中小学教材编审组编：《世界历史》，山西人民出版社 1974 年版。

北京大学历史系简明世界史编写组编写：《简明世界史》，人民出版社 1974—1975、1978—1979 重印。

武汉大学历史系《读一点世界史》编写组编写：《读一点世界史》，湖北人民出版社 1975 年版。

北京大学历史系简明世界史编写组编：《简明世界史地图》（征求意见稿），人民出版社 1975 年版。

天津市中小学教材教研室编：《世界历史》（上册），天津人民出版社 1975 年版。

北京大学历史系简明世界史编写组编：《简明世界史教学参考地图》，人民出版社 1975、1979 年重印。

［美］J. 海斯等：《世界史》（3 册），中央民族学院研究室译，生活·读书·新知三联书店 1975 年版。

苏联科学院主编：《世界通史》（十卷本）第七卷 2 册，北京编译社译，生活·读书·新知三联书店 1975 年版。

［苏］и. 祖博克主编：《世界通史》第九卷（共二册），吉林师范大学《世界通史》翻译组译，吉林人民出版社 1975 年版。

上海市中小学教材编写组编：《世界历史》（近现代部分第一册），上海人民出版社 1976 年版。

河北省中小学教材编写组［编］：《世界历史》下册，河北人民出版社 1976、1977 年印。

［苏］库拉索夫（В. В. Курасов）：《世界通史》（第十卷）（共 2 册），吉林师范大学《世界通史》翻译组译，吉林人民出版社 1978 年版。

［苏］明茨（И. И. Минц）主编：《世界通史》（10 卷本第八卷）（共 2 册），北京编译社译，生活·读书·新知三联书店 1978 年版。

中小学通用教材历史编写组编：《世界历史下册》，人民教育出版社 1978、北京出版社 1979 年版。

中小学通用教材历史编写组编：《世界历史》（共 2 册）（新哈萨克文），新疆教育出版社翻译，新疆教育出版社 1978—1979 年版。

《世界历史常识问答》，吉林人民出版社 1979 年版。

徐州师范学院历史系编辑：《世界历史大事纪年》（共 2 册），徐州师范学院历史系 1979 年版。

## 20 世纪 80 年代

丁建弘：《世界历史人物小传》，浙江人民出版社 1980 年版。

［美］威廉·兰格（W. L. Langer）主编：《世界史编年手册》（古代和中世纪部分），刘绪贻等译，生活·读书·新知三联书店 1981 年版。

郑国编：《世界历史讲话》，河南人民出版社 1981 年版。

杨节铿等制图：《钱伯斯世界历史地图》，杨慧玖译，生活·读书·新知三联书店 1981 年版。

中央人民广播电台国际部编：《世界历史之窗·〈世界各地〉节目广播稿选》，广播出版社 1982 年版。

江先科编：《世界历史歌》，甘肃人民出版社 1982 年版。

［英］杰弗里·巴勒克拉夫主编，邓蜀生编辑：《泰晤士世界历史地图

集》，生活·读书·新知三联书店 1982 年版。
刘明翰等主编：《世界史简编》，山东教育出版社 1982 年版。
北京大学历史系简明世界史编写组编：《简明世界史：近代部分》（维吾尔文），梁秉恒等译，民族出版社 1982 年版。
崔连仲主编：《世界史：古代史》，人民出版社 1983、1991 年重印。
《泰晤士世界历史地图集》中文版翻译组译：《世界史便览：公元前 9000 年—公元 1975 年的世界》，生活·读书·新知三联书店 1983 年版。
曲培洛等编写：《世界历史常识问答》（哈萨克文），巴依达吾来提等译，奎屯：伊犁人民出版社 1983 年版。
景振国、厉杏仙编：《世界历史讲话》（增订本），河南教育出版社 1984 年版。
刘祚昌主编：《世界史：近代史》，人民出版社 1984 年版。
王正平主编：《世界史大事汇编》，浙江人民出版社 1984 年版。
郭令吾主编：《世界史知识手册》，山东教育出版社 1984 年版。
刘明翰等主编：《世界史简编》（第 2 版），山东教育出版社 1985 年版。
新疆教育出版社编：《世界历史》（上册）（维吾尔文），新疆教育出版社 1985 年版。
《世界历史词典》编委会编：《世界历史词典》，上海辞书出版社 1985 年版。
靳文翰等主编：《世界历史词典》，上海辞书出版社 1985 年版。
邱永生、吴建新编著：《世界历史简明问答》，新华出版社 1985 年版。
王阁森主编，田德全等编写：《世界历史问题全解》，齐鲁书社 1985 年版。
杰弗里·巴勒克拉夫主编：《世界历史地图集》，生活·读书·新知三联书店 1985 年版。
刘明翰主编：《世界史：中世纪史》，人民出版社 1986 年版。
严志梁等编：《世界历史》，人民教育出版社 1985 年版、北京出版社 1986 年版。
《外国史知识》编辑部编：《世界历史教与学》，人民教育出版社 1986 年版。
江苏省中等师范学校教材编写组编：《世界历史》，江苏教育出版社 1986 年版。

江苏省中等师范学校教材编写组编:《世界历史》，江苏教育出版社 1986、1988 年重印。
江孝谦编辑，陈洪玲制图:《世界历史地图册》，地图出版社 1986 年版。
冯培荣编著:《世界历史新编》（第四册），香港人人书局 1986 年版。
李纯武等编:《世界历史》，人民教育出版社 1986 年版。
李文业主编:《世界历史年表》，青海人民出版社 1986 年版。
彭树智主编:《世界历史教程》，陕西人民出版社 1986 年版。
刘明翰主编:《世界历史：中世纪史》，人民出版社 1986 年版。
寿纪瑜等编:《世界历史》，人民教育出版社 1986、1987 年印。
叶昌纲等主编:《世界历史备览》，山西教育出版社 1987、1991 重印。
叶昌纲等主编，王文庆等撰稿:《世界历史备览》，山西人民出版社 1987 年版。
安长春等编著:《世界历史普及读本》，湖北人民出版社 1987 年版。
赵恒烈、张鸿祺主编，曹燕等编辑:《世界历史资料选》，河北人民出版社 1987 年版。
云南省教育厅教研室主编:《世界历史》（高中下册）（2 版），云南教育出版社 1987 年版。
云南省教育厅教研室主编:《世界历史》（高中），云南教育出版社 1987 年版。
乔明顺主编:《世界史学习手册》，北京大学出版社 1987 年版。
刘明翰等主编:《世界史简编》（增订本），山东教育出版社 1987 年版。
唐承运主编:《简明世界史》，东北师范大学出版社 1987 年版。
丁建弘等主编:《世界史手册》，浙江人民出版社 1988 年版。
吴于廑主编:《大学世界历史地图：从地图看世界历史行程》，人民出版社 1988 年版。
崔粲主编、王玉等编:《初中世界历史》，辽宁教育出版社 1989 年版。
曹笑佛等编写:《世界历史》（上册），机械工业出版社 1988 年版。
罗萌等:《世界历史速记歌诀》，辽宁大学出版社 1988 年版。
胡佑安、刘淑珍编著:《世界历史简明读本》，山东大学出版社 1988 年版。
蔡志忠监修:《漫画世界历史人物事典：三百五十位历史人物事迹》，台北：牛顿编译中心编译，1988 年。

［英］杰拉尔德·豪厄特编：《世界历史词典》（简本），商务印书馆1988年版。

赫崇旺等编写：《世界历史》，黑龙江少年儿童出版社1988年版。

云南省教育厅教研室主编：《世界历史》（高中下册）（3版），云南教育出版社1988年版。

北京市海淀区教师进修学校主编：《世界历史》（上、下册），机械工业出版社1988年版。

山东省教学研究室编：《世界历史》（下册），山东教育出版社1988年版。

李育良等主编：《世界历史》，辽宁人民出版社1989年版。

王鸿祺主编，管继英等编写：《世界历史人物秘闻》，光明日报出版社1989年版。

［日］谢世辉：《世界历史的变革：向欧洲中心论挑战》，蒋立峰译，人民出版社1989年版。

陈洪玲等编绘：《世界历史地图册》，地图出版社1989年版。

颜德英、凌亦平编：《世界历史》（高中下册），四川教育出版社1989年版。

马克垚主编：《世界历史》中古部分，北京大学出版社1989年版。

山东省教学研究室编：《世界历史》，山东教育出版社1989年版。

## 20世纪90年代

《世界史画廊》，深圳影业公司1990年版。

傅孙铭等：《世界通史》，东北师范大学出版社1990年版。

［苏］齐赫文斯基主编：《世界通史》（第十三卷）（共2册），安徽大学苏联问题研究所译，东方出版社1990年版。

郑家馨、何芳川：《世界历史》（近代亚非拉部分），北京大学出版社1990年版。

吴佳文等编：《世界历史》，吉林大学出版社1990年版。

宁裕先、熊守清主编：《高中世界历史“国别”要览》，广西师范大学出版社1990年版。

戴冠编著：《世界历史提要 选要 撮要》，贵州人民出版社1990年版。

臧嵘等编:《世界史一百问》，广东教育出版社 1991 年版。
张泽等主编:《世界史题库与简答》，南开大学出版社 1991 年版。
任世芳编:《世界史三字歌》，安徽教育出版社 1991 年版。
乔明顺主编:《简明世界史》，北京大学出版社 1991 年版。
朱龙华:《世界历史》(上古部分)，北京大学出版社 1991 年版。
江孝谦等编，陈洪玲等制图:《高中世界历史地图册》，中国地图出版社 1991 年版。
王存辛等主编:《新编世界历史知识问答》，陈正奇等撰，陕西人民出版社 1991 年版。
陈洪玲等编绘:《世界历史地图册》，中国地图出版社 1991 年版。
张联芳主编:《世界史通俗演义》(共 6 册)，世界知识出版社 1992 年版。
吴力超等编:《简明世界史教学参考手册》，北京大学出版社 1992 年版。
刘祚昌等主编:《世界史》(近代史)，人民出版社 1984. 10、1992. 9 重印
吴于廑、刘祚昌主编:《世界史》(近代史上、下册)，高等教育出版社 1992 年版。
张联芳主编:《世界史通俗演义》，世界知识出版社 1992、1993 年重印
宋爱萍、解洪臣编著:《世界历史三字歌》，济南出版社 1992 年版。
张萍编辑，李星海等制图:《世界历史地图册》，中国地图出版社 1992 年版。
蔡志忠监修:《漫画世界历史大事典：五百件世界历史大事件始末》，四川美术出版社 1992 年版。
蔡志忠监修:《漫画世界历史人物事典：三百五十位世界历史人物事迹》，四川科学技术出版社、四川美术出版社 1992 年版。
贺湘京编辑，段凌等制图:《世界历史地图册》(第一册)，中国地图出版社 1992 年版。
陈周棠主编，黄英贤、张桂枢编辑，周湛等制图:《世界历史地图册》(第一册)，中国地图出版社 1992 年版。
陈周棠主编，曾醒时、张桂枢编辑，段凌等制图:《世界历史地图册》(第二册)，中国地图出版社 1992 年版。
苏联百科全书出版社学术委员会、苏联科学院历史学部编:《世界历史百科全书》(人物卷)，黑龙江大学等译，商务印书馆 1992 年版。

光复书局编辑部编著：《新编图说世界历史》，台北：编者，1992 年。
王曾才：《世界通史》，台北：三民书局 1993 年版。
王建立等主编：《世界史简编》，东北林业大学出版社 1993 年版。
黄毓？主编：《高中世界史国别史类编》，河南人民出版社 1993 年版。
周乾等主编：《世界历史名人传略》，中国致公出版社 1993 年版。
张建一等编著：《365 夜世界历史故事》（共 2 册），上海三联书店 1993 年版。
张照铨编辑：《世界历史地图册》，中国地图出版社 1993 年版。
《世界历史地图册》（上册），中国地图出版社 1993 年版。
［美］阿谢德：《中国在世界历史之中：公元前 200 年—公元 1976 年》，任菁等译，河北教育出版社 1993 年版。
陈周棠主编，黄英贤、张桂枢编辑：《世界历史地图册》（第一册），中国地图出版社 1993 年版。
杭州市教委教研室、宁波市教委教研室编：《初中世界历史》，浙江教育出版社 1993 年版。
吴于廑等主编：《世界史》，高等教育出版社 1994 年版。
申晨星主编：《世界史精览》，长春出版社 1995 年版。
《世界历史百科》，张丽琼译，牛顿出版公司 1995 年版。
沈浩等编著：《世界历史故事》，江苏少年儿童出版社 1995 年版。
王国勇等编写，吴晨荣等绘：《彩图世界历史词典》，上海辞书出版社 1995 年版。
秦智杰等主编：《世界历史人物》（共 4 册），广西教育出版社 1995 年版。
许嘉璐主编：《世界史画卷》，海南国际新闻出版中心 1996 年版。
《世界历史名人画传》，江苏教育出版社 1996 年版。
《世界历史名人丛书》编委会编：《世界历史名人丛书》，国际文化出版公司 1996 年版。
程舒伟、石非主编：《世界史百科系列》，东北朝鲜民族教育出版社 1997 年版。
崔连仲：《世界通史》（共 6 册），人民出版社 1997 年版。
梁卫辉主编：《世界历史知识》，中国少年儿童出版社 1997 年版。
马勇等主编：《世界历史全鉴》（6 册），经济日报出版社 1997 年版。

河南先博多媒体技术有限公司制作:《趣味世界历史》，方圆电子音像出版社 1997 年版。

冯克诚、田晓娜:《世界通史故事全编》（共 60 册），青海人民出版社 1998 年版。

冯克诚、田晓娜:《世界通史全编》（共 3 册），青海人民出版社 1998 年版。

张家哲等编文，陈纪仁等绘:《图解世界通史》，上海教育出版社 1998 年版。

齐世荣:《世界通史资料选辑》（第二版），商务印书馆 1998 年版。

菲立浦·威尔金森:《世界历史》，陈系贞译，台北：猫头鹰出版社 1998 年版。

朱庭光主编:《世界历史名人谱》（共 14 册），人民出版社 1998 年版。

本社编:《世界历史名人传略》（共 3 册），江苏教育出版社 1998 年版。

北京师范大学历史系世界古代史教研室编:《世界古代及中古史资料选集》，北京师范大学出版社 1999 年版。

李植枬主编:《宏观世界史》，武汉大学出版社 1999 年版。

[英] 胡怀:《新世纪世界史百科全书》，猫头鹰出版社编译小组翻译，台北：猫头鹰出版社 1999 年版。

徐奉臻:《历史视野：改革与现代化研究》，黑龙江人民出版社 1999 年版。

齐涛主编:《世界通史教程》，山东大学出版社 1999 年版。

廖学盛主编:《世界历史知识》，群众出版社 1999 年版。

齐世荣主编:《精粹世界》（20 册），中国青年出版社 1999 年版。

王松亭主编:《世界历史》（中古部分），吉林大学出版社 1999 年版。

[法] 阿内－马里（Anne-Marie）等撰稿:《世界历史》，吴知京译，浙江教育出版社 1999 年版。

## 21 世纪以来

周谷城:《世界通史》（共 2 册），河北教育出版社 2000 年版。

张延玲、隆仁:《世界通史》（图鉴版）（共 7 册），南方出版社 2000 年版。

齐涛主编：《简明世界通史》，泰山出版社 2000 年版。
《世界全史》（共 50 卷），吉林摄影出版社 2001 年版。
夏于全：《图文世界通史》（共 3 册），延边人民出版社 2001 年版。
张艳玲、隆仁：《世界通史》（共 10 册），中国致公出版社 2001 年版。
王斯德：《世界通史》（共 3 册），华东师范大学出版社 2001 年版。
白乐天、李凤飞：《世界全史》（共 12 册），光明日报出版社 2001 年版。
赵向标：《图文世界通史》（共 5 册），新疆人民出版社 2001 年版。
超凡：《世界通史》（共 10 册），北方妇女儿童出版社 2001 年版。
超凡：《世界通史》（共 4 册），北方妇女儿童出版社 2001 年版。
超凡：《世界通史》（共 6 册），北方妇女儿童出版社 2001 年版。
超凡：《世界通史》（共 2 册），北方妇女儿童出版社 2001 年版。
齐涛：《世界通史教程》（第 2 版），山东大学出版社 2001 年版。
齐涛主编：《世界通史教程教学参考》，山东大学出版社 2001 年版。
刘明翰、海恩忠主编：《世界史简编》（2 版），山东教育出版社 2001 年版。
吴于廑、齐世荣主编：《世界史》（2 版），高等教育出版社 2001 年版。
英国尤斯伯恩出版公司编：《尤斯伯恩彩图世界史》，姚乐野等译，成都地图出版社 2001 年版。
《译文世界史丛书》（12 册），上海译文出版社 2001 年版。
何珍如：《世界历史年表》，海豚出版社 2001 年版。
张嘉慧、陈佳荣等编撰：《漫游世界史》，香港：龄记出版有限公司 2002、2003 年重印。
[英] 恩·贡布里希：《写给大家的简明世界史：从远古到现代》，张荣昌译，广西师范大学出版社 2003、2009 年版。
[美] 拉里·戈尼克：《漫画世界史》，吴晓红、赵康英译，辽宁教育出版社 2002 年版。
冯克诚、田晓娜：《世界通史全编》，青海人民出版社 2002 年版。
李军：《世界通史》，北方妇女儿童出版社 2002 年版。
田晓娜：《世界通史》（共 4 册），青海人民出版社 2002 年版。
白乐天、李凤飞：《世界全史》（共 9 卷），光明日报出版社 2002 年版。
蔡磊：《世界通史》（共 4 册），西北大学出版社 2002 年版。

赵向标:《图文世界通史》(共5册),新疆人民出版社2002年版。

超凡:《世界通史》(共4册),光明日报出版社2002年版。

黄勇:《世界全史》(共4册),时代文艺出版社2002年版。

齐豫生、夏于全:《世界全史》,吉林摄影出版社2002年版。

《世界通史图文要览》,《世界通史图文要览》编委会编。

任之主编:《新编世界历史五千年》,青海人民出版社2002年版。

张芝联、刘学荣主编,杨立文、李文瑾副主编:《世界历史地图集》[舆图],中国地图出版社2002年版。

《世界历史百科全书少年版》,锡泉主译,福建少年儿童出版社2002年版。

任浩之:《世界通史》,京华出版社2003年版。

刘长川:《世界通史快读》,中国戏剧出版社2003年版。

吴于廑、齐世荣主编:《世界通史》,五南图书出版股份有限公司2003年版。

纪江红主编:《世界通史》,北京出版社2003年版。

谌兵、龚雪莲:《世界通史》,中国书籍出版社2004年版。

[美]房龙(Van Loon):《西洋史大纲》,张闻天译,上海辞书出版社2003年版。

《世界历史百科》,刘源译,三联书店(香港)有限公司2003年版。

[韩]朴淳和绘:《世界历史》(漫画本),延边人民出版社2003年版。

梁嘉宝编著:《人物世界历史》(3)(近代篇),香港教育图书公司2003年版。

吕理州:《学校没有教的西洋史》,台湾时报文化出版企业股份有限公司2004年版。

任浩之:《世界通史轻松读》,(台北)希代书版股份有限公司2004年版。

冯国超:《世界通史》,中国文史出版社、光明日报出版社2004年版。

刘明翰:《世界通史》(中世纪卷),人民出版社2004年版。

刘祚昌:《世界通史》(近代卷),人民出版社2004年版。

季美、张书珩:《世界通史快读》,远方出版社2004年版。

尤义宾:《世界通史》(共5卷),海燕出版社2004年版。

崔连仲、徐天新、许平、王红生等:《世界通史》(共6册),人民出版社2004年版。

徐胜华:《世界全史》，光明日报出版社2004年版。

胡燕欣:《名画中的世界通史》，中国书籍出版社2004年版。

钱浩:《世界通史》，当代世界出版社2004年版。

高海林、阎照祥主编:《世界通史》，河南大学出版社2004年版。

朱汉国主编:《简明世界史》(4册)，北京教育出版社2004年版。

张振宇主编:《人物世界历史》，北京图书馆出版社2004年版。

张琦、倪新玉主编:《世界历史速读》，中国书籍出版社2004年版。

朱利安·荷兰主编:《简明世界历史大全》，刘源译，生活·读书·新知三联书店2004年版。

[英]夏洛特·赫德曼主编，[英]安尼塔·加奈瑞(Anita Ganeri)等著:《最新不列颠世界历史百科全书：400万年前至今》，张艺等译，明天出版社2004年版。

[德]曼弗雷德·马伊:《世界历史：从人类起源到9·11事件》，王泰智、沈惠珠译，海南出版社2004年版。

《剑桥插图世界历史系列》，世界知识出版社2004年版。

[日]小松田直:《图解世界史》，黄秋凤译，台北：易博士文化2005年版。

[英]H.G.韦尔斯:《你应该知道的世界史》，焦向阳译，九州出版社2005年版。

本书编写组:《党政干部学习世界史专题讲座》，中央文献出版社2005年版。

齐世荣总主编:《世界史》(四卷本)，高等教育出版社2006年版。

齐世荣主编:《世界史研究》，人民出版社2006、2007年重印。

于沛:《世界史研究》，福建人民出版社2006年版。

[日]宫崎正胜:《世界史图解》，赵韵毅译，台北商周出版事业部2006年版。

周谷城:《世界通史》，商务印书馆2005年版。

纪江红:《世界通史》，北京出版社2005年版。

谌兵、龚雪莲:《世界通史》，光明日报出版社2005年版。

胡燕欣:《你不可不知道的图片西洋史》，台北：高谈文化事业有限公司2005年版。

姜守明主编：《现代化、全球化与世界历史》，吉林人民出版社 2005 年版。
齐世荣主编：《世界五千年纪事本末》，人民出版社 2005 年版。
徐寒主编：《世界历史百科全书》，吉林文史出版社；吉林音像出版社 2005 年版。
尤斯伯恩：《世界历史纵览》，赵小琦翻译，成都地图出版社 2005 年版。
郑凤霞、艾群、莫克编著：《世界历史》，中国三峡出版社 2005 年版。
林立树：《世界文明史》，五南图书出版股份有限公司 2006 年版。
尤义宾：《世界通史》（彩图版），（台北）汉宇国际 2006 年版。
李伟智：《世界通史》，中国广播电视出版社 2006 年版。
李肇翔：《世界通史可以这样读》，万卷出版公司 2006 年版。
马敏：《世界通史》，华中师范大学出版社 2006—2009 年版。
［英］夏洛特·伊万斯主编：《彩图世界历史百科全书》，新宇翻译公司译，晨光出版社 2006 年版。
蒋玉峰主编：《简明世界历史》，兰州大学出版社 2006 年版。
马思存主编：《世界历史图鉴》，外文出版社 2006 年版。
徐寒：《世界通史》（图文版），大众文艺出版社 2007 年版。
曹卫东：《世界通史》（彩图版），海潮出版社 2007 年版。
杨君：《世界通史》（彩色插图本），万卷出版公司 2007 年版。
蔡磊：《世界通史速读》，中国戏剧出版社 2007 年版。
贾娟、黎娜：《世界通史》，黑龙江科学技术出版社 2007 年版。
［英］赫伯特·乔·威尔斯：《新撰初级写给年轻人的简明世界史》，叶旭军、庄建华译，蓝天出版社 2007 年版。
［英］乔治·威尔斯：《袖珍世界史》（缩译彩图本），卿光学、胡长明编译，人民日报出版社 2007 年版。
郭豫斌主编：《图解世界史》，台中县：好读出版有限公司 2007 年版。
迈可·鲍尔：《学校不教的世界史》，郭乃嘉译，台北：麦田出版社 2007 年版。
《西洋史系列》，东方出版社 2007 年版。
［瑞士］雅各布·布克哈特：《世界历史沉思录》，金寿福译，北京大学出版社 2007 年版。
电影频道节目中心《世界历史》制作组编著：《话说世界历史》，现代出

版社2007年版。

胡燕欣：《图解西洋史》，台北：信实文化行销有限公司2008年版。

李功勤等：《西洋史大事长编》，台北：幼狮文化事业股份有限公司2008年版。

刘增泉：《西洋上古史》，吉林出版集团有限责任公司2008年版。

［德］克劳斯·伯恩德尔等：《图说世界史》，黄洋等译，上海锦绣文章出版社2008年版。

［英］赫伯特·乔治·威尔斯：《图释世界史》，徐建萍、朱凤余译，中国民航出版社2008年版。

齐世荣：《世界史探研：齐世荣自选集》，首都师范大学出版社2008年版。

刘颖：《世界通史》，北京出版社2008年版。

徐继素、陈君慧：《世界通史》，中国戏剧出版社2008年版。

曹胜强：《世界通史教学指引》，山东大学出版社2008年版。

溥奎：《世界上下五千年》世界通史简明版，黄山书社2008年版。

纪江红：《世界通史》，华夏出版社2008年版。

［英］西蒙·亚当斯、［英］威尔·福勒等：《世界历史百科》，陈日华等译，黑龙江科学技术出版社2008年版。

张志杰：《恒星引力与世界历史：关于世界历史发展不平衡问题的假说》，吉林人民出版社2008年版。

王春良、刘文涛主编：《世界历史大事编年精要》，星球地图出版社2008年版。

金城导演，电影频道国际部制作：《世界历史：百集纪录片》，中影音像出版社2008年版。

王斯德：《世界通史》，华东师范大学出版社2009年版。

齐涛：《世界通史教程》，山东大学出版社2009年版。

龚勋：《世界通史》，云南教育出版社2009年版。

［英］赫伯特·乔治·威尔斯：《图释世界史》，徐建萍、朱凤余译，新世界出版社2009年版。

张坚：《世界史常识》，广西师范大学出版社2009年版。

樱井清彦监修：《3天读懂世界史》（图解），洪玉树译，台北：大是文化有限公司2009年版。

马世力、陈光裕:《一本书读懂世界史》，中华书局 2009 年版。
刘增泉编著:《西洋中古史》，吉林出版集团有限责任公司 2009 年版。
张琦、倪新玉编著:《世界历史速读》，华文出版社 2009 年版。
彭慧琴编著:《世界历史一本通》，湖南少年儿童出版社 2009 年版。
[英] 尼尔·格兰特:《牛津少儿世界历史》，邱鹏译，黑龙江科学技术出版社 2009 年版。
郭云成主编:《成长必读的世界历史》，内蒙古人民出版社 2009、2010 年印。
陈春锋编著:《世界历史知识要领》，中国画报出版社 2009 年版。
陈晓丹编著:《世界历史博览》，中国戏剧出版社 2009 年版。
马健编著:《世界历史》，安徽文艺出版社 2009 年版。
全国中小学校本课程与教材研究中心组织编写:《世界历史百科全书》（青少版），北京出版社 2009 年版。
《图说天下·珍藏版》编委会编:《图说世界历史》，吉林出版集团有限责任公司 2009 年版。
《图说天下·学生版》编委会编:《图说世界历史》，吉林出版集团有限责任公司 2009 年版。
刘明翰:《世界史简编》，山东教育出版社 2010 年版。
周燕梁:《每天学点世界史》（青少年版），金城出版社 2010 年版。
吴于廑:《世界历史》，中国大百科全书出版社 2010 年版。
李森、徐志莹、范传南编著:《世界历史小百科》，吉林人民出版社 2010 年版。
邹斌编著:《世界历史风云》（共 20 册），内蒙古人民出版社 2010 年版。
《话说世界历史》编委会编:《话说世界历史》（4 册），吉林出版集团有限责任公司 2010 年版。
郭方主编:《全球通史》（彩图版）10 卷，吉林出版集团有限责任公司 2010 年版。
周明博编著:《全球通史》，当代世界出版社 2011 年版。
武寅主编:《简明世界历史读本》，中国社会科学出版社 2014 年版。

# 参考文献[*]

## 一　经典文献


马克思、恩格斯：《马克思恩格斯选集》，人民出版社 1995 年版。

列宁：《列宁选集》，人民出版社 1995 年版。

毛泽东：《毛泽东选集》，人民出版社 1991 年版。


## 二　重点参考著作


王桐龄：《东洋史》，商务印书馆 1922 年版。

何炳松：《历史研究法》，商务印书馆 1927 年版。

顾颉刚：《古史辨》（第二册），景山书社 1930 年版。

胡秋原：《历史哲学概论》，商务印书馆 1947 年影印。

白寿彝：《中国伊斯兰史纲要参考资料》，文通书局 1948 年版。

金兆梓编：《中国史纲》，中华书局 1948 年版。

张静庐编：《中国近代出版史料初编》，中华书局 1957 年版。

阿英编：《晚清文学丛钞·小说戏曲研究卷》，中华书局 1960 年版。

岑仲勉：《汉书西域传地里校释》（上册），中华书局 1981 年版。

白寿彝主编：《史学概论》，宁夏人民出版社 1983 年版。

林幹主编：《匈奴史论文选集（1919—1979）》，中华书局 1983 年版。


---

* 此处文献排列的标准以参考文献出版时间先后为序，相同年份的文献，以作者名称拼音排序。附录中收录的参考文献，这里不再收录。

周谷城:《周谷城史学论文选集》,人民出版社 1983 年版。
周予同:《经学史论著选集》(增订本),上海人民出版社 1983 年版。
李大钊:《李大钊文集》,人民出版社 1984 年版。
汪熙、杨小佛主编:《陈翰笙文集》,复旦大学出版社 1985 年版。
梁启超:《中国历史研究法》,上海古籍出版社 1987 年版。
梁启超:《中国历史研究法补编》,上海古籍出版社 1987 年版。
《中国史研究》编辑部等:《系统论与历史科学》,中州古籍出版社 1987 年版。
吕涛、周竣羽整理:《周谷城传略》,山西人民出版社 1988 年版。
沈渭滨主编:《近代中国科学家》,上海人民出版社 1988 年版。
杨廷福:《玄奘年谱》,中华书局 1988 年版。
赵恒烈:《历史教育学》,河北教育出版社 1989 年版。
傅增湘:《藏园群书题记》,上海古籍出版社 1989 年版。
梁启超:《饮冰室合集》,中华书局 1989 年版。
吴泽主编:《中国近代史学史》下册,江苏古籍出版社 1989 年版。
张兰馨、袁云珠:《周谷城文化·艺术文集》,教育科学出版社 1991 年版。
张兰馨主编:《周谷城教育文集》,吉林教育出版社 1991 年版。
桂遵义:《马克思主义史学在中国》,山东人民出版社 1992 年版。
郭小凌:《世界史通俗演义·上古卷》,世界知识出版社 1992 年版。
[美] L. S. 斯塔夫里阿诺斯:《全球通史:1500 年以前的世界》,上海科学院出版社 1992 年版。
韦红:《蒙古帝国征战演义》,成都出版社 1992 年版。
闻一等:《世界史通俗演义·现代卷》,世界知识出版社 1992 年版。
吴必康、郭富民:《世界史通俗演义·当代卷》,世界知识出版社 1992 年版。
王乃耀、刘城、王勤榕、刘新成:《世界是通俗演义·中古卷》,世界知识出版社 1992 年版。
白吉庵:《胡适传》,人民出版社 1993 年版。
刘明翰:《外国史学名著评介》,山东教育出版社 1993 年版。
罗荣渠:《现代化新论:世界与中国的现代化进程》,北京大学出版社 1993 年版。

唐建福主编：《二十世纪中国学术要籍大辞典·历史学》，中共中央党校出版社 1993 年版。
张光明：《苏俄演义（1917～1953）》，成都出版社 1993 年版。
北京师范大学史学研究所编：《历史科学与历史进程》，河南人民出版社 1994 年版。
熊月之：《西学东渐与晚清社会》，上海人民出版社 1994 年版。
吴于廑：《吴于廑学术论著自选集》，首都师范大学出版社 1995 年版。
钱穆：《国史大纲》，商务印书馆 1996 年版。
中共中央文献研究室编：《建国以来重要文献选编》第 18 卷，中央文献出版社 1997 年版。
陶笑红、汪学典：《古希腊演义》，四川大学出版社 1997 年版。
张兰馨、袁云珠、张小云：《周谷城教育实践与教育思想》，湖南教育出版社 1998 年版。
梁启超：《梁启超史学论著四种》，岳麓书社 1998 年版。
周一良：《周一良集》，辽宁教育出版社 1998 年版。
唐河：《世界文明史讲稿》，学苑出版社 1998 年版。
北京师范大学史学研究所编：《历史科学与理论建设》，北京师范大学出版社 1999 年版。
易新鼎：《博学多变的人生——梁启超的读书生活》，中原出版社 1999 年版。
刘新成主编：《历史学百年》，北京出版社 1999 年版。
程中原：《张闻天论》，河海大学出版社 2000 年版。
黑格尔：《历史哲学》王造时译，商务印书馆 2000 年版。
李洪岩：《百年中国史话·史学史话》，社会科学文献出版社 2000 年版。
梁启超：《中国历史研究法》，河北教育出版社 2000 年版。
佚名：《元朝秘史》卷十三，齐鲁书社 2000 年版。
汤勤福：《朱熹的史学思想》，齐鲁书社 2000 年版。
雷海宗：《西洋文化史纲要》，上海古籍出版社 2001 年版。
刘凌、吴士余主编：《中国学术名著大词典·近现代卷》，汉语大词典出版社 2001 年版。
李世安、孟广林等：《世界文明史》，中国人民大学出版社 2002 年版。

雷海宗：《伯伦史学集》，中华书局2002年版。
齐世荣：《齐世荣史学文集》，人民出版社2002年版。
姜义华、瞿林东、赵吉惠：《史学导论》，复旦大学出版社2003年版。
王敦书：《贻书堂史集》，中华书局2003年版。
张广智、张广勇：《史学：文化中的文化》，上海社会科学出版社2003年版。
程光、梅生编著：《儒商常家》，山西经济出版社2004年版。
马克垚主编：《世界文明史》，北京大学出版社2004年版。
陈钦庄、詹天祥、计翔翔主编：《世界文明史简编》，浙江大学出版2004年版。
姜义华、武克全主编：《二十世纪中国社会科学历史学·历史学卷》，上海人民出版社2005年版。
瞿林东：《中国史学的理论遗产》，北京师范大学出版社2005年版。
瞿林东：《中国史学史纲》，北京出版社2005年版。
何炳松：《通史新义》，广西师范大学出版社2005年版。
刘师培：《刘师培史学论著选集》，上海古籍出版社2006年版。
罗荣渠：《北大岁月》，商务印书馆2006年版。
[英]杰弗里·巴勒克拉夫：《当代史学主要趋势》，杨豫译，北京大学出版社2006年版。
林立树：《世界文明史》（上、下），台北五南图书出版股份有限公司2006年版。
瞿林东：《中国史学通论》，武汉出版社2006年版。
史春风：《商务印书馆与中国近代文化》，北京大学出版社2006年版。
杨翼骧：《杨翼骧中国史学史讲义》，天津古籍出版社2006年版。
晏绍祥、李隆庆编：《世界通史》，华中师范大学出版社2006年版。
易鑫鼎编：《梁启超选集》上卷，中国文联出版社2006年版。
于沛：《世界史研究》，福建人民出版社2006年版。
程中原：《张闻天传（修订版）》，当代中国出版社2006年版。
周春生：《文明史概论》，上海教育出版社2006年版。
《新译校注蒙古源流》，道润梯步译校，内蒙古人民出版社2007年版。
何炳松：《世界简史》，中国工人出版社2007年版。

金天羽:《天放楼诗文集》，上海古籍出版社 2007 年版。
李孝迁:《西方史学在中国的传播（1882—1949)》，华东师范大学出版社 2007 年版。
李穆文主编:《世界文明史》，西北大学出版社 2007 年版。
柳诒徵:《中国文化史》，上海三联书店 2007 年版。
戚国淦:《灌园集：中世纪探研及其他》，商务印书馆 2007 年版。
齐思和:《齐思和史学概论讲义》，天津古籍出版社 2007 年版。
于沛:《全球化和全球史》，社会科学文献出版社 2007 年版。
于沛:《史学思潮与社会思潮——关于史学社会价值的理论思考》，北京师范大学出版社 2007 年版。
张广智主编:《20 世纪中外史学交流》，北京大学出版社 2007 年版。
赵立行:《世界文明史讲稿》，复旦大学出版社 2007 年版。
邹振环:《西方传教士与晚清西史东渐：以 1815 至 1900 年西方历史译著的传播与影响为中心》，上海古籍出版社 2007 年版。
刘晴波主编:《杨度集》，湖南人民出版社 2008 年版。
刘新成主编:《全球史评论》（第一辑），商务印书馆 2008 年版。
罗荣渠主编:《从“西化”到“现代化”》，黄山书社 2008 年版。
齐世荣:《世界史探研：齐世荣自选集》，首都师范大学出版社 2008 年版。
王国维:《王国维集》（第四册），中国社会科学出版社 2008 年版。
张海鹏主编:《中国历史学 30 年（1978—2008)》，中国社会科学出版社 2008 年版。
于沛、周荣耀主编:《中国世界历史学 30 年（1978—2008)》，中国社会科学出版社 2008 年版。
赵梅春:《20 世纪中国通史编纂研究》，中国社会科学出版社 2008 年版。
李长林编、陈衡哲:《西洋史》，湖南教育出版社 2009 年版。
姜义华等:《历史变迁与历史学》，海人民出版社 2009 年版。
本书编写组:《史学概论》，高等教育出版社、人民出版社 2009 年版。
罗荣渠:《史学求索》，商务印书馆 2009 年版。
刘新成主编:《全球史评论》（第二辑），中国社会科学出版社 2009 年版。
侯建新主编:《经济—社会史评论》（第五辑），生活·读书·新知三联书店 2010 年版。

钟叔河：《走向世界——中国人考察西方的历史》，中华书局 2010 年版。
钱乘旦主编：《世界现代化历程》（十卷），凤凰出版社、江苏人民出版社 2010 年版。
于沛主编：《世界现代史的主线和体系》，中国社会科学出版社 2010 年版。
汝信主编：《世界文明通论》（七卷），社会科学文献出版社 2010 年版。
夏继果、［美］杰里·H. 本特利主编：《全球史读本》，北京大学出版社 2010 年版。

## 三　重点参考论文

周谷城：《中国史学之进化》，《复旦学报》（人文版）1944 年第 1 期。
齐思和：《近百年来中国史学的发展》，《燕京社会科学》1949 年 10 月第二卷。
吴于廑：《时代和世界历史——试论不同时代关于世界历史中心的不同观点》，《江汉学报》1964 年第 7 期。
罗荣渠：《浅谈政治权力、经济权力在世界历史进程中的作用——关于世界通史教材体系的一个问题》，《武汉大学学报》1980 年第 1 期。
周谷城：《中国历史知识及其年代学的处理》，《文史知识》1981 年第 2 期。
吴于廑：《世界历史上的游牧民族与农耕世界》，《云南社会科学》1983 年第 1 期。
郭圣铭：《建立马克思主义世界史体系》，《世界历史》1984 年第 1 期。
王也扬：《从高校世界通史教材谈到多卷本〈世界通史〉的编写》，《世界历史》1984 年第 5 期。
王方宪：《我国世界史学科发展的里程碑——六卷本〈世界史〉述评》，《历史教学》1995 年第 9 期。
于沛：《外国史学理论的引入和回响》，《历史研究》1996 年第 3 期。
李红岩：《中国史学的近代化》，《学术研究》1999 年第 4 期。
王林聪：《略论“全球历史观”》，《史学理论研究》2002 年第 3 期。
刘家和：《论通史》，《史学史研究》2002 年第 4 期。
李铁映：《撰写一部中国人的高质量〈世界历史〉——在〈世界历史〉

（多卷本）理论研讨会上的讲话》，《世界历史》2003 年第 1 期。
王玮：《“全球史观”和世界史研究》，《郑州大学学报（哲学社会科学版）》2003 年第 1 期。
陈立柱：《百年来中国通史写作的阶段性发展及其特点概说》，《史学理论研究》2003 年第 3 期。
钱承旦：《以现代化为主题构建世界近现代史的学科体系》，《世界历史》2003 年第 3 期。
周溯源：《多极的世界多彩的文明——〈世界文明大系〉评介》，《求是》2004 年第 3 期。
邢贲思：《文明问题研究的恢宏著作——〈世界文明大系〉读后》，《人民日报》2004 年 4 月 19 日。
张广智：《苏版〈世界通史〉的中国回应》，《淮北煤炭师范学院学报》2004 年第 5 期。
李世安：《全球化与全球史观》，《史学理论研究》2005 年第 1 期。
钱乘旦：《关于开展“世界史”研究的几点思考》，《史学理论研究》2005 年第 3 期。
何芳川：《世界史体系刍议》，《史学理论研究》2005 年第 3 期。
吴骁：《吴于廑与斯塔夫里阿诺斯世界史观之比较研究》，武汉大学 2005 届硕士论文。
刘新成：《全球史观与近代早期世界史编纂》，《世界历史》2006 年第 1 期。
夏继果：《中国高等学校世界通史教学状况调查报告》，《世界历史》2006 年第 3 期。
何平：《全球史对世界史编纂理论和方法的发展》，《世界历史》2006 年第 4 期。
陈琼：《二十世纪上半叶中国世界史学科的建设——以北大、清华的世界史学科为考察对象》，华东师范大学，2007 届硕士论文。
俞金尧：《什么是“世界历史”及如何构建世界史体系》，《历史研究》2008 年第 2 期。
卢钟锋：《马克思的社会形态学说与中国历史研究》，《马克思主义研究》2008 年第 8 期。

董欣洁：《中国的通史传统与世界史编纂》，《史学集刊》2009 年第 3 期。
张玉法：《论中国史学的全球化与本土化》，《史学月刊》2009 年第 6 期。
张旭鹏：《全球史视野下的世界史研究》，《河北学刊》2009 年第 3 期。
程天芹：《王先谦的外国史地著作述论》，复旦大学 2009 年博士论文，导师邹振环。
侯建新：《新中国世界史研究六十年》，《河北学刊》2009 年第 4 期。
钱乘旦：《新中国 60 年世界史学科的成长》，《人民日报》2009 年 9 月 18 日。
李剑鸣：《世界通史教科书编纂刍议》，《史学月刊》2009 年第 10 期。
张宏毅：《世界通史的价值和功能》，《历史教学》2009 年第 12 期。
徐蓝：《关于世界现代史教材编写的一些想法》，《世界历史》2010 年第 4 期。

## （四）工具书

中国社会科学院历史研究资料室编：《1900—1975 七十六年史学书目》，中国社会科学出版社 1981 年版。
中国历史大辞典·史学史编纂委员会编：《中国历史大辞典·史学史》，上海辞书出版社 1983 年版。
张旭光：《文史工具书评介》，齐鲁书社 1986 年版。
姜椿芳、梅益总主编：《中国大百科全书·外国历史卷》，中国大百科全书出版社 1990 年版。
廖盖隆等主编：《马克思主义百科要览》，人民日报出版社 1993 年版。
马文峰编著：《社会科学文献信息检索概论》，中国人民大学出版社 1995 年版。
林言椒主编：《中国历史学年鉴 1995》，生活·读书·新知三联书店 1995 年版。

# 后　记

本书的写作，对于我来说实在是偶然，这种偶然最初就是出于我对史学研究和历史教育的热爱。现在看来，这种热爱，只不过是一种朴素的学术情感，在某种意义上说是盲爱，是一种无知者无畏者的学术追求。“无知”是我学术准备和学术功力方面的真实写照；“无畏”尽管时时处处地受到来自各方面的挑战，但却是我不曾改变的主观态度。它是我史学研究生涯的真正开始，伴随我跌跌撞撞地走过学术道路上的每一步，或顺畅、或阻塞，或平坦、或泥泞。

本书在我的博士论文基础上修改、完善而成。从 2008 年开始酝酿到开题写作、初步成稿、反复修改，到最终完成定稿，我得到了诸多师友的帮助和鼓励。正是这些帮助和鼓励支撑着我从无数个“无法自拔”的学术泥沼中挣扎出来，摸爬滚打，不断前行。这是一个经历“炼狱”的过程，也是我在学术上不断成长，不断进步的过程。让我感动的是，所有的师友，无论是学界耆老，还是史界翘楚，甚至是一些我的学生，他们或给予我热情洋溢的鼓励和支持，或提出中肯建议，或帮我搜集史料，甚或具体修改……都给予我继续从事这一研究的力量和勇气。如果可以认为近年来不断有学者呼吁倡导这方面的研究实乃整个世界历史学科发展的必然要求的话，那么我时常在想，这些鼓励和支持是否可以看作这一学术必然性的另一种生动表征呢。

有关这个问题的研究，从各方面讲，我肯定都不是最佳人选，但或许就是因为我对历史教育和史学研究所怀有的这份质朴而真挚的情感，让我“忘却”了诸如器局、学养、积累、功力等方面的诸多局限，义无反顾地走上这条被许多学者视为畏途的世界通史编纂研究之路。我的导师于沛先生在学术上的宽容，鼓励学生大胆探索的教育理念不断引我前行，否则我这种蚍蜉撼大树式的不自量肯定会被看作痴人说梦，戕杀在好高骛远的批评之中。论文从选题、资料搜集到写作、修改、定稿，无不渗透着先生的大量的心血和期许。读书期间，瞿林东教授、侯建新教授的教诲让我受益匪浅，李红岩教授、李正华教授为该书贡献了非常有学术价值的建议。

2011年，我入职首都师范大学历史学院。教学之余，我曾不止一次地审视母校，变换了角色之后，心头对这片学术圣地的景仰却与日俱增。与此同时，本书的写作进入了陆陆续续的修改、补充与完善阶段。期间，齐世荣先生与作者就相关问题深入交谈过若干次，从18世纪以来各个历史时期的史家与史学、思潮与流派、世界史研究与教学状况，到全世界范围内各国的世界通史教学，从该书框架体系到对具体史家、具体观点的处理，无不涉及。他的谆谆教诲，对于我来说，是一笔弥足珍贵的学术财富。在跟随于沛、徐蓝等诸师补充、修改马工程重点教材《世界现代史》的日子里，八大处的景色格外迷人，晨钟暮鼓、夏雨秋风、塔缀白雪、精印风凉……窗外是漫天的晓月繁星、清幽的蛙唱虫鸣，屋内一盏台灯旁，徐老师谈古论今、评骘中西，谈笑风生间总能给我以启迪和感悟。

作为硕士导师，叶小兵先生最早指引我步入历史教学研究领域，使我感受到他本人和学术的魅力。就是在这一时期，历史教材分析和教材编纂研究进入了我的视域，逐渐引发了我的浓厚兴趣，成为我攻读博士学位期间继续学习的领域。邹兆辰、江湄、邓京力诸位老师的学术旨趣与研究理念使我深受启发，他们对史学研究所怀有的深深敬意和厚重情感，让我既感受到史学的生命力，又感受到历史学者的高尚情怀。

我还要感谢首都师范大学，我热爱的母校。在这里，我度过了美好难忘的七年，博士毕业后能够回到母校任教，是我人生中的一大幸事。接过老师手中的书本，传承首都师大“为学为师，求实求新”的勤勉学风，做一个至真至纯的首师大人，这就是我的愿望所在。首都师大历史学院厚重的学术积淀、自由严谨的学术氛围，成了我矢志不渝、孜孜以求的不竭动力。沐浴在“敬畏学术，追求卓越”的院训中，既使我倍受鼓舞，引以为豪，又使我深感这份优良学术传统的深厚底蕴，以及传承这份学术责任的义不容辞。学术事业的薪火相传，在这里不仅不是空洞的说教与苍白的符号，而是生生不息的传承、矢志不渝的开拓，是绵延不绝的文化血脉所孕育出的蓬勃浓郁的“通史家风”。

最后，我还要感谢郝春文老师、梁占军老师等学院领导及历史学院学术委员会的诸位先生，感谢历史学院的诸多师友同好，正是有了他们的支持，才使得本书的面世成为可能。感谢中国社会科学出版社的田文老师、武云老师，为编辑、出版本书所付出的辛劳和汗水。

作者于首都师大寓所

2015 年 10 月 1 日